碳期货与关联资产间的信息作用机制研究

Mechanism of Information Interaction between Carbon Futures and Associated Assets

谭雪萍　著

中国社会科学出版社

图书在版编目（CIP）数据

碳期货与关联资产间的信息作用机制研究/谭雪萍著．—北京：中国社会科学出版社，2022.3
ISBN 978-7-5203-9797-1

Ⅰ.①碳⋯ Ⅱ.①谭⋯ Ⅲ.①二氧化碳—排污交易—金融交易—研究—中国 Ⅳ.①F832.5

中国版本图书馆 CIP 数据核字（2022）第 031176 号

出 版 人	赵剑英
责任编辑	谢欣露
责任校对	李　莉
责任印制	王　超
出　　版	中国社会科学出版社
社　　址	北京鼓楼西大街甲 158 号
邮　　编	100720
网　　址	http://www.csspw.cn
发 行 部	010-84083685
门 市 部	010-84029450
经　　销	新华书店及其他书店
印　　刷	北京君升印刷有限公司
装　　订	廊坊市广阳区广增装订厂
版　　次	2022 年 3 月第 1 版
印　　次	2022 年 3 月第 1 次印刷
开　　本	710×1000　1/16
印　　张	26
插　　页	2
字　　数	362 千字
定　　价	139.00 元

凡购买中国社会科学出版社图书，如有质量问题请与本社营销中心联系调换
电话：010-84083683
版权所有　侵权必究

出 版 说 明

为进一步加大对哲学社会科学领域青年人才扶持力度,促进优秀青年学者更快更好成长,国家社科基金2019年起设立博士论文出版项目,重点资助学术基础扎实、具有创新意识和发展潜力的青年学者。每年评选一次。2020年经组织申报、专家评审、社会公示,评选出第二批博士论文项目。按照"统一标识、统一封面、统一版式、统一标准"的总体要求,现予出版,以飨读者。

全国哲学社会科学工作办公室

2021年

序　言

谭雪萍博士是能源金融和金融风险管理领域年轻有为的学者，多篇论文发表在 International Journal of Forecasting、Ecological Economics、Energy Economics 和 Applied Energy 等国内外重要期刊。我是谭雪萍博士学位论文答辩专家之一，本书在其学位论文基础上加以改进拓展，体现其多年的研究积累。很荣幸接受谭雪萍博士邀请为本书撰写序言。

气候变化是全球面临的重大战略问题。2020年9月，习近平主席在第七十五届联合国大会一般性辩论上阐明，应对气候变化《巴黎协定》代表了全球绿色低碳转型的大方向，是保护地球家园需要采取的最低限度行动，各国必须迈出决定性步伐。同时宣布，中国将提高国家自主贡献力度，采取更加有力的政策和措施，碳排放力争于2030年前达到峰值，努力争取2060年前实现碳中和。

碳（排放权）交易作为促进节能减排和绿色发展最经济有效的市场化手段，是我国实现"双碳"目标的重要抓手。但是，碳排放权作为一个期货品种，也同时具有自身的金融属性，例如价格发现功能、风险规避和投资增值。作为一种较"新"的金融资产，碳期货与煤炭、石油和天然气等能源商品期货以及股票和汇率等传统金融资产价格之间的联系如何？这是一个非常值得深入研究和探讨的议题。谭雪萍博士的专著对此开展研究，从学术上对金融资产定价和能源金融相关理论的拓展具有一定的推动作用，从实践上对金融风险管理、碳市场监管甚至我国碳减排政策的制定和实施都有一定的借鉴意义。

本书在文献综述和理论分析的基础上，围绕以下几方面开展研究：首先，分析了碳期货与关联资产间的相依特征及相依性变化（第四章）。然后，实证研究了"碳配额—能源—金融"系统的动态信息溢出效应（第五章）、碳期货与关联资产间的极端风险溢出效应（第六章）、重大事件对系统内波动溢出效应的冲击作用（第七章）和基于关联资产信息的碳价预测（第八章）。最后，给出了相关研究结论及政策启示（第九章）。从研究视角来看，实证章节的安排非常具有逻辑性：第四章属于同期联动关系研究。第五至八章属于领先—滞后关系研究，其中第五至七章主要从"样本内"视角研究溢出效应及其演变机理；第八章从"样本外"预测视角研究关联资产信息是否有助于提高预测效果。

本书的创新性体现在以下几个方面：①内容前沿性。碳市场是当前研究热点，而资产价格相依性、溢出效应和预测都是金融风险管理领域重要问题。本书将二者互相结合，属于能源金融领域研究的前沿。②观点创新。本书提出了几个重要观点。一是重点关注关联市场对碳市场的输入性风险；二是注意防范重大危机事件冲击导致的"市场传染"；三是基于信息作用机制提高碳价预测能力。这些创新观点突破了以往基于单一市场进行风险管理研究的范式。③理论价值。本书基于关联市场的实证结论对于推动风险管理和能源金融相关理论的发展具有较大作用。④研究方法创新。本书采用了结构突变分析方法、波动冲击响应分析和风险格兰杰因果检验等先进的计量方法，以及机器学习算法和贝叶斯模型平均法等预测科学方法，在研究方法的应用方面具有较大创新。

是为序。

2021 年 9 月 9 日于南京

摘　　要

当前，全球已进入"气候紧急状态"，发展低碳经济以应对气候变化已成为全球共识。碳交易作为促进节能减排和绿色发展最经济有效的市场化手段，已成为我国加强生态文明建设、实现"3060"双碳目标的重要抓手。随着国际碳金融衍生品市场的迅速发展，碳期货金融化将给碳市场的投资活动和风险管理带来巨大挑战。因此，厘清碳期货与关联市场间的信息作用机制、识别碳市场的重要风险源和风险传递路径、提高碳价预测能力具有重要意义。欧盟碳市场（EU ETS）具有当前全球最成熟的碳金融体系，可以为我国碳期货市场建设提供丰富的经验和研究素材。基于欧盟碳期货的金融化趋势，本书提出以下关键科学问题：①碳期货与关联资产（能源商品与金融资产）间的相依性是否发生变化？具有哪些特征？②如何从信息溢出视角解释碳期货与关联资产间的相依性变化形成机理？③关联资产信息是否可以有效地预测碳价？针对上述问题，首先，本书通过带结构变点的分位数回归方法探究了碳期货与关联资产间的相依性及变化特征。其次，本书从三个方面揭示了碳期货与关联资产间的信息溢出机制：①通过修正后的溢出指数法探究"碳配额—能源—金融"系统在常规条件下的时变信息溢出效应；②基于分位数脉冲响应函数和 Cross - quantilogram 方法测度"碳配额—能源—金融"系统在极端条件下的不对称风险溢出效应；③使用波动率脉冲响应函数测度碳市场事件、国际重大事件、资产价格暴涨暴跌事件的冲击效应。最后，本书通过构建单变量预测模型和基于多种收缩技术的多变量预测模型，对比分析了碳市场相关预测变量、商品类预测变量和金融类预测变量的样本外预测能力和经济收益。本书的创新点有三点：①提出碳配额在金融化背景下与传统大宗商品和金融资产间的信息传导机理，从信息关联的角度补充了碳配额定价机制和碳市场风险形成机制的理论解说，并为涉碳投资组合的相关研究提供理论依据。②改进了溢出指数法，并提出集成的分位数方法体系，可以更加准确地测度资产间的风险溢出规律。此外，引入带结构变点的分位数回归法和基于数据收缩技术的多变量预测模型，拓展了相依关系和预测能力的研究方法。③基于多维视角提出系统性研究框架：相依性变化—常规条件下的时变收益率（波动率）溢出机制—极端条件下的静态风险溢出机制—重大事件的信息冲击机制—基于信息溢出机制的碳价预测。本书紧跟国家发展需求，相关结论可为我国碳期货市场的投资活动和风险管控工作提供丰富的经验证据。

关键词：碳期货；关联资产；相依性；溢出效应；碳价预测

Abstract

At present, the world has been in a state of "climate emergency", and the development of low carbon economy to cope with climate change has become a global consensus. As the most economical and effective market-based means to promote energy saving and green development, carbon trading has become an important tool for China to strengthen the construction of ecological civilization and achieve the "3060" double carbon target. With the rapid development of international carbon financial derivatives market, the financialization of carbon futures will bring great challenges to the investment activities and risk management of carbon market. Therefore, it is important to clarify the information linkage mechanism between carbon futures and related markets, identify the important risk sources and risk transmission paths in the carbon market, and improve the carbon price forecasting capability. The EU ETS has the most mature carbon financial system in the world, which can provide rich experience and research materials for the construction of China's carbon futures market. Based on the trend of financialization of carbon futures in the EU, this book proposes the following key scientific questions: ①Is there a change in the dependency between carbon futures and associated assets (energy commodities and financial assets)? What are the characteristics? ②How to explain the mechanism of the changing dependence between carbon futures and correlated assets from the perspective of information spillover?

③Can associated asset information effectively predict carbon prices? To address the above questions, this book first explores the dependence of carbon futures and correlated assets and the characteristics of the changes by quantile regression with structural breaks. Second, this book reveals the information spillover mechanisms between carbon futures and the underlying assets in three ways: ①It explores the dynamic information spillovers in the "carbon allowance – energy – finance" system under conventional conditions by a modified spillover index method; ② It measures asymmetric risk spillover in the "carbon allowance – energy – finance" system under extreme conditions based on multivariate quantile models and Cross – quantilogram method; ③The volatility impulse response function is used to measure the shock effects of carbon market events, international major events, and asset price spikes and drops events. Finally, this book analyzes and compares the out – of – sample forecasting power and economic gains of carbon market – related predictor variables, commodity – based predictor variables, and financial – based predictor variables using univariate forecasting models and multivariate forecasting models based on several shrinkage techniques. This book has three innovations: ①It proposes the information transmission mechanism between carbon allowance and traditional commodities and financial assets in the context of financialization, complementing the theoretical explanation of carbon allowance pricing mechanism and carbon market risk formation mechanism from the perspective of information linkage, and providing a theoretical basis for relevant studies involving carbon investment portfolios. ②The spillover index method is improved and an integrated quantile method system is proposed, which can measure the risk spillover patterns among assets more accurately. In addition, quantile regression method with structural breaks and multivariate forecasting model based on data shrinkage technique are introduced to extend the research methods of dependence and forecasting. ③A systematic research framework is proposed based on a multidimensional perspective: dependent changes – dynamic return (volatility) spillover mechanism under conventional conditions – static risk spillover mechanism under extreme conditions – volatility shock mechanism of major events – carbon price forecasting based on information spillover mechanism. This book follows the needs of governments, and the findings can provide rich empirical evidence for the investment activities and risk management in China's carbon futures market.

Keywords: Carbon Futures; Associated Assets; Dependence; Spillover Effects; Carbon Price Forecasting

目　　录

第一章　引言 ·· 1
　第一节　研究背景 ·· 1
　第二节　研究目的与意义 ·· 43
　第三节　相关概念界定 ·· 46
　第四节　研究内容及创新点 ·· 59
　第五节　基本思路与研究方法 ·· 62

第二章　国内外文献综述 ·· 67
　第一节　碳资产属性 ·· 67
　第二节　碳价驱动因素及相依性 ······································ 70
　第三节　关联资产间的信息溢出效应 ·································· 84
　第四节　关联资产间的尾部相依及极端风险溢出效应 ···················· 98
　第五节　碳价预测 ·· 105
　第六节　本章小结 ·· 113

第三章　相关理论基础 ·· 115
　第一节　产权理论 ·· 115
　第二节　商品金融化及金融市场一体化相关理论 ························ 118
　第三节　相依性和溢出效应的形成机理 ································ 121
　第四节　相依性变化特征的理论解释 ·································· 127

第五节　碳市场与关联市场间溢出效应的可能传导机理 …… 135
　　第六节　本章小结 ………………………………………… 140

第四章　碳期货与关联资产间的相依特征及相依性变化 ………… 142
　　第一节　碳市场与关联市场间的信息传导路径 …………… 142
　　第二节　模型构建及变量选取 ……………………………… 147
　　第三节　EU ETS 不同阶段的相依特征分析 ……………… 153
　　第四节　基于结构变点的相依关系变化分析 ……………… 161
　　第五节　主要结论及政策启示 ……………………………… 174

第五章　"碳配额—能源—金融"系统的动态信息溢出效应 …… 177
　　第一节　修正溢出指数法 …………………………………… 177
　　第二节　变量选取与数据预处理 …………………………… 180
　　第三节　静态信息溢出效应分析 …………………………… 184
　　第四节　动态信息溢出效应分析 …………………………… 188
　　第五节　信息溢出效应的宏观经济因素分析 ……………… 198
　　第六节　主要结论及政策启示 ……………………………… 203

第六章　碳期货与关联资产间的极端风险溢出效应 ……………… 207
　　第一节　基于分位数的方法体系 …………………………… 207
　　第二节　变量选取及数据预处理 …………………………… 213
　　第三节　实证结果分析 ……………………………………… 217
　　第四节　主要结论及政策启示 ……………………………… 237

第七章　重大事件对系统内波动溢出效应的冲击作用 …………… 240
　　第一节　多元 GARCH 模型及波动率脉冲响应函数 ……… 240
　　第二节　变量选取及数据预处理 …………………………… 245
　　第三节　基于 BEKK – GARCH 模型的时变波动相关性与
　　　　　　投资策略 …………………………………………… 250

第四节　多元事件的冲击效应 …………………………………… 262
　　第五节　主要结论及政策启示 …………………………………… 296

第八章　基于关联资产信息的碳价预测 …………………………… 299
　　第一节　预测指标选取与数据预分析 …………………………… 299
　　第二节　预测模型构建与预测方法 ……………………………… 302
　　第三节　预测结果分析 …………………………………………… 313
　　第四节　主要结论及政策启示 …………………………………… 333

第九章　研究结论及政策启示 ………………………………………… 336
　　第一节　主要研究结论 …………………………………………… 336
　　第二节　相关政策启示 …………………………………………… 341
　　第三节　研究不足与展望 ………………………………………… 353

参考文献 ……………………………………………………………… 355

索　引 ………………………………………………………………… 391

Contents

Chapter 1 Introduction 1
    Section 1 Research Background 1
    Section 2 Research Purpose and Significance 43
    Section 3 Concepts Definition 46
    Section 4 Research Content and Innovations 59
    Section 5 Basic Idea and Research Method 62

Chapter 2 Domestic and International Literature Review 67
    Section 1 Carbon Asset Attributes 67
    Section 2 Carbon Price Drivers and Dependence 70
    Section 3 Information Spillover Effects among Related Assets 84
    Section 4 Tail Dependence and Extreme Risk Spillover among Correlated Assets 98
    Section 5 Carbon Price Forecasting 105
    Section 6 Chapter Summary 113

Chapter 3 Related Theoretical Foundations 115
    Section 1 Theory of Property Rights 115

Section 2	Theories Related to Financialization of Commodities and Integration of Financial Markets	118
Section 3	Formation Mechanism of Interdependence and Spillover Effects	121
Section 4	Theoretical Explanation for the Features of Dependence Change	127
Section 5	Possible Transmission Mechanism of Spillover Effects between Carbon Market and Related Markets	135
Section 6	Chapter Summary	140

Chapter 4　The Dependence Characteristics and Dependence Changes between Carbon Futures and Associated Assets　142

Section 1	Information Transmission Paths between Carbon Market and Related Markets	142
Section 2	Model Construction and Variable Selection	147
Section 3	Analysis of Dependence Features in Different Stages of EU ETS	153
Section 4	Analysis of Dependence Changes Based on Structural Breaks	161
Section 5	Key Findings and Policy Implications	174

Chapter 5　The Dynamic Information Spillover in the "Carbon Allowance – Energy – Finance" System　177

Section 1	Modified Spillover Index Method	177
Section 2	Variable Selection and Data Pre-processing	180
Section 3	Analysis of Static Information Spillover	184
Section 4	Analysis of Dynamic Information Spillover	188
Section 5	Macroeconomic Drivers of Information Spillover	198

Section 6   Key Findings and Policy Implications ·················· 203

Chapter 6   The Extreme Risk Spillover between Carbon Futures and Associated Assets ···································· 207

Section 1   Quantile – based Method System ······················· 207
Section 2   Variable Selection and Data Pre – processing ········· 213
Section 3   Empirical Results Analysis ····························· 217
Section 4   Key Findings and Policy Implications ·················· 237

Chapter 7   The Effect of Major Events on the Volatility Spillover in the System ·· 240

Section 1   Multivariate GARCH and Volatility Impulse Response Functions ·· 240
Section 2   Variable Selection and Data Pre – processing ········· 245
Section 3   Dynamic Volatility Correlation and Investment Strategies Based on BEKK – GARCH Model ······················· 250
Section 4   The Shock Effects of Multiple Events ················· 262
Section 5   Key Findings and Policy Implications ·················· 296

Chapter 8   Carbon Price Prediction Based on Associated Assets ··· 299

Section 1   Predictors Selection and Data Pre – analysis ············ 299
Section 2   Forecasting Models and Forecasting Methods ············ 302
Section 3   Prediction Results Analysis ····························· 313
Section 4   Key Findings and Policy Implications ·················· 333

Chapter 9   Research Conclusions and Policy Implications ······ 336
Section 1   Conclusions ··· 336

Section 2　Related Suggestions and Policy Insights ·················· 341
Section 3　Research Shortcomings and Prospects ·················· 353

Indexes ··· 355

References ·· 391

第 一 章
引 言

第一节 研究背景

政府间气候变化专门委员会（Intergovernmental Panel on Climate Change，IPCC）分析报告指出，截至 2020 年，全球二氧化碳水平已处于创纪录高位，全球已进入"气候紧急状态"，当前气温较工业化前水平升高了 1.2 摄氏度，如果不做出改变，气温升幅在 21 世纪可能达到灾难性的 3 摄氏度以上。而一旦平均气温升高超过 3 摄氏度，高温热浪将变得更加频繁，且持续时间更长。此外，各种极端天气例如洪水、森林大火、干旱、冰雹等将不定期频繁发生。特别是，当气温升高导致南北极冰盖融化后，上升的海平面将淹没全球大量的城市，严重威胁人类生存。

为应对气候变化，全球已有超 70 个国家和地区承诺 2050 年实现净零排放。作为发展中国家，中国一直以身作则，积极落实《巴黎协定》，提前完成 2020 年应对气候变化的相关目标。此外，2020 年 9 月 22 日习近平主席在第 75 届联合国大会一般性辩论上指出，"中国将提高国家自主贡献力度，采取更加有力的政策和措施，二氧化碳排放力争于 2030 年前达到峰值，努力争取 2060 年前实现碳中和"（以下简称"3060"双碳目标）。① "3060"双碳目标的提出是我国履行负责任大国责任、推动构建人类命运共同体重大历史担当的具体表现。碳排放权交易市场是一个基于市场的节能减排政策工具，旨在通过市场功能减少碳排放，降低能耗及大气层碳浓度，促进产业和能源结构优化，将成为我国加强生态文明建设、实现"3060"双碳目标的重要抓手。

一　国际碳市场的兴起

始于国际社会应对气候变化所签署的一系列国际框架协议，碳排放权交易市场是指将碳排放权利作为一种资产标的来进行公开交易的市场。为了积极应对由温室气体导致的严峻气候变化挑战，联合国大会于1990年12月11日通过成立气候变化框架公约政府间谈判委员会（Intergovernmental Negotiating Committee，INC），正式将全球气候谈判定为国际性战略问题，并先后通过5次会议召集150多个国家讨论了约束承诺、减排目标以及"共同而有区别"的责任等问题。最终，在1992年5月，全球196个国家共同签署了《联合国气候变化框架公约》（*Framework Convention on Climate Change*，UNFCCC）（以下简称《公约》），即全球应对气候变化的首个框架性国际"软法"，此后召开若干重要缔约方会议②（见表1-1）。1997年，作为UNFCCC的补充条款，《京都议定书》设置了三个灵活履约机制，即发达国家与发展中国家间的清洁发展机制（Clean Devel-

---

① 《习近平在联合国成立75周年系列高级别会议上的讲话》，人民出版社2020年版，第10页。
② 1994年3月21日，UNFCCC生效，签署该条约的国家成为"缔约方"，缔约方每年在缔约方大会（Conference of the Parties，COP）就气候变化的多边对策进行谈判，https://unfccc.int。

opment Mechanism，CDM）①、发达国家与经济转型国家间的联合履约机制（Joint Implementation，JI）②，以及发达国家间的国际排放交易机制（International Emission Trading，IET）③。2015 年 12 月，UNFCCC 近 200 个缔约方在巴黎气候大会上一致同意通过《巴黎协定》，确定了平均升温较工业化前水平最多不超过 2 摄氏度的长远目标。

表 1-1　　　　　　　　UNFCCC 重要缔约方会议

会议名称	会议时间	会议地点	会议主要议题及贡献
COP1	1995 年 4 月	德国柏林	缔约方同意《公约》中的承诺不足以实现《公约》目标，柏林缔约方会议通过谈判加快了发达国家制定履约承诺的进程，从而为《京都议定书》奠定了基础
COP3	1997 年 12 月	日本东京	通过了世界上第一个温室气体减排条约《京都议定书》，树立了历史性的里程碑
COP6	2001 年 7 月	德国波恩	各国政府就 1997 年《京都议定书》的业务规则手册达成了广泛的政治协议
COP7	2001 年 11 月	摩洛哥马拉喀什	正式确定国际排放交易、清洁发展机制和联合执行的操作规则以及合规制度与会计程序的协议
COP13	2007 年 12 月	印度尼西亚巴厘岛	通过了"巴厘路线图"，包括"巴厘岛行动计划"，为应对气候变化的新谈判进程制定了方针，该计划有五个主要类别，即共同愿景、减排、气候变化适应、技术和融资
COP15	2009 年 12 月	丹麦哥本哈根	签订了《哥本哈根协议》，发达国家承诺在 2010—2012 年期间为快速启动资金提供高达 300 亿美元的资金

---

①　清洁发展机制源于《京都议定书》第十二条规范，是指附件一国家与非附件一国家通过清洁发展机制登记处转让减排单位的方式，即发达国家通过提供资金和技术的形式在发展中国家投资符合要求的减排项目，由此使用该项目所产生的部分或全部"减排信用"（Certified Emissions Reduction，CERs）抵销其减排义务。该机制于 2006 年 1 月正式启动（https：//unfccc.int/kyoto-protocol）。

②　《京都议定书》第六条对联合履约机制进行了规范，即附件一国家可以在"监督委员会"的监督下，完成"排放减量单位"（Emission Reduction Units，ERUs）的核证和转让等，该机制于 2008 年 1 月正式启动（https：//unfccc.int/kyoto-protocol）。

③　《京都议定书》第十七条对国际排放交易机制进行了规范，即附件一国家在国家登记处相互转让或获得"分配数量单位"（Assigned Amount Units，AAUs）的过程（https：//unfccc.int/kyoto-protocol）。

续表

会议名称	会议时间	会议地点	会议主要议题及贡献
COP16	2010年12月	墨西哥坎昆	签订了《坎昆协议》，这是各国政府为帮助发展中国家应对气候变化而提供的一揽子综合协议，此外还建立了绿色气候基金、技术机制和坎昆适应框架
COP17	2011年12月	南非德班	各国政府承诺在2015年之前制定一项新的全球气候变化协议，以覆盖2020年以后的时期，从而启动德班增强行动平台或ADP特设工作组
COP18	2012年12月	卡塔尔多哈	各国政府同意在2015年之前迅速努力制定一项普遍的气候变化协议，并寻求在2020年之前加大力度，超越现有的减少排放量的承诺。还通过了《多哈修正案》，启动了《京都议定书》的第二个承诺期
COP21	2015年12月	法国巴黎	通过了《巴黎协定》，195个国家同意就应对气候变化采取行动并投资于低碳产业，建设有韧性和可持续的未来，《巴黎协定》首次基于所有国家过去的、现在的和未来的责任将其引到同一个目标
COP22	2016年11月	摩洛哥马拉喀什	缔约方承诺执行《巴黎协定》，并启动了马拉喀什气候行动伙伴关系
COP23	2017年11月	印度尼西亚布拉	在制定《巴黎协定》的明确和全面的执行准则方面取得了重大进展；启动海洋衔接伙伴关系，以促进气候变化和海洋；推出InsuRelience全球合作伙伴关系
COP24	2018年12月	波兰西里西亚	通过了《卡托维兹规则手册》，确定了将《巴黎协定》付诸实施的规则手册的大部分内容。这包括一套关于政府如何衡量、报告和核实其减排努力的规则和指南
COP25	2019年12月	西班牙马德里	在技术问题和重要问题上都没有取得任何进展

资料来源：笔者根据联合国气候变化框架公约官网（http://unfccc.int）整理所得。

截至2020年年底，全球碳市场呈现出区域化、分散化、碎片化的发展格局（见表1-2）。在全球范围内已实施或规划中的碳定价机制共计61个，其中30个是碳税定价机制，31个是碳排放权交易体系，包括：1个超国家机构（欧盟成员国＋冰岛＋列支敦士登＋挪威）；7个国家（哈萨克斯坦、墨西哥、新西兰、韩国、瑞士、德国、南非）；16个省和州（福建省、广东省、湖北省等）；7个城市

（北京市、重庆市、上海市、深圳市、天津市、琦玉县和东京市）。当前，全球碳价处于上升趋势，但各碳市场的碳价存在巨大差异，从低于1美元/吨二氧化碳当量到119美元/吨二氧化碳当量不等。相比之下，欧盟碳市场拥有最高碳价，而中国试点碳市场的价格最低。全球碳市场在过去十几年里发展迅速，各区域、国家和地方碳交易体系都在积极争夺国际碳市场的定价权（见表1-2）。

表1-2　全球已实施或计划中碳定价体系及其排放覆盖情况

名称	碳定价机制	覆盖行业	温室气体占比（%）
中国	碳排放交易体系已实施或计划中	工业、电力、交通、建筑、航空、所有化石燃料	33
欧盟	碳排放交易体系已实施或计划中	工业、电力、航空、所有化石燃料	49
	碳税已实施或计划中		8
	碳排放交易体系和碳税已实施或计划中		4
华盛顿	碳排放交易体系已实施或计划中	工业、电力、交通、建筑、垃圾	67
加利福尼亚州	碳排放交易体系已实施或计划中	工业、电力、交通	85
弗吉尼亚州	碳排放交易体系已实施或计划中	电力	30
马萨诸塞州	碳排放交易体系已实施或计划中	电力	20
美国区域温室气体倡议	碳排放交易体系已实施或计划中	电力	18
加拿大	碳排放交易体系已实施或计划中	工业、电力、垃圾、所有化石燃料	41
	碳税已实施或计划中		34

续表

名称	碳定价机制	覆盖行业	温室气体占比（%）
墨西哥	碳排放交易体系已实施或计划中	固态化石燃料、液态化石燃料	37
	碳税已实施或计划中		46
哥伦比亚	碳税已实施或计划中	所有化石燃料	24
智利	碳税已实施或计划中	所有化石燃料	39
阿根廷	碳税已实施或计划中	固态化石燃料、液态化石燃料	20
南非	碳税已实施或计划中	所有化石燃料	80
瑞士	碳排放交易体系已实施或计划中	工业、电力、建筑	33
	碳税已实施或计划中		11
乌克兰	碳排放交易体系已实施或计划中	所有化石燃料	71
哈萨克斯坦	碳排放交易体系已实施或计划中	工业、电力、交通、林业	50
韩国	碳排放交易体系已实施或计划中	工业、电力、航空、建筑、垃圾	70
日本	碳税已实施或计划中	工业、电力、建筑、所有化石燃料	65
	碳排放交易体系和碳税已实施或计划中		2
新加坡	碳税已实施或计划中	工业、电力	80
澳大利亚	碳排放交易体系已实施或计划中	工业、电力	50
新西兰	碳排放交易体系已实施或计划中	工业、电力、垃圾、农业	51

资料来源：笔者根据世界银行发布的 *State and Trends of Carbon Pricing 2020* 整理所得。

表1-3展示了国外主要碳交易体系的特点。在全球碳市场发展现状方面，世界银行发布的 *State and Trends of Carbon Pricing 2020*[1]

---

[1] World Bank, *State and Trends of Carbon Pricing 2020*, Washington, DC, 2020.

表1-3 国际主要碳交易机制的设计对比

地区国家	覆盖行业	覆盖气体	排放总量	配额分配	抵销限制
欧盟	电力、工业、航空	CO_2、CH_4、N_2O、HFCs、PFCs、SF_6	第一、二阶段：加总成员国的国家分配方案（National Allocation Plans，NAP）；第三/四阶段：使用欧盟统一的总量设定	第一、二阶段：祖父法免费分配为主，拍卖极少；第三/四阶段：免费与拍卖混合，拍卖比例逐渐增大，免费配额分配采用基准法	第一阶段无合格抵销信用；第二和第三阶段可用ERU和CER，限制在2008—2020年减排总量（16亿吨当量）50%以下
美国加利福尼亚州	电力、工业、建筑、交通	CO_2、CH_4、N_2O、HFCs、PFCs、SF_6、NF_3	2013年：1.63亿吨；2014年：1.60亿吨，以2%左右的速率呈线性下降；2015年：3.95亿吨，2016—2020年以每年3%左右的速率下降	免费与拍卖混合，拍卖比例较大并不断增加。免费分配：基于产出分配法；基于长期采购计划（电力行业）；基于历史数据（天然气行业）	总体上限制在覆盖实体履约义务总量的8%以下；抵销信用数量在2017年前限制在履约义务总量的2%以下，2018—2020年限制在4%以下
加拿大魁北克省	电力、工业、建筑、交通	CO_2、CH_4、N_2O、HFCs、PFCs、SF_6、NF_3	2013—2014年：2320万吨（每年）；2015—2020年：分别为6530万吨、6319万吨、6108万吨、5896万吨、5685万吨、5474万吨	免费与拍卖方式分配，绝大多数配额以拍卖方式分配，并随时间推移不断增加；免费配额根据基准法分配	抵销信用（国内和国际）数量限制在各企业履约总量的8%以下

续表

地区/国家	覆盖行业	覆盖气体	排放总量	配额分配	抵销限制
美国区域温室气体倡议	电力	CO_2	2009年：1.5亿吨；2014年：8260万吨；2012年倡议改革方案对总量进行修订，以每年2.5%的速率线性下降	拍卖	最高为各个企业履约义务总量的3.3%，但目前该体系尚未产生抵销信用
瑞士	工业	CO_2、N_2O、PFCs	2008—2012年：自愿减排；2013—2020年：2012年562万吨，之后每年下降1.74%，2020年490万吨	免费与拍卖混合，免费配额以基准法分配	大部分项目源自最不发达国家或其他国家的信用，或源于ERU机制2013年1月1日所实现的减排量
新西兰	电力、工业、交通、建筑、航空、废弃物、林业	CO_2、CH_4、N_2O、HFCs、PFCs、SF_6	2008—2015年：依照《京都议定书》总量执行，不设国内碳排放权交易体系总量	免费与拍卖混合，但拍卖比例很小；免费配额根据基准法分配	不接受来自核项目的CER和ERU，长期CER，临时CER等
韩国	电力、工业、交通、建筑、航空、废弃物	CO_2、CH_4、N_2O、HFCs、PFCs、SF_6、NF_3	2015年：5.73亿吨，到2017年总量下降约2%	免费分配，祖父法（应用于多数行业），基准法（应用于水泥业、炼油业、国内航空业）	限制比例低于10%，国际抵销信用数量最高占比为50%

续表

地区国家	覆盖行业	覆盖气体	排放总量	配额分配	抵销限制
日本埼玉	工业、建筑	CO_2	2011—2014年：先在设施层面设定总量，然后加总成为整个埼玉范围的总量，每个财政年度较基准年减排6%—8%；2015—2019年：较基准年减排15%—20%	免费分配，祖父法	总体上对抵销信用的使用不设限
日本东京	工业、建筑	CO_2	2010—2014年：先在设施层面设定总量，然后加总成为整个东京范围的总量，每个财政年度较基准年减排6%—8%；2015—2019年：较基准年减排15%—17%	免费分配，祖父法	总体上对抵销信用的使用不设限

资料来源：张希良等：《"一带一路"碳市场机制研究》，http://www.brigc.net/zcyj/yjkt/202011/t20201125_102827.html。

显示：①跨区域的欧盟碳交易体系（European Union Emissions Trading System，EU ETS）在所有配额市场中占绝对主导地位，是目前全球运行时间最长、交易量最大且体系最完善的碳市场，也是国际碳交易体系的领跑者。②一些国家宣布了新的气候目标和计划，开始探索国内碳定价机制，并使其覆盖欧盟碳交易体系未涉及的新领域。例如，德国计划于2021年前为国内供暖和公路运输领域启动国内碳市场；奥地利计划为欧盟碳交易体系外的产业引入一套碳价机制；瑞士将与欧盟碳交易体系互联互通。③在北美洲，多个区域性质的碳交易体系并存，而在大洋洲，作为较早尝试碳市场的澳大利亚目前已基本退出碳交易舞台，但新西兰的碳交易体系正稳步发展，并计划自2025年起为农业行业的温室气体排放定价。④一些新的碳定价国家正在兴起。例如，2019年，南非成为首个实现碳定价的非洲国家；2020年，墨西哥启动碳交易系统试点，标志着拉丁美洲首个碳交易体系的出现。⑤在亚洲，韩国是首个启动全国碳市场的国家，但中国碳市场的规模最大。中国在8个地区开展碳交易试点，包括北京、天津、上海、重庆、湖北、广东、深圳和福建。截至2020年11月，试点碳市场覆盖电力、钢铁、水泥等20余个行业近3000家重点排放单位，累计配额成交量约4.3亿吨二氧化碳当量。2021年7月16日，中国正式启动全国碳市场，纳入发电行业重点排放单位2162家，覆盖约45亿吨二氧化碳排放量，是全球规模最大的碳现货市场。

二 欧盟碳金融市场发展现状

2005年，Blue-Next交易所首次推出碳配额的现货交易，同时欧洲气候交易所（European Climate Exchange，ECX）陆续开发了以碳配额为基础资产的期货、期权，从而赋予了碳排放权一定的金融属性。目前，虽然EU ETS已经发展成为全球最重要的碳排放权衍生品市场，但学术界和实务界均未对"碳金融"进行统一定义。Labatt和White（2011）首次提到碳金融概念，并指出金融机构应将碳排放权交易与金融理论与实践相结合，开发"转移气候风险"的金融产品。随后，2010年世界银行在《碳市场现状与趋势》中将碳金融定义成碳减排项目相关投融资活动。莫大喜等（2013）进一步提出狭义和广义碳金融概念，狭义碳金融指包括碳期货和碳期权等碳金融衍生品交易活动，而广义碳金融还包括为支持低碳减排项目开发所产生的投融资活动及其他金融中介活动。作为环境金融的一个分支，碳金融是连接社会金融资本与低碳经济的重要桥梁。一方面，金融资本为开发低碳技术及项目的企业提供资本；另一方面，通过低碳项目产生的减排量可被开发成新的碳金融工具，从而通过金融市场筹集金融资本。总体而言，碳交易市场和碳金融市场是实现碳减排的两个重要市场，两者是相互依存、相互促进的关系。一般来说，只有碳交易市场发展到一定水平和规模，具有足够数量的合格市场主体和健全的风险管控机制后，碳金融市场才可能得到有效发展。碳金融市场是成熟碳市场的主体部分，碳金融市场的发展能提高碳市场的有效性。

当前，碳金融市场体系已经成为各国完成减排承诺的重要手段，尤其是随着碳金融衍生品市场成交量及成交额的快速增长，碳排放权货币化程度增加并表现出较高的投资价值。在欧盟碳市场中，期货交易量占碳市场交易总量的95%以上，大型能源公司和金融机构都将碳期货合约作为资产组合的重要部分，通过不断交易实现套期保值和套利。因此，碳金融市场的充分发展不仅能给现货市场带来流动性，而且能促进碳价反映真实的减排成本，并为碳市场参与主体提供风险规避工具。目前，EU ETS拥有全球规模最大且最成熟的碳金融市场，也是中国碳金融市场最主要的学习和借鉴对象。接下来，本书将分别从欧盟碳市场机制设计，主要碳金融产品及功能，碳金融市场结构、主要交易平台及参与主体，碳市场表现四个方面对欧盟碳金融市场的发展现状进行介绍。

（一）欧盟碳市场机制设计

作为全球首个温室气体排放交易体系，EU ETS是截至2020年年底全球最大最活跃的碳市场,也是欧盟气候变化的核心政策工具。该体系覆盖了欧盟 27 个国家、挪威、冰岛、列支敦士登和英国[①]（2020 年年底前仍参与），并在 2020 年与瑞士碳市场连接,纳入了 11000 多家发电厂和工厂,以及 600 多条往返欧盟成员国的航班,覆盖了欧盟近 45% 的温室气体排放量,其碳交易总量占世界交易总量的 75% 以上（World Bank,2020）。

EU ETS 目前包括 4 个阶段。[②] 第一阶段（2005—2007 年）为试运行阶段,总量设定为 20.58 亿吨/年,采用成员国自下而上的总量控制目标,只覆盖来自发电厂和能源密集型工业的二氧化碳排放,几乎所有碳配额都采用"祖父法"免费分配,该阶段的配额不能存至第二阶段使用。第二阶段（2008—2012 年）为正式运行阶段。冰岛、列支敦士登和挪威加入交易体系,并新增了航空行业,总量设定为 18.59 亿吨/年,主要以"祖父法"免费分配碳配额,成员国最多拍卖 10% 的配额,选择性加入一氧化二氮气体（N_2O）,开放了碳配额的跨期结转,控排企业使用碳信用总量平均不得超过总配额的 13.5%。第三阶段（2013—2020 年）,欧盟委员会统一制定配额分配方案,2013 年的总量设定为 20.84 亿吨/年,之后每年线性降低 1.74%。拍卖是该阶段配额分配的主流方法,其中电力行业 100% 拍卖,免费配额的发放标准是"基准线法",在机制设计方面只认可最不发达国家的 CDM 项目及与欧盟签订了双边协议国家的项目,涵盖了更多的产业和温室气体种类,允许配额跨期结转,且允许配额在一个阶段内跨年度存储和借贷。第四阶段（2021—2030 年）,碳配额年减降率自 2021 年起升至 2.2%,并巩固市场稳定储备机制（Market Stability Reserve, MSR）。2019 年 1 月 1 日,MSR 开始运行,旨在解决

[①] 英国在 2020 年 1 月 31 日脱离欧盟后,实际上也退出了 EU ETS。然而,在 2020 年年底之前的过渡期内,英国仍参与欧盟碳交易体系。英国已经于 2021 年退出 EU ETS,实施单独的碳交易机制（World Bank,2020）。

[②] EU ETS 四个阶段的机制设计信息来自网站 https：//ec.europa.eu/clima/policies/ets_en。

欧盟碳交易体系中配额供需失衡问题，并提高市场抵御未来冲击的能力。作为长期控制配额盈余的方案，MSR将基于一定的规则和目标按照预设的条件自动调整配额拍卖量。该制度实施后的前5年，每年将有24%的碳配额被纳入MSR，被推迟的2014—2016年的折量拍卖碳配额也将直接纳入MSR。MSR给市场确定的预期，同时也减少了制度不确定性对市场造成的负面影响，支撑了低迷的碳价。

(二) 欧盟主要碳金融产品及功能

碳金融是碳交易发展的必然需求和方向。碳金融是碳交易的本质要求，因为碳交易市场的重要目的不仅包括控制排放总量，还包括发挥融资功能、服务低碳技术和产业发展。控排企业不只需要按规定履约，更需要通过碳金融市场管理碳资产，以推进自身减碳技术的应用，最终减少排放总量。另外，碳金融的发展不仅可以提高碳现货市场的流动性，还可以借助成熟完善的金融监管体系推动碳市场健康持续发展。

2005年欧盟碳排放交易体系正式启动，碳市场催生出碳资产[1]，并将价值储存、流通和交易的功能赋予碳配额和碳减排信用。随着全球气候治理与节能减排的不断深入，以及碳交易全球影响力的不断扩大，碳资产也受到了广泛的重视，甚至被视为"继现金资产、实物资产、无形资产之后的第四类新型资产"。因此优化碳资产管理、盘活碳资产、实现保值增值、降低履约成本、提高经营效率，成为控排企业及所有拥有碳配额和碳信用等碳资产的市场主体的普遍需求。

考虑到碳市场价格波动剧烈，如果不对碳价的波动风险进行管理，将会给企业减排行动带来较大的不确定性，影响企业的减排决策，也会降低碳交易机制整体的运行效率，欧盟碳市场推出了层出不穷的创新性碳金融产品，并被广泛运用到企业融资、保值增值以及规避价格波动等活动中。

---

[1] 与普通的金融资产"代表未来的潜在收益"不同，碳资产代表的是"避免未来潜在的成本或支出"。

1. 碳金融产品分类

（1）融资类。主要的融资项目活动包括碳资产质押、售后回购和碳债券等。其中碳债券，是指政府、金融机构、企业等符合债券监管要求的融资主体发行的，为其所从事的碳资产经营和管理活动相关的业务筹集资金，而向投资者发行的、承诺在一定时期支付利息和到期还本的债务凭证。碳资产质押，是指企业以已经获得的，或未来可获得的碳资产作为质押物或抵押物进行担保，获得金融机构融资的业务模式。可以质押的碳资产包括基于项目产生的和基于配额交易获得的碳资产。碳资产售出回购，是指配额持有人将配额卖给购买方的同时，双方约定在未来特定时间，由正回购方再以约定价格从逆回购方购回总量相等的配额的交易。

（2）保值增值类。主要的保值增值项目活动为碳资产拆借（借碳）业务。碳资产拆借，是指借入方向借出方拆借碳资产，并在交易所进行交易或用于碳排放履约，待双方约定的借碳期限届满后，由借入方向借出方返还碳资产，并支付约定收益的行为。

（3）价格风险规避类。此类项目主要包括碳远期、碳掉期、碳期权、碳期货，对提升市场活跃度有重要意义。一方面，碳金融工具可以帮助风险厌恶的控排企业提前锁定配额价格，规避价格波动风险以满足其履约需求。另一方面，保证金制度可以减少资金占有，发挥金融工具的杠杆作用，增加配额交易的回报率，吸引更多非控排主体（投资机构和个人）参与到碳排放配额的交易中。投资主体的加入虽然不能直接促进减排，但以投资为目的的交易可以扩大市场规模，降低信息不对称性。

首先，在欧盟碳市场被广泛用于CDM项目市场的两种非标准化合约是碳远期和碳掉期。其中，碳远期交易是指远期交易参与人双方签署远期合同，约定在未来某一时期就一定数量的碳排放配额或核证自愿减排量进行交易的一种交易方式。碳远期的主要功能是形成远期价格预期，最大限度地提高碳市场的活跃度和流动性，强化价格的发现功能。碳掉期交易是即期对远期的碳交易方式，即当事人买进或卖出某一种即期碳排放权的同时，卖出或买入远期碳排放权。掉期交易是市场参与方规避风险、锁定成本或收益的金融工具，通常需要交易双方结合自身在现货市场的操作实现。

其次，碳排放权也具备了标准化合约的一些基本属性，如高度标准化、配额分配和履约时间差带来的远期需求等。目前广泛用于欧盟碳市场的两种标准化碳金融产品是碳期权和碳期货。其中，作为一种以碳现货资产为标的的标准化合约，碳期权是指期权持有者在未来某个时期或某个确定时点具有以固定价格出售或购买碳现货的权利。因此，相比于碳期货，碳期权的持有者具有更多的交易选择权。目前欧盟碳市场交易的碳期权合约属于欧式期权合约，即交易双方只有在合约到期日才能执行该期权。相比之下，碳期货是 EU ETS 体系下发展最成熟、成交量最大的标准化碳金融衍生品，其累计交易规模在 EU ETS 第二阶段的场内交易中超过全部交易量的 90%，2015 年 EU ETS 市场期货成交量更是达到了现货成交量的 30 倍以上。[①]

碳现货是碳期货的发展基础，但碳期货可以大力推动碳市场的发展，具体的益处表现为：①碳排放权期货市场作为现货市场的有益补充，可提高碳交易体系的市场化程度，因为期货市场集中了大量市场供求信息，可提供连续、公开、透明、高效、权威的远期价格，提高各方参与者的信息透明度。②碳排放权期货的投资主体可以不直接持有现货，而是通过持有期货合约实现跨期投资，既满足了社会资本对碳资产的配置和交易需求，也不干扰控排企业正常使用碳排放权。③碳排放权期货作为最基础的碳金融衍生品，可以和其他资产组合构建具有不同收益结构、期限结构的碳金融产品以吸引更多社会资本，为运用节能减排技术、开发自愿减排项目的企业带来收益，形成市场化的激励约束机制，从而有效引导社会资本对可再生能源、绿色制造业等低碳产业的投资，促进碳减排和产业经

---

① 信息来自碳排放交易网站（www.tanpaifang.com/tanqihuo/2021/0824/79265.html）。

济的低碳转型。可见，碳期货具有多种投资功能，既可以提高碳市场的流动性和价格发现能力，还能提供较为明确的碳价预期和碳价波动风险管理工具，从而降低企业转型升级压力。一般来说，与传统金融市场中的期货交易类似，参与碳交易的投资者在购买碳期货合约时，会承诺在指定时间和地点进行合约交割并结算差价。碳期货市场的做空机制和双向交易机制可以充分并及时地捕捉投资者对碳价的预期，从而发挥其良好的价格发现功能，更加有效地反映碳排放权的内在价值。例如，在欧盟碳市场第一阶段末，碳现货的价格与交易量均濒临崩溃，但基于第二阶段的预期，碳期货的价格与交易量始终保持在理性范围内，从而在一定程度上支撑欧盟碳市场渡过难关。

2. 碳金融衍生品功能

全球碳市场的建立与发展离不开活跃的碳远期、碳期货及其他碳金融衍生品交易。碳金融衍生品对碳市场的作用主要体现在以下几个方面。

首先，在市场制度和相关政策平稳可期的前提下，碳金融衍生品能够将现货的单一价格，拓展为一条由不同交割月份的远期合约构成的价格曲线，揭示市场对未来价格的预期。清晰的价格预期可以大幅降低企业市场风险，有助于企业更好地规划减排行动、降低涉碳融资成本、优化碳资产管理。

其次，碳金融衍生品，尤其是远期与期货产品，对于提高碳市场的交易活跃度和市场流动性起到关键作用。现货交易需要全额支付配额价格，在只有现货交易的市场上，为节约配额的交易和持有成本，无论买方企业还是卖方企业，往往会尽可能降低交易频次和交易量，从而导致一年内绝大多数时间的交易量较少。此外，碳现货市场中存在显著的"潮汐现象"，即相当规模的交易都集中发生在履约日期到来前很短的一段时间内，由此造成交易市场的拥堵，并提高了履约成本。与现货交易不同的是，期货和远期交易以保证金为基础，资金占用大幅较低，且在实践中，交易主体往往选择在交割日之前进行平仓，以减少现金收支，这在很大程度上提升了非履约期交易的动机，从而增加了碳市场的流动性。

此外，碳金融衍生品带来的市场流动性能够降低价格波动风险。由前文可知，没有期货交易的碳市场存在极高的流动性风险，而流动性的缺失则会限制交易机制本身的价格发现功能，直接表现为任何少量交易就会导致市场价格剧烈波动，从而引发价格频繁出现大幅度、非理性波动。

最后，碳金融衍生品为市场主体提供了对冲价格风险的工具，便于企业更好地管理碳资产风险敞口，也为金融机构参与碳市场、开发更为丰富的碳金融衍生产品以及涉碳融资等碳金融服务创造了条件。

（三）欧盟的碳金融市场结构、主要交易平台及参与主体

与传统金融市场类似，欧盟碳市场由一级市场和二级市场构成，其中配额有偿拍卖和项目减排开发合同的签订在一级市场进行，而碳配额和项目减排量的流通则在二级市场完成。EU ETS 的二级市场的交易方式大致分为场外市场（Over – the – Counter，OTC）交易和场内市场交易。其中场外市场是控排企业间直接交易或通过中介机构间接交易的主要场所。相比于场内交易，场外交易的主要对象为非标准化合约，因此交易规则约束较少，商业条款的灵活性较高，但是相应地，场外交易的风险较大。欧盟碳市场建设初期的绝大部分交易合约都是通过场外市场进行的，其中伦敦能源经纪协会（The London Energy Brokers' Association，LE-BA）是最活跃的场外市场。直到 2008 年国际金融危机爆发，为了尽可能地规避交易风险，大部分交易活动转入场内交易或在场内进行清算。目前，EU ETS 体系主导的场内交易所是洲际交易所和欧洲能源交易所，前者占据了一级和二级市场份额的 90% 左右，而且大部分业务为期货交易，而后者的市场份额只有 7% 左右，但其现货市场的份额超过 60%。

欧盟碳市场的基础结构由简入繁，大致可以分为以下几个层级（见图 1 – 1）。

图 1-1 碳金融市场的层次结构

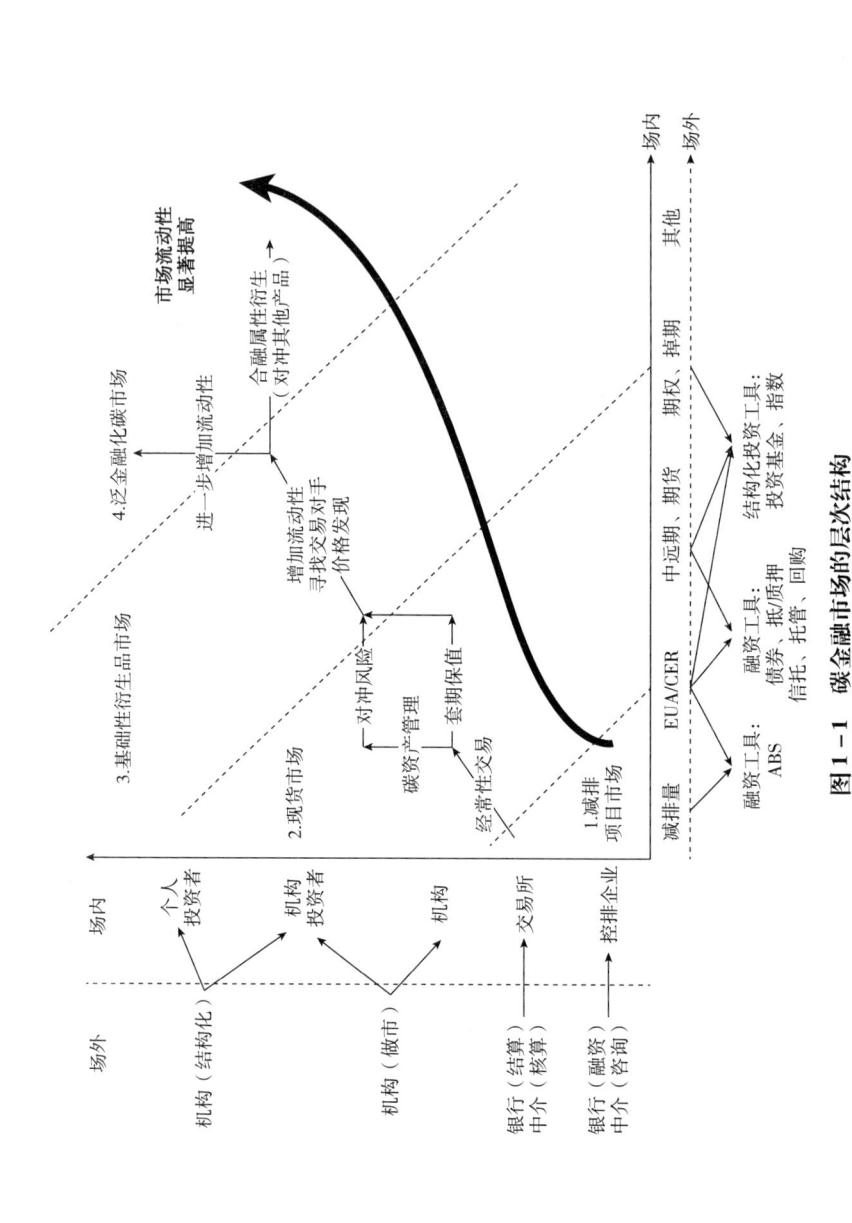

资料来源：兴业研究所：《绿色金融报告：碳金融衍生品的意义和发展条件》，http://greenfinance.xinhua08.com/a/20161019/1664681.shtml。

（1）减排项目市场。碳市场发源于最简单的减排项目市场。控排企业为唯一的主体，主要负责开发减排量，而金融和中介机构提供场外融资和CDM市场的咨询服务。

（2）现货市场。碳配额和减排信用是主要的交易标的，控排企业以及交易机构是核心主体，中介机构在场外提供排放核查、货币结算等。随着控排企业的实际履约需要变化，碳现货市场的连续、集中交易模式呈现明显的"潮汐"特征。

（3）基础性衍生品市场。由于配额发放和交割履约之间存在时差，控排企业产生了套期保值以及碳资产优化管理的需求，从而催生了碳远期和碳期货合约等衍生品，也吸引了金融机构提供碳资产管理等服务。金融机构在碳资产管理过程中需要对冲碳价风险，由此产生了期权、掉期等更加复杂的衍生品。衍生品市场存在诸多益处，一方面金融机构的参与使得碳市场总体流动性增强，另一方面为碳市场提供套保和碳资产管理的功能，从而提升企业的碳市场参与能力，并增强现货市场的流动性。

（4）泛金融化碳市场。和其他大宗商品市场不同，碳市场的供需具有"潮汐"特征。在非履约期碳市场中基于实际需求的交易量很小，但只有足够的市场流动性和市场参与者才能实现资金的有效流转，并体现金融市场的价格发现功能。因此，碳市场的发展离不开非实需（投机性）交易主体的广泛参与。通过引入投机性需求，实际上引入了对碳资产异质化的价值判断，从而产生了交易动力。在此背景下，碳市场的金融属性进一步彰显，并与其他金融市场产生信息关联。事实上，欧盟碳市场已经在第二阶段早期（2008年国际金融危机爆发期间）呈现出泛金融化发展态势，碳金融衍生品的大量交易显著提高了碳市场的流动性。

随着全球碳交易市场规模的迅速扩大以及碳交易体系的逐步完善，碳交易市场也吸引了大量参与者（见表1-4）。首先，控排企业既是碳配额的供给方，也是碳信用的需求方，控排企业参与碳市场的目的包括对冲、合规和短期投机。此外，作为CER和ERU

的供给方，CDM 和 JI 等减排项目的业主理论上也是碳市场的重要主体。鉴于控排企业可以使用减排信用 CER 抵销其一定比例的碳配额，项目业主可以通过提供符合要求的项目减排量以获取经济收益，但一般而言，项目业主很少直接参与碳交易，绝大多数 CER 通过金融机构尤其是碳基金进入碳市场。其次，金融投机商，包括商业银行、投资银行和碳基金，也是主要的参与方，它们作为套利者，为碳市场提供了流动性和中介服务。再次，交易平台的参与可以提供规范透明的交易场所和交易工具，汇集并发布交易信息，降低交易风险和交易成本，吸引买卖双方进场交易，增强市场流动性并从中获益。最后，政府机构和一些非营利性质的世界性组织也会在特定时间以特殊主体的身份参与碳交易。

表1-4　　　　　　　　　　碳市场的参与主体

参与主体	基于配额的碳交易市场	基于项目的碳交易市场
交易所	EU ETS 框架下的交易所	CDM 提供方交易平台
政府部门	缔约方国家、非缔约方国家	非缔约方国家
国际组织	世界银行、联合国环境计划委员会	世界银行、联合国环境计划委员会
非政府组织	世界自然资源委员会	世界自然资源委员会
金融机构	商业银行、投资银行、保险公司、证券公司、碳基金	商业银行、投资银行、保险公司、证券公司、碳基金
其他交易主体	私募股权基金、控排企业、能源企业、个人投资者	各类私募股权基金、控排企业、能源企业、项目业主、个人投资者

资料来源：笔者根据莫大喜等《碳金融市场与政策》及碳交易相关网站整理所得。

（四）欧盟碳市场表现

经过十几年三个阶段的体系完善，欧盟碳市场的成熟度也在不断增强。接下来，本书将从交易量和价格两方面初步总结 EU ETS 的市场表现。

图1-2 展示了 EU ETS 二级市场中主要碳期货产品欧盟碳配额（European Union Allowance，EUA）从 2005 年至 2020 年年底的

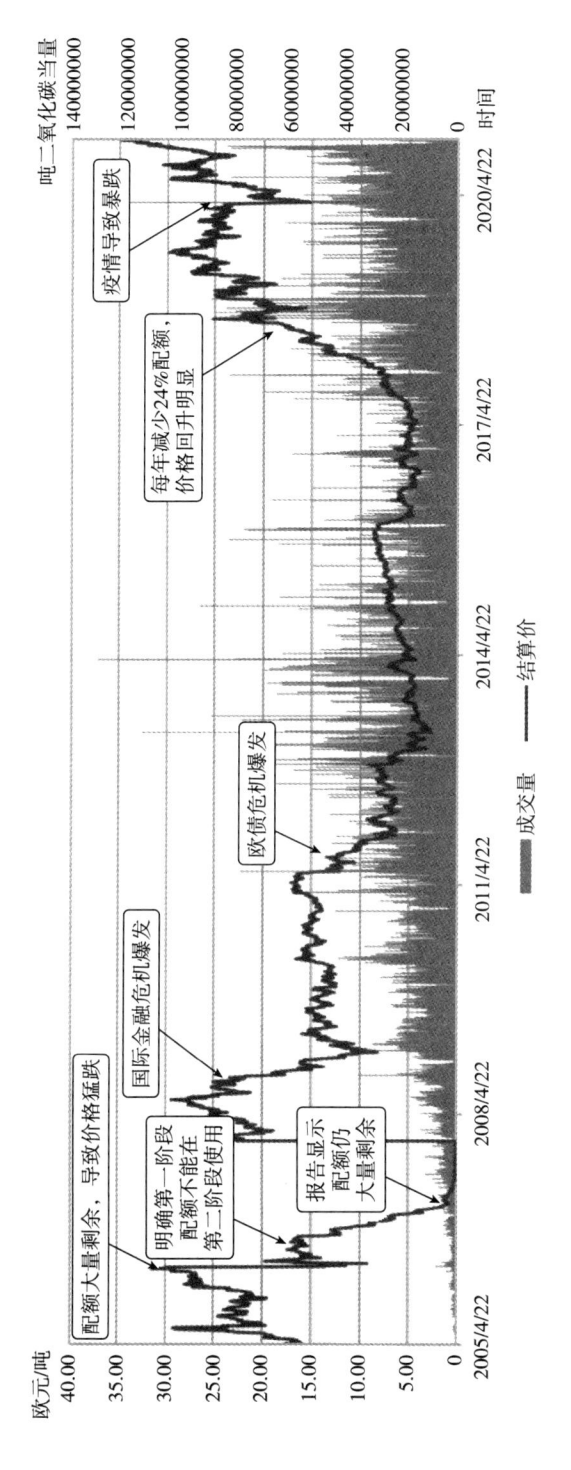

图 1-2 欧盟碳配额的二级市场成交量及连续期货合约价格

资料来源：华西证券：《全球碳交易市场的前世今生，中国可汲取的教训与面临的挑战》，https://pdf.dfcfw.com/pdf/H3_AP202103191473708156_1.pdf?1616146861000.pdf。

价格走势和成交量，图1-3至图1-5分别展示了碳配额价格在前三个阶段的趋势特征及主要影响事件。总体而言，配额市场的成交量在EU ETS第一阶段和第二阶段（2005—2012年）都呈现出稳步上涨的趋势，并在2013年达到峰值，随后逐渐下滑并经历了近3年的低位震荡。2017年碳价急速攀升，并在2019年达到历史新高。此外，碳价剧烈波动且总体呈现出U形趋势，即在第一和第二阶段呈下降趋势，并经历多次暴跌，但在第三和第四阶段稳步上涨。值得一提的是，碳价表现出较强的脆弱性，因为其在整个过程都受到诸多事件的显著影响。

具体而言，2006年欧盟碳价经历了第一次暴跌，主要是欧盟发布的《2005年排放报告》显示碳配额有大量剩余，导致碳价直线下跌。2006年下半年伴随着欧盟明确第一阶段碳配额不能在第二阶段使用，碳价再次暴跌至近乎0欧元/吨。在第二阶段，碳价在2008年国际金融危机的冲击下大幅下跌。随后，在2011年欧债危机的持续蔓延下，碳价再次暴跌，之后多年保持在10欧元/吨以内的低价状态。在第二阶段结束时，市场有近20亿吨过剩配额被存入第三阶段。为了灵活调整碳配额的供求关系，减少配额过多造成的价格压力，2015年欧盟委员会提出"市场稳定储备机制"。从2019年1月开始，欧盟市场稳定储备机制每年将减少24%的超额碳排放权直至2030年，在此之后降幅将收窄为每年12%，再加上2019年5月欧盟减少配额竞拍量，从而显著促进了碳价的快速回升。2020年由于疫情影响和电力减排量大幅下降，欧盟碳市场的价格再次出现暴跌，目前通过收紧碳配额发放和制定更高的气候目标[①]，碳价继续攀升。2021年3月在能源和股市的支撑下，由于看涨的投机情绪继续占据主导地位，碳价攀升至42/吨以上，且有望在2021年达到100欧元/吨。

---

① 2020年9月，欧盟委员会提出要将2030年气候目标从40%提高到至少55%。

图 1-3 显示碳价在 EU ETS 第一阶段（2005—2007 年）大幅下降。其中，由于试运行阶段没有历史数据和缺乏配额分配经验，仅仅凭借需求估计对碳配额进行免费分配，最终导致碳配额总量远远超过实际排放量。尤其是在 2006 年 4 月，由于核准数据的泄露，市场上碳配额供大于求的事实直接导致碳配额的抛售狂潮，EUA 价格随即暴跌，从一开始最高的每吨 30 欧元下跌到 10 欧元左右。随后，由于欧盟委员会宣布第一阶段的配额不能跨期储存，EUA 现货价格又出现急速下降，并在第一阶段末期跌至近乎 0 欧元。最后直到欧盟在 2007 年公布了"20—20—20"行动目标并表明了推进减排的坚定决心，EUA 价格才重新开始走高。

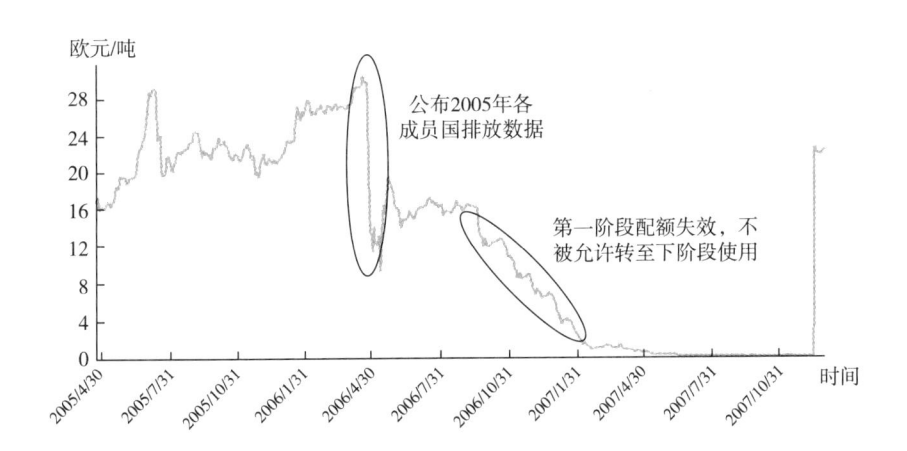

图 1-3 EUA 期货在第一阶段的价格走势及相关重要事件

资料来源：笔者根据 Wind 数据库整理。

经历了第一阶段的价格剧烈波动后，欧盟委员会在第二阶段（2008 年至 2012 年年底）开始尝试通过调整交易机制来稳定价格。由图 1-4 可知，2008 年年初 EUA 期货价格曾回升到第一阶段的高点，但美国次贷危机的爆发陆续演变为国际金融危机，对欧洲经济造成了强烈的冲击，生产活动的减弱也大大降低了控排企业对碳排放权的需求。因此，EUA 期货价格再次从每吨接近 30 欧元的水平迅速跌至不足10欧元。2009—2011年由于全球经济复苏政策的陆续出台，EUA价格逐渐趋稳，大致保持在每吨15欧元左右。然而，2011年全面爆发的欧债危机再次打破了这种相对平稳的局面，欧盟经济的大幅衰退导致市场上碳配额严重过剩，EUA期货价格再次快速下降至7欧元左右。随后，欧盟委员会决定将航空业纳入减排范围，碳价由此呈现出小幅上涨。此后在多个事件的综合影响下，包括放弃能效指令、提出折量拍卖、宣布与澳大利亚贸易体系相连接、欧盟同意"停止时钟"（Stopping the Clock）航空法，EUA期货呈现出小幅震荡趋势，到第二阶段结束时，碳价已不足高点时的1/4。

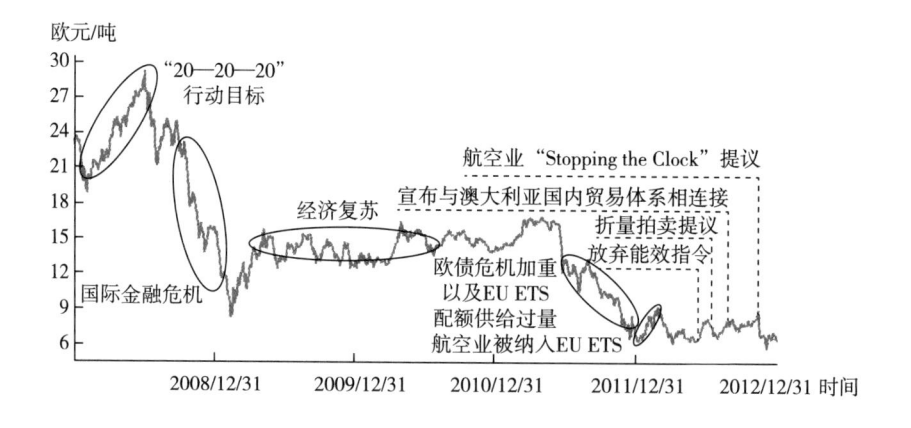

图1-4 EUA期货在第二阶段的价格走势及相关重要事件

资料来源：笔者根据Wind数据库整理。

由图1-2和图1-5可知，虽然第三阶段（2013—2020年）开始时的EUA总成交量呈现出上涨趋势，但是成交价格却欲振乏力。低迷的市场需求加之多次"折量拍卖"争议导致EUA期货价格缺乏增长动力，且曾一度下跌至3欧元/吨的低点。随后，欧盟委员会于2012年年底提出"折量拍卖"方案，即在2016年年底冻结近9亿碳配额到2019—2020年再进行拍卖，以期缓解碳配额分配过度的问题。该方案经过多次争论，最终确定于 2014 年 3 月正式启动，由于未能从根本上解决配额供应过多的问题，碳价并没有明显上涨。因此，2015 年欧盟委员会计划在 2019 年使用"市场稳定储备机制"对碳配额的供求关系进行灵活调整，以提高碳市场应对经济冲击的调整能力，该项应对措施的出台导致碳价出现小幅上涨。然而，《巴黎协议》没能达成量化减排目标，以及中国经济增速放缓引发的全球能源商品价格暴跌共同导致碳价在 2015 年年末出现急速下跌，并在英国脱欧的冲击下，继续在低位震荡。直到 2017 年市场纷纷预测 2019 年 1 月实施的市场稳定储备机制很可能引起欧盟碳市场配额供不应求，碳价才从 2017 年 5 月的 5 欧元/吨左右飙升至 2019 年 1 月的 25 欧元/吨。

图 1-5　EUA 期货在第三阶段的价格走势及相关重要事件

资料来源：笔者根据 Wind 数据库整理。

三　中国碳市场的发展现状

（一）国家减排目标制定

我国始终高度重视气候变化问题，主动承担国际减排责任，积极实施应对气候变化国家战略，相继采取了调整产业结构、优化能源结构、提高能源效率、推进碳市场建设、增加森林碳汇等一系列措施。

在碳约束目标制定方面，中国政府在2007年6月发布了《中国应对气候变化国家方案》，并成立了"国家应对气候变化领导小组"以专门领导气候变化和节能减排相关工作。2010年8月，国家发改委下发《关于开展低碳省区和低碳城市试点工作的通知》，明确将在全国五个省份和八个城市开展相关低碳试点工作，并提出将通过市场机制应对气候变化的指示。2011年12月，国务院通过发布《"十二五"控制温室气体排放工作方案》，明确了下个五年的减排目标和相关要求。

在减排承诺方面，中国政府在2009年哥本哈根缔约方会议召开前，向国际社会承诺到2020年单位GDP碳排放强度比2005年下降40%—45%，并将它作为约束性指标纳入国民经济和社会发展中长期规划，同时建立全国统一的统计、监测和考核体系。2014年11月，在历史性的《中美气候变化联合声明》中，中国政府承诺到2030年左右碳排放达到峰值并将争取早日达峰，2030年同时将非化石能源占一次能源消费的比重提高到20%。2015年6月30日，中国政府向联合国提交了《强化应对气候变化行动——中国国家自主贡献》，提出2020年后中国应对气候变化的三个目标：一是二氧化碳排放量将在2030年左右达到峰值并争取尽早达峰；二是单位GDP二氧化碳排放比2005年降低60%—65%；三是将非化石能源占一次能源消费的比重上升到20%左右等。

2020年，在新冠肺炎疫情席卷全球、应对气候变化多边进程受到挑战之际，中国政府多次在重大国际场合重申中国应对气候变化的重大承诺，并将减排承诺纳入生态文明建设整体布局。例如，2020年9月22日，习近平主席在第75届联合国大会一般性辩论上发表重要讲话，承诺中国将提高国家自主贡献力度，采取更加有力的政策和措施，二氧化碳排放力争于2030年前达到峰值，努力争取2060年前实现碳中和。2020年12月12日，习近平主席在气候雄心峰会上进一步宣布：到2030年，中国单位国内生产总值二氧化碳排放将比2005年下降65%以上，非化石能源占一次能源消费比重将在25%左右，森林蓄积量将比2005年增加60亿立方米，风电、太阳能发电总装机容量将在12亿千瓦以上。

（二）碳交易政策推进

2012年以前中国碳市场发展缓慢，主要以参与清洁发展机制项目为主，随着后京都时代的到来，中国开启了快速的碳市场建设工作，具体进程如图1-6所示。

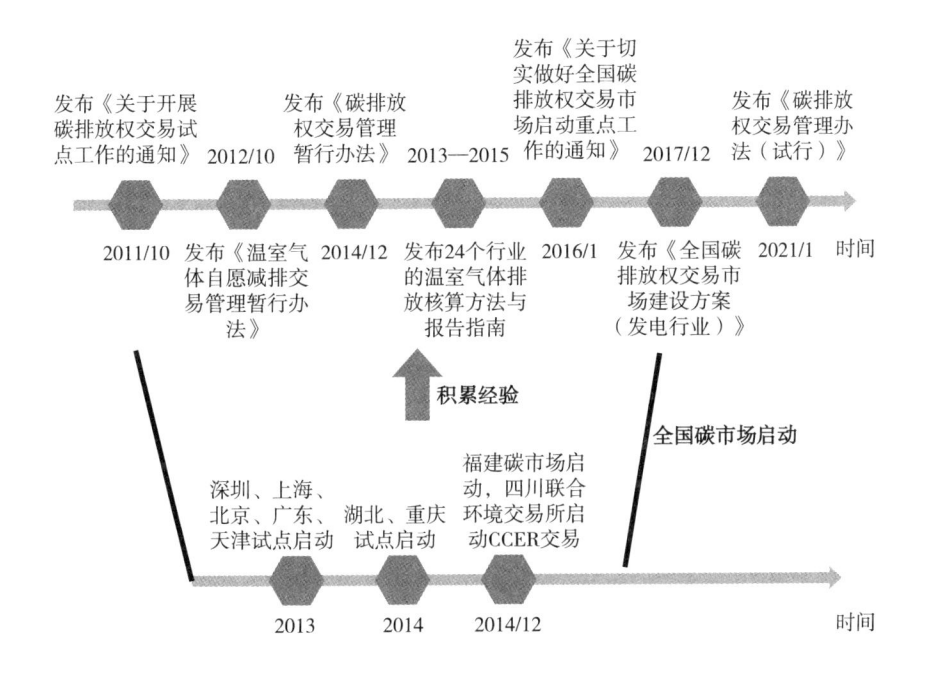

图1-6 中国碳市场建设进程

资料来源：华西证券：《全球碳交易市场的前世今生，中国可汲取的教训与面临的挑战》，https：//pdf. dfcfw. com/pdf/H3_ AP202103191473708156_ 1. pdf？1616146861000. pdf。

2011年11月，国家发改委下发《关于开展碳排放权交易试点工作的通知》，正式批准在北京、天津、上海、重庆、湖北、广东、深圳两省五市开展碳排放权交易试点，2014年6月起，两省五市碳交易试点全部开始实际交易。中国碳市场发展大致分为三个阶段：

①第一阶段（2011—2013 年）为地方试点启动阶段。2011 年起国家发改委先后在北京、天津、上海、重庆、广东、湖北、深圳启动 7 个碳交易试点，并于 2012 年发布《温室气体自愿减排交易管理暂行办法》，探索建立碳交易机制。②第二阶段（2013—2017 年）为全国碳市场准备阶段。2013 年 11 月中国将建设全国碳市场列入全面深化改革的重点任务之一。随后 2014 年 12 月国家发改委发布《碳排放权交易管理暂行方法》，确立全国碳市场总体设计框架，陆续发布 24 个行业的温室气体核算方法与报告指南。同月，福建碳排放权交易在福建海峡股权交易中心正式启动，成为国内第八个试点区域碳市场之一。2016 年 1 月国家发改委发布《关于切实做好全国碳排放权交易市场启动重点工作的通知》，并在 2017 年 12 月发布《全国碳排放权交易市场建设方案（发电行业）》，这标志着全国统一碳市场建设工作的正式启动。③第三阶段（2018—2021 年）为全国碳市场的建设与完善阶段。2018 年 3 月，负责碳排放权交易的生态环境部成立，于 2021 年 1 月发布《碳排放权交易管理办法（试行）》，并配套印发了配额分配方案和重点排放单位名单，意味着自 2021 年 1 月 1 日起，全国碳交易市场发电行业第一个履约周期正式启动，2225 家发电企业率先被纳入全国市场。2021 年 7 月正式启动全国碳市场在发电行业的线上交易。预计全国碳市场在"十四五"期间将逐步扩大覆盖范围至钢铁、建材、有色、化工、石化、煤炭等重点耗能行业，届时将成为全球最大规模的碳排放权交易体系。

（三）中国碳现货市场现况

目前，中国试点碳市场已经顺利完成了 6—7 年的履约任务（福建试点碳市场除外）。虽然各个试点碳市场在机制设计方面均主要以 EU ETS 为建设范本，但由于 8 个试点市场横跨了中国东、中、西部地区，在经济发达程度、工业和能源结构、能源效率以及碳减排的潜力和成本方面均存在较大差异（Pang et al., 2015），而且在当地政府的领导下独立运行，因此其制度设计既表现出一定的共性，又呈现出差异化的区域特征。例如，深圳碳市场致力于市场化制度设计；湖北碳市场重视提高市场流动性；北京碳市场和上海碳市场强调加强履约管理；广东碳市场致力于一级市场建设，但政策的连续性不高；重庆碳市场实行企业配额自主申报的配发模式，配额分配严重过剩；福建碳市场作为全国统一碳市场的试验田，具有建设起点高、配套制度优、覆盖范围广以及交易品种全等特点。

1. 机制设计差异

碳交易机制设计大致包括10个环节（见图1-7）。①确定覆盖范围。②设定总量，排放总量设定是否有效取决于基础数据是否有效和相关建设是否合适。③分配配额。④考虑使用抵销机制。⑤确定灵活性措施。⑥考虑价格可预测性和成本控制。维持碳价的平衡性很重要，一方面碳价要足够高以影响投资决策，另一方面又要足够低以确保平衡过渡到碳约束时代。⑦确保履约与监督机制。⑧加强利益相关方参与、交流及能力建设。⑨考虑市场链接。⑩实施、评估与改进。碳市场的运行有效性取决于上述10个环节的协同效应。虽然中国试点碳市场的机制设计都包括了上述环节，但具体设计方案存在显著差异。

目前中国试点碳市场大都以地方法规以及政府规章的形式推行，且各自根据自身的产业结构设置了具有差异化的控排企业纳入门槛和行业覆盖范围。其中，以服务业为支柱产业的北京和深圳等城市，主要将企事业单位纳入控排范围；相反，湖北和广东作为重工业发展省份，其试点碳市场则主要覆盖钢铁、水泥、化工、电力等高排放行业。此外，每个试点碳市场的总量设置具有差异性。例如，北京、上海、天津和深圳的碳市场配额总量在试点期间保持不变；湖北试点碳市场则每年增加控排总量以适应经济增长，但重庆则逐年减少控制总量（Xiong et al., 2015）。在履约制度设计方面，虽然各试点地区的履约日集中在6月，但对于未履约企业的处罚力度参差不齐。例如，北京市通过地方人大立法，要求未履约企业按照市场价格的3—5倍缴纳罚款，但是天津市只要求未履约企业限期整改，且三年内不再享受优惠政策。在配额分配方面，所有试点碳市场在初

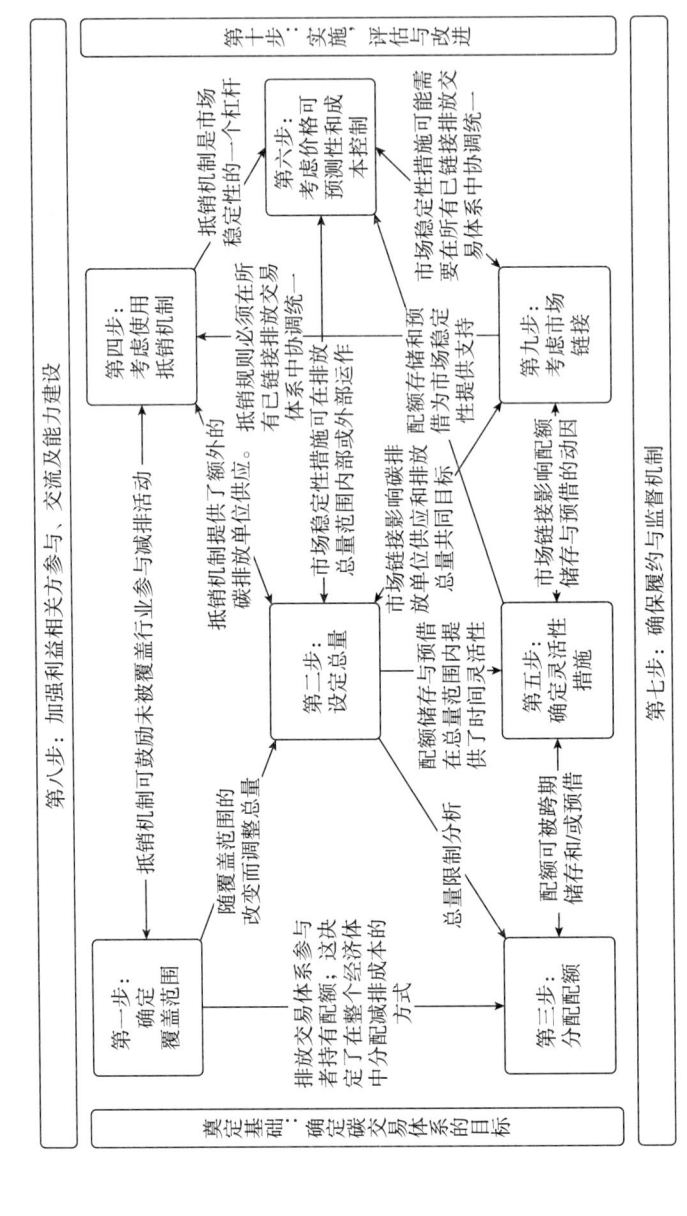

图 1-7 碳交易机制设计

资料来源：华西证券：《全球碳交易市场的前世今生，中国可汲取的教训与面临的挑战》，https://pdf.dfcfw.com/pdf/H3_AP202103191473708156_1.pdf?1616146861000.pdf。

期均通过历史法或基准线法免费分配，随后，广东和深圳也逐渐推行有偿分配方案。例如，广东碳市场制定了强制有偿分配方案，即企业需先拍卖3%的有偿配额，才能得到97%的免费配额。

此外，各试点碳市场在二级市场交易制度和自愿减排量的抵销制度方面也存在显著差异（见表1-5）。目前，中国碳交易体系的主流交易产品为各试点市场的碳现货以及项目减排量CCER。各试点市场分配的碳配额主要通过场内市场进行交易，其主流交易方式为T+5，但湖北等个别地区在省政府的支持下采取了T+1的交易方式，而广东则采用了T+3。此外，碳配额大宗交易必须通过场外进行协议转让，即交易方对配额数量和价格达成一致意见后，在交易平台进行注册及清算。为了维护市场稳定，各试点碳市场均将碳配额交易的涨幅限制在10%—30%，北京碳市场还专门设定了固定的碳价调控区间（20—150元/吨），若碳价波动超出该区间将引发政府干预机制。相应地，湖北碳市场经历了2016年的多次连续跌停后，也将下跌幅度缩减为1%，以防止价格暴跌导致的市场恐慌情绪。最后，针对市场垄断和价格调控风险，各试点碳市场均限制了履约机构、非履约机构和自然人的最大持有量。

2. 试点碳市场的配额交易表现

截至2020年10月30日，由图1-8和图1-9可知，一、二级现货市场累计成交量为4.23亿吨，成交额为97.9亿元。广东碳市场的成交量和成交额最高，位于第一梯队；湖北、深圳、上海、北京碳市场位于第二梯队；虽然北京碳市场的交易量排名第五，但由于其价格偏高，所以成交额仅次于广东和湖北碳市场，排名第三。天津、重庆、福建碳市场的成交量偏低，位于第三梯队。值得一提的是，湖北碳市场的线上成交量远高于线下成交量与拍卖成交量，但其他碳市场的主体成交均为线下成交量。

此外，八大试点碳市场的公开交易日成交均价也表现出明显的异质性，由图1-10可知，试点碳市场的均价大多在0—90元/吨波动。总体而言，各试点碳市场的价格表现出明显的周期性履约现象，

表1-5　中国八省市碳排放权交易试点交易机制及抵销机制

交易平台	北京环境交易所	天津排放权交易所	上海环境能源交易所	重庆碳排放权交易中心	湖北碳排放交易中心	广州碳排放交易所	深圳排放权交易所	福建海峡股权交易中心
交易主体	重点排放单位及其他自愿参与交易的单位、符合条件的自然人	纳入企业及国内外机构、企业、社会团体、其他组织和个人	试点企业、符合条件的机构投资者	配额管理单位、其他符合条件的市场主体及自然人	控排企业、拥有CCER的法人机构和其他组织、省碳排放储备机构、符合交易条件的法人机构和其他组织	控排企业、新建项目企业、符合条件的其他组织和个人	控排企业、其他纳入企业、个人、投资机构	控排企业、机构、个人
交易产品	BEA、CCER、林业碳汇与节能项目碳减排量	TJEA、CCER	SHEA、CCER	CQEA、CCER	HBEA、CCER	GDEA、CCER	SZA、CCER	FJEA、CCER、林业碳汇减排量
交易模式 竞价交易	√（公开交易）	√（公开交易）	—	—	—	√（单向竞价）	√（电子竞价）	√（单向竞价）
双边协议交易	√（协议转让）	√（协议转让）	√（协议转让）	√（协议交易）	√（协商议价转让）	√（协议转让）	—	√（协议转让）
挂牌点选交易	—	—	—	—	—	√（挂牌点选）	√（定价点选）	√（挂牌点选）
申报匹配交易	√（网络现货交易）	√（挂牌交易）	√（挂牌交易）	√（定价公开转让）	√（挂牌竞价）	√（大宗交易）	√（定价转让）

续表

交易平台	北京环境交易所	天津排放权交易所	上海环境能源交易所	重庆碳排放权交易中心	湖北碳排放权交易中心	广州碳排放权交易所	深圳排放权交易所	福建海峡股权交易中心
涨跌限制	公开交易（20%）	10%	30%	20%	10%（自2016年7月，跌幅调整为1%）	10%（挂牌）	10%（大宗）	10%（挂牌点选），30%（协议转让）
抵销机制 比例限制	不高于年年度配额的5%	不超出当年实际排放量的10%	不超过年度配额的5%	不超过企业审定排放量的8%	不超过初始配额10%	不超过初始配额的10%	不超过初始配额的10%	不高于年年度排放量的10%（林业碳汇项目不得超过10%，其他项目不超过5%）
地域限制	京外项目不超过2.5%；优先使用河北省、天津市等预备级市签署的CCER	未限定	不能使用在其自身排放边界范围内的CCER	未限定	产生于湖北省行政区域内；不能使用在其自身排放边界范围内的CCER	至少70%产生于广东省温室气体自愿减排项目；不能使用在其自身排放边界范围内的CCER	不能使用在其自身排放边界范围内的CCER	产生于福建省行政区域内

资料来源：笔者根据中国碳市场相关网站及研究文献整理所得。BEA、TJEA、SHEA、CQEA、HBEA、GDEA、SZA、FJEA分别为北京碳配额、天津碳配额、上海碳配额、重庆碳配额、湖北碳配额、广东碳配额、深圳碳配额、福建碳配额。CCER（China Certified Emission Reductions）为中国核证自愿减排量。

即在履约期前快速走高,并在履约期后快速下跌。相比之下,北京碳市场自开市以来,成交价格一直位居八省市之首,2014年至今,成交价格稳中有升,2020年价格波动较大。天津和重庆碳市场的成交价格处于较低水平,2019年之前基本稳定在10—15元/吨。广东和深圳碳市场建立初期,配额价格较高,2014—2019年总体呈下降趋势,深圳市场2021年成交价格下降至开市以来最低,只有10元/吨左右。广东碳市场自2020年至今稳定在30元/吨左右。2017—2018年,除了重庆碳市场,其他试点市场总体上表现出相对稳定的均价走势。

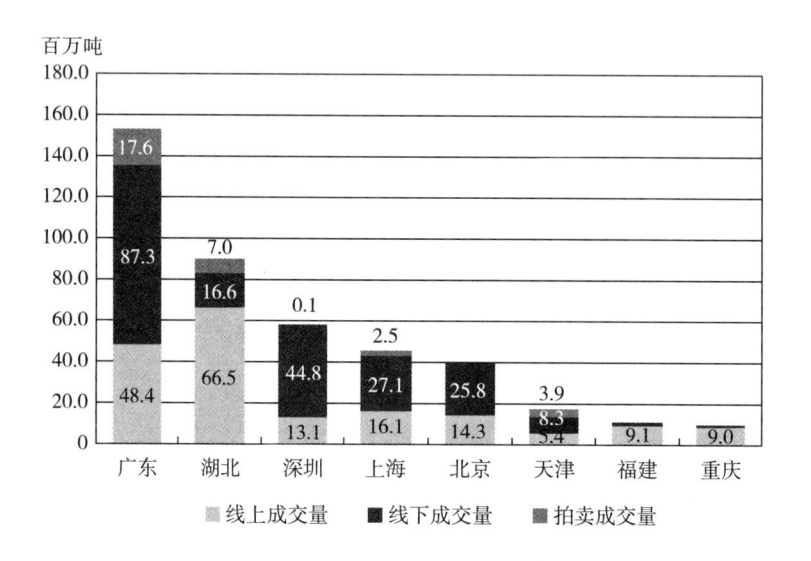

图 1-8 中国试点碳市场的配额成交总量(截至 2020/10/30)

资料来源:Slater H. 等,《2020年中国碳价调查》,http://www.chinacarbon.info/wp-content/uploads/2020/12/2020-CCPS-CN.pdf。

具体而言,北京碳市场的价格基本维持在50元/吨以上;上海碳市场总体价格水平在30—40元/吨,但在2017年6月底完成履约之后,价格曾出现一定程度下跌,随后又缓慢回升。类似地,履约期之前的深圳碳市场均价一直维持在30元/吨左右,但在履约期结束

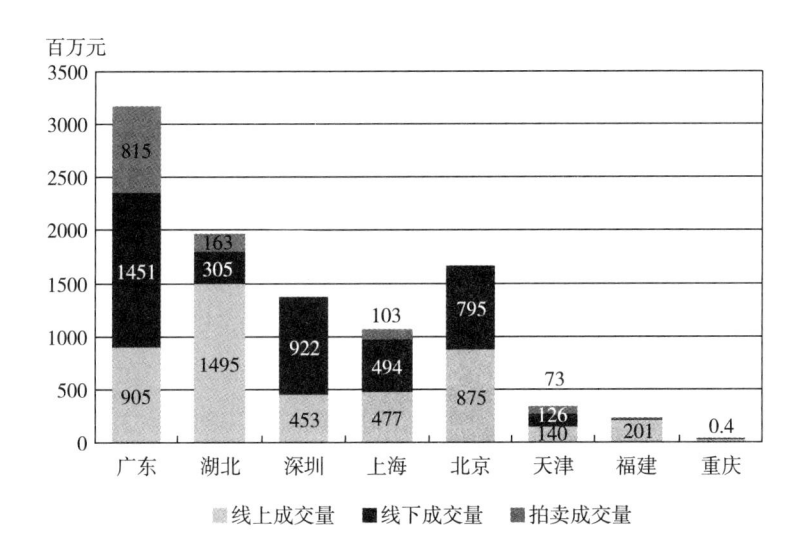

图 1-9 中国试点碳市场的配额成交总额（截至 2020/10/30）

资料来源：Slater H. 等：《2020 年中国碳价调查》，http：//www.chinacarbon.info/wp-content/uploads/2020/12/2020-CCPS-CN.pdf。

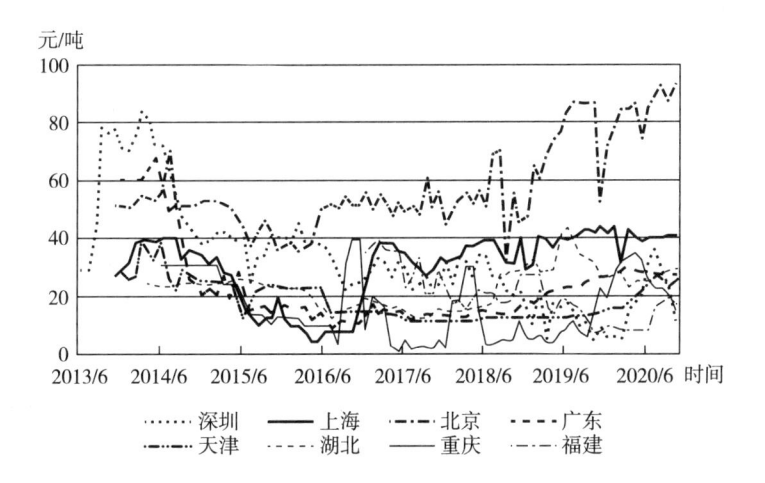

图 1-10 中国试点碳市场的公开交易日成交均价（截至 2020/10/30）

资料来源：Slater H. 等：《2020 年中国碳价调查》，http：//www.chinacarbon.info/wp-content/uploads/2020/12/2020-CCPS-CN.pdf。

后快速降低。重庆碳市场自 2017 年以来价格呈现出"U"形走势，曾由 2017 年 3 月的 15 元/吨降至 1 元/吨，随后在 2017 年年底反弹到近 30 元/吨。湖北碳市场和广东碳市场的价格均较稳定，分别维持在 15 元/吨左右和 10—20 元/吨。天津碳市场的活跃度很低，价格在此期间维持在 10—15 元/吨。福建碳市场自开市以来稳定在 35 元/吨左右，但从 2017 年履约季开始下跌，目前已降至 10 元/吨左右。2019—2020 年，除了上海碳市场和广东碳市场的价格基本稳定，其余碳市场的价格均出现大幅波动。

3. 试点碳市场的流动性表现

此外，流动性也是衡量市场表现的重要指标。为了综合反映国内各个试点碳市场成交价格和流动性，北京绿色金融协会于 2014 年开发出"中碳市值指数"和"中碳流动性指数"两只指数。图 1 - 11 和图 1 - 12 分别展示了两只指数在 2014—2016 年以及 2017—2018 年的走势。整体而言，由图 1 - 11 可知，自 2014 年 1 月 2 日开始，中碳指数呈现出较大的波动，特别是在每年履约期前后波动剧烈，可见中国试点碳市场还处于早期发展阶段，履约仍然是企业参与碳交易的主要目的，碳市场的投资功能还未展现出来。与此同时，全国碳市场配额价格在 2014—2016 年一直呈下降趋势，说明配额市场总体处于较为明显的供过于求的状态。然而，由图 1 - 12 可知，2017—2018 年中碳流动性指数不仅出现了"潮汐"现象，还在 2017 年 9—11 月表现出剧烈波动，由此说明中国试点碳市场的投资功能逐渐凸显。与此同时，中碳市值指数在此期间稳定维持在 500—600，说明试点碳市场的整体配额价格表现稳定，配额市场没有出现严重的供求不平衡问题。

总体来说，虽然八大试点碳市场具有差异化的机制设计，并在成交量和成交价格方面表现出明显差距，但近年来，随着试点工作的大力推行、控排企业纳入门槛的降低、参与主体种类的增多，部分试点碳市场的成交量猛增，市场流动性增强，而且配额交易均价逐渐趋于稳定。然而由于碳金融衍生品市场的缺失以及相关交易制度尚不完善，试点碳市场整体上还是表现出明显的履约周期行为。流动性的缺失和价格波动过度致使中国试点碳市场只存在履约价值而非投资价值，从而严重制约碳市场的价格发现功能和减排有效性。

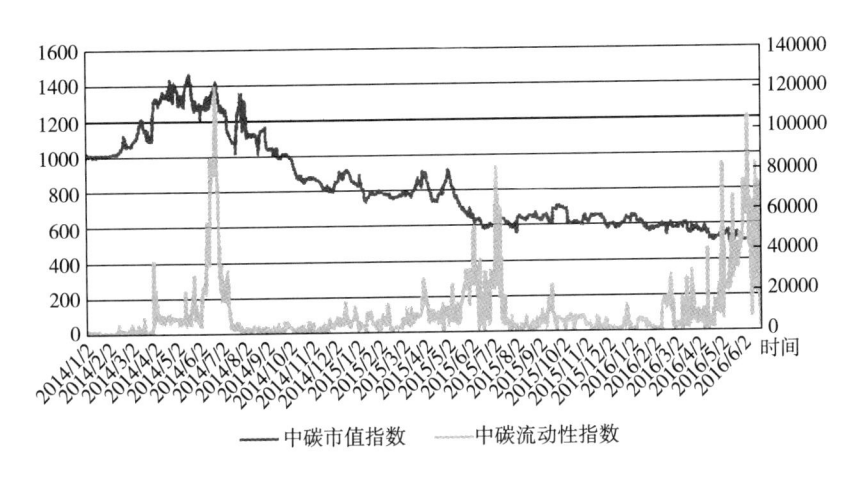

图1-11 中碳指数历史走势（2014—2016年）

资料来源：北京绿色金融协会（https://www.cbeex.com.cn/article/ywzx/bjrfw/ztzs）。

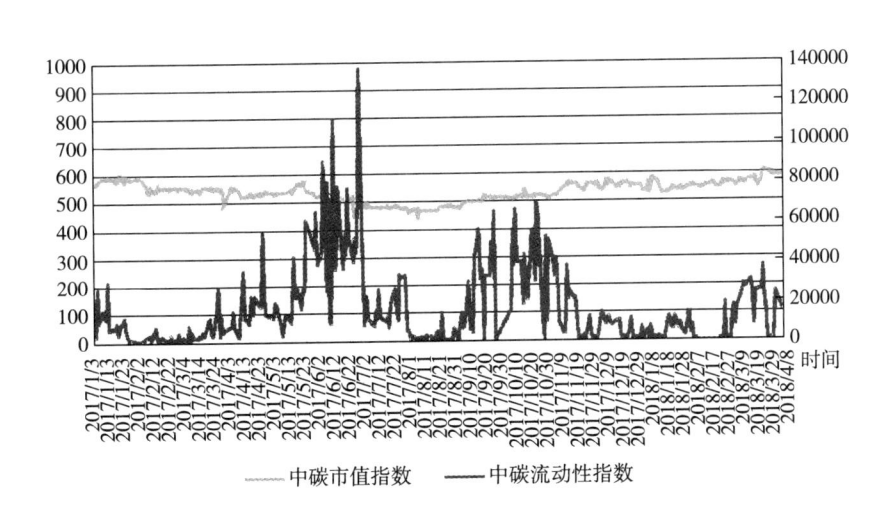

图1-12 中碳指数历史走势（2017—2018年）

资料来源：北京绿色金融协会（https://www.cbeex.com.cn/article/ywzx/bjrfw/ztzs）。

（四）中国碳金融市场现况

从全球碳市场的发展经验看来，碳金融衍生品市场与碳现货市场的发展相辅相成。碳金融是碳交易发展的必然需求和方向，全球碳市场的建立与发展离不开活跃的碳远期、碳期货及其他碳衍生品交易。

目前，除了大力支持碳现货交易外，中国政府也强调了发展碳排放权金融衍生品的重要性和必要性。我国试点市场互相分割，单体规模较小，金融机构参与度低以及市场对碳交易的认知不高，政策体制面临巨大转弯等，已经造成了碳市场流动性不足、价格发现功能无从发挥、市场成交量出现严重的"潮汐"现象等问题。

2014年5月，国务院通过《关于进一步促进资本市场健康发展的若干意见》（新国九条），要求发展商品期权、商品指数、碳排放权等交易工具，充分发挥期货市场价格发现功能和风险管理功能，并增强期货市场服务实体经济的能力。2014年11月，证监会表示下一阶段将会继续创新期货市场的品种，推进碳交易试点工作，研究国内开展碳期货交易的可能性。2015年1月，证监会在2015年重点工作安排中提出研究开发碳排放权期货等新交易工具。2016年8月，中国七部委（中国人民银行、财政部、国家发改委、环境保护部、银监会、证监会、保监会）联合发布了《关于构建绿色金融体系的指导意见》，指出要有序发展碳远期、碳掉期、碳期权、碳租赁、碳债券、碳资产证券化和碳基金等碳金融产品和衍生工具，并探索碳排放权期货交易，以促进建立全国统一的碳排放权交易市场和有国际影响力的碳定价中心。2018年，证监会再次强调要充分借鉴国际经验，研究发展碳排放权期货等商品期货新品种，通过市场化机制推动全国碳市场的快速发展。

为了优化碳资产管理、活跃碳市场交易，八大试点碳市场自正式运行以来陆续开展了碳金融产品研发，涵盖了除碳期货外的交易工具、融资工具、支持工具以及资产管理工具等（见表1-6）。当前，各试点交易机构联合金融机构围绕碳排放配额及CCER现货，引入融资、衍生品、资产管理、基金、债券等金融创新产品和服务，开展了初步的探索和尝试。碳金融产品大致包括融资工具、衍生品和其他金融工具三类。第一，融资工具是指企业以碳配额或 CCER 向银行或其他机构获取资金融通，包括碳质押融资和碳回购融资。第二，试点碳市场的碳金融衍生品是以上海试点的配额现货远期为主。第三，各试点机构还相继推出了借碳、碳基金、碳债券、碳信托、结构性存款等其他金融工具，比较活跃的是借碳。

表1-6　　　　　　　中国试点碳市场主要碳金融创新

种类	产品名称	北京	天津	重庆	湖北	广东	深圳	上海	福建
交易工具	碳债券				√		√		
	碳配额场外掉期	√							
	碳远期				√	√		√	
	场外期权交易	√				√			
融资工具	碳配额回购	√				√			√
	CCER 质押贷款							√	
	配额质押贷款	√			√	√	√		√
	CCER 碳众筹				√				
	借碳交易							√	
	碳资产质押授信	√							
	卖出回购							√	
	碳基金				√	√			
支持工具	中碳指数	√						√	
资产管理工具	碳资产托管				√	√			√
	绿色结构存款						√		
	碳市场集合资产管理计划							√	
	碳资产抵押品标准化管理					√			
	碳排放信托							√	

资料来源：笔者根据中国碳金融相关网站及研究文献整理所得。

表1-6显示，北京、湖北、广东以及上海碳市场在碳金融产品创新方面表现突出，其中北京碳市场主要集中在交易工具和融资工

具方面，湖北和广东碳市场还创新性地开发了多种碳资产管理工具，上海碳市场则主要集中开发融资工具和碳资产管理工具。其中，配额质押贷款、碳基金以及碳资产托管已被多个试点碳市场广泛运用，且证监会也表示会积极指导广州期货交易所加快推进碳期货市场建设。在参与主体方面，没有金融机构的参与，碳市场在价格发现、引导预期、风险管理等方面的作用将大打折扣。国内试点碳市场均允许机构投资者参与，包括进行碳配额交易，以及开展经纪业务。在试点阶段，已经有部分银行参与碳金融市场，但参与方式以提供资金结算、代理开户等基础服务为主，很少直接参与市场交易。其中，市场流动性不足，以及缺乏灵活有效的风险对冲手段，是导致金融机构参与热情不高的重要原因。

可见，虽然碳金融衍生品可以为碳金融市场带来巨大流动性，强化价格发现功能，平抑价格波动，但我国碳现货市场尚不成熟，碳衍生品存在的金融化风险不容忽视，即碳衍生品市场的金融属性会将金融市场的风险传导到碳现货市场，可能导致碳价扭曲和碳市场无效的风险。因此，在我国正式启动碳期货市场之前，非常有必要基于国际成熟的碳期货市场经验证据，对碳期货市场的独特风险规律进行深入探究，从而为碳市场投资者提供多样化的套期保值建议及必要的风险防控建议。鉴于此，本书将以欧盟碳期货市场为例，从金融工程与风险管理的角度系统地探究"碳配额—能源—金融"系统的信息作用机制，并厘清其风险规律和碳价预测能力，为我国碳期货市场建设提供丰富的参考依据。

四 碳市场金融化趋势下的机遇与挑战

碳排放权是一种温室气体排放的权利凭证，从这个产品的产权属性上看，它相当于是市场主体新创设的一种权证，不管这个市场主体是政府还是其他私人部门，这个权证可分割、可登记托管，可进行现货和期货交易，还可标准化。所以某种程度上它可被视为一个标准化的金融产品。随着碳金融市场规模的快速扩张，多元化的碳交易产品、交易方式以及参与主体均导致碳排放权具备了金融衍生品的属性，因此碳市场也具备了金融化的发展特征，并伴随着金融风险发生的可能性（陈波，2017）。例如，欧盟碳市场与中国碳市场均引入了碳配额远期合同、碳配额掉期、碳债券、碳资产管理、配额质押贷款等金融工具。同时，中介机构与金融机构的广泛参与也有效地提高了碳市场的流动性和活跃性，特别是在欧盟碳市场，金融投资机构和中介机构是最重要的交易主体。总体而言，碳市场金融化是指碳排放权产品成为资本市场上各种金融产品的挂钩商品（陈波，2017）。虽然建立碳市场的最初目的是满足纯粹的减排供给与需求，并通过市场交易的方式引导企业减排。但随着交易主体、交易产品以及交易方式的多元化，碳市场的发展也会不可避免地受到资本、金融政策、宏观经济形势以及投资者行为的影响。

经过五个关键阶段近10年的努力建设，我国碳排放权交易试点取得了一些成绩，但也存在不少问题。首先，全国和地方碳交易试点整体推进较为缓慢。其次，碳市场主要以现货交易为主，市场流动性不足，市场有效性有待提高。从试点碳市场来看，目前基础交易产品都是以地方配额和中国核证自愿减排量为主的现货产品，推出的托管、回购、质押等业务总体也都是基于碳现货开展的。上海和湖北等试点碳市场也推出了基于现货的远期产品，但总体交投清淡，金融化程度偏低。

随着我国全国碳市场的正式启动和基础系统建设工作的进一步提速，碳金融市场的快速发展将成为实现我国碳中和目标的重要抓手。当前，发展成熟的欧美国家早已重视碳市场金融化趋势，其中欧盟在最新修订的《金融工具市场指令Ⅱ》（MiFID Ⅱ）中将碳排放权确认为金融工具，并将碳排放权拍卖、现货和衍生品交易市场统一纳入金融监管范畴，形成一体化的监管体系。碳市场作为新兴的大宗商品市场，虽然具有很强的政策指导性，但在金融化趋势下，也表现出商品市场的共同属性，会受到宏观经济、金融市场、上下游商品市场以及投资者情绪等因素的共同影响，特别是在危机时期还可能产生市场传染。例如，EU ETS虽然目前拥有全球最成熟的碳期货市场，但是在部分时刻仍表现出剧烈波动的态势，因为碳价是一个复杂系统，在碳交易市场中，影响碳价的因素除了配额总量、分配方式、交易产品和交易方式，还包括宏观经济、资本市场、投资者情绪等。

可见，在全球商品金融化以及金融市场一体化的发展背景下，全球金融活动的不断融合和关联市场间的信息关联将给国际碳市场的发展带来机遇和挑战。其中，碳市场金融化导致碳市场与金融市场间的信息传递加快，从而可以提高金融投资活动的效率，拓宽投资者构建分散化资产组合的渠道，最终提高碳市场的投资价值。但是碳市场金融化也将显著增强碳市场的脆弱性。一方面，对于监管者而言，碳市场与金融市场间的信息关联增强意味着碳市场的独立性降低，碳价很可能受到金融风险的冲击，特别是危机时期的市场传染风险会导致碳价波动加剧且偏离真实减排成本，从而不利于碳市场的风险防控和减排效益的实现。另一方面，对于碳市场投资者而言，碳价的剧烈波动意味着巨大的投资风险，而且来自众多关联资产的信息传导会提升碳价的预测难度，而这种价格波动风险将严重打击投资者的参与积极性，并降低碳市场的有效性。

因此，在碳市场金融化趋势下，从金融学角度厘清碳市场与主要关联市场间的相依性和信息溢出机制、识别碳市场的重要风险源、提高碳价预测能力对于碳期货市场的监管者和投资者均有重要意义。特别是，通过对欧盟碳期货市场的上述问题进行深入研究，可以在投资组合策略制定、碳市场风险管控以及碳价预测等方面为中国碳期货市场的发展提供丰富经验。

在金融市场中，资产间的相依性与资产定价、投资组合构建、波动传导以及风险管理密不可分，因为相依性研究有助于投资者制定合理的套期保值策略以对冲碳市场价格风险，也有助于监管者优化市场风险管控机制，保证碳市场稳定发展。相依性一般被认为是市场间信息传导的基础，为跨市风险溢出提供了渠道，而信息溢出则是市场间相依性产生的基础,也是预测的前提条件。基于欧盟碳市场金融化趋势,本书将对以下三个关键科学问题进行研究:①碳期货与关联资产间的相依性是否发生变化?具有哪些特征?②如何从信息溢出视角解释碳期货与关联资产间的相依性变化形成机理?③根据关联资产信息是否可以有效地预测碳价?其中问题一旨在揭示碳配额与能源金融资产间的相依性特征及相依性变化规律,问题二和问题三则旨在从信息关联规律及信息预测两个方面探究碳配额与能源金融资产间的信息溢出机制。

第二节 研究目的与意义

一 研究目的

"3060"双碳目标明确了碳排放及其额度的核算基础,为碳市场现货可交易规模提供了大致估算框架。碳市场的基本功能是通过配额机制界定其产权并进行市场交易,形成均衡价格。碳期货具有很强的金融属性,也是助力我国实现"3060"双碳目标的重要抓手。深入研究欧盟碳期货市场,对于建设我国碳期货市场以及完善我国碳金融体系至关重要。

本书基于碳市场金融化趋势,围绕着碳期货市场与关联市场间的复杂信息关联问题,通过计量经济学、统计学以及金融学等领域的一系列方法,揭示了碳期货与关联资产间的相依关系及其变化特征,并进一步从时变信息溢出效应、极端风险溢出效应、重大事件的冲击效应三个方面揭示碳期货市场的信息溢出机制,最后基于信息溢出机制的重要信息检验关联资产的碳价预测能力。

本书的研究目的如下。

(1)厘清碳期货与关联资产间的相依特征及信息传递路径,并揭示其相依性变化规律。首先,基于相关理论基础,提出能源资产与金融资产影响碳价的主要信息传递路径。其次,通过分位数回归法，分别从相依程度和相依结构两个维度分析碳期货与关联资产在 EU ETS 三个阶段的相依特征。最后，检测相依性的结构变点，并总结相依性变化规律。

（2）从多角度全面揭示碳期货与关联资产间的信息溢出机制，以从信息溢出效应视角解释碳期货与关联资产间的相依性变化形成机理。针对碳期货与关联资产间的相依性变化特征，基于相关理论，分别从时变信息溢出效应、极端风险溢出效应、重大事件的冲击溢出效应三个方面揭示信息溢出机制和相依性变化形成机理。

（3）检验关联资产信息的碳价预测能力，识别出预测效果最好的模型和预测变量。基于前文对碳期货与关联资产间多维信息溢出效应的分析结果，首先，构建单变量预测模型检验每个关联资产对碳价的单独预测能力；其次，基于扩散指数模型和关联资产信息构建多变量预测模型，分别检验各个模型的样本外预测能力；最后，从投资组合视角比较各个预测模型在不同情景下的经济收益。

（4）基于欧盟碳期货市场的相关经验及本书的重要研究结论，为中国碳期货市场的发展提供相关建议。通过深入探究欧盟碳期货市场与关联市场（主要大宗商品市场与金融市场）在金融化趋势下的相依关系及信息溢出机制，为提升我国碳期货市场投资者参与能力以及风险管控能力提供有益参考。

二 研究意义

在碳市场金融化的趋势下，碳配额的定价机制愈发复杂，导致碳价预测难度显著提升。同时，在全球金融市场一体化的进程中，碳期货的金融属性导致其与传统大类商品和金融资产间的信息关联增强，其复杂的相依性将成为收益率、波动率以及极端风险的传导载体，从而增强碳配额的风险管理难度。因此，从相依关系、信息溢出以及价格预测三方面，探究金融化趋势下的碳期货与关联资产间的信息作用机制，对于丰富碳排放权定价机制、增强碳市场风险抵御能力、提高碳价预测能力都具有重要的理论和现实意义。

在理论意义方面，一般而言，碳配额价格主要由供需关系决定，供需失衡将导致其价格波动。但在碳市场金融化背景下，碳期货与关联资产间的信息关联将为跨市信息传递提供通道，并将关联市场的风险信息传导到现货市场，从而显著影响碳现货的定价机制和市场风险形成机制。鉴于此，本书针对金融化趋势下碳配额定价机制复杂化问题，构建了"碳配额—能源—金融"复杂系统，从信息关联的角度对碳配额与传统大宗商品以及金融资产间的信息传导机理进行阐述，并梳理出能源资产、金融资产影响碳价的可能路径，最后提出了"相依性变化—常规条件下的时变收益率（波动率）溢出机制—极端条件下的风险溢出机制—重大事件的信息冲击效应—基于信息溢机制的碳价预测"理论研究框架，相关结果分别揭示了时变相依性形成机理、不对称相依性形成机理、事件冲击下的相依性形成机理，可以为涉碳投资组合相关研究提供理论支撑，进一步从信息关联的视角丰富碳配额的定价机制，并对碳市场的价格风险理论体系进行补充。

本书的现实意义主要体现在四个方面：①可为跨市投资者提供针对性的投资建议。碳排放权作为新兴的大宗商品，常被用于多元化投资组合以分散传统资产的投资风险。然而，随着碳市场金融属性的凸显，关联市场间日益增强的信息关联或将降低涉碳投资组合的有效性和经济收益。因此，探究碳期货与关联资产间的信息作用机制，测度其收益率溢出效应、极端风险溢出效应以及重大事件的影响，并测度涉碳投资组合的套期保值及最优投资组合策略，将有助于跨市投资者及时调整投资组合策略，降低碳市场投资风险。②可为优化碳期货市场的风险防控机制提供依据。作为现代风险度量与管控的核心，关联性为市场间的信息传导提供了渠道，也为风险传染提供了路径。本书从信息关联视角辨识、估测碳期货市场可能面临的跨市风险暴露，明晰碳市场可能的风险源及传导路径，将为碳市场监管者有效防控碳市场输入性风险及应对各类事件冲击提供依据和指导。③碳价预测是决定投资决策的关键参数，因此如何提高碳价收益率预测能力是碳市场投资者十分关心的问题。碳排放权作为人为设定的政策市，其定价机制与传统的大宗商品以及金融资产具有显著差异，因此具有高度复杂性。但随着碳配额金融属性的显著增强，碳期货与金融资产的定价机制逐渐趋同，因此有必要基于关联资产信息对碳价进行预测。本书检验和对比关联资产在不同预测模型下的碳价预测能力，可为碳市场投资者和监管者提供有效的预测工具，从而提高各类投资者的碳市场参与能力和监管者的碳价风险管控能力。④本书以目前发展最成熟的欧盟碳期货市场为例，相关的研究结论可为我国碳期货市场建设提供重要的借鉴和参考，从而提高我国碳期货市场的运行效率和有效性。

第三节 相关概念界定

本节首先界定研究中的重要概念，并对其关联性进行阐述，从而为后文的理论研究和实证研究奠定基础。

一 碳排放权界定

（一）碳排放权概念及属性

碳排放权概念涉及法学、经济学、环境学、公共管理学等领域，其含义主要包括发展权和排放权两类。一类是指在气候变化国际法下，基于可持续发展、"共同但有区别"责任以及公平正义原则，碳排放权代表人权下的发展权，即为了满足一国及其国民基本生活和发展的需要，向大气排放温室气体的权利。这种权利是道德权利，而非严格的法律权利。另一类是碳交易制度下的排放权，是指对大气或大气环境容量的使用权（王明远，2010）。这种使用权可以通过法律法规被私有化，并进入市场进行交易，从而实现全社会低成本减排的目的。后者是当前理论研究和实践应用的主流，有具体的法律、经济和财务性质，是本书的研究对象。需要强调的是，西方国家的碳交易政策实践中均没有碳排放权概念，而是称为碳排放许可或碳排放配额。因此，本书的碳排放权是指总量控制与交易制度下的碳配额。

从碳交易理论研究和实践应用来看，碳排放权的性质主要表现为法律属性和经济属性。前者是指法律上规定和调整的碳排放权利，它不仅是碳交易制度立法和实践的根本基础，也是碳市场顺利运行的依据和保障，因此是行政管理部门和学界最为关注的话题。经过法律和制度安排，碳排放权具有可转让性，可进入经济活动领域，又表现出不同维度的经济和财务性质，能够侧面反映市场交易的活跃性和成熟度。

1. 碳排放权的法律属性

目前学术界关于碳排放权的法律属性有多个学说，但仍然没有形成共识。其中普遍用于英美法系的财产权说以经济学环境产权理论为基础，认为碳排放权是一种环境容量的使用权，由法律规制为企业的私人财产权，持有者对该财产拥有占有、转让、使用和处分等权利。新财产学说认为，碳排放权有别于传统财产，是一种"政府馈赠"，类似于社会福利、专营许可以及公共资源使用权等。这些政府许可一旦以法律形式确定下来，就成为权利人的财产，因此碳排放权是新型财产权（王慧，2016）。行政权利说认为，碳排放权是权利主体在国家许可的范围内，对属于国家所有的环境容量资源的使用权利。碳排放权需经过申请、批准等许可程序，被政府行政部门控制并对全过程进行干预，碳排放权是行政许可或特许（段茂盛和庞韬，2013）。物权说根据大陆法系解释论和立法论，研究了碳排放权的私权和公私权混合性质，形成了将碳排放权界定为用益物权、准物权、准用益物权、特许物权等多种观点（叶勇飞，2013；欧阳爱辉和张吴磊，2018）。

2. 碳排放权的经济属性

碳排放权具有稀缺性、使用价值和可交易性，具有与普通大宗商品相似的特征，如可以在市场上进行现货交易、具有与普通大宗商品类似的价格形成机制等，因此碳排放权具有商品属性。随着碳市场交易规模的扩大，碳排放权逐渐衍生出具有投资价值和流动性的金融资产，表现出金融属性。碳排放权价值来自政府信用，具有良好的同质性，可充当一般等价物，可以像货币一样存储和借用，因此具有货币属性或类货币属性。当碳排放权作为一种商品在特定市场上交易，与财务、金融挂钩时，这种权利就可视为一种有价产权，进而演变为一种特殊形态的资产，即碳资产（仲永安和邓玉琴，2011），且可以从企业财务报表和政府税收角度将其纳入会计核算体系。

目前对碳资产的定义和概念表述多数是从会计或财务管理等角度提出的。广义的碳资产是从经济学角度考虑的，指企业通过碳交易、技术创新、节能减排或其他事项形成的，由企业拥有或者控制的，有价值属性且可以精确计量的，预期能给企业带来直接或间接经济利益的，与碳减排相关的有形和无形资产。而狭义的碳资产主要是从环境会计角度考虑的，指企业获得的排放权配额或企业因技术或工艺创新而降低的碳排放量，以及企业通过碳交易购买的碳配额，即只包括无形的碳资产（陶春华，2016）。本书使用的碳配额期货（碳资产种类之一）属于狭义的碳资产概念。

相比于传统资产，碳资产具有显著的特殊性。碳交易为市场参与者提供了交易平台，以实现碳资产价格发现、降低企业减排成本并推动低碳经济发展等目标。基于环境容量合理的前提，环境政策制定者对二氧化碳排放进行限制，由此导致碳排放权和碳排放信用成为稀缺资源。同时，碳排放权和碳信用还可被开发为金融产品，可见它不仅具有金融资产属性，而且具有金融资源属性和金融功能属性，实质上是一种新的金融资产（乔海曙等，2011；乔海曙和刘小丽，2011）。在碳交易机制中，政府会限定一定期限内企业的排放总量，并要求控排企业按期完成履约，若企业在特定期限内的二氧化碳排放量超过限定的总量，它就必须从市场上购买碳资产以完成履约任务，否则将会受到严惩。相反，如果企业在该期限内产生了碳资产富余，可以通过碳市场出售以获取收益。可见，碳交易是一种激励约束机制,它可以通过碳资产交易有效引导资金从高碳行业流入低碳行业。

(二) 碳资产属性

一般而言,碳资产的属性包括以下三个方面。

1. 碳资产的经济价值能够准确计量

资产必须能够被计量,即通过货币或非货币方式准确计量资产的获得成本,以及持有、出售或转让资产时的收益或损失。同样地,在碳交易市场中,市场价格是计量碳资产经济价值的基础,碳资产也能够据此准确计算或合理估值,并通过企业财务报表让利益相关者了解企业的碳资产管理情况。

2. 碳资产预期会给企业带来经济收益

由于碳排放权具有强制性和稀缺性,拥有碳排放权的企业可以出售剩余的额配获益,或者在生产过程中合理使用排放权,两种途径均可使企业获得经济收益。在碳交易市场中,企业拥有碳排放权的处置权或者所有权。作为一个理性的经济主体,企业必须寻求一种最优的碳资产管理方案,包括持有自用、转让出售或参与碳资产的衍生金融活动,这些预期都会给企业带来经济收益。

3. 碳资产是企业拥有或控制的环境资源

资源是人类进行社会经济活动所需的生产要素之一,环境资源是一种独立参与企业生产的资源形式。碳排放权作为人造的环境资源,具有稀缺性,它能通过排放权交易有效配置资源,能够避免因为产权不明确而导致的负外部性,减少外部不经济性。尽管这项虚拟权利和其他传统意义上的资产有较大区别,但当排放权作为配额或许可权由国家或相关机构发放给企业时,企业就拥有或控制了这项资源的权利。

(三) 碳资产特征

相比与传统资产,碳资产的主要特征如图 1-13 所示。

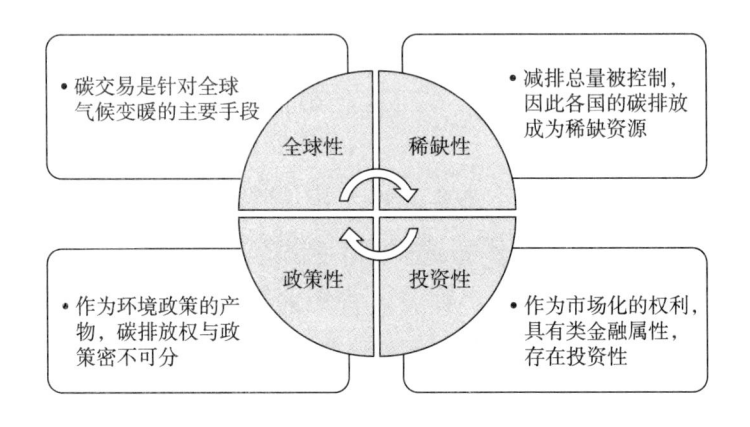

图 1-13 碳资产的主要特征

首先，碳资产具有全球性。大气环境是无国界的，全世界共享一个地球，温室气体对地球环境的影响会冲击整个人类。牺牲环境而获得的社会发展，最后将付出数百倍甚至是无法估量的代价。联合国于 1992 年通过了《联合国气候变化框架公约》，形成共同的气候保护共识，并在此基础上签订了《京都议定书》，进一步明确了各国的减排目标和行动方案，使得全世界共同应对气候变化，从而形成全球性碳资产。其次，碳资产具有稀缺性。碳资产作为一种环境资源，它并不是固定不变的。随着世界各国对减排的重视以及对碳排放权的收紧，碳资产将体现出稀缺性。因此，碳资产作为温室气体排放的最终可衡量产物，在新的世界经济发展框架下成为一种影响各国经济发展的稀缺性资源，具有日益可观的价值。再次，碳资产还表现出显著的政策性。生态环境是人类生存的基础，碳市场作为政府创造的市场，从一开始就和政策规定和环境规制密不可分，而碳资产也是唯一受到全世界高度关注的资产。上至联合国，下至世界各国、各地区，纷纷出台各种政策法规限制碳排放量和保障碳市场正常运行。碳资产自身的高度政策性使得碳资产同时面临政策风险和政策机遇，如何在碳排放制度和碳交易机制下化政策风险为机遇，如何在政策法规的引导下加强碳资产管理能力建设也是企业面临的重要问题。最后，碳资产具有投资性，因为其可以在公开、活跃的碳交易市场和平台进行交易，从而实现经济收益。目前，在欧美韩等发达国家及地区已经形成了比较成熟的碳交易市场，在我国也开展了全国统一碳市场交易以及多种碳金融业务，并对交易规则和定价机制进行了具体规定。美国的产权法还将碳排放权定义为等同于金融衍生工具，并以有价证券的方式进行存储。随着2021年7月16日我国正式启动全国碳交易线上交易，并将陆续建成碳期货市场，我国碳金融市场的快速发展将成为连接碳市场和资本市场的桥梁，从而让碳资产体现出更高的投资性。

二 碳配额关联资产界定

关联市场，是指彼此间存在关联性的市场，关联资产则对应于关联市场中的主要交易对象。市场（资产）间的关联性可能产生有利效果和不利效果。由国内外相关文献可知，碳排放权价格的驱动因素不仅包括极端天气、碳市场机制设计、碳资产价格，还包括能源价格、宏观经济以及金融风险因子。鉴于本书旨在从金融学视角探究碳期货与主要关联资产间的复杂信息关联关系，本书构建了"碳市场—商品市场—金融市场"多层次关联市场框架，拟系统地探索碳期货与主要的碳资产、商品类资产、权益类资产、固定收益类资产、汇率类资产以及指数类资产间的信息关联。值得一提的是，对于代表性碳资产的选用，鉴于欧盟的EUA现货与EUA期货价格高度相关，且CER的使用量自第三阶段开始大幅萎缩，本书只使用碳期货数据，而不考虑碳现货和碳信用等碳资产。此外，由于汇率信息已经在能源商品的货币调整中得以反映，本书在实证研究部分不再单独考虑汇率类资产。

三 相依特征界定

广义的相依关系（或相依性）是指事物各组成要素之间彼此相互依赖、相互作用的关系。与一般的相互依赖关系不同的是，相依关系是指要素与其他要素存在相关性的同时也可以保持自身的独立性。狭义的相依关系常用于反映金融资产间的相关性，因此相依关系具有正向和负向之分，即变量间具有相同或相反的趋势，其趋势变化也表现出线性或非线性的特点。在金融全球化的背景下，关联市场间的信息传递导致一个市场的资产价格往往随着另一个金融资产的价格变化而变化，因此相依关系的本质是资产间的信息溢出效应。

参照 Baur（2013），本书从两个维度来刻画相依关系，即相依结构和相依程度。其中，相依结构是指变量间的相互依赖关系呈现出线性或非线性、对称或非对称特征。因此，通过分析相依结构，研究者可以捕捉到关联市场在极端条件下和一般条件下的相依关系差异，从而为多层次资本市场的风险防控提供重要依据。相依程度则用于反映市场间的关联强度，相依程度越高，说明两个市场间的关系越紧密。总体来说，相依关系是进行金融市场风险管理、投资组合以及资产定价等的基础，对于金融市场的稳定发展具有重要意义。

四 相依性变化机理界定

相依性变化（亦称为相依关系变化）是指关联资产间的相依关系不稳定，即相依程度或相依结构发生变化。目前对于"机理"有两种解释：一是指为了实现某一特定功能，一定的系统结构中各要素的内在工作方式以及诸要素在一定环境下相互联系、相互作用的运行规则和原理；二是指事物变化的理由和道理。可见，相依性变化机理可以包括三个维度：①关联资产间的相依性变化特征；②相依性变化原因；③相依性变化形成过程及信息间的相互作用原理和运行规则。因此，本书将"相依性变化机理"定义为关联资产间的相依性变化特征与可能导致相依性变化的信息溢出机制。由相依性变化的理论假说可知，相依性变化主要由国际经贸形势、投资者行为以及重大事件冲击导致，因此相依性变化可大致划分为时变相依性变化、不对称相依性变化以及重大事件冲击导致的相依性变化。鉴于信息溢出过程是产生相依关系的本质，也是相关因素引起相依变化的重要渠道，因此，为了揭示时变相依性变化机理、不对称相依性变化机理以及重大事件冲击导致的相依性变化机理，本书将分别探究碳市场复杂系统中的时变信息溢出机制、极端风险溢出机制、重大事件信息冲击机制。

五 "碳配额—能源—金融"系统界定

一般而言，系统是指处于运动状态的若干部分，在相互联系、相互作用之中形成具有某种确定功能的整体。该定义显示系统的三个特性：①多元性。系统是多样性和差异性的统一。②相关性。系统不存在孤立元素组分，所有元素或组分间相互依存、相互作用、相互制约。③整体性。系统是所有元素构成的复合统一整体。鉴于对碳排放权的需求由能源消费以及宏观经济因素决定，而碳价的波动也会对企业的能源使用决策以及盈利能力产生影响，因此本书认为碳配额、能源资产以及金融资产间存在相互作用关系。鉴于本书的研究目标是揭示这三类资产间的复杂关系，本书提出"碳配额—能源—金融"系统的概念以代表由碳配额、主要能源资产以及主要金融资产组成的有机整体。

六 信息溢出效应界定

溢出效应在经济学中是指某经济组织在运行过程中会同时对自身及其他组织产生影响的现象。在早期研究中，该概念被广泛应用于经济增长理论中，用于表示生产要素之间的作用机制和作用效果，后期逐渐被用于描述市场间的价格关系。其中 Ross（1948）最早指出信息流动与资产价格波动之间的关系，认为前者会影响后者，同时 Malkiel 和 Fama（1970）的有效市场理论也指出，在有效市场假设下，市场价格代表了资产价值的全部信息，因此"价格溢出"也被称为"信息溢出"，信息溢出的方向也是信息流动方向。因此，关联市场间的信息溢出效应可以被视为市场间的价格信息传递效应，即在金融一体化背景下，对某一种资产施加价格冲击，不仅会影响该资产的价值，还会通过信息溢出效应影响关联资产的价值，从而引发关联资产的价格波动。

一般而言，溢出效应包括两个层次：一阶矩溢出（即均值溢出效应）和二阶矩溢出（即方差溢出效应）。前者是指关联资产间的收益率溢出效应，一般可由向量自回归模型（Vector Autoregressive，VAR）、格兰杰因果检验（Granger Causality）、协整检验等模型进行测度。后者是指关联资产在波动率层面上的风险溢出效应，常用的测度模型包括多元广义自回归条件异方差模型（Generalized Autoregressive Conditional Heteroscedasticity，GARCH），如 VAR – MGARCH、DCC – EGARCH 以及 BEKK – GARCH 模型等。因此，为了全面刻画碳期货与关联资产间的信息溢出效应，本书将探究收益溢出效应和风险溢出效应。

值得一提的是，波动率（方差）和在险价值（Value at Risk，VaR）是度量市场风险的主要手段。其中波动率是市场风险的一种标准量化方法，但是该指标只能适当地反映金融市场中的一般风险，不能有效地捕捉金融市场的极端风险。因为金融资产收益分布往往具有尖峰厚尾特点，波动率仅仅是收益分布的二阶矩，具有损益对称特征，不能捕捉金融资产的尾部风险（即暴涨暴跌风险）。相应地，波动率溢出效应不能全面反映风险溢出效应。

相比之下，J. P. 摩根（J. P. Morgan）于 1994 年提出的 VaR 概念已成为度量极端市场风险的权威指标。该指标衡量了在给定的时间区间和置信水平下某一组合预期的最大损失，将市场风险直接与收益率条件分布的左尾分位数相连接，可以弥补波动率指标的缺陷。因此，对于风险溢出效应，除了测度基于方差的风险溢出效应，本书还探究了基于 VaR 的风险溢出效应（即极端风险溢出效应），以全面捕捉碳期货与关联资产间的风险溢出规律。

七 极端风险溢出效应界定

在金融投资领域，金融资产在危机时期的信息溢出效应一直是投资者和监管部门的关注重点。因为全球一体化背景下的贸易往来、跨国投资、国际政策协调等信息渠道为市场间的风险传播和蔓延提供了机会。Forbes 和 Rigobon（2002）认为，金融风险溢出的本质在于市场间的信息关联度显著增加，而这种现象倾向于发生在宏观经济衰退或者经济危机时期。可见，金融资产间的波动相关性在危机时期显著增强则表明资产间存在较强的风险溢出效应，其中价格的暴涨暴跌属于风险溢出效应的极端表现形式。一般而言，传统的波动溢出效应（二阶矩溢出）只能反映均值水平上的风险溢出，不能刻画关联资产在极端条件下的风险溢出。然而，不同于二阶矩波动率，下偏矩风险如 VaR 等更贴近投资者的风险心理感受（Jorion，1996）。为了刻画关联市场在极端市场条件下的风险传递关系，Hong 等（2009）提出了基于 VaR 的"极端风险溢出"概念，即当资产价格发生剧烈波动或大幅震荡时，关联资产间产生的风险传染关系。可见，相比于均值水平上的波动溢出，极端风险溢出旨在基于概率分布捕捉尾部（极高分位点和极低分位点）风险关联，有助于监管者防控关联资产间的暴涨暴跌风险传染。

具体而言，极端风险溢出效应可以细分为下跌风险溢出效应和上涨风险溢出效应。令 $I_{t-1} = \{I_{1(t-1)}, I_{2(t-1)}\}$ 为 $t-1$ 时刻的已知信息，其中 $I_{1(t-1)} = \{Y_{1(t-1)}, \cdots, Y_{11}\}$ 和 $I_{2(t-1)} = \{Y_{2(t-1)}, \cdots, Y_{21}\}$ 分别为市场 1 和市场 2 在 $t-1$ 时刻的信息集。在这种情况下，可以研究市场 2 的信息（或称事件）是否有助于预测市场 1 的未来。其中从多头方的角度来看，若 $P(Y_{1t} < -V_{1t} \mid I_{1(t-1)}) \neq P(Y_{1t} < -V_{1t} \mid I_{t-1})$，则可认为市场 2 会通过左尾信息溢出效应增加市场 1 的价格暴跌风险，即市场 2 为市场 1 价格下跌风险的格兰杰原因，其中 V_t 是投资收益的 VaR 值，即在一定持有期内在置信水平为 $(1-\alpha)$ 时的最大损失。相反，从卖空者的角度来看，若 $P(Y_{1t} > V_{1t} \mid I_{1(t-1)}) \neq$

P ($Y_{1t} > V_{1t} \mid I_{t-1}$)，则市场 2 会通过右尾信息溢出效应增加市场 1 的价格暴涨风险，即市场 2 是市场 1 价格上涨风险的格兰杰原因。其中 P ($Y_t > V_t \mid I_{t-1}$) = α，V_t 用来描述资产价格大幅上涨的情形，在统计上就是投资收益分布的右尾 α 分位数。本书的极端风险溢出效应包括暴跌风险溢出效应和暴涨风险溢出效应，即左尾风险溢出效应和右尾风险溢出效应。

八 重大事件界定

重大事件冲击是导致关联资产间相依性变化的主要原因，本书的重大事件包括两类，一类是与"碳配额—能源—金融"系统相关的具有国际影响力的非价格典型事件，另一类是"碳配额—能源—金融"系统中各个资产的价格暴涨暴跌事件，具体类别如图 1-14 所示。

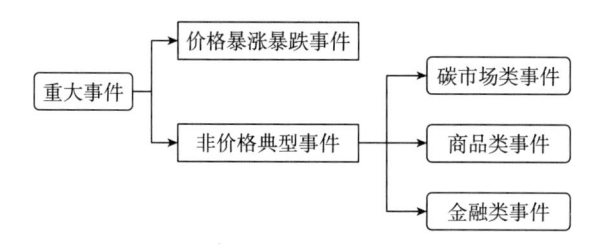

图 1-14 本书的重大事件类别

鉴于本书研究对象"碳配额—能源—金融"系统中的三类资产具有不同定价机制，本书将考虑三类相关重大事件。首先，碳配额作为政府主导的新型商品，其供给端的决定性因素是碳市场机制设计，因此有必要选取欧盟碳市场的不同政策事件进行研究。其次，能源类资产作为典型的大宗商品，其价格可以反映真实的经济需求，且会受到主要能源需求国的决定性影响，因此本书选取中国经济增速放缓事件进行研究。此外，由于石油供给由主要产油国的生产计划以及地缘政治局势决定，因此本书也选取石油相关的重大事件进行研究。最后，鉴于金融类资产的定价机制普遍为投资者的收益预期，容易受到投资者恐慌情绪的影响，本书主要选取国际金融危机事件和欧债危机事件进行研究。本书也将"碳配额—能源—金融"系统中各个资产的暴涨暴跌事件纳入重大事件范畴，因为资产的暴涨暴跌一般由"黑天鹅"或"灰犀牛"事件引起。

具体来讲，针对碳市场的重大事件，本书选取六类政策调整事件，包括：①航空历史排放核算制度；②折量拍卖制度；③配额免费分配制度；④排放数据核查制度；⑤碳信用使用制度；⑥稳定储备机制。针对商品市场的重大事件，本书选取：①中国经济大幅降速；②石油减产协议延期。在金融市场方面，为了代表国际金融危机和欧债危机，本书分别选取：①2008雷曼兄弟破产事件；②2009年希腊政府财政赤字恶化事件。

九 概念间的关联

本书基于相依关系、信息溢出效应和预测三者间的逻辑关系展开研究。一般而言，信息溢出效应是相依性产生的本质原因，相依性是信息溢出的渠道及外在表现。相依性一般代表资产间的同期相关性，不能捕捉非同期信息的相互作用关系，因此不能揭示变量间深层次的因果关系。相反，信息溢出考虑了变量间的滞后信息作用关系，可以捕捉到资产间信息的传递方向及其因果关系。资产间若存在信息溢出效应（因果关系）则一定会表现出一定程度的相依性（相关性），相反，资产间存在的相依性（相关性）不一定代表其存在信息溢出效应（因果关系）。此外，信息溢出也是基于预测指标信息进行预测的前提条件，只有当资产间存在信息溢出效应，才能基于其中一个资产的滞后信息对另一个资产的未来信息进行预测。

本书重要概念间的联系大致可以阐述为：首先，碳期货与关联资产间的相依特征可以由相依程度和相依结构描述。其中，相依程度可以刻画关联资产间的同期信息关联度，如收益率和波动率在均值水平或分位数水平上的相关性，而相依结构则可以捕捉关联资产间的相依关系在整个概率分布上的对称性与非对称性,特别是尾部相依性特征。其次,相依性变化机理可以解释相依性变化的主要原因和产生过程。总体而言,信息溢出是产生相依性的本质原因,但信息溢出规律会受到国际经贸形势、投资者情绪周期以及事件冲击的影响,从而产生相依性变化,因此本书将通过信息溢出机制,即"碳配额—能源—金融"系统内部以及系统外部的信息作用规律,揭示相依性变化机理。具体而言,系统内部的信息溢出机制通过两类信息溢出效应予以刻画:时变信息溢出效应和极端风险溢出效应。其中,时变信息溢出效应可以揭示国际形势变化因素导致的时变相依性变化机理,而极端风险溢出效应可以反映投资者行为因素引起的不对称相依性变化机理,两类信息溢出效应分别从动态和静态视角揭示了系统因素在常规条件和极端条件下的信息作用关系。此外,为揭示重大事件导致的相依性变化机理,本书检验了若干事件对系统内部信息溢出机制的冲击影响,即系统外部信息溢出机制。

值得一提的是,本书的信息溢出效应包括两个维度:一是均值溢出效应(一阶矩溢出),可以反映关联资产间收益率溢出效应的平均水平;二是方差溢出效应(二阶矩溢出),反映的是关联资产在常规条件下的风险溢出效应。由于方差溢出效应不能反映极端情况下的风险溢出效应,本书进一步基于 VaR 测度了关联资产间的极端风险溢出效应。上述概念的具体逻辑关系如图 1-15 所示。

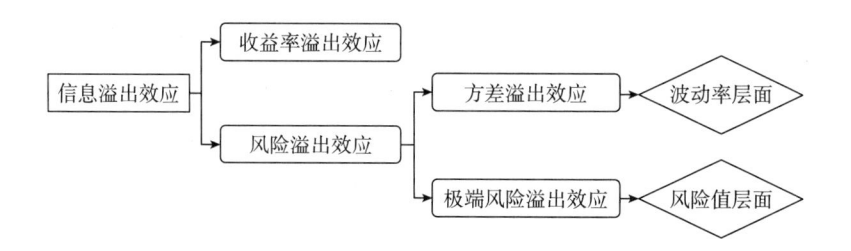

图 1-15 本书的信息溢出效应概念框架

第四节 研究内容及创新点

一 研究内容与章节安排

本书共有9个章节,其中核心研究内容(第四章至第八章)大致可划分为三个层次:①检验碳期货与关联资产间的相依性特征及变化规律;②从信息溢出视角揭示碳期货与关联资产间的三种相依性变化形成机理;③检验关联资产的碳价预测能力。各章主要内容如下。

第一章,引言。首先阐述了国际碳市场的产生与分布、欧盟碳金融市场以及中国碳金融市场的发展现状。其次明确了本书的研究目的及研究意义。然后对相关核心概念进行界定,并阐述了本书研究内容及创新点。最后对本书研究思路及研究方法进行总结。

第二章,国内外文献综述。本章对国内外关于碳资产属性、碳价驱动因素及相依性、关联资产间信息溢出效应、尾部相依性与极端风险溢出效应、碳价预测的相关文献进行有序梳理和详细述评,从而突出本书的创新工作。

第三章,相关理论基础。本章详细阐述了相关理论基础,具体包括:产权理论、大宗商品金融化与金融市场一体化的理论观点、经济基础假说、市场传染假说、基于行为金融学的相依性特征解释。此外,本书基于现有文献提出碳配额与关联资产间的信息传导机理,为后文的实证研究奠定基础。

第四章,碳期货与关联资产间的相依特征及相依性变化。本章采用分位数回归方法,从相依程度和相依结构两个维度揭示了碳期货与关联资产在 EU ETS 三个阶段的相依关系特征,并通过构建带有结构变点的分位数回归模型检验了结构变点是否导致相依性变化。与此同时,本章还分析了能源及金融资产对碳价的影响路径及变化规律。

第五章,"碳配额—能源—金融"系统的动态信息溢出效应。本章采用修正后的溢出指数法测度了"碳配额—能源—金融"系统的静态总溢出指数（包括收益率层面和波动率层面）。随后分别测量了动态总溢出指数、动态净溢出指数及交叉净溢出指数，识别出各个资产在收益率和波动率传递过程中扮演的角色及碳价的主要风险源。最后进一步检验了系统内总溢出指数的宏观经济决定性因素。

第六章，碳期货与关联资产间的极端风险溢出效应。本章运用分位数脉冲响应函数测度了碳期货与关联资产间的左尾相依性（5%分位点）以及关联资产与碳期货的极端风险溢出效应，并运用 Cross - Quantilogram 方法捕捉碳期货与关联资产在不同滞后期的定向极端下行风险溢出规律。

第七章，重大事件对系统内波动溢出效应的冲击作用。本章首先通过多元 Baba - Engle - Kraft - Kroner（BEKK）- GARCH 模型测度了碳期货与关联资产间的时变波动溢出效应，并探讨碳期货与关联资产间的套期保值率及最优投资组合策略。然后基于波动率脉冲响应函数（Volatility Impulse Response Functions，VIRFs）分别测度了 6 种碳市场事件、4 种国际重大事件、碳市场与关联市场的价格暴涨暴跌事件对碳期货与关联资产间条件协方差矩阵的冲击作用。

第八章，基于关联资产信息的碳价预测。本章分别构建了单变量预测模型和基于扩散指数法的多变量预测模型，以检验关联资产信息对碳价的样本外预测效果。然后基于碳市场投资者立场，进一步检验了各个预测模型相比于基准模型在经济收益方面的表现。

第九章，研究结论及政策启示。本章归纳总结了实证章节的主要研究结论，并分别从投资者和监管者立场提出针对碳期货市场的相关建议。

二 创新点

（一）理论研究方面

本书理论创新包括：①基于现有文献，提出碳配额在金融化背景下与传统大宗商品和金融资产间的信息传导机理，从而进一步从信息关联的角度补充了碳配额定价机制和碳市场风险形成机制的理论解说,并为涉碳投资组合的相关研究提供理论依据。②基于相关文献研究结论,提出金融资产影响碳价的具体路径,即工业生产路径(直接渠道)和能源价格路径(间接渠道),并提出能源资产影响碳价的三条路径,即总量需求效应、能源替代效应、生产抑制效应。这为碳配额与关联资产间的相依性研究提供了理论依据。

(二)研究方法方面

本书的方法创新包括:①将带结构变点的分位数回归法引入碳期货与关联资产间的相依性研究中,揭示出相依结构与相依程度规律,以及结构变点导致的相依关系变化。相比于传统的普通最小二乘法(Ordinary Least Squares,OLS),该方法可以全面捕捉关联资产在不同分位数上的相依程度并反映相依结构的异质性。②在测度时变信息溢出效应时,由于传统 DY 溢出指数法(Diebold & Yilmaz Spillover Index)中方差贡献之和不等于 1,本书对 DY 溢出指数法的方差分解法进行改进,从而提高溢出指数的测量准确性,并突显溢出指数的经济学意义。③本书提出一个集成的分位数方法体系,即"条件自回归风险值方法—风险格兰杰因果检验—分位数 VAR 模型—Cross - Quantilogram",从而深入测度了碳期货与关联资产间的极端风险溢出效应,并揭示了其在不同滞后期的极端下行风险传导规律。④为了掌握不同事件对碳期货与关联资产间波动溢出效应的影响,本书先基于 BEKK - GARCH 模型测度碳期货与关联资产间的时变波动相关性,并进一步测算了不同资产组合的套期保值有效性,随后引入波动率脉冲响应函数,揭示出具体历史事件和关联资产价格暴跌暴涨事件对波动溢出效应的冲击力度和冲击时间。⑤基于信息关联的理论基础,本书构建了单变量预测模型和基于数据收缩技术的多变量预测模型,分别检验了能源资产、金融资产以及碳资产相关变量的碳价预测能力,并进一步测度了各个碳价预测模型在不同情景下的经济收益。该方法拓展了基于关联信息的碳价预测方法,并提高了碳价预测模型的准确性和可操作性。

(三) 研究视角方面

本书的视角创新包括：①为了揭示碳期货与关联资产在金融化背景下的信息作用机制，本书提出系统性研究框架，即"相依性变化—常规条件下的时变收益率（波动率）溢出机制—极端条件下的静态风险溢出机制—重大事件的信息冲击机制—基于信息溢出机制的碳价预测"，从而实现基于多维（静态与动态、常规条件与极端条件、收益层面与风险层面、系统内部与系统外部）信息溢出机制揭示相依性变化的形成机理，并据此对碳价进行预测。②基于系统性视角将碳市场相关资产、大宗商品和金融资产纳入碳期货关联资产范畴，构建了"碳配额—能源—金融"复杂系统。③从相依程度、相依结构以及信息传递路径三个方面对相依性特征进行全面刻画。④为了探究常规条件下的信息溢出效应，分别考虑静态和动态、整体与局部、收益率和波动率等维度，并进一步从因果关系视角检验了总溢出指数的宏观经济驱动因素。⑤从短期和长期视角，分别检验了碳期货与关联资产在不同滞后期的极端风险传导规律。⑥为了全面揭示不同类型重大事件的冲击效应，本书从历史事件和假定事件中选取了三类事件，即碳市场机制设计相关事件、国际资本市场重大事件、关联资产价格暴涨暴跌事件，相关结论可为碳市场风险防控提供丰富依据。⑦在碳价预测中，本书集成多维研究视角，如单变量模型和多变量模型、商品类预测变量和金融类预测变量、考虑主成分和不考虑主成分、预测精度比较和经济收益比较等，相关结论可为碳价预测提供丰富的工具参考和决策支持。

第五节　基本思路与研究方法

一　研究思路

本书围绕着碳市场金融化背景下的信息关联问题，首先，对国际碳市场形成背景、欧盟碳金融市场发展现状以及中国碳金融市场进展进行分析，并提出本书的关键科学问题。其次，通过国内外文献回顾和相关理论基础论述碳配额与传统大宗商品以及金融资产间的信息传导机理。再次，遵循系统性研究框架"相依性变化—常规条件下的时变收益率（波动率）溢出机制—极端条件下的静态风险溢出机制—重大事件的信息冲击机制—基于信息溢出机制的碳价预测"，本书依次进行下列实证研究：①对"碳配额—能源—金融"系统中的相依关系特征及变动规律进行分析。②分别测度时变信息溢出效应、极端风险溢出效应、重大事件的冲击效应，以通过信息溢出机制解释碳配额与关联资产间的时变相依性变化、不对称相依性变化和重大事件冲击下的相依性变化。③基于碳配额与关联资产间的信息溢出机理，构建单变量预测模型和基于数据收缩技术的多变量预测模型，从预测准确度和经济收益两个维度对比分析碳市场相关变量、商品类变量以及金融类变量对应预测模型的综合表现。最后，基于本书的主要研究结论，提出我国应对碳期货市场金融化趋势的相关政策建议。

本书的技术路线如图 1-16 所示。

二 研究方法

本书基于产权理论、大宗商品金融化理论、全球金融一体化理论、经济基础假说、市场传染假说和行为金融学理论，提出了碳配额与大宗商品以及金融资产间的信息传导机理，形成了本书实证研究的理论基础。针对欧盟碳期货与关联资产间的信息作用机制，本书运用了文献研究法、比较分析法、计量经济学模型、归纳总结法与综合分析法。其中，本书使用的计量经济学模型包括带结构变点的分位数回归模型、修正的溢出指数法、OLS 回归模型、格兰杰因果关系检验法、分位数 VAR 模型、Cross-Quantilogram 方法、BEKK-GARCH 模型、波动率脉冲响应函数、单变量预测模型、基于数据收缩技术的多变量预测模型等。

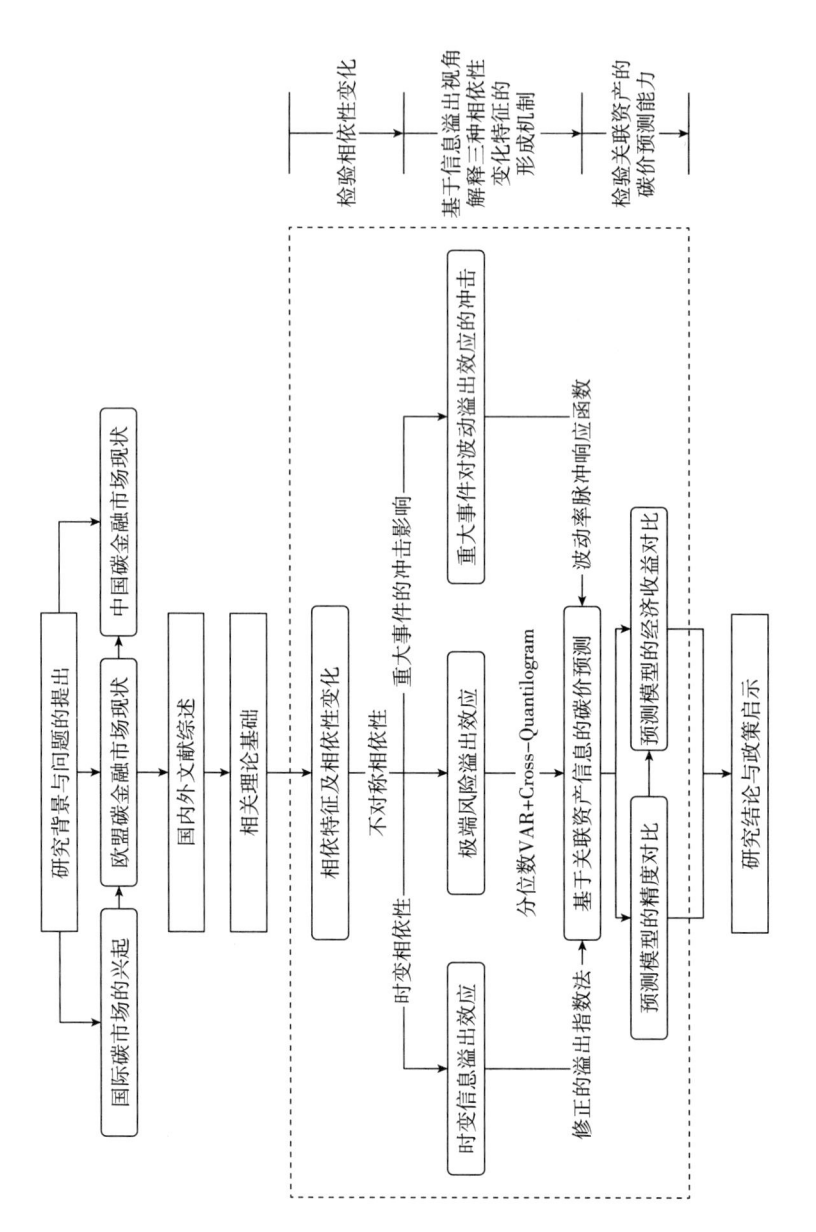

图 1-16 技术路线

(一) 文献研究法

本书通过图书资料、网络等各种形式，广泛查阅相关文献资料，建立资料库，运用文献研究法分析国内外研究现状和不足，在已有研究成果的基础上开展本研究。文献研究法贯穿整个研究过程，如在研究背景部分梳理了国际碳市场发展历史、欧盟和中国碳金融市场发展现状。在相关文献回顾部分先后整理并评价了碳资产的属性研究、碳价主要驱动因素及其相依性研究、关联市场间信息溢出效应研究、关联资产尾部相依及极端风险溢出效应、碳价预测等文献。在理论研究部分梳理产权理论、大宗商品金融化理论、全球金融一体化理论、经济基础假说、市场传染假说、行为金融学理论，并基于相关文献提出碳配额与关联资产间的信息传导机理。在实证研究部分，基于相关文献对研究方法进行介绍，并就分析结果与相关文献进行对比。

(二) 比较分析法

本书多处使用比较分析法，首次在引言部分，对比了欧盟碳金融在不同阶段的机制设计和发展状况，对比分析了碳期货在 EU ETS 三个阶段的交易量和价格走势以及导致价格波动的重要事件，还对比分析了中国 8 大试点碳市场的机制设计、成交量、均价走势以及使用的碳金融创新工具。此外，本书将关联资产分为商品资产和金融资产，并在所有实证研究部分均对比分析了这两类资产的具体表现。尤其是在碳价预测部分，本书详细比较了碳市场相关变量、能源类变量、金融类变量的样本外预测能力，并对比分析了各个多变量预测模型在不同情景下的经济收益。

(三) 计量经济学模型

关联资产间的相依性是制定投资策略的基础条件，因此深入探究碳期货与关联资产间的信息作用机制具有重要意义。本书综合集成多种计量经济学模型进行研究。首先，通过分位数回归模型，从相依程度和相依结构两个维度对不同阶段的相依特征进行分析，然后通过构建带有结构变点的分位数回归模型检验不同结构变点对相依性的影响。其次，通过修正后的溢出指数法，对"碳配额—能源—金融"系统的静态和动态信息溢出效应进行测度，并通过 OLS 回归模型揭示总溢出指数的宏观经济决定性因素。然后，通过集成风险格兰杰因果关系检验法、分位数 VAR 模型和 Cross-Quantilogram 法，对碳期货与关联资产间的极端风险溢出效应及传导规律进行研究。此外，通过 BEKK-GARCH 模型测度碳期货与关联资产间的动态相关性及套期保值有效比率，并使用 VIRFs 揭示不同事件对碳期货与关联资产间协方差矩阵的冲击效应。最后，使用单变量预测模型和基于数据收缩技术的多变量预测模型检验不同关联资产和预测方法的碳价预测能力。

（四）归纳总结法和综合分析法

本书在整个实证研究过程中，大量使用归纳总结法和综合分析法。例如，在相依性分析部分，归纳出能源资产及金融资产在 EU ETS 三个阶段的碳价影响路径、碳期货与关联资产间的相依结构特征，以及导致相依关系结构变点的主要原因。此外，在溢出效应分析部分，归纳"碳配额—能源—金融"系统中的主要信息传递者和接受者、碳期货的主要风险源和风险传导路径、不同事件冲击效应的差异性和共同点。在碳价预测部分，归纳出可以有效提高碳价预测能力和投资组合收益的预测变量及预测方法。

第 二 章

国内外文献综述

本章从碳资产属性、碳价驱动因素及相依性、关联资产间的信息溢出效应、关联资产间的尾部相依与极端风险溢出效应及碳价预测等方面对国内外相关文献进行有序梳理,以便了解本书的研究基础及可能的创新点。

第一节 碳资产属性

碳资产源于碳排放权,已经在市场机制背景下发展成为新兴的资产类别和金融工具,其属性已经受到部分学者的深入探讨(万林葳和朱学义,2010)。目前关于碳资产的属性研究包括四方面:金融属性、资产属性、功能属性和计量属性。

一 碳资产的金融属性

伴随着大宗商品金融化和全球资产分配的快速发展,国际碳市场金融化趋势愈发明显,促使碳市场与传统金融市场以及大类资产市场间的连接度增强,也引发了大量学者对碳市场金融属性的思考。早在欧盟碳市场第一阶段,部分学者就曾质疑碳市场的金融化,认为多元化金融机构,如经纪公司、风险管理者、投机者以及碳对冲基金等大量参与碳交易,导致碳配额的定价机制金融化,使碳价走势偏离了配额的真实供需平衡关系(Fusaro and Vasey,2011),甚至出现明显的碳泡沫(Berta et al.,2017;Creti and Joëts,2017)。通过对碳金融市场的微观结构进行研究,部分学者认为,碳交易中存在明显的非理性投资行为,如羊群效应(Bredin et al.,2014;Palao and Pardo,2017)。针对国内碳金融市场,刘倩和王遥(2010)认为,我国政府应该以欧盟模式为例,探索符合我国国情的碳金融体系。梅晓红(2015)定量验证了碳市场的金融属性,Yu和Lo(2015)也对中国碳市场的金融属性进行分析和介绍。

二 碳资产的资产属性

碳排放权的资产属性体现在两方面。一方面,碳排放权具有货币性,例如碳信用和碳配额都体现出货币功能,并可能演变成国际碳货币体系(乔海曙和刘小丽,2011),从而导致国际货币体系中核心货币地位的竞争(杜莉等,2014)。另一方面,当碳金融衍生品被国际投资者大量使用时,碳排放权进一步衍生为具有投资价值和流动性的金融资产,例如碳期货已成为欧盟碳交易体系中成交量最大以及流动性最强的碳资产。

现有文献主要基于碳会计视角研究碳排放权的资产属性和确认计量标准。学者认为,基于产权理论,将碳交易标的——碳排放权视为资产是合理的,但是在碳资产确认、计量和披露等方面还存在争议(王爱国,2012)。针对该问题,2019年财政部发布关于印发《碳排放权交易有关会计处理暂行规定》的通知,对碳排放权的资产属性进行了说明,并统一了会计处理方式。该通知指出,碳排放权是一种可供使用、交易的经济资源,属于由企业过去的交易或者事项形成、由企业拥有或者控制、预期会给企业带来经济利益的资源,因而是企业的一项资产。同时,要求统一将碳排放配额确认为"碳排放权资产",在"其他流动资产"项目列示,并在附注中披露与碳排放权交易相关的信息,包括参与减排机制的特征、碳排放战略、节能减排措施和碳排放配额的具体来源等。

三 碳资产的功能属性

碳资产的功能属性体现在以下三个方面。

（一）资源配置功能

碳资产的资源配置功能表现为满足企业进行减排和技术创新所需的融资需求（杨星，2015）。碳市场通过资源配置功能，增加高排企业的融资成本，引导社会资本流向低碳企业，从而鼓励和引导产业结构升级和经济增长方式的转变，最终对股市及整个资本市场产生影响。

（二）价格信号功能

碳资产的价格信号能促使企业在价值最大化的目标导向下，基于成本收益原则自觉购买碳排放权进行履约，或通过技术升级减少排放量，从而促进环境外部成本内部化（罗晓娜和林震，2010）。例如，高碳价会倒逼高排放企业进行碳资产管理以及技术创新，同时也会激励低碳企业参与碳交易，并不断进行技术创新以获取利益，因此碳资产的价格信号功能将推动市场参与者对碳价形成合理预期。

（三）决策支持功能

碳交易发挥了市场机制应对气候变化的基本功能，使得碳价能够反映资源的市场供需情况和边际减排成本，从而引导资金流动，优化资源配置。合理的碳价有助于投资者制定有效的碳市场交易策略与风险管理决策，对于控排企业的成本管理和投资决策制定都具有重要意义。

四 碳资产的计量属性

碳排放权的计量属性主要有三种方案，即按历史成本计量、公允价值计量和混合计量。美国联邦能源管制委员会（FERC）发布的规范排放许可权会计处理的《统一会计系统》（RM92-1-000）规定，有偿获得的排污许可证应按历史成本计量，免费取得的排污许可证按"零"计量。值得注意的是，我国财政部在《碳排放权交易有关会计处理暂行规定》也采用此类计量标准，即要求按购买日实际支付款确认碳排放资产的成本，但是通过政府免费分配等方式无偿取得的碳排放配额不作账务处理。当碳排放配额的使用、出售和注销影响损益时将其计入营业外收支。对于通过免费分配获得的排放配额，配额未用完而用于出售，相当于政府通过市场机制对企业节能减排成果的一种奖励，出售时计入"营业外收入"。考虑到历史成本计量法在碳价波动剧烈时无法反映当前市场的真实情况，国际会计准则理事会（IASB）在2004年公布的排放权解释公告（IFRIC3）中提出，通过公允价值或现行市场价值进行计量，即所有排污许可证均应按公允价值计量。然而，公允价值计量法会导致碳市场泡沫以及碳价风险，因此部分学者提出混合计量法，即采用成本模式和公允价值模式共存的方式。例如，王爱国（2012）指出目前计量属性应选择历史成本，但长远看来，随着碳市场的完善和成熟，也需要转换为公允价值计量。张薇等（2014）认为，碳资产的初始计量应采用成本计量，但后续应根据企业参加碳交易所在地的碳市场完善程度灵活选择计量方式。

可见，碳排放权已经从控制碳排放的技术手段发展为基于市场机制的特殊资产。碳资产的特殊属性研究主要包括碳资产的金融属性、资产属性、功能属性和计量属性，由此形成了碳资产管理的理论基础。

第二节　碳价驱动因素及相依性

自2005年EU ETS正式成立以来，碳市场的价格驱动因素及其相依性成为众多学者的研究焦点。因为《京都议定书》约束背景下的碳排放权价格直接反映了企业的减排边际成本并关乎碳交易体系的有效性。Christiansen 等（2005）在 EU ETS 正式成立后，首次通过供需关系的经济学理论对 EU ETS 第一阶段（2005—2007 年）中碳价的关键驱动因素进行分析，并提出政策、监管、市场基本面以及技术指标是需要进行重点监督和评估的因素。由于受到市场供需关系、气温、配额分配制度、政府公告以及能源和金融风险因子的综合影响，碳价呈现出非线性特征，即碳价波动规律表现出显著的复杂性，由此形成了碳市场复杂系统（凤振华，2012）。其中，根据 EU ETS 的碳价运行规律可知，政府公告、配额分配过剩以及金融危机等因素综合导致了 EU ETS 第一阶段价格的若干次暴跌，甚至一度暴跌至 0 欧元附近。由此可见，相比于一般市场，碳市场不仅具有大类资产市场的共同属性，受到供需关系的影响，同时碳市场也具有特殊性，因为碳市场的产生源于国际气候谈判而不是社会的自发需求，因此具有明显的政策主导性，同时还受到气温和天气等不可控因素的显著影响。

纵观国内外学者针对碳价驱动因素开展的大量研究，碳价的关键驱动因素可以大致归纳为三类：碳市场制度、能源与天气、宏观经济与金融风险因子。

一 碳市场制度

碳市场属于政策主导市场，设立机构的重要决定如机制设计与配额分配将会对碳市场产生重要的影响（Mansanet – Bataller and Pardo，2009）。Alberola 等（2008a）识别出 2005—2007 年 EUA 价格经历的两次主要调整，认为第一次价格暴跌与 EUA 配额过度发放密切相关，而第二次价格下跌则由 2006 年 10 月的政府公告所致。通过分析欧盟碳市场 EUA 期货价格在第一阶段的波动规律，Chevallier（2011a）指出，2006 年 4 月碳价暴跌的主要原因是配额分配过剩及配额不允许跨期使用，而不是投机套利行为。可见，对碳价产生显著影响的制度因素主要有两种。

第一，排放缺口因素，即给定合规年度内核证排放量与配额分配量的差距。若配额分配量远超实际排放量，即配额过剩，碳价往往会出现暴跌。Ellerman 和 Buchner（2008）指出，由于 EU ETS 第一阶段分配的配额严重过量，经济主体将这些可靠信息合理地整合到碳价信号中，从而导致碳价在短时间内降低了近 50%。而该事件也成为证明机构决定或影响碳价发展的最佳案例。例如，基于严格的计量经济学方法，Alberola 等（2008b）检测到欧盟委员会在"首次合规事件"期间（2006 年 4 月）发布的公告导致了碳价的结构变点。Chevallier 等（2009）基于期权价格数据和事件研究法对 2006 年核证减排数据泄露事件进行了细致分析，发现在事件发生前后市场风险知觉存在显著差异。

第二，配额在碳市场的跨期存储借贷规定。例如，欧盟委员会在第一阶段末宣布第一阶段的碳配额不能过渡到第二阶段使用，因此截至 2007 年 12 月 31 日的任何盈余补贴在 2008 年 1 月 1 日将失去价值，导致碳价快速触底，基本上接近 0 欧元/吨。Alberola 和 Chevallier（2009）的研究结果表明，导致该决定的主要原因可能是欧盟委员会不希望市场设计缺陷从该计划的"预热"时期转移到《京都议定书》的承诺期。因此，这种允许行业运营者以灵活的跨时间方式平稳排放和管理其配额库存的借贷工具于 2006 年 10 月被欧盟委员会禁止。自此到第一阶段结束，欧盟碳市场存在两个价格信号：碳排放权现货价格和期货价格对第一阶段有效，截至 2007 年 12 月，碳配额的实际价值为 0/吨欧元；碳排放权期货价格对第二阶段有效，并在 20 欧元/吨上下波动，因为市场预测第二阶段的配额稀缺性会增加。Daskalakis 等（2009）通过模拟第一阶段禁止配额跨期借贷对碳期货定价的影响，发现禁止碳配额跨期存储和借贷的制度会导致碳价剧烈波动。同时，Parsons 等（2009）通过对比总量交易模式下美国二氧化硫和 EU ETS 碳价波动情况，分析 EU ETS 中配额禁止跨期借贷规定对碳价的影响。

部分学者也对中国碳市场的制度驱动因素进行研究。例如，Xu 等（2019）通过集合经验模式分解（EEMD）方法，将中国五个

ETS 试点的历史碳价数据拆分成短期市场波动、重大事件和长期趋势的影响,发现碳市场重大事件比短期市场波动的影响大,同时重大事件也是上海和北京试点的碳价主要驱动力,而长期趋势在深圳、广东和湖北试点对价格形成具有决定性作用。此外,Ji 等(2021)通过结构变点检验和自回归分布式滞后模型讨论了中国试点市场的价格驱动因素,发现配额供应过剩、拍卖价格过低和自愿核证减排量的抵销将导致碳价明显下降,相反,碳市场的扩大和集中交易将使碳价上升。

二 能源与天气

碳市场的发展与传统化石能源(如石油、天然气、煤炭)的消耗、电力生产部门的燃料转换行为以及气温有极密切的关系。在需求方面,碳配额的使用是碳排放量预测值的函数,而排放量水平又取决于能源需求的不可预期波动、能源价格(如石油、天然气和煤炭)、天气条件(气温、降水量以及风速)、经济增长及金融市场波动(Chevallier,2011b)等众多因素。碳市场与能源市场间的作用关系可概括为:一方面,能源价格波动将影响企业的能源使用行为,而化石能源产生的排放量差异将影响控排企业的碳排放权需求,从而引起碳价波动;另一方面,当前碳价和能源价格的波动将综合作用于控排企业的生产成本,从而影响电力生产商的燃料转换行为和生产投资决策,最终对能源市场产生显著的价格反馈作用。此外,不可预测的极端温度变化(如极冷和极热)将导致市场对能源的需求极速上涨(制暖和制冷),相应的排放量也随即猛增,从而刺激碳价快速上升。鉴于碳排放与化石能源消耗的紧密关系,能源价格与碳价间的信息关联①一直是学术研究热点之一。

早前的研究中,Urs Springer(2003)归纳整理了 25 个研究温室

---

① 本书使用相依性(dependence)来区别相关性(correlation),前者包括变量间任何线性和非线性关系,而后者仅指变量间的线性关系。

气体许可证价格驱动因素的理论模型，指出能源价格、气候条件是碳价波动的主要驱动因素。同时，Christiansen 和 Wettestad（2003）也发现 EU ETS 碳价走势与能源价格和天气状况紧密相关，此外，相关政府机构的制度设计、碳交易参与者的风险偏好及情绪变化、减排项目市场的发展状况等因素也会在一定程度上影响碳价走势。在 EU ETS 正式运行后，Kanen（2006）发现原油价格是天然气价格变化的重要驱动因素，而天然气则会通过电力市场对碳价产生影响。此外，Reilly 等（2007）也证实了天然气价格是碳价的主要驱动因素，因为天然气价格过高会引起水电和核电稀缺，从而激发了市场对煤电的需求，最终导致碳排放大幅增加。其次，Mansanet-Bataller 等（2007）和 Alberola 等（2008b）首次基于第一阶段的碳价现货和期货数据，通过多元线性回归揭开了能源价格与碳价的经济学关系。前者引入虚拟变量，发现 EU ETS 的碳价与燃料使用（如石油、天然气和煤炭）紧密相关。后者则通过对数据集进行扩展并引入结构变点理论，基于 22 次不同的事件综合评价了政策因素、能源价格以及天气温度对碳价的影响，认为其作用关系会受到所考虑时期的宏观经济环境和重大政策事件的影响，其中 2006 年的核证数据泄露事件是造成碳价产生结构变点的主要原因。考虑到碳价与能源价格间可能存在非线性关系，王恺（2010）通过构建阈值协整模型，进一步发现布伦特原油价格与碳价间存在非线性和时变传导机制，且油价变化在不同机制下，将导致异质性的碳价波动。与此同时，Hintermann（2010）基于有效市场假说和碳配额价格的结构模型，发现在 2006 年 4 月碳价暴跌事件后燃料价格（煤炭和天然气）、夏季气温及降水都对碳价产生了显著的非线性影响。通过供给、需求和市场影响三个方面的理论和实证分析，陈晓红和王陟昀（2012）发现，受政策和制度影响的配额供给是 EUA 交易价格的关键因素，但其影响程度随着政策与交易制度的完善逐渐变小，此外能源价格（尤其是煤炭价格）也是 EUA 价格的主要驱动因素，但天气因素的作用并不明显。Lutz 等（2013）运用马尔科夫转换模型进一步对碳价与其决定性因素（如能源价格、宏观经济风险因子和天气条件）间的非线性关系进行了检验，发现 EUA 价格与其决定性因素间存在时变相关性，且决定性因素在低波动区制和高波动区制均对碳价产生强烈影响。相比之下，股价和能源价格变化是 EUA 最重要的驱动因素，其中天然气、欧洲权益市场指数和煤炭只在高低波动区制正向影响碳价，而石油价格则在低波动区制对碳价产生正向影响。Aatola 等（2013）通过理论派生假设法提出碳市场均衡模型，即假设风险偏好企业可以在许可证价格存在不确定时通过期权对冲获得最大化预期收益，并基于 OLS、VAR 和已实现波动率模型测量若干决定性因素对 EUA 价格的影响，发现 EUA 最关键的价格驱动因素是德国电力价格，而煤炭和天然气价格的作用很微弱。基于同一时期的碳期货价格数据，Boersen 和 Scholtens（2014）运用门限 GARCH 模型，重点研究了不同的欧洲电力价格（6 种现货和 2 种期货）是否会对 EUA 价格产生差异化的影响，因为电价主要取决于燃料投入的成本，而这些成本又受到碳价的影响。结果发现，天然气、石油、发电过程中天然气与煤炭的转换成本以及德国提前一个月的电力期货价格都是碳价在第二阶段的重要驱动因素，而且本地电力市场在碳价形成过程中发挥着独特的作用。Zhu 等（2019）结合协整技术、误差修正模型和 Newey – West 估计器，提出了一个多尺度分析模型来探索和识别不同时间尺度的碳价格驱动因素，发现在碳价的三个最重要的驱动因素中，电价和股票指数显示出正影响，而煤炭价格显示出负影响。在不同的时间尺度上，电价和股票指数的影响出现得相对较早，在短期推动了碳价变动，并持续加强。然而，煤炭、石油和天然气的影响则相对滞后，它们分别在中、长时间尺度上驱动碳价。

除上述关于能源及碳市场相依程度的研究外，部分学者还对其相依结构进行研究，从结构形态上把握能源价格与碳价之间的相依特征，因为危机时期的相依变化往往显示出资产间（或市场间）相依性的非线性及非对称特点。Hu（2006）首次将相依程度和相依结构的概念引入 Copula 框架，并强调金融动荡可以从相依程度和相依结构两个维度导致相依变化。相比之下，Copula 函数（又称相依函数）常被用于捕捉变量间的非线性及非对称相依性，因为它对收益率分布没有要求，可以有效捕捉非线性及尾部相依性信息（但渭林，2006）。其中，Gronwald 等（2010）采用不同的 Copula 模型研究 EUA 与大宗商品、权益资产以及能源指数间的复杂相依结构，发现 EUA 期货市场与天然气、电力、煤炭以及权益市场间存在显著的正向相依结构，但与石油市场存在不显著的依存关系。此外，时变 Copula 估计结果显示，其相依性具有时变性且在金融危机时期最强烈。Reboredo（2013）采用多种 Copula 模型对 EU ETS 第二阶段时的 EUA 期货和原油市场间的相依结构进行度量，发现碳市场和原油市场间存在显著的正向依存关系但不存在风险传染效应。薛帆（2015）基于 Copula 模型探究了 CER 期货、WTI 原油和 Brent 原油期货间的相依性，研究结果表明，对于 CER – WTI 和 CER – Brent 两个资产组合而言，Frank copula 函数的拟合度最高，碳信用和石油期货的日度收益率存在较弱的正向相关性，但具有对称的相依结构。

此外，Chuang 等（2009）、Lee 和 Li（2012）还引入分位数回归方法对金融变量间（如交易量、收益率以及波动率）的相依性进行建模。Baur（2013）进一步将 Copula 框架中的相依程度和相依结构引入一个更加灵活的半参数框架（分位数回归），并指出相比于 Copula 函数，分位数回归框架具有如下优势：①可以揭示相依性的非线性和非对称性，避免通过测量不同 Copula 或者混合 Copula 选择一个最合适的 Copula 函数。②可以避免 Copula 框架下的两阶段估计策略，即不需要单独测量边缘分布以及在第一阶段对某些变量条件化以获得条件相关性。因为分位数回归框架可以直接估计出条件相依性，还可以提供分布中每一个分位点上的条件相依性的统计显著性。③分位数回归对误差项分布特征没有严格要求，而且不会受到异常值的影响。鉴于分位数回归的上述优点，Hammoudeh 等（2014）基于分位数回归模型研究了石油、天然气、煤炭以及电力价格在不同分位点上对碳价的影响，发现石油价格上涨会导致高分位碳价的暴跌，天然气价格的上涨会导致低分位碳价进一步下跌，反之会导致高分位碳价进一步上涨。电价上涨同样会促进高分位碳价上涨，但是煤炭价格上涨会对碳价产生负向影响。Tan 和 Wang（2017）通过带有结构变点的分位数回归模型，揭示了欧盟碳期货市场与关联市场间的相依特征及相依性变化。Chu 等（2020）应用半参数分位数回归模型探讨能源价格和宏观经济驱动因素对不同分位点的中国区域碳市场价格的影响，发现在深圳试点碳市场中，煤炭价格对碳价格的负面影响在碳价的四分位数上更大，但在北京试点碳市场中，煤炭价格的影响是正向的。此外，在北京和湖北试点碳市场中，石油价格对较高分位数上的碳价有较大的负面影响，相反，油价会正向影响深圳试点碳市场的碳价走势。

随着碳市场的迅速发展，碳价也逐渐成为企业决策的一个重要因素，因为碳价反映了企业的减排成本，碳价波动将显著影响企业的生产成本。因此，大量文献主要基于 VAR、多元 GARCH 以及小波分解等计量经济学方法对能源价格与碳价间可能存在的相互作用关系进行探究。其中，Bunn 和 Fezzi（2007）基于结构性协整 VAR 模型，探究了碳价与天然气和电力价格间的互动关系，发现碳价和天然气价格均会对电力价格产生冲击影响。Fezzi 和 Bunn（2009）进一步通过结构化的协整矢量误差修正模型，将英国的电力、天然气以及碳配额共同作为外生变量以探究其在第一阶段的长期均衡关系和短期相互作用，发现天然气价格会对碳价产生影响，但两者还会影响电力价格。类似地，Nazifi 和 Milunovich（2010）应用格兰杰因果关系检验和广义脉冲响应函数研究了碳价对煤炭、石油、天然气和电力价格的影响，发现由于当前碳市场尚不完善，变量间只存在短期作用关系。张跃军和魏一鸣（2010）通过状态空间模型和 VAR 模型，发现碳价与化石能源价格间存在时变性的协整关系，其中石油价格对碳价的影响最显著。基于格兰杰因果关系检验法，赵静雯（2012）进一步证实了碳期货与化石能源间的协整关系，发现碳价会影响煤炭价格，并与电力价格和天然气价格分别存在双向和单向的因果关系，但与石油价格不存在因果关系。Yu 等（2015）运用二元经验模态分解法（BEMD）检验了碳价与原油价格在同一频率尺度下的因果关系，发现两者不存在格兰杰因果关系，但在周度和年度频率下存在双向的线性和非线性溢出效应。此外，海小辉和杨宝臣（2014）基于 DCC – MVGARCH 模型，检验了碳价与能源价格间的动态条件相关性，发现其具有正向时变相关性，其中碳价与天然气和煤炭价格间的动态相关性具有相似性，但原油价格主要通过天然气价格间接作用于碳价。利用同样的实证方法，王怡（2016）基于碳价与能源价格的动态相依性，进一步运用脉冲响应和状态空间模型分析了不同能源价格波动是否会对碳价造成冲击。针对 CERs 期货价格与能源期货价格，张秋莉等（2012）应用基于条件多元 t 分布的 DCC – MVGARCH 模型，发现 CERs 价格和能源价格间存在正相关，以及时变套期保值比率显著提高了投资组合的平均收益水平。此外，考虑到相互作用关系可能受到宏观经济周期的影响，Chevallier（2011c）通过马尔科夫转换 VAR 模型，探究了经济活动和能源价格与碳价的相互作用关系，发现相比于天然气和煤炭价格，石油价格作为能源市场的价格主导者，会通过马尔科夫转换 VAR 模型影响其他变量，并分别在第一区制和第二区制对 EUA 期货价格产生正向和负向影响。

此外，由于 EU ETS 体系的发展目标具有明显的阶段性，不同阶段的宏观经济环境以及政策制度存在较大的差异性，部分学者也对不同阶段的碳价驱动因素及其相依性进行了对比研究。其中，基于协整理论，魏一鸣（2010）发现欧盟碳期货与能源价格在 EU ETS 第一阶段仅存在微弱的关系，但在第二阶段存在长期均衡关系。Keppler 和 Mansanet – Bataller（2010）则采用格兰杰因果检验方法，对比分析了 EU ETS 第一阶段和第二阶段中能源与碳排放权的相互作用关系，发现煤炭和天然气是碳价第一阶段的重要影响因素，而碳价则是电力价格的重要驱动因素。但在第二阶段，天然气和电力价格均对碳价产生显著影响。基于 VAR 模型的残差，Mansanet - Bataller 等（2011）构建了 TGARCH 模型，并发现 EUA 价格在第二阶段仍然依赖于二氧化碳排放水平，EUA 价格在样本期间逐渐演变为主要能源价格和第二阶段 NAPs 相关新闻的函数，但与第一阶段不同的是，经济增长和天气条件在第二阶段并没有显著影响碳价。Creti 等（2012）通过考虑 2006 年结构变点的协整模型，检验了碳价驱动因素是否在第一阶段和第二阶段与碳价存在长期关系，发现 EU ETS 两个阶段的协整关系具有显著差异，相比之下，石油价格、权益资产价格指数、天然气与煤炭间的转换价格在第二阶段都是碳价的主要长期决定性因素。鉴于欧盟碳市场具有显著的阶段性，冯文娟等（2014）通过 Copula - Kernel 模型，分析了碳价与能源价格的相互作用关系，发现能源价格在第一阶段是碳价的主要驱动因素。由于政府公告和金融危机的冲击影响，碳价与能源价格间的相关性变得不显著，但相关性在第三阶段又逐渐显著。

除了传统的化石能源，电力公司的燃料转换行为对碳价的影响也受到广泛关注。一般而言，短期的减排成效在很大程度上取决于 EU ETS 体系下主要参与者——电力和热力运营商的行为，因为化石燃料具有明显的替代效应，电力生产商会根据替代燃料的相对价格制定能源使用决策。因此，从高碳密集型能源（如煤炭）到低碳密集型电力和热力发电（如天然气）的边际燃料转换成本是碳价的另一个重要的决定性因素。Delarue 和 D'haeseleer（2007）、Alberola 等（2008b）以及 Keppler 和 Mansanet - Bataller（2010）均单独研究了 EU ETS 第一阶段二氧化碳和电力变量间（如清洁黑色差价[①]、清

[①] 清洁黑色差价（clean dark spreads）是指碳价与已调整黑色差价（dark spreads）的差额，即在考虑碳价的情况下，煤电厂需要把二氧化碳排放的成本也考虑到其理论收益之中。而黑色差价是指在不考虑碳价的情况下，用于衡量欧盟煤电厂毛利的一个指标，该指标是煤电厂考虑了电厂的运行和维护成本、资金和财务成本后每销售一单位电力的理论毛利率。

洁点火差价①、转换价）的因果关系，并证实了燃料转换行为对碳价的显著影响。

最后，根据 Christiansen 等 (2005)、Mansanet - Bataller 等 (2007) 和 Hintermann (2010) 的研究可知，碳价还受到非预期气候变化的影响，包括气温、降水和风速。例如，寒冬（酷暑）会增加电力消耗以满足制热（制冷）的需求。其中，Mansanet - Bataller 等 (2007) 通过研究极端天气对碳价的作用关系，发现极端温度的影响相当显著，而且温度与碳价的正向关系具有非线性特征。此外，Alberola 等 (2008a) 发现极端低温，尤其是低温天气的机制调整会对碳价产生显著影响，但是极端高温天气的影响并不明显。Hintermann (2010) 进一步验证了极寒天气对碳价的非线性影响，发现季节性调整的极寒天气具有显著影响，但极端高温并不会对碳价产生显著影响。此外，降水量、风速和日照小时数也会直接影响发电厂利用水能、风能和太阳能进行发电的决策，从而影响碳排放。

三 宏观经济与金融风险因子

鉴于碳排放产生于工业生产活动，部分学者提出宏观经济环境也会影响碳价走势的假设。一般而言，工业经济发展越快，所消耗的原材料和能源越多，因此控排企业对碳排放权的需求量越高。相反，当经济发展处于低迷期，工业活动减少，对应的排放量下降，市场对碳排放权的需求也随之降低。其中，根据全球化经济背景的特点以及 2005—2007 年 EU ETS 体系涵盖行业的生产表现，Alberola 等 (2008a, 2009) 首次通过计量经济学模型研究了生产活动对碳价的潜在影响，发现欧盟成员国在第一阶段排放更多的碳，并显著促进了碳价上涨。此外，他们还发现，宏观经济波动会显著影响四个

---

① 清洁点火差价（Clean Spark Spreads）是指碳价与已调整点火差价（Spark Spreads）的差额，即在考虑碳价的情况下，天然气发电厂也需要将碳排放的成本考虑到其理论收益中。点火差价是指在不考虑碳价的情况下，用于测量欧盟天然气发电厂毛利的指标。

国家的炼钢、造纸和燃烧行业的碳排放。Durand–Lasserve 等（2011）运用来自 MERGE 的一般均衡模型，分析了全球经济复苏不确定性对能源转换和碳价的影响，与此同时，Declercq 等（2011）调查了经济衰退是否会冲击 2008—2009 年欧洲电力行业对碳排放权的需求量，通过二氧化碳价格与燃料价格的反事实情景模拟结果可知，2008 年的经济衰退显著导致碳价走低，因为经济需求总量的下降使得欧洲电力部门的碳排放量减少了大约 1.5 亿吨。Bredin 和 Muckley（2011）通过静态和递归的 Johansen 多变量协整似然比检验控制时变波动效应，研究了数个在理论上成立的因素，包括经济增长、能源价格、气候条件等如何作用于 2005—2009 年欧盟二氧化碳价格的预期价格，发现第二阶段出现了新的定价体制，并指向由基本面驱动的成熟市场。此外，为探讨经济活动对碳价是否有经济周期的影响，Chevallier（2011b）选取欧盟工业生产指数作为宏观经济代理变量，并基于繁荣期和衰退期构建两状态 MSVAR 模型，其结果显示宏观经济变量在繁荣期（衰退期）对碳市场分别产生正向（负向）影响。Chevallier（2011c）进一步探究了工业生产与碳价之间的非线性关系，即欧盟 27 个成员国的"碳排放权—宏观经济"关系，发现由于碳市场的特定制度约束，宏观经济活动对碳市场的影响具有滞后效应，而且相比于其他线性模型，两区制阈值矢量误差矫正和两状态马尔科夫转换 VAR 模型表现更好。

此外，随着欧盟碳金融衍生品市场的快速发展，碳期货市场的庞大交易量显著提高了碳市场交易活跃度和市场流动性，其金融属性也逐渐凸显，因此金融风险因子对碳期货价格走势的影响也逐渐成为研究热点之一。其中，部分学者对权益类资产价格的影响进行了研究，因为股票价格作为宏观经济形势的"晴雨表"，代表企业的实际经营状况及实体经济的发展形势，理论上会对市场的碳排放权需求产生影响。一般来说，股价下跌，意味着企业的盈利能力下降，经营状况变差，因此将抑制企业的生产投资能力，最终导致二氧化碳排放量的降低，反之亦然。Sijm 等（2006）认为，发电企业的股票价格与碳价在祖父法分配制度下存在显著正相关。Oberndorfer（2009）进一步证实了该观点，发现虽然欧盟不同国家的电力公司股价与碳价的相关性具有差异性，但是整体来说都存在显著正相关关系。与此同时，Chevallier（2009）通过引入权益、债券以及大宗商品市场的关键指标对碳市场与金融风险因子间的关系进行考察，发现股价对碳价的影响在2007年8月后有所增强。刘维泉和赵净（2011）基于DCC-MVGARCH模型发现股价对碳价存在直接或间接的单向影响，表明实体经济的波动会显著影响企业对碳排放权的需求。同样基于GARCH类模型，李刚和朱莉（2014）通过MGARCH-BEKK模型证实了碳排放权与石油和股票市场之间的动态相关性，但认为碳市场的金融属性还不够显著。

此外，部分文献还通过VAR模型对碳配额与股市间的相互作用关系进行验证，如陶春华（2015）通过VAR模型对中国碳市场与股市间的相互作用关系进行了研究，发现高排放行业股价与上海试点碳市场的碳价存在显著负向关系，而且脉冲响应函数表明碳市场的信息会对高排放行业的股价产生短暂的负向冲击。考虑到金融风险因子与碳价之间可能存在非线性相关性，Lutz等（2013）选取了若干金融风险因子、能源价格以及天气变量，通过马尔科夫区制转换模型分析了其与EUA价格间的非线性关系。此外，为了刻画金融风险因子与碳价的相依结构，Gronwald等（2011）应用不同的Copula模型研究了泛欧50指数、道琼斯欧洲能源股票指数以及欧洲可再生能源指数与碳价的相依性，发现EUA与权益类指数间存在显著的正向相依性，且相依结构具有对称性，而且在极端经济低迷期，其相依性会显著增强。Tan和Wang（2017）基于分位数回归法检验了股指、大宗商品价格指数以及债券对碳价的影响，发现大宗商品价格指数的影响相对更显著，而债券的影响很弱。Friedrich等（2020）对需求方基本面、监管干预和金融三类价格驱动因素和相关的计量经济学方法进行整理，认为监管干预和金融交易动机对碳价的影响更值得关注。Tan等（2020）通过溢出指数法揭示了碳配额与主要金融资产间的信息溢出效应，发现相比于石油，碳配额与金融资产的关联度更弱，但具有类似的波动趋势。

四 文献述评

上述文献表明，碳市场价格驱动因素具有异质性，但总体来说，供求关系是决定碳价的根本因素。其中机构决定、能源价格、宏观经济状态、金融风险因子等均会影响碳排放权市场的供求关系。长期来看，影响碳价的主要因素有两个。一是经济主体的减排力度，例如总量控制和核查力度。一般而言，政策力度越大，意味着总量控制和碳排放数据核查越严格，因此碳价越高。二是控排企业的减排成本。该因素与分配方式紧密相关。一般来说，相比于无偿分配，有偿分配可以增加控排企业的获得成本，不仅会倒逼高排企业进行技术改革和产品创新，还会激励技术先进的企业参与碳市场，从而提高碳市场的配额流动性，带来碳市场的蓬勃发展和价格的长期上涨。短期看来，天气、化石能源价格等因素会显著影响碳价。例如，民众在寒冷时期对煤炭等能源的需求会增加，增加的碳排放量会推动碳价短期上涨。此外，化石能源的价格下跌，也会导致"反弹效应"，增加能源消费并减少清洁能源投资，最终推高短期碳价。金融机构的参与也会影响碳价，因为金融市场可以充分发挥碳期货的价格发现功能，吸引多元化的参与主体，从而让碳期货价格成为碳现货市场的定价基准。

现有研究重点探究了不同驱动因素对碳价的影响程度、碳市场与关联市场间的相依结构及相互作用关系、碳市场不同阶段的相依性差异。总体而言，现有研究还存在以下不足。

（1）国内外学者对碳价驱动因素的相关研究主要集中在能源价格方面，而极少关注金融风险因子的碳价影响。但是随着碳金融衍生品市场的快速发展，碳期货市场与金融市场的联系越发紧密，主要金融资产对碳价的影响不容小觑，且能源市场与金融市场一直存在错综复杂的关系，因此金融市场也很可能通过能源市场作用于碳市场。可见，将主要金融资产和能源资产同时纳入碳配额关联资产范畴内，可以揭开碳期货与关联资产间的复杂相依性。

（2）关于碳市场与关联市场相依性的研究，现有文献主要从相依程度和相依结构两个角度展开。大量文献只对均值水平上的相依程度进行了测度，而忽略了对相依结构的考察，而且极少有文献同时对相依程度和相依结构进行检验。实际上，相依程度与相依结构同等重要，均值水平上的相依程度不能揭示特殊条件（尤其是极端条件）下的相关性差异，因此具有一定的局限性。然而基于分布的相依结构可以反映变量间在不同状态下的依赖程度，并捕捉到一般情况和极端情况下的相依性差异，因此对投资者和监管者更有益。

（3）现有文献对相依结构的刻画主要采用 Copula 函数，而通过分位数回归框架研究碳市场与关联市场相依性的文献极为有限。Copula 函数虽然可以较为精确地估计出变量间的非线性尾部相关性，但其函数种类繁多，能否合理地作出假设并选择恰当的 Copula 函数将会对估计结果的可靠性产生关键影响。相比之下，分位数回归作为半参数方法，不需要对变量分布作出假设，对异常值也不敏感，可以很好地应对金融时间序列中的尖峰厚尾分布，并方便地捕捉到相关资产在因变量不同分位点上的条件相关性。

（4）现有部分文献虽然已经发现碳价与关键驱动因素间存在非线性及时变的信息传导关系，且碳价存在结构变点，但是均未考虑结构变点是否会对碳市场与关联市场间的相依性（包括相依程度和相依结构）产生显著影响，即由重大事件冲击导致的结构变点发生前后，其相依关系是否产生显著变化。

第三节　关联资产间的信息溢出效应

随着经济全球化和金融市场自由化的快速推进，以及大宗商品相关衍生品市场的迅速发展，跨国市场间的联系纽带愈发紧密，而商品市场与资本市场间的资本流动与信息关联也愈发频繁。总体而言，信息溢出通常分为价格信息溢出（一阶矩）和波动率/风险溢出（二阶矩）。Soydemir（2000）研究发现，导致市场间信息溢出效应的原因不仅包含经济基本面间的关联，还包含跨界金融投资和投资者情绪，相比之下，基本面因素的主导力量更强。这种信息溢出效应意味着一次大规模冲击不仅会影响自身资产（市场）的回报率（波动率），还会影响其他资产（市场）的回报率（波动率），而且在金融危机期间，这种影响可能会加剧，并表现出明显的联动现象（Ewing and Malik，2016）。由于碳市场复杂系统同时涉及商品市场与资本市场的主要资产，因此，本节将分别从关联市场间的信息传导路径、信息溢出效应以及危机事件的冲击影响三个方面对相关文献进行回顾和梳理。

一　关联资产间的信息溢出

（一）商品与金融资产间的信息传导路径

关联市场间的信息溢出一直是投资者、监管部门以及学者关注的焦点，信息传递方和接收方的差异将导致异质性的传导渠道。

首先，韩立岩和尹力博（2012）认为，金融市场主要通过投资或投机需求、市场流动性和美元汇率三种渠道对商品市场产生影响。①投资或投机需求渠道是指金融市场会通过衍生品交易影响大宗商品价格，因为大宗商品具有分散投资组合风险的优势。大部分学者通过实证研究证实了实体经济需求和投机因素是引起大宗商品价格波动的重要原因（见 Baldi et al.，2011；Hamilton and Wu，2014）。其中，Tang 和 Xiong（2012）研究发现，指数投资者的投机行为显著增强了商品市场间的联动性，而且投机行为还增加了风险传染的可能（Beckmann and Czudaj，2014）。②市场流动性渠道是指世界主要经济体的货币供给调整会改变全球货币市场流动性，从而冲击资产市场和商品市场的价格（Gospodinov and Jamali，2013）。胡聪慧和刘学良（2017）借鉴融资流动性理论分析了大宗商品与股票价格联动性的内在机理，证实了金融市场流动性状况对大宗商品市场与股市的信息传递至关重要，因为金融资本在为商品市场提供流动性的同时也会将金融市场的风险传递到商品市场，从而导致商品市场与金融市场出现联动效应。③美元汇率变化也是影响大宗商品价格的重要因素（Chu and Morrison，1984）。Breitenfellner 和 Cuaresma（2008）将美元汇率的影响路径总结为五条，分别是石油供应方出口收入的购买力、需求方的非美元区域的当地价格、石油关联资产市场的投资、石油输出国的货币政策制度以及货币市场效率。

相反，商品市场也可以通过三条渠道对金融市场产生溢出效应（何文忠，2012；Pal and Mitra，2019）。大宗商品价格会通过改变企业现金流量预期影响股票市场。Fisher（1930）指出，油价变化与股票价格间的关联可以用贴现现金流估值模型解释，因为股票价值是其预期现金流量的现值，而油价可以通过以下方式影响未来现金流量：①作为一种关键的原材料，油价上升会提高生产成本，从而降低公司的利润率，进而抑制股价上涨（Narayan and Sharma，2011）；②油价波动可能对货物和服务需求产生负面影响，因为原油价格上涨可能导致消费者提高自身的预防性储备，推迟购买耐用品，从而对股价产生不利影响（Xu，2015）；③为了应对油价冲击带来的不确定性，企业可能推迟投资决策（Bernanke，1983），而投资者可能要求提高其必要报酬率，从而减少企业未来的现金流，对股价产生负影响（Edelstein and Kilian，2009）；（4）政策制定者可能会提高利率以应对油价上涨的通货膨胀压力，利率上升将导致贴现率上涨，预计将会对股价产生强大的抑制作用（Ghosh and Kanjilal，2016）。

其次，流动性作用机制也是大宗商品市场影响股市的重要渠道。因为流动性一般代表市场对股票的需求状况，流动性降低则表明股票需求降低，随后股价下降，反之，股价上涨。而国际大宗商品价格通常会通过两条路径对国内金融市场的流动性产生影响：一方面，国际商品价格上涨会导致国际收支出现逆差，从而导致某些国家的流动性趋紧；另一方面，国际商品价格上升还会引发"输入型通货膨胀"压力，引发国内商品价格上涨，从而刺激政府采取货币紧缩政策（Bernanke et al.，1997）。

最后，大宗商品市场还会通过财富转移机制影响股市（Fried et al.，1975），即商品价格上涨会导致进口国的国民财富快速转移到出口国，从而降低国内购买力水平，流动性的下降最终刺激投资者减持金融资产。

（二）商品间的信息传导路径

随着当前商品市场金融化程度的加强，能源、金属和农产品等大类商品市场间的整合程度得到大幅提高（Tang and Xiong，2012），且在金融危机时期表现出明显的联动效应（Cabrera and Schulz，2016），商品市场间的信息传导渠道也引起了政府、投机者、生产者和消费者的极大兴趣（Mensi et al.，2014a）。一方面，从对冲和投机的角度来看，商品期货为投资组合风险的多元化提供了一种安全便利的投资渠道。主要原因是大宗商品往往与其他金融资产间存在较低的收益率相关性，且价格走势与通胀水平具有正向关联（Chong and Miffre，2010），因此投资者更倾向于通过商品期货优化投资组合，以降低资产组合风险或进行风险对冲（见 Silvennoinen and Thorp，2013；Andreasson et al.，2016；Karyotis and Alijani，2016）。另一方面，商品价格时常受到来自金融、经济和地缘政治事件的冲击，其价格波动也会在一定程度上对宏观经济政策反应产生重要影响（Kang et al.，2017），因此备受机构投资者和相关政府部门的重视。

总体来说，与金融市场不同的是，商品市场与实体经济紧密相关，商品市场的信息传导也称为商品价格波动传导，即关联市场间的价格信息通过产业链相互传递的过程。根据溢出方向，可将国内商品价格传导划分为垂直价格传导和空间价格传导，而国际商品价格传导是两种价格传导的综合（方晨靓，2012）。西方学者的研究重点在美国的商品价格传导路径（Cushing and McGarvey，1990），国内学者则集中对 2003 年新一轮经济增长中中国价格传导机制出现重大变异的现象进行研究（顾海兵等，2005）。相比之下，关于国际商品价格波动传导的研究较有限，主要的观点包括单路径论、双路径论和四路径论（周望军，2008）。单路径论是指国际市场价格波动仅通过进口贸易渠道影响国内商品价格及通胀水平。其中，进口消费品直接影响国内物价水平，而进口原材料等工业用品则通过产业链影响国内物价水平。双路径论是基于单路径论进一步考虑了货币在物价传递过程中的作用，即国际商品价格上涨体现了国内商品价格的竞争优势，从而刺激出口，最终贸易顺差扩大会对国内物价水平产生影响。四路径论进而强调了贸易比价和产品替代在物价传递过程中的作用，其中贸易比价路径是指标准化的国际生产资料价格会通过比价关系直接影响国内同质产品价格。产品替代路径是指国际商品价格上涨会刺激国内商品需求及价格。

二 碳配额与关联资产间的信息溢出效应

尽管正式运行时间只有近 10 年，碳市场已经成为全球资本市场的重要组成部分，并被认为有望超越石油市场，成为全球最大规模的商品市场。目前，碳市场已被广泛证明是另一种盈利和分散资产风险的投资渠道（Zhang and Wei，2010；Subramaniam et al.，2015）。与此同时，在碳市场金融化的趋势下，碳期货与关联市场间的信息溢出效应也受到越来越广泛的关注。其中，部分学者通过多种计量经济学方法对碳市场与能源市场间的信息溢出机制进行了探索。其中，王俊丽（2012）基于协整检验和状态空间模型，检验了石油价格对碳价的溢出效应，发现两者存在长期均衡关系，且石油价格会对碳价产生溢出效应。Byun 和 Cho（2013）通过 GARCH 模型调查了碳期货价格、布伦特原油期货价格、UK 天然气价格、欧洲煤炭以及电力价格间的关系，发现能源价格会对碳价产生显著溢出效应。Liu 和 Chen（2013）运用 FIEC – HYGARCH 模型对 EUA 期货、布伦特原油、英国天然气以及欧洲煤炭价格的关系进行研究，发现原油和天然气市场会对碳市场产生溢出效应，而碳市场也会对煤炭和天然气市场产生溢出效应。值得注意的是，他们计算了波动溢出的程度，但是不能反映波动溢出关系的时变性。

为了捕捉时变波动溢出关系，Reboredo（2014）提出一个具有二元对数正态分布的多元条件自回归模型，发现石油与 EUA 在 EU ETS 第二阶段存在波动性动态和杠杆效应，但是这些市场间并没有明显的波动溢出效应。基于 DCC – GARCH 模型和迭代累积平方和模型，Yu 等（2015）捕捉了碳市场与原油市场间的动态相关性和波动溢出效应中的结构变点，发现 EUA 与石油间存在正向时变波动相关性，但经济事件（如金融危机）和政策变化会导致动态相关性产生结构变点。随后，Zhang 和 Sun（2016）分别采用基于 DCC – TGARCH 和 full BEKK – GARCH 的 VAR 模型测量碳期货与三种化石能源（煤炭、天然气和原油）间的动态相关性及波动溢出效应，发现存在从煤炭到碳期货再到天然气的单向波动溢出路径，但是碳期货与原油间不存在显著的波动溢出效应；碳价与化石能源价格间存在显著正相关，且与煤炭价格的关联性最强。此外，三种能源价格下降对碳市场价格波动的影响强于其价格上涨产生的影响。应用带有平滑转换的多元 GARCH 模型，Koch（2014）测度了碳期货与市场决定性因素间的动态关联，即允许能源和金融价格之间的条件相关性在两个转换变量函数所支配的制度间平稳变化，从而揭示价格相关性变化的原因，发现碳市场与能源市场的价格关联在 EU ETS 第二阶段更密切，但取决于市场不确定性条件。

Chen 等（2019）采用非对称 BEKK – GARCH 模型检验石油、天然气和煤炭在不同阶段对 EU ETS 配额价格的波动性溢出和动态相关性，发现 EUA 与石油、天然气之间存在着相对稳定的正相关关系，但自第二阶段和第三阶段以来，特别是在 2008 年国际金融危机之后，EUA 与天然气、煤炭之间的相关性变得更弱、更不稳定。Wu 等（2020）采用递归图（RP）方法和递归量化分析（RQA）方法研究三种不同能源期货市场与碳排放市场之间的波动性溢出，发现煤炭市场和碳排放市场之间的波动性溢出最强。Zeng 等（2021）根据 VAR 模型的实证结果修改了 BEKK-GARCH 模型，分析了 EU ETS 第二阶段和第三阶段中 EUA 和 CER 市场之间的动态波动溢出效应，发现两者存在不对称的波动溢出效应，即 EUA 市场对 CER 市场的波动溢出效应更显著。

针对中国碳市场，Lin 和 Chen（2019）应用 VAR（1）-DCC-GARCH（1，1）模型和 VAR（1）-BEKK-AGARCH（1，1）模型，发现北京碳市场、煤炭市场和新能源股票市场间存在明显的时变相关性和 DCC 冲击的长期持久性，且煤炭市场和新能源股票市场间具有较高的波动持久性。Chang 等（2019）采用 DCC-GARCH 模型，研究了中国的排放配额和化石能源市场之间的波动溢出效应和动态相关性，发现化石能源和区域排放配额市场之间的动态关联性表现出轻微的时变趋势，它们的动态关联性在考虑期内处于较低水平。Ma 等（2020）构建了中国碳排放交易市场、能源市场和资本市场的联动机制模型，应用 DCC-MVGARCH 模型分析了三个市场的动态联动机制，发现各市场产品收益率序列的价格波动具有聚类特征，动态相关关系具有明显的时变特征和持久性特征。Yin 等（2021）从多尺度和交叉方面利用样本熵研究了碳市场和能源市场的同步性，发现中国碳市场和煤炭市场存在同步性。

鉴于多元 GARCH 模型只能通过方差—协方差矩阵测度动态相关性，但不能反映资产间信息溢出方向以及各个资产在信息传递过程中扮演的角色（Awartani and Maghyereh，2013），Wang 和 Guo（2018）运用 DY 溢出指数法，对碳市场与三个能源市场（天然气、布伦特原油和 WTI 原油）间的动态收益率和波动率溢出效应进行研究，并通过配对溢出指数分析了各个市场在系统中发挥的作用，发现系统的平均波动溢出水平高于平均收益率溢出水平，相比之下 WTI 石油市场是最重要的信息传递者，其次是天然气市场，而碳市场更倾向于扮演系统的信息接受者。极端条件下的溢出效应检验结果显示，石油（天然气）市场会对碳市场产生显著的收益率溢出

（波动率溢出）。基于同样的方法，Ji 等（2018）也对碳市场与主要能源市场间的动态时变收益率和波动率溢出效应进行探讨，不同的是，除了传统的化石能源价格，还将电价和清洁能源价格纳入研究范畴，发现波动率溢出强度高于收益率溢出强度，原油、清洁能源和煤炭在收益率和波动率传递过程中扮演了重要的角色，而电力市场则是碳市场的主要信息接受者。

Ji 等（2019）使用连接性网络方法研究了碳价回报率和 18 家欧洲顶级电力公司股票回报率之间的信息溢出，发现在碳—电力市场体系中，碳市场主要表现为信息接受者，即从各个电力企业接受不同程度的信息溢出，整体溢出指数较高，但不稳定。Tan 等（2020）基于改进的溢出指数法检验了碳期货与关联资产间的波动溢出效应，发现碳期货与能源资产间的波动溢出效应较强，且总溢出指数的主要宏观驱动因素是恐慌指数等不确定性因素。Gong 等（2021）采用具有随机波动性的时变矢量自回归模型（TVP–VAR–SV 模型）和脉冲响应函数，基于欧洲碳期货价格和三种化石能源（石油、煤炭和天然气）期货价格的周数据，发现碳市场和化石能源市场之间存在明显的溢出效应，其中强度和方向是随时间变化的，而且是不对称的。此外，碳市场和化石能源市场之间的时变溢出效应的持续时间为三周左右，而且溢出效应随时间推移而减弱。Yang（2021）通过系统的方法，研究了峰谷价格和异质性因素在欧洲电力和碳市场之间的信息溢出机制中的作用，发现电力需求在异质性信息溢出渠道，特别是风险溢出渠道中起着至关重要的作用。此外，德国和奥地利的电力市场运营商是系统中的主导力量，而碳市场是系统的净信息接受者。Adekoya 等（2021）考察了欧盟碳市场与各种商品和金融市场之间的波动风险在不同频段的传递，同时考虑了美国经济政策不确定性的作用，发现碳、黄金和美国货币市场是冲击的净接受者，而碳市场在较高的频率周期内进一步表现为除铜和美国货币市场外所有其他市场冲击的净接受者，且美国经济政策不确定性是碳市场和其余每个市场之间联系的一个重要驱动因素。Zhao 等

(2020)使用时变参数结构向量自回归（TVP-SVAR）模型，全面研究了市场的非线性格兰杰因果关系和时变效应，发现中国主要的试点碳市场存在明显的双向非线性格兰杰因果关系。Hanif 等（2021）使用了一个时间尺度的溢出指数和不同的协同函数，探究了频率波动的溢出效应、关联性以及 EUA 价格和可再生能源指数之间的非线性依赖，发现碳价与标准普尔清洁能源和风能指数之间的溢出强度在短期内很高，但在长期，清洁能源指数和碳价之间的溢出效应最显著。

三 重大事件对信息溢出效应的冲击

（一）重大事件的影响路径

自 2008 年国际金融危机爆发以来，关联市场间的信息溢出效应就引起了投资者和监管部门的广泛关注。因为随着全球经济一体化进程加快，金融衍生品市场的繁荣发展以及投机行为的频繁发生直接刺激了商品市场的金融化[①]，从而与金融市场产生更加紧密的关联关系。在此背景下，大宗商品与权益资产价格对信息（如放松管制、天气、战争、政治经济政策、投资者心理预期）的冲击更加敏感，因为各类重大事件会通过关联市场间的信息传递机制传导风险，诱发投机性运作和资本外逃，从而冲击市场间溢出效应的方向和强度，甚至通过"市场传染"引起常规条件下非关联资产间的联动效应，最终给宏观经济基本面造成一定的冲击（Buyuksahin and Robe，2014；Lombardi and Ravazzolo，2012）。

目前，学术界还缺乏针对"市场传染"的权威性定义。Gerlach 和 Smets（1995）将市场传染定义为某个国家受到投机冲击后导致其他国家的货币遭受类似冲击的概率上升。Goldstein 和 Pauzner

---

① 商品金融化程度包括高、中、低三个层次，商品的金融化程度越高，价格受到投资的影响就会越大，其中高级金融化商品的交易行为主要由投资或投机动机决定，呈现出与金融市场较为一致的波动规律。

(2004）基于"概率学说"，将传染定义为投资者的跨国资产撤离行为增加了东道国爆发金融危机的概率。Kodres 和 Pritsker（2002）提出的"溢出学说"则认为，传染效应是危机起源国与传染对象间基于经济基本面联系的冲击溢出效应。此外，Kaminsky 和 Reinhart（2000）提出的"净传染学说"则从行为金融学的视角对"市场传染"效应进行定义，并解释了金融危机在非密切贸易国间传染的原因。相比之下，Forbes 和 Rigobon（2002）提出的"过度联动学说"在近年被广泛接受，该学说将"市场传染"定义为金融市场在同一危机事件的冲击下，其联动性显著增强的现象。

近期，关于相依性变化的文献数量呈快速上升趋势，大量文献通过对比危机时期和正常时期的金融市场间相依关系，以检验"传染"效应的存在与否。如 Forbes 和 Rigobon（2002）应用了线性相依性测量方法，Bae 等（2003）、Baur 和 Schulze（2005）分别采用了多项 Logit 框架和分位数回归框架，Boyer 等（2006）和 Hu（2006）分别应用了马尔科夫转换模型和 Copula 函数，Rodriguez（2007）基于马尔科夫转换模型和 Copula 函数，分别测度了金融危机时期和稳定时期的市场间相依性，并基于其相依性变化判断金融危机事件是否产生了传染效应。费兆奇（2020）对资本市场传染现象的相关文献进行述评，认为学术界存在资本市场间相依程度和传染现象界限不清的问题，因为传染的不同定义均与市场相依紧密相连，传染的传播途径（以投资者行为为代表的非要素联系）和相依的传播途径（基本面联系）相互交织。

（二）危机事件对关联资产间信息传递的冲击模式

大量实证研究证实了危机事件对信息溢出效应的显著影响。一般而言，重大危机事件导致的市场传染不仅会大幅降低市场相依的潜在益处，还会冲击基于相依水平的国际资产定价模型的理论基础（费兆奇，2020）。具体而言，部分学者发现危机事件会显著冲击权益市场与商品市场间的信息传递。例如，Büyükşahin 等（2010）发现，在极端事件发生时，股市和商品市场的联动性增强。Tang 和

Xiong（2012）发现，商品与权益市场的相关性在 2008 年 9 月雷曼兄弟破产后显著增加。Silvennoinen 和 Thorpy（2013）认为，原油和股市间可能存在传染效应，因为在 2008—2009 年股价高波动时期，所有石油期货收益率都与美国股价存在高度相关性，而且在此期间持续增长。Büyükşahin 和 Robe（2010）认为，能源和金融市场在危机时期存在传染效应，因为代表危机时期的虚拟变量在所有用于解释大宗商品和权益市场相关性的变量中均表现显著。Wen 等（2012）认为，尾部依赖性的显著增强是市场传染所导致，并通过时变 Copula 函数发现全球金融危机确实会对能源和股票市场产生传染效应，而且美国市场的传染效应远强于中国市场。

此外，部分学者也探讨了重大事件对商品市场间信息关联的影响。其中，Jin 等（2012）应用 VAR - BEKK 模型研究了 WTI、迪拜原油和布伦特原油期货间的波动溢出效应，并通过波动率脉冲响应函数检验了 2008 年国际金融危机事件以及 BP 深水地平线漏油事件对其波动溢出效应的冲击大小和持久性，发现布伦特原油和迪拜原油会对市场冲击作出强烈反应，但 WTI 原油的反应很微弱。基于同样的方法，Nazlioglu 等（2013）研究了石油与农产品（小麦、玉米、大豆和糖）在 1986—2011 年的波动溢出，发现石油和农产品市场在危机前没有风险传导，但石油市场的波动在危机发生后（2008 年）后蔓延到农产品市场（糖除外）。Olson 等（2014）同样通过波动率脉冲响应函数和多元 GARCH 模型研究了能源价格指数与美国标准普尔 500 指数间的波动率传递问题，发现能源价格波动对标普 500 收益率指数很敏感，能源的条件方差对低分位标普 500 指数的冲击格外敏感，而且在国际金融危机时期，能源及股票价格的条件相关性和套期保值比率会显著上升。

通过 DCC - MGARCH 模型，Manera 等（2013）探究了宏观经济变量是否会影响能源商品与五种全球性农产品（玉米、燕麦、豆油、大豆和小麦）的信息关联，发现能源和农产品大宗商品间存在显著且正向的条件相关性，且相关性在国际金融危机时期显著增强。

Mensi 等（2014a）基于 VAR – BEKK – GARCH 和 VAR – DCC – GARCH 模型探究了国际能源（如 WTI 原油、布伦特原油、供暖和汽油）和谷物商品市场（小麦、玉米，高粱和大麦）的动态收益率和波动溢出效应，并考察了三种欧佩克新闻公告的影响，发现能源和谷物商品期货间的时变相关性在美国次贷危机期间具有较大波动性，而且欧佩克新闻公告的影响是有力的不对称市场信号。此外，基于带 MGARCH 的矢量误差校正模型，Lin 和 Li（2015）研究了不同地区（美国、欧洲和日本）的天然气和石油市场间的价格和波动溢出效应，发现 2008 年国际金融危机后天然气和原油价格明显脱钩。Zhang 和 Wang（2014）通过 DY 溢出指数法，对中国和全球石油市场（WTI 原油和布伦特原油）间的收益率和波动溢出效应进行研究，发现在 2008 年国际金融危机期间，世界石油市场对中国石油市场产了更强的收益率和波动率溢出效应。基于同样的方法，Batten 等（2015）识别出四种主要贵金属（黄金、白银、铂金和钯金）的时变溢出效应，发现地缘政治和经济事件会改变溢出效应的趋势。Kang 等（2017）通过迭代累积平方和算法、多变量 DECO – GARCH 模型及溢出指数法对六种不同类别的大宗商品（黄金、银、WTI 石油、玉米、小麦和大米）在 2008 年国际金融危机和欧债危机期间的时变收益率和波动率溢出效应进行了探究，发现危机时期的商品期货收益率以及信息溢出效应都会增强。Fernandez – Diaz 和 Morley（2019）进一步通过 DCC 模型，发现原油收益率与所有宏观经济变量及标准普尔大宗商品收益率指数呈现出显著的动态相关性，且这些动态相关性的结构变化与 2008 年国际金融危机有关。

然而，危机事件对商品期货市场溢出效应的冲击也受到部分学者的质疑。其中，Vivian 和 Wohar（2012）没有发现商品市场出现波动性突破的迹象，表明相比于 1985—2010 年的水平，2008 年国际金融危机时期的商品波动性并不是很高。Sensoy（2013）使用 DCC 和 DECO 模型对四种主要贵金属（即黄金、白银、铂金和钯金）收益率中的波动率溢出效应进行检验，发现黄金和白银的波动水平在 2008 年没有显著变化。通过将研究对象进一步扩展到不同类别的商品期货市场（如能源、贵金属和农产品），Sensoy 等（2015）发现，国际金融危机在商品期货市场的蔓延过程中只发挥了部分作用。

鉴于重大事件会对商品市场与金融市场间的信息传递造成不同程度的冲击影响，部分学者也陆续开始关注碳市场与关联市场间的相互作用关系对危机事件冲击作用的反应。其中，Chevallier（2011d）通过一个 FAVAR 模型检验了国际冲击，包括宏观经济变量、金融市场指标和大宗商品市场指标对碳价的信息传递作用，发现与经济基础理论一致，外部经济衰退对全球经济指标产生显著冲击，进而对碳价产生负向作用。基于结构断点检验和迭代累计平方和算法，朱帮助（2014）和 Zhu 等（2015）发现，除了 2006 年"五月事件"导致碳价出现结构变点，2008 年国际金融危机与 2011 年的欧债危机也是导致碳价发生结构突变的关键原因。Wang 和 Guo（2018）运用 DY 溢出指数法进一步探讨了碳市场与能源市场（WTI 原油、布伦特原油、天然气）在一些极端条件下的收益率和波动率溢出效应，发现一些重大的政策变化和事件可能会导致其溢出指数发生变化。例如，EU ETS 体系的制度变革及机构政策变化是导致 2008 年年底收益率和波动率溢出指数断崖式下跌的主要原因；欧债危机可能是导致 2009—2011 年收益率和波动率溢出指数出现相似波动的主要原因；而 2014 年和 2015 年年初波动溢出效应的急剧下降可能源于 2014 年的国际油价暴跌。

四 文献述评

通过上述整理发现，现有文献通过多种计量经济学方法对关联市场间的相依性和信息溢出效应进行了全面且细致的实证研究。相比之下，线性相关系数测度方法操作直观，但是无法刻画非线性相依性，也不能捕捉信息溢出效应；基于 VAR 的协整和格兰杰因果检验可以度量静态信息溢出关系，但是同样无法刻画非线性相依性以及时变信息溢出效应；多元 GARCH 类模型能度量时变相依性和波动溢出效应，但是只能度量线性相互作用关系；Copula 函数和分位数回归能度量非线性和非对称相依性以及尾部相依性，但是不能刻画信息溢出效应，即相互作用关系；DY 溢出指数法可以度量动态信息溢出的大小和方向，但不能揭示极端的信息溢出效应。

总体而言，现有文献针对碳市场的研究还存在以下几点不足：①虽然部分文献基于股市—石油—农产品相关研究，总结出了"商品—金融"和"商品—商品"组合中信息传导的主要渠道，但是尚无文献对碳市场与关联市场（能源市场及金融市场）间的信息传导路径进行探究。②大量文献对"原油—股市—农产品市场"间的波动溢出效应及危机事件冲击进行了详细研究，但是针对碳市场的研究还略显不足。相关研究主要集中在碳市场与能源市场间的波动溢出关系，极少有文献关注碳市场与金融市场间的信息溢出。鉴于能源市场和部分金融风险因子是碳价的重要驱动因素，因此有必要检验金融资产和碳期货间是否存在时变收益率溢出和波动率溢出关系，并从系统性视角检验在相关资产在"碳配额—能源—金融"信息关联系统中的信息贡献程度和扮演的角色。③虽然部分学者认为，危机事件的发生往往会通过"市场传染"对关联市场间的信息传递造成显著影响，而且一般可以通过金融危机事件发生前后市场间的相依变化程度来判断"传染"效应，但是目前极少有文献指出金融危机是否对碳市场与关联市场间的相依性造成传染效应。④虽然部分学者发现碳价存在多个结构变点，且认为导致该结构变点的原因包括 EU ETS 制度调整、金融危机事件（如国际金融危机以及欧债危机）以及石油相关的地缘政治危机事件，但是目前针对危机事件如何冲击影响碳市场与关联市场间信息溢出效应的研究还相当有限。为了进行精准防范，有必要测度重大历史事件对碳市场复杂系统中波动溢出效应的冲击程度和冲击时间。

第四节　关联资产间的尾部相依及极端风险溢出效应

联合国在《2019 世界经济形势与展望年中报告》中表示，当前国际贸易关系紧张、国际政策高度不确定以及企业信心削弱导致世界经济全面放缓。加之，2020 年暴发的新冠肺炎疫情（COVID - 19）在全球大流行，世界经济和全球价值链面临着前所未有的挑战，全球经济不确定性加剧，并影响着未来的全球化进程。"不确定性"是近年来描述全球经济形势的关键词。当前全球经济的不确定性，既有前期已存不确定性的累积和延续，也有因疫情全球大流行引发的不确定性骤升和加剧。自 2008 年国际金融危机以来，全球发展渐入应对世界格局与国际秩序新挑战的历史时期。这一时期，随着全球化的演进，国际主要经济力量的对比发生了改变，国际治理体系相对滞后且改革进展缓慢，全球经济不确定性趋升，给全球资本市场风险管理带来极大的挑战。

自 2008 年国际金融危机爆发以来，金融市场间的极端风险传染成了学术界研究人员、政策制定者和商业从业者关注的重点。因为在市场一体化的背景下，外部冲击导致的风险很可能在关联市场间相互传递。同时，风险溢出效应还可能源于"净传染"，即投资者情绪的影响往往导致市场间的非基本面联动效应（King and Wadhwani，1990）。重大金融危机事件，如美国次贷危机、国际金融危机、欧债危机、中美贸易摩擦、新冠肺炎疫情，使得金融机构和监管部门开始重视测度和监控资产间的尾部相依性及极端风险溢出效应。金融市场的尾部相依性可以有效测度关联资产间产生暴涨暴跌的可能性，其中左尾的相依性可以揭示当市场发生"黑天鹅"或"灰犀牛"事件时，资产间价格暴跌风险的关联程度。相反，右尾相依性则反映资产间价格暴涨风险的关联性。因此，了解关联市场间的极端风险传导机制，不仅有助于投资者警惕暴涨暴跌风险，及时调整投资策略以降低损失，还可以指导监管部门及时进行防控以维持金融市场稳定。

一 尾部相依与极端风险溢出效应测度

总体而言，现有文献主要集中在对资产间尾部相依性的刻画、风险测度以及极端风险溢出效应的捕捉三个方面。部分学者通过 Copula 框架对石油与股市间的风险相依性进行研究。其中，Geman 和 Kharoubi（2008）通过估计石油期货和标准普尔 500 指数间的 Copula 函数，发现当股指暴跌时，原油市场会暴涨，反之亦然。Wen 等（2012）通过 Copula 函数发现，2008 年国际金融危机爆发后，原油市场与美国股市间存在显著增强的尾部相依性。此外，分位数回归框架也被用于刻画尾部相依性。其中，Baur（2013）认为，分位数回归模型可以全面测度相依程度和相依结构，且反映出相依模式在熊市和牛市下的变化。基于同一方法，Mensi 等（2014b）发现，巴西、俄罗斯、印度、中国和南非股市经常与全球性资产（如标准普尔指数和油价）表现出非对称的相依性。Zhu 等（2016）同样使用分位数回归方法，探究了原油价格变化与中国行业股票收益率间的尾部相依性，发现行业股票收益率对油价变化的反应具有异质性。虽然 Copula 函数和分位数回归可以揭示资产间的尾部相依性，但是不能用于检测变量间的风险溢出效应。相关理论基础表明，风险溢出具有时间延迟效应，即 A 资产的过去价格变化可能会影响 B 资产当前的预期收益率（Jones and Kaul，1996）。但是 Copula 函数和分位数回归只能反映同期依赖性，不能揭示风险层面的滞后效果。同期依赖性很难揭示风险传递的格兰杰因果关系，而只有理解关联市场间经济信息如何在两个市场中传播，才能提高预测能力和风险监控能力。

此外，监控极端风险及其溢出效应的关键在于风险度量的准确性（洪永森等，2004）。目前大部分学者倾向于使用方差测量市场风险（Engle and Susmel，1993；Alotaibi and Mishra，2015；Huo and Ahmed，2017），因为波动率常被看作金融风险（尤其是市场风险）的一种标准量化方法，GARCH（Bollerslev，1986）和随机波动（Taylor，1986）是用于捕捉波动聚集现象的主要计量经济学模型。然而，波动率只能适当地反映金融市场中的一般风险，不能有效地捕捉金融市场的极端风险（Gourieroux and Jasiak，2001）。Hong等（2004，2007）认为，金融资产收益分布往往具有尖峰厚尾的特点，波动率仅仅是收益分布的二阶矩，因此不能全面准确地度量金融风险。另外，波动指标是损益对称的，而在金融风险管理中，金融风险只关注金融资产的损失，因此只与金融收益率分布的尾部相关（潘慧峰和张金水，2007），相应地，波动率溢出效应也不能完美地度量风险溢出效应。相比之下，由 J. P. 摩根于 1994 年提出的 VaR 概念已成为度量极端市场风险的权威指标。该指标衡量了在给定的时间段和置信水平下某一资产组合预期的最大损失，将市场风险直接与收益率条件分布的左尾分位数相连接，弥补了波动率指标的缺陷。

Hartmann 等（2004）采用非参数方法检验了金融市场在危机时期的极端相依性，进而对其极端风险溢出效应进行了分析。Asgharian 和 Bengtsson（2006）构建了每只股票指数的跳跃—扩散模型，用于捕捉不同国家股市间的跳跃溢出效应。类似地，Asgharian 和 Nossman（2011）基于考虑跳跃性的随机波动率模型，探究了美国股市和区域股市是否会对大量欧洲国家的股市产生风险溢出效应，该方法可以识别跳跃及跨境极端事件的溢出效应。Christiansen 和 Ranaldo（2009）关注了金融机构和金融市场中同时出现的共同极端事件，并通过多项 Logistic 回归模型分析了金融风险溢出效应。

此外，部分学者通过极值理论[①]测量了动态极值 VaR，然后运用

---

① 极值理论是研究次序统计量的极端值分布特征的理论，常用于异常现象预测。由于仅考虑分布的尾部特征，因此对随机变量的分布特征无要求，可以评估极端情形下金融市场的风险状况。

Granger 因果检验方法分析极端风险传导效应（林宇等，2010；Fałdziński et al.，2012）。陈王等（2011）运用能够刻画波动率杠杆效应的 LGARCH 模型对金融市场的条件波动率进行建模，进而通过格兰杰因果检验判定中国股市与周边股市间的风险传染效应。此外，自洪永淼等（2004）和 Hong 等（2009）首次提出风险—格兰杰因果关系的概念和检验方法后，大量学者据此测度了金融市场间的风险溢出效应。其中，潘慧峰和张金水（2007）以及 Fan 等（2008）运用广义误差分布（GED）的 GARCH 模型估计了石油市场间的极端下行和上行风险，并通过风险—格兰杰因果检验方法对两个石油市场间的极端风险溢出效应进行分析。Du 和 He（2015）同样基于风险—格兰杰因果方法对负面和正面的风险溢出效应进行检验，发现标准普尔 500 股指与 WTI 收益率间存在显著的风险溢出效应。基于同样的方法，Wang 等（2016）测度了 2008 年国际金融危机爆发前后四大黄金市场（伦敦、纽约、东京和上海）的极端风险溢出效应。赵新泉和孟晓华（2018）通过基于 SGED 分布的 GARCH 模型估计了国际大宗商品市场铜、石油、黄金和沪深 300 指数的极端风险，并利用风险—格兰杰因果检验法分析了大宗商品市场与中国股市间的极端风险溢出效应。将风险因果检验方法与马尔科夫框架相结合，Liu（2014）提出一种二元响应模型，并用该模型有效度量了美国和日本股市间的极端风险溢出。值得一提的是，虽然风险—格兰杰因果检验方法可以检验资产间尾部风险的因果关系，但是不能识别重要的风险资产。

与此同时，为了弥补 VaR 不能捕捉金融资产间风险溢出效应的缺点，Adams 等（2015）提出了可以测量风险溢出程度、方向以及时间的状态相依敏感在险值（State-Dependent Sensitivity Value at Risk，SDSVaR）。相比之下，该指标虽能有效地度量风险溢出效应，但不能解释潜在的风险溢出机制。基于此，Adrian 和 Brunnermeier（2011）提出条件在险价值（Conditional Value at Risk，CoVaR）模型以测度金融机构对系统性风险的贡献程度。一方面，CoVaR 模型巧妙地连接了不同机构的 VaR，可以通过分析金融机构 VaR 之间的相互关系从而识别风险溢出效应。另一方面，CoVaR 模型还可以根据金融机构对系统风险的贡献值和风险敞口判断金融系统中的风险源。然而传统 CoVaR 模型假定各金融机构的收益与系统收益间存在线性关系，这一假设与现实情况不符，从而降低了分析结果的可靠性。鉴于此，部分学者陆续开发出多种 CoVaR 扩展模型，如贝叶斯分位数回归模型（Bernardi et al., 2015）、修正 CoVaR 模型（Vogl, 2015）和 CoVaR – Copula 模式（Reboredo and Ugolini, 2014；张艾莲和靳雨佳，2018）。

相比之下，Engle 和 Manganelli（2004）基于分位数框架提出的条件自回归在险价值测量模型（Conditional Autoregressive Value at Risk, CAViaR）具有较大的优势，可以有效地度量单个金融资产的风险值 VaR，而且不受异常点的影响。但是 CAViaR 作为一个单变量的分位数回归结构，不能捕捉资产间的风险溢出效应。为了解决此问题，White 等（2008）将 CAViaR 模型扩展到多分位点情形，提出多分位 CAViaR（Multi – Quantile CAViaR, MQ – CAViaR）模型，由此估计自回归条件峰度和偏度。White 等（2015）进一步把 MQ – CAViaR 模型拓展到多变量情形，即 MVMQ – CAViaR 模型，并通过分位数脉冲响应函数度量了 230 个金融机构在系统冲击下的尾部响应。相比之下，MVMQ – CAViaR 模型允许同时存在多个变量和分位点，不仅可以度量变量间的尾部相依性，还可以通过伪脉冲响应函数分析变量间的尾部风险传导规律。鉴于此，MVMQ – CAViaR 模型被广泛用于测度金融资产间的风险溢出效应。其中，基于 MVMQ – CAViaR 模型，叶五一等（2018）测量了石油市场与美元外汇市场间的风险溢出效应。孟晓华（2018）研究了国际石油期货与中国股市间的风险溢出。Shen 等（2018）观测了美国石油和天然气价格间的极端风险溢出。Shen（2018）探究了美国股市与主要亚洲国家股市间的尾部相依性及极端下行风险传递模式。Chuliá 等（2017）研究了当美国股市遭受冲击时，6 个主要拉丁美洲国家股市的风险响应模式。

二 碳排放权与关联资产间的风险溢出效应

现有文献对碳市场与关联市场间的尾部相依性及极端风险溢出效应的研究相当有限。其中，Mi 和 Zhang（2011）采用极值理论来衡量 EUA 期货价格的 VaR，发现极值方法可以较好地衡量碳期货的极端风险，且碳期货市场的下行极端风险超过了上行风险，并具有明显的不对称特征。其次，Feng 等（2012）结合极值理论与 GARCH 模型对碳市场的动态 VaR 进行测度，发现：碳价的暴跌风险远高于暴涨风险；碳市场在第一阶段的上行风险和下行风险均高于其在第二阶段的风险；在同一阶段，现货和期货市场的上行风险和下行风险相似；基于 GARCH 和极值理论的动态 VaR 可以有效地衡量 EU ETS 市场风险。此外，为了考察能源期货价格与欧洲碳期货合约之间的风险溢出效应，Balcilar 等（2016）通过 MS - DCC - GARCH 模型，发现从能源市场到碳市场存在显著的时变风险传递。

Yuan 和 Yang（2020）提出了一个广义自回归得分—动态条件得分—Copula 模型来研究金融市场不确定性和碳市场之间的非对称风险溢出，发现金融市场的不确定性对碳市场产生了相当大的不对称风险溢出。Zhu 等（2020）提出了一种基于条件风险值的二维经验模式分解方法，对碳市场和电力市场之间的风险溢出效应进行测度。首先，应用二维经验模式分解，将碳价和电价分解为一系列不同频率的简单模式。其次，使用条件风险值来捕捉每个频率下碳市场和电力市场之间的风险溢出效应。结论表明，碳市场对电力市场具有正向风险溢出效应，而电力市场对碳市场具有负向风险溢出效应，且在不同频率下具有显著差异。针对中国碳市场，Zhu 等（2020）使用风险价值和条件风险价值衡量了中国北京、上海、广东、天津、湖北、深圳和重庆试点碳市场的风险，并用 Copula - CoES 测度了广东、湖北和深圳三个高交易量的碳市场之间的风险溢出效应，发现重庆、天津和深圳的风险高于湖北和广东，但只有广东和深圳碳市场间存在风险溢出效应。Xu（2021）基于广义自回归得分驱动模型，利用大庆原油收益率的条件波动率衡量中国国内能源市场的不确定性，并通过合并 Copula 方法和 CoVaR 方法，揭示出国际能源市场和中国能源市场的不确定性对湖北和深圳试点碳市场的非对称风险溢出。

三　文献述评

综合上述分析，本书发现相比于条件均值和条件方差层面的信息溢出效应研究，当前文献对于市场间的尾部相依性和极端风险溢出效应的研究略显不足。首先，在尾部相依性研究方面，现有文献主要是通过 Copula 函数和分位数回归方法捕捉变量间的尾部相依性，但是这两种方法都只能揭示同期相依性，不能反映滞后信息间的关系，即风险溢出效应。其次，目前度量风险溢出效应的主流计量经济学方法包括风险—格兰杰因果检验、极值理论模型加格兰杰因果检验、CoVaR 扩展模型以及 MVMQ – CAViaR 模型。其中格兰杰因果检验类模型虽然可以揭示风险溢出方向，但不能测度风险溢出的大小；CoVaR 扩展模型则在系统性风险的研究中具有比较优势；相比之下，MVMQ – CAViaR 模型的优势更加明显，其可以揭示资产间的尾部相依性、捕捉极端风险溢出效应的大小和方向，以及某一资产 VaR 对关联资产收益率冲击的响应强度和响应持久性。最后，现有文献中针对碳期货与关联资产（能源和金融资产）间的尾部相依性及极端风险溢出效应的研究尚显不足。但事实上，碳市场作为新兴市场，价格波动大，具有较高的暴跌风险，不仅会给投资者带来巨大损失，甚至严重打击控排企业减排积极性。特别是在当先全球经济不确定性突出、经济形势不乐观的情景下，严防碳市场的暴跌风险，对于碳市场的健康发展和碳中和目标的顺利实现都具有重要意义。

第五节　碳价预测

对金融资产价格进行预测，是金融市场投资者和金融市场监管者关注的焦点之一。最近10年间，许多学术研究人员和商业从业者开始对碳价预测表现出极大的兴趣。一方面，准确预测碳价有助于监管部门更深刻地理解碳价特点，以建立有效稳定的碳定价机制。另一方面，碳价预测精度的提高可以为生产运营和投资决策提供实用指导，有助于避免碳价风险并提高碳资产管理有效性。

预测技术大体可分为两类：一是基于预测目标变量历史信息的数据驱动预测模型；二是基于外生变量历史信息的因素预测模型。一般而言，数据驱动预测模型是指通过一种数学模型在不受到外生变量影响的情况下根据自身历史变化规律来模拟资产价格的走势。这种预测方法在短期价格预测中表现较好，但是缺乏经济学意义也不能揭示价格变化的内在驱动力。因素预测模型则是通过考虑外生变量的影响，在预测外生变量的前提下预测目标资产价格。该方法有助于投资者理解价格的形成机制以及每个因素对目标资产价格的贡献，但是在实践中的操作难度较大，因为一般很难对动态和不稳定市场环境下的供给和需求建模。当前关于碳价预测的研究方法主要为数据驱动预测模型，而基于因素预测模型的碳价预测研究较少。

国内外基于数据驱动预测模型的相关研究基本上遵循三种建模路线。首先是基于神经网络、模糊神经网络、小波神经网络、遗传算法等的短期预测模型。其次是基于时间序列计量经济模型的预测，其中以 ARFIMA – GARCH 模型族的应用为主。最后是基于空间重构的混沌时间序列预测模型。例如，基于分形市场假说（Fractal Market Hypothesis，FMH）的观点，Wang 等（2018）在对短期石油价格进行预测的过程中，提出石油价格序列是非完备的样本集合，价格序列信息属于群体型的模糊信息，因为市场存在大量具有不同投资起点的投资者,并且相互间可以有效转移,因此价格序列中存在一定噪声干扰,不能反映所有信息。群体型模糊信息的本质不在于度量尺度的模糊性,而是由于信息不全,现有的信息存在着过度趋势,可以把每个"独立"的价格点作为具有一定影响区域但程度有所变化的模糊信息进行处理。长期内石油价格分布与涨跌模式可能存在结构性改变,而短期内具有一定的稳定性规律。因此,通过结合模糊数学和遗传算法,Wang等(2018)基于模糊信息分配方法对短期石油价格序列的分布规律进行了模糊建模、建模推理和模糊模式识别,从而揭示了短期石油价格分布内在的非线性规律和复杂性,并提出有必要进一步选取相关经济学因素以及政策因素作为投入变量,从而提高油价的中长期预测能力。

一 基于数据驱动模型的碳价预测

现有文献通过多种方法对碳价进行预测。早期的研究主要集中在定性分析(Kanen,2006),而近期的研究大多采用了复杂的预测方法,这些方法大致可以分为三类:一是统计和计量经济模型;二是人工智能模型;三是混合模型。其中,传统的统计学和计量经济学模型被广泛用于碳价预测。其中,Benz 和 Trück(2009)对短期碳现货价格行为进行分析,并对比几个模型对碳价收益率的预测效果,发现 AR–GARCH 和马尔科夫转换模型的提前一天密度预测能力明显优于固定方差模型,因此建议使用这两种模型进行随机建模。Chevallier(2011e)使用了一个非参数方法对碳价进行预测,发现这种方法相比于线性自回归模型可以将预测误差降低约15%。Byun 和 Cho(2013)使用了 GARCH 族模型对碳价进行预测,发现在特定情况下 GJR–GARCH 比 TGARCH 和 GARCH 模型都更有效。Koop 和 Tole(2013)使用一个动态模型平均法(DMA)预测碳价,得到很高的预测精度。Sanin 等(2015)基于带时变跳跃概率的 ARMAX–GARCH 模型对碳价进行预测,发现该模型的预测精度显著高于标准 ARMAX–GARCH 模型。尽管这些基于平稳数据和线性假设的模型均可以获得较高的预测精度，但是它们不能有效地处理碳价变化过程中的非线性问题。

为了弥补统计和计量经济模型的主要缺陷，人工智能模型，包括人工神经网络（ANN）、支持向量机器（SVM）和最小二乘 SVM（LSSVM），都被广泛用于碳价预测研究。其中，Zhu 和 Wei（2011）使用最小二乘 SVM 方法预测了碳价，发现其预测能力强于 ARIMA 和 ANN。总体而言，这些人工智能模型可以有效地捕捉碳价变化背后隐藏的非线性模式，因此其预测效果一般强于统计和计量经济模型。同时，由于单模型预测方法不能很好地刻画碳价序列的复杂波动特征，为了进一步提高碳价预测精度，混合预测模型被逐渐用于碳价预测研究领域，因为当构成混合预测模型的单模型的精确性和多样性较高时，混合预测效果定能优于单预测模型（Krogh and Vedelsby，1995）。其中，为了弥补 ARIMA 模型拟合碳价非线性的缺陷，Zhu 和 Wei（2013）构建了 ARIMA – LSSVM 组合预测模型，并利用粒子群优化法（PSO）优化 LSSVM 参数，结果表明混合模型的预测能力显著强于单独的 ANN 和 ARIMA 模型，即相比于单一的预测模型，混合预测模型可以刻画碳价的线性和非线性特征，因此具有更好的预测能力。Atsalakis（2016）通过创新性混合神经模糊控制器提出了一个计算智能模型（PATSOS），发现该模型可以较准确地预测日度碳价，且预测效果优于 ANN 和自适应神经模糊推理系统，因为 PATSOS 模型可以形成闭环反馈机制。

近期，碳价预测的研究热度有所上升。Liu 和 Shen（2019）提出了一种由经验小波变换（EWT）和门控循环单元（GRU）神经网络组成的新型混合碳价预测方法。Ji 等（2019）引入了一个 ARIMA – CNN – LSTM 模型来预测碳期货的价格，该模型采用了 ARIMA 模型和深度神经网络结构，结合 CNN 和 LSTM 层来捕捉线性和非线性数据特征。Huang 等（2019）建立基于激进基函数（RBF）神经网络的预测模型，并通过粒子群优化神经网络的参数对中国碳交易市场的价格进行预测，证明了 PSO – RBF 模型在中国碳价格预测中比 BP

和 RBF 神经网络有更好的预测效果。Tian 和 Hao（2020）建立了一个改进的碳价格分析和预测系统，在预测模块前后进行点预测和区间预测。同时，Huang 和 He（2020）提出了一种基于非结构化数据的新型组合优化预测方法（MOEMD – CKA – ELM），并在 8 个试点碳市场进行验证。Sun 等（2021）提出了一种新颖的碳价预测方法，该方法将数据预处理机制、分解技术、带有选择和匹配策略的预测模块以及基于原创混合优化算法的集合模型结合起来，并在中国四个碳交易市场进行测试。Xu 等（2020）利用时间序列复杂网络分析技术和极端学习机器算法（ELM）提出了一个新的碳价预测模型，并选取了欧盟碳排放交易体系第二阶段、第三阶段和过渡阶段的碳价数据进行实证分析。Wang 等（2021）将一种改进的特征提取和深度学习算法的创新非线性集合范式用于碳价预测，其中包括完全集合经验模式分解（CEEMDAN）、样本熵（SE）、长短期记忆（LSTM）和随机森林（RF）。Lu 等（2020）采用 6 个机器学习模型对中国 8 个碳交易市场（包括北京、深圳、广东、湖北、上海、福建、天津、重庆）的每日碳价和交易量进行预测。预测模型包括极端梯度提升、随机森林、由灰狼优化器（GWO – KNEA）优化的 Arps 下降模型的基于内核的非线性扩展、由粒子群优化器优化的支持向量机、由果蝇优化器和模拟退火算法优化的支持向量机以及径向基函数神经网络（RBFNN）。

　　由于受到宏观经济、能源价格、同类替代产品、极端天气以及金融风险因子等因素的综合影响，碳价表现出的非线性、非平稳以及多频率性等特征给碳价预测带来较大的难度（Zhu et al., 2015）。为了从频率分解角度捕捉碳价的行为特征和变化规律，朱帮助等（2012）将经验模式分解法（Empirical Mode Decomposition，EMD）引入碳价预测研究中。EMD 方法可以将时间序列分解为不同尺度的残差成分，并为后续研究提供更加丰富的信息，因此可以广泛应用于非线性和非平稳数据。鉴于 EMD 的独特优势，部分学者通过将 EMD 与不同的模型进行组合并对碳价进行预测。其中，Zhu（2012）

通过 EMD 模型将碳价分解为高频、低频和余项，并通过神经网络进行碳价预测，发现 EMD-GABP 模型的预测性能优于未经 EMD 预处理情况下的单一随机游走（RW）、ARIMA、ANN 等模型，以及经过 EMD 预处理的 ARIMA 模型。相比于 BP 算法，SVM 可以保证预测结果的稳定性，因此高杨等（2014）在对碳价进行 EMD 分解后，采用 PSO-SVM 方法进一步预测碳价，最终发现该模型的预测能力强于单一预测模型。Li 和 Lu（2015）使用 EMD-GARCH 模型对中国五个试点碳市场的现货价格进行了预测，得到了全国碳交易市场 30 元/吨下限和 50 元/吨上限的替代区间。Zhu 等（2016）通过基于 LSSVM 的集合经验模态分解（EEMD）法预测碳价走势，发现该方法可以实现高水平和方向性的预测。鉴于改进后的 LSSVR 可以有效降低 SVM 的计算难度，Zhu 等（2017）通过 PSO 优化的 LSSVR 预测了 EMD 分解后的碳价序列，发现该模型具有更好的预测精度。此外，考虑到 EMD 分解碳价时容易因为难以确定筛选次数而出现模态混叠，Sun 等（2016）组合了可变模态分解（VMD）和脉冲神经网络（SNN），即用 VMD 算法分解国际碳价序列，并进一步使用 SNN 进行碳价预测，发现 VMD-SNN 模型可以避免模态混叠，因此具有更优的预测效果。

此外，考虑到现有的多尺度集合预测模型仅限于线性集合形式，会影响碳价预测的准确性（Liao and Tsao, 2006），Zhu 等（2018）进一步提出了一种新的多尺度非线性集合倾斜范式，将 EMD、LSSVM、核函数原型以及粒子群优化相结合用于碳价预测，发现该模型可以实现更高水平的方向预测，具有更高的鲁棒性，而且似乎是预测高非平稳、非线形和不规则碳价的先进方法。近期，Zhu 等（2019）为了处理非平稳和非线性的碳价格序列，研究提出了一种混合预测方法，其中包括变异模式分解（VMD）、模式重建（MR）和最优组合预测模型（CFM），并以中国深圳和湖北的碳价数据为例进行验证。Yang 等（2020）提出了一种新型的混合模型，该模型结合了改进的集合经验模式分解（MEEMD）和长短期记忆（LSTM），并通过改进的鲸鱼优化算法（IWOA）进行优化。这个模型是基于碳价格的非线性和非平稳特性，并在北京、福建和上海碳市场进行验证。Sun 和 Huang（2020）提出了一种新的碳价格预测混合模型，并创新性地将二次分解算法引入碳价格预测，并在湖北碳市场予以验证。此外，Sun 和 Huang（2020）提出了一个结合经验模式分解、变异模式分解和长短期记忆网络的混合碳价预测模型，并在中国八个碳市场试点进行验证。Sun 和 Xu（2021）提出了一种新型的混合预测模型，该模型由集合经验模式分解、线性递减权重粒子群优化（LDW-PSO）和小波最小二乘支持向量机（LSWSVM）组成，分别在广东、湖北和上海三个地区从三个评价指标上比较其性能。Huang 等（2021）提出了一种新型的分解—集合范式 VMD - GARCH/LSTM - LSTM 模型，以更好地适应当前快速波动的碳价。Li 等（2021）开发了一种新的二次分解策略，采用互补集合经验模式分解（CEEMD）和变异模式分解（VMD），分别对原始序列和获得的具有最大样本熵值的内在模式函数（IMF）进行分解。

二 基于因素的碳价预测模型

基于因素的碳价预测模型考虑外生变量的影响，因此，不同于数据驱动预测模型，可以反映碳市场与驱动因素间的关系，有助于厘清碳价的形成机制及预测变量的贡献。但是，因素预测模型在现实环境中的构建难度较大，因为碳价受到诸多因素的共同作用，动态和不稳定的市场环境会给供需关系建模造成很大的难度（Zhu et al.，2015）。因此，现有文献中对基于因素的碳价预测模型的研究较少。

总体而言，因素预测模型包含线性和非线性两大类。其中 Guebrandsdóttir 和 Haraldsson（2011）基于 EUA 价格变化因素进行预测研究，先使用相关性分析对预测变量进行降维，然后建立多元线性回归模型进行预测，发现 CER 为 EUA 的预测提供了有用的信息。刘亚贞（2012）通过线性预测模型检验了 CER 期货价格及 CER 现货历史值对 CER 现货价格的预测能力，发现期货价格的加入可以提高模型的预测精度。针对相关数据驱动预测模型未包含对碳价预测有用的变量信息问题，胡贝贝（2017）构建了多因素 OVMD – KELM 碳价组合模型，对 EUA 现货价格进行了分析和预测。Zhao 等（2018）选取了日度预测变量（包括道琼斯泛欧 50 指数、煤炭、石油和天然气），并运用多因素组合混频预测模型（Combination – MIDAS）对周度碳价进行预测，结果表明，组合 MIDAS 模型对应的预测能力强于传统模型（AR、MA、TGARCH），煤炭是碳价预测的最佳指标，而基于石油的预测具有与实际碳价相似的趋势，但是高于实际碳价。Han 等（2019）提出了混合数据采样回归模型和反向传播神经网络（组合—MIDAS – BP）的混合方法，并对中国深圳碳市场的每周碳价进行实时预测，除日常的能源、经济和天气状况外，环境因素也被引入碳价预测指标。实证结果表明，碳价对煤炭、温度和空气质量指数更敏感。

相比于线性预测模型，人工神经网络等模型可以有效捕捉到碳价的非线性特征，因此具有显著的优势。例如，Tsai 和 Kuo（2013）提出的碳价预测系统，计算了包括碳交易价格、油价、煤炭价格和天然气价格在内的数据，并按年份和季节将数据集群嵌入 Excel 数据库中。他们在搜索过程中构造径向基函数神经网络（RBFNN），认为从 RBFNN 获得的最优参数使得学习速率参数能够调节和改善训练过程中的预测误差，从而提高预测的准确性和可靠性。然而，RBF 神经网络算法的缺点是参数过多，容易因为参数设置不合理引起模型的过拟合问题，因此 Tsai 和 Kuo（2014）运用蚁群算法（ACO）调整 RBF 网络参数，并构建 ACO – RBF 模型对碳价进行预测，发现其具有更优的预测效果。此外，考虑到碳价不仅受到能源价格的影响，还受到宏观经济等诸多因素影响，张晨和胡贝贝（2017）通过 BP 神经网络检验了能源价格、宏观经济变量、碳价历史值等变量对 CER 价格的预测能力，发现组合模型的预测精度远高于单一的基准预测模型。

近期，Abdi 和 Taghipour（2019）通过使用贝叶斯网络开发了一个概率模型对驱动力的不确定性及其与碳价格的因果关系进行建模，来预测西部气候倡议（WCI）市场的碳价格。Yahsi 等（2019）应用人工神经网络、决策树、随机森林来描述碳价格的特征，并使用布伦特原油期货、煤炭、电力和天然气价格以及 DAX 和标准普尔清洁能源指数作为解释变量，发现标准普尔清洁能源指数是解释碳价变化最有影响力的变量，其次是 DAX 指数和煤炭价格。Sun 等（2020）提出了一个创新的混合碳价格预测模型，该模型结合了快速集合经验模式分解（FEEMD）和粒子群优化的极端学习机（PSO-ELM），并考虑了外部和内部影响因素，最终在中国湖北碳市场进行验证。Li 等（2020）基于包括欧洲斯托克 600 指数、煤炭和原油价格、天然气价格和欧洲清洁能源公司股票价格等多种来源的数据集，使用 BP 神经网络模型模拟了代表碳交易市场典型特征的 6 种情况下的碳期货价格的长期趋势。Hao 和 Tian（2020）为碳价预测开发了一个考虑多种影响因素的新型混合预测框架，该框架享有一些新算法的优点，并成功克服了基于多种影响因素的碳价预测的挑战。Sun 和 Wang（2020）提出了一个基于因子分析、经验模式分解、改进的粒子群优化和最小二乘支持向量机的混合模型，并考虑历史碳价和影响碳价的外部因素，结果表明，在预测与各种因素相结合的碳价时，混合模型比同类模型更准确。

三 文献述评

由上述相关文献回顾可知，碳价预测吸引了较多学者的关注，而且绝大部分的文献都是基于数据驱动预测模型对碳价进行预测，而基于因素预测模型的研究不足。总体而言，现有研究还存在以下几点不足：①数据驱动预测模型不考虑外生变量的影响，只基于碳价历史数据进行建模，而且大量非线性预测方法如人工智能模型以及 EMD 类混合模型可以有效捕捉碳价的非线性变化，具有较高的短期预测精度，但是数据驱动预测模型不能观察学习过程，输出结果很难用经济学原理解释，因此会影响结果的可信度和可接受程度，也不利于相关投资者和监管部门理解碳价的形成机制。②基于因素预测模型的碳价预测研究大都只选取主要化石能源变量以及 CER 作为预测变量，然而碳价走势还受到大量金融风险因子、非能源类大宗商品以及经济政策不确定性等因素的影响，因此在通过因素预测模型进行预测时，需要考虑更多的预测变量，才能进一步提高碳价预测精度。③现有文献中没有通过单变量预测模型对关键预测变量的单独预测能力进行比较，也没有通过多因素预测模型对比分析能源类变量和金融类变量在不同情景下的碳价预测能力以及经济收益。④相关文献没有探讨各种数据收缩法对碳价预测的影响，以及对比分析基于不同收缩法的多因素碳价预测模型的综合预测能力。事实上，将大量的碳价影响因素直接加入预测模型可能导致严重的过拟合问题，即预测模型在样本内的预测效果很好，但是在样本外的预测能力弱于基准模型。为了解决过拟合问题，需要通过数据收缩法对预测变量进行降维。

第六节　本章小结

本章依次从碳资产属性、碳价驱动因素及相依性、关联资产间信息溢出效应及重大危机事件的冲击影响、关联资产间尾部相依及极端风险溢出效应、碳价预测等方面对现有关键文献进行梳理和评价。总体而言，关联资产间的相互作用关系及信息溢出效应得到了学者的广泛关注，尤其是石油与股票以及石油与农产品间的信息溢出效应及重大危机事件的冲击影响一直是学术界的研究热点。但是现有文献对于碳排放权与关联资产间的相依性及溢出效应的研究还尚显不足，主要体现在以下几个方面。

（1）已有研究主要探究了能源与碳排放权的关系，很少关注金融风险因子对碳价的影响。

（2）大量文献关注了金融资产与商品以及商品与商品间的信息传递路径，但尚未对能源、金融资产以及碳排放权间的信息传导路径进行探讨。

（3）部分文献通过 Copula 函数探讨了碳排放权与能源资产间的相依结构，但是未检验其相依性是否发生变化以及相依性特征的形成原因。

（4）现有文献尚未对"碳配额—能源—金融"系统内部的时变信息溢出方向（动态视角）以及极端风险溢出规律（静态视角）进行研究。

（5）现有文献未检验不同性质的重大事件是否会显著冲击"碳配额—能源—金融"系统内部的波动溢出效应，以及不同事件的冲击是否具有显著差异。

（6）现有文献基本是通过数据驱动模型对碳价进行预测，即基于碳价历史数据进行建模，而没有考虑外生变量的影响，从而难以体现预测模型的经济学意义。因素预测模型虽然不能有效捕捉碳价的非线性特征，但是可以反映碳价的形成机制，因此可以为投资者的投资决策提供重要参考。虽然部分学者也运用了因素预测模型，但是选取的预测变量相当有限，且没有从投资者角度考虑预测模型的经济收益。

第 三 章

相关理论基础

第一节 产权理论

一 污染的外部性问题与科斯定理

经济学家马歇尔（A. Marshall）于1890年在《经济学原理》首次提出外部经济概念，指出产权不明确会产生外部性问题。外部性是指一个经济主体由于生产或消费活动，而对其他经济主体的福利产生有利或不利的影响。经济外部性包括正外部性和负外部性，前者表现为一个经济主体的活动会免费给社会或其他经济主体带来收益，后者则是在无责任状态下损害其他经济主体的利益。外部性往往导致公共品供给中的"搭便车"问题和道德风险问题。

环境污染问题具有典型的外部性。福利经济学家庇古（A. C. Pigou）于1920年首次将环境污染与外部性相结合，认为在现实社会中，私人边际成本收益与社会边际成本收益并不相等，从而使私人最优与社会最优之间发生偏离。针对该问题，20世纪中期大量学者进行了深入探究，其中以科斯定理（Coase Theorem）为核心的现代产权理论，主要研究了市场经济条件下产权的界定和交易。该理论认为，只要产权明确，外部性问题都可以通过协商后的补偿得到解决，从而实现外部问题内部化。这种方式不仅可以有效提高公共品的供给效率，满足市场需求，而且进一步推动了资源配置效率，可以实现帕累托最优，最终提高全要素生产率和全社会生产力（茅铭晨，2007）。

鉴于可以将污染权的交换视为一种权利（产权）交换，科斯定理被用于排放权交易中，主张使用市场机制解决污染的外部性问题，从而通过市场交易将污染总量降到最低（Dales，1968；Montgomery，1972）。Crocker（1966）通过《空气污染控制系统结构》指出，在空气污染权交易机制中，政府虽然需要从整体上控制并决定全国或地区的排放总量，但不必知道各个企业的污染治理成本，因为市场机制可以进行调节。这一观点奠定了碳排放权交易的理论基础。Dales（1969）在科斯定理的启发下，在著作《污染、产权与价格》中提出了排污权交易理论，即政府或有关管理部门严格控制排污权的发放，排污企业可以从政府购买排污权，也可以与持有排污权的排放企业进行交换以获得利益。Montgomery（1972）基于此提出了第一个严格的交易许可权理论，认为交易许可系统能在某种意义上为排放控制提供一个有效的政策工具。为解决这类公共品供给中的"搭便车"问题和道德风险问题，往往需要通过补贴、奖励或税收和罚款等方式把外部性问题内部化。

二 产权理论与碳排放权交易

针对将环境问题外部成本内部化的具体方法，部分学者进行了热烈讨论。其中，Lohmann（2009）认为，具体方法包括征收环境税和实施排放权交易许可权制度。Davis 和 Muehlegger（2010）也认为，解决外部性的权威方法是采用庇古税（环境税）或类似总量—交易的办法。庇古税由英国福利经济学家庇古提出，是用税收手段将外部成本内部化，最终使社会福利达到帕累托最优的一种手段。庇古税强调污染者必须对每单位的污染活动支付税收，税额等于负的外部性活动对其他经济行为者造成的边际外部成本，即边际社会成本与边际私人成本的差额。庇古税的缺点是，它属于事后管理方案，虽然对污染型企业具有一定制约能力，但不能从根本上使环境外部性内在化。因为不同的排放企业具有异质性的治理成本，但政府并不一定能知道这些企业的排放和成本情况，所以难以进行事前和事中的控制和管理。相反，相比于事后征税的方法，排放权交易许可制度具有事前控制的优势，它基于二氧化碳排放对环境和气候的负外部性影响，通过配额机制界定其产权并分配到相应的排放主体，通过市场交易进行定价，形成碳排放负外部性的补偿价格和成本约束，从而分别对高排放企业和低排放企业形成约束和激励。这一制度安排有助于把环境和气候类别的公共品进行私人化，通过市场机制实现其供给和需求的匹配，从而形成均衡公允定价。可见，碳交易相比于税收制度和单纯的政府排放限制，在减排方面更有效。

总之，产权理论解释了碳排放权的产生和发展，是碳交易的理论基础。该理论通过市场机制实现了资源的有效分配，并解决了环境外部性问题。当前，碳交易是一种以市场为基础的控制策略，已经成为控制温室气体排放的首选机制，可以有效避免企业在承担环境治理责任时的"搭便车"现象。通过碳交易，企业找到了外部成本内部化的最优途径，可以追求使总效益和总控制成本之差最大化的最优外部效应。一方面，企业所得的碳排放权代表其利用环境资源的权利，但超出部分也要承担赔偿责任；另一方面，由于产权明确，企业可以对比自身碳治理成本与生产收益，最终作出碳交易决策。碳排放权作为一种特殊商品，其交易全过程包括四个环节：排放权总量确定、排放权初始分配、碳交易和碳市场监管。其中，总量由政府和环境部门根据科学依据确定，并通过特定方法学进行配额分配，控排企业在给定排放总量下可以根据市场机制确定的碳价进行自由交易。当排放权价格高于边际减排成本时，企业将选择治理污染；反之，从市场上购买碳配额进行履约。

第二节 商品金融化及金融市场一体化相关理论

一 大宗商品金融化

大宗商品是重要的生产要素和必要的消费品，其价格波动直接影响原材料成本和通货膨胀（吴海民，2012）。传统经济学认为，商品价格变化取决于市场供需变化。供需因素的变化虽然可以解释商品价格走势，但却无法解释价格波动幅度。2000年以前，大宗商品市场是一个相对封闭且独立的市场，不仅与外部其他金融市场（如股票、债券）的相关性很低，甚至为负相关（Corton and Rouwnhorst，2006），而且商品内部品种间的相关性也很低（Erb 和 Harvey，2006）。商品市场的参与者主要包括套期保值者和少量投机者。由于大宗商品市场属于不同于金融资产的大类资产，具有抗通胀功能和分散投资组合风险的优势，大宗商品期货市场吸引了大量指数投资者，他们将大宗商品当作一种大类资产，与其他金融产品（如股票、债券等）进行组合投资。新投资者的加入导致大宗商品表现出类似于金融资产的价格波动特征，部分学者开始尝试用金融因素来解释这种价格的剧烈波动，并提出了"大宗商品市场金融化"的观点。"商品金融化"中的商品是指大宗商品，是可以大批量、集中交易的标准化产品，例如能源商品和工业基础原料。金融化是指在经济活动中，金融投资者的影响范围在扩大，而大宗商品金融化是指大宗商品在定价过程中不仅由供需基本面决定，还受到金融要素（如金融市场、金融投资者、金融动机）的显著影响，表现出商品市场与金融市场的联动性增强。

目前，针对"大宗商品金融化"的主流观点包括跨市论、传染论、关联论和行为论。其中，跨市论指出，大量金融机构投资者在商品市场与证券市场间的跨市交易促使市场间的资金流成为影响商品价格的重要因素，因为金融资本既会在正常时期为大宗商品市场提供额外的流动性，使得大宗商品价格与外部金融市场价格同步上涨，也会将外部金融市场的风险传导到大宗商品市场。因此股价收益率也是商品收益率的格兰杰原因（Tanga and Xiong，2012）。传染论认为，投资者的资金有限，因此当遇到流动性短缺时，会抛售投资风险上涨的资产，从而形成跨市风险传染（Silvennoinen and Thorp，2013）。关联论表示，金融市场对商品市场的信息溢出效应是导致其联动性的重要因素（Chan et al.，2011；Pen and Sévi，2017）。行为论认为，投资者的非理性投资行为是引发商品价格波动的重要原因（Singleton，2013）。

大宗商品的交易市场可分为现货市场和期货市场。一般而言，现货价格是由商品的供需决定，而期货市场价格则是由供需预期所决定，期货价格会对现货价格产生显著的价格引导作用，当临近合约到期日，期货价格与现货价格基本相等。随着金融化程度增强，商品期货价格的金融属性会更加明显，即在定价机制方面存在显著差别的商品市场和金融市场表现出相关性显著提升的现象，具体表现为：①与实体经济没有相关性，不以套期保值为目的的金融类投资者（即非商业性交易者）所占比重上升；②整个商品期货市场的持仓量、交易量都大幅上涨，远远超过实物产量和交易量；③市场间的联动性加强，商品市场和金融市场之间，以及不同商品市场间的相关性都增加。由传统理论可知，大宗商品属于不同于金融资产的大类资产，因其具有抗通胀功能，其与金融资产间的相关性应较低甚至不相关，毕竟在定价机制上，具有经济实用价值的商品与作为权益凭证的股票也存在本质的区别。但随着金融化程度增强，两个市场间的相关性会显著提升。

二 国际金融市场一体化

自20世纪70年代起，以欧美为代表的主要发达市场和以拉美、东南亚为代表的部分新兴市场，先后完成了对内的金融自由化改革和对外的金融开放，使得全球金融市场一体化进程逐步提速，跨国资本的流动加快且交易量爆发，最终体现为各国银行体系及金融机构间的地理障碍不再明显，且金融资产价格存在显著的联动性，市场间的套利机会也显著降低（Smith and Walter，1993），市场之间的相依水平逐步提高。总体而言，金融市场一体化提高了市场间的相依性，一方面，促进了世界各国经济的融合和发展，增强了国内外金融市场间的信息流动，并使得各国监管政策、金融制度、投资者投资理念以及金融产品种类等都表现出"趋同性"。另一方面，它也加剧了各国金融体系的脆弱性，提高了市场间风险传染的可能，给全球金融安全监管带来艰巨的考验。

具体而言，国际金融市场一体化从三个方面促进了关联市场间的相依性：①提高金融市场效率。金融一体化为金融市场间的信息传递提供了通道，扩大了信息的传播范围，从而提高了金融市场效率。尤其是在互联网技术不断更新与发展的背景下，金融市场一体化水平的提高显著扩大了资本市场的开放程度，拓宽了境外投资者在国际市场上的投资渠道，从而导致国内外金融资产具有高度的流动性和替代性，同质资产的价格也呈现出同步波动特征。②金融产品多样化。金融市场一体化消除了地理壁垒，使得国际资本流动和资产转移更加便捷，也为资金需求者提供了更多筹集国际资金的机会。因此，为了提高全球竞争力，吸引国际投资者，各国金融机构致力于研发创新性金融产品，陆续引入适应国际投资者的交叉性金融产品。这些交叉性金融资产间接促进了资金在市场间的自由流动，从而增强了金融市场的联系。③放松金融管制。金融管制是指为了维持本国金融体系的稳定，进一步保障金融市场效率，政府往往会对金融市场主体的行为进行多方位的管控，如市场准入门槛、金融产品定价、业务范围等。金融管制在某种程度上遏制了金融机构的经营自主权和积极性，相反，放松金融管制可以激发企业的创新能力和竞争意识。

然而，在全球化进程加快的背景下，金融市场一体化趋势的负面作用也逐渐暴露出来，主要体现在以下三个方面：①金融市场波动程度加大。一体化进程虽然加快了国际资本的流动，但也导致过度金融化的风险，即大部分投机资本流入金融市场，产生金融泡沫，使得金融资产价格脱离实体经济。②金融市场风险传染。金融一体化显著加剧了国际金融机构间的竞争，部分机构在高压的竞争环境下，往往表现出"赌徒心理"，即为了牟取暴利忽略潜在的金融风险。然而一旦风险暴露，将可能通过各国金融市场间的关联链将风险传染到其他金融市场，引起某区域甚至全球金融市场的剧烈动荡。③金融系统脆弱性上升。随着境外资本的流入频率加快，金融系统的独立性快速降低，而且容易受到境外投机者的恶意攻击。因此，若不严格防范国际资本大鳄，可能会引发金融市场动荡，最终严重威胁到整个金融体系的安全。

第三节 相依性和溢出效应的形成机理

　　金融化背景下，全球金融市场的联系日益紧密，金融风险之间的交互反馈机制和传导链条日趋复杂。近年来，频繁发生的跨国金融危机表明全球金融市场间存在显著的联动性，即某一市场的价格波动会迅速蔓延至其他金融市场，从而出现"共振"现象。在金融工程与风险管理体系中，准确度量金融市场波动的传递结构并识别其产生过程，对于防范系统性金融风险具有极强的理论和现实意义。

　　早期研究从以下三个角度对跨市相依性的产生机理进行研究。①信息联系角度。两个市场存在同源宏观经济信息或市场间存在信息传递，会导致市场间产生相依性。②资金流动角度。国际投资者的分散化投资策略产生资金跨市关联，并通过投资策略调整对相关市场的资金存量产生冲击，从而影响市场间的信息传递。③行为金融学角度。异质性投资者的非理性交易行为是市场间相依性变化的重要原因。总体而言，信息溢出是相依性的形成原因，而不同市场间出现的"溢出效应"既可能是源于理性的基本面因素和跨市资金流动，也有可能是由非理性的投资风格漂移、羊群效应等市场情绪引起（Soydemir，2000）。因此，接下来，本书将基于经济基础假说和市场传染假说阐述相依性和溢出效应形成机理。

一 有效市场假说与经济基础理论

经济基础假说以有效市场假说为基础，认为经济基础，包括市场的微观结构、经济制度、产业结构、宏观经济政策和文化背景等，是跨市信息关联的内部驱动力。有效市场假说是尤金·法马（Eugene Fama）于1970年深化并提出的，该假说的两个前提条件是：信息完全性和投资者完全理性。信息完全性是金融资产价格能完全反映投资者可获得的所有信息，而投资者完全理性是指投资者基于效用最大化的目标，通过分析市场信息制定最优投资策略。在有效市场条件下，某一市场产生的全局信息（如宏观经济基础信息）一方面会立即被该市场的投资者获知并迅速反映到该市场的资产价格波动上；另一方面由于信息间存在溢出效应，信息会迅速传递至另一市场，新市场的投资者依据该信息更新对市场价值的预期，进而调整交易策略，导致相关市场的价格波动。

资本市场的本质是信息市场，投资者根据所获取的信息进行交易，交易过程实际上是信息的流动过程，反映了投资者对信息的理解和反应。有效市场假说认为，在市场间没有信息壁垒和投资者均为理性人的假设条件下，资产价格能对市场信息作出迅速且有效的反应，且在任何时候都是资产内在价值的最优估计。因为所有可能影响资产价格或买卖决策的信息都能够在市场上得到充分、准确、及时的体现，而且理性投资者的趋利竞争也会促进资产价格迅速反映额外信息。

对于股市而言，经济基本面的相互关联，比如贸易联系程度、金融市场发展情况、货币政策同步性以及资本跨国跨境流动是全球股市联动的前提条件。因为上市公司的价值由未来现金流的贴现值决定，而贴现值取决于公司未来的盈利和贴现率。其中，公司的盈利能力由经济周期和公司的管理水平等因素决定，而贴现率取决于宏观经济政策和经济形势。一般而言，国家间经济基本面的关联越紧密，其资本市场间的信息溢出效应则越强，反之亦然。现有研究表明，跨国投资者会根据全球经济发展状况和各市场经济基本面进行全球资产配置，由于不同经济体之间存在相互贸易和相互投资等活动，一个经济体的宏观经济政策必然会影响其贸易伙伴的企业绩效，从而影响股市表现，跨国投资者也会据此调整投资组合，最终通过跨市资金流动形成跨国资本市场间的信息溢出。

另外，在经济全球化、金融一体化的国际发展形势下，企业跨市上市、金融产品跨市交易、金融机构混业经营等因素也显著地促进了跨国资本市场间的信息溢出效应。具体而言，第一，当前金融自由化被普遍接受，许多国家逐渐放松管制，进一步打破了各个金融市场之间的技术和信息壁垒，投资者可以在全球市场配置资产进行交叉投资，即投资者和金融中介可在不同市场或资产间进行组合投资。这种跨市资金流动是产生市场相依性和信息溢出效应的重要渠道，也会导致市场间的风险传染。因为追求利润最大化的投资者在资产组合投资中转移资金的行为会显著影响组合中的资产价格（Barberis and Thaler，2003）。由马柯维茨（H. M. Markowitz）于1952年提出的投资组合多元化理论可知，多元化投资组合策略可以有效降低市场的非系统性风险，特别是当资产间存在负相关或不相关时，可以显著提高投资组合的整体收益。因此，投资者需要密切关注资产间的相关性，并根据市场预期及时调整组合中的资金配置比例。例如，当市场表现乐观时，投资者倾向于购入相关性较强的资产提高整体盈利水平，但当市场表现悲观时，投资者倾向于购入负相关或不相关的资产进行套期保值。第二，大量企业为了筹集资金、提高资金流动性、降低资本成本等财务目标，或为了提高竞争力和增加声誉等，积极加入国际资本市场，且在多个证券交易所交叉上市。企业的交叉上市为联通国内市场与境外市场提供了渠道，由于跨国交叉上市，加速了各国金融市场的一体化进程，跨国资本市场间的关联性进一步增强。第三，鉴于全球化金融市场的波动性增强，各国金融机构纷纷推出金融创新产品以规避金融风险、逃避管制或提高市场竞争力。这些金融创新产品的广泛应用，迅速提升了跨市金融产品间的信息关联。因为这种跨市金融产品会涉及众多金融市场，并为金融市场间的资产转换和资本流动搭建了桥梁。具体而言，跨市金融产品为投资者参与国际金融市场提供了通道，导致投资资金的跨市流动。第四，金融机构的混业经营也显著地加强了市场间的信息关联。混业经营不仅展现出高效率，还体现出比较成本优势，是全球金融行业的发展趋势。某些大型企业集团进入各个金融领域，成为一个综合型金融控股公司，并涵盖银行、保险公司、证券公司等金融机构。资金在公司内部金融部门间的流通更加迅速和频繁，从而加快了跨国资本市场间的信息流动。

二　市场传染假说

自20世纪80年代以来，伴随着经济全球化的发展，国际金融体系相继遭遇了1982年拉美债务危机、1987年美国股灾、1997年亚洲金融危机、2008年国际金融危机、2009年欧债危机等一系列重大金融危机的冲击。其中，一些开始于特定区域的金融动荡，迅速波及全球，甚至冲击到许多与之经济关联度甚低的国家或地区（King and Wadhwani，1990）。金融危机蔓延的后果也越来越大，如货币恶性贬值、股市狂泻、外汇储备耗尽、银行信贷紧缩、金融机构纷纷破产、经济出现负增长等，严重影响了地区乃至世界的发展和稳定。然而这一现象暴露出金融市场的很多非理性因素，已经无法通过基于有效市场假说的经济基础理论予以解释，由此促进了学界对危机时期市场联动性的热烈讨论。

学术界主要从传染的角度来研究不同市场联动性问题。传染是与国际资本市场一体化进程相伴随的一种现象。早期研究将传染描述为由危机所引发的负面冲击在不同市场之间发生传播的现象

（Kingleberger, 1989），认为传染具体表现为危机发源地的资本市场对其他市场产生波动溢出效应，从而引起跨市价格联动性。但该定义将相依性和传染现象相混淆，危机时期的波动溢出效应可能同时包含市场间的相依性（由基本面因素所决定的相关性）和真正的传染现象，也可能仅表现为危机时期的市场相依程度上升。

关于传染的定义，学术界仍存在较大的分歧。Dornbusch 等（2000）将传染分为两个范畴：第一类传染是由于国家间正常的相互依赖导致的基本面溢出。这类传染依赖于基本贸易和国家间的金融关联。第二类传染不能归结于基本面的传染，主要由投资者的非理性行为引起。Corsetti 等（2005）归纳了传染的相关定义：①在另一国危机发生条件下传染使一国危机发生概率上升；②传染产生于危机发生国向其他国家的金融市场溢出；③传染是在市场发生危机时，跨市价格联动性的显著提高；④净传染，即不能被基本面解释的过度联动，主要产生于投资组合分散化和杠杆效应。林璐和万玉琳（2008）将传染机制分为实体传染机制、金融传染机制、预期传染机制和经济全球化的影响。

针对市场传染现象，目前学术界形成了两种广为接受的理论解释。一是过度联动学说，即传染是危机时期资本市场之间的相关性显著上升的现象（King and Wadhwani, 1990; Forbes and Rigobon, 2002; Billio and Caporin, 2010）。该学说指出，当某资本市场受到危机冲击，流动性约束会迫使投资者抽回其他市场的资金，相关市场间的流动性危机导致资产价格同时下跌，从而表现为资产价格联动性增强（Dornbusch et al., 2000）。二是净传染假说，即传染是危机时期资本市场之间并不能被基本面所解释的相关性（Bekaert et al., 2005; Bekaert et al., 2014）。该假说基于行为金融学理论，认为传染是与宏观基本面和经济贸易无关的市场相关性，产生于投资者对市场冲击信息的非理性过度反应，如羊群效应等现象。由此可见，市场传染现象的传播途径可分为经济基本面和投资者行为两类（Claessens et al., 2001）。

首先，市场传染是经济基本面在危机时期的相互影响，其机理是主要经济体的宏观经济持续下行、大宗商品价格大幅波动或宏观调控政策的方向性调整等信息，会通过多种方式传递到其他经济体。①贸易联系。从具有双边贸易关系的国家来看，当一个国家的经济运行进入危机状态，其消费会随之降低，从而导致进口出现大幅下滑。与之对应的是，贸易的另一方将遭遇出口需求的下降，从而减少生产与产出，最终导致两个国家陷入不同程度的衰退，最终表现出传染现象（Gerlach and Smets，1995；Cass and Pavlova，2004）。②竞争性贬值。某一国家的货币贬值会严重降低贸易伙伴国的商品出口竞争力，从而给其他国家带来货币贬值压力。特别地，为了保持甚至增强在国际贸易中的出口竞争力，一些汇率不能自由浮动的经济体会竞相让自身货币贬值。③金融联系。与贸易渠道类似，在国际信贷市场，当发债国出现债务违约时，与发债国存在债务关系的国家，即使没有直接的债务关联，仍然会被发债国拖入债务泥潭，从而同时出现债务违约的情形，如欧洲主权债务危机（Naoui et al.，2010）。

其次，市场传染也可产生于投资者非理性行为，形成途径如下：①流动性约束。在危机时期，为了满足资金流动性，或者保持某资产在资产组合中的特定比例，或者满足投资者的集中赎回，投资者卖掉其他市场相关资产的行为。②信息不对称性。具有非对称信息的国际投资者会表现出典型的羊群效应，即便投资机构察觉到市场上的非理性情绪，但在一段时间内，理性的投资策略是跟风，并试图在别人之前采取行动，而机构投资者的行为又导致更多非对称信息投资者的跟随操作，从而在危机时期加剧羊群效应的扩散。③过度自信。在危机时期，投资者由于过度自信，通常表现出忽略基本面因素，对信息产生过度反应等非理性行为，从而引发资产价格的过度波动（Barber and Odean，2001）。这种过度波动在短期可能会被错误定价，并通过国际投资者的跨市交易，将这种由投资者情绪导致的错误定价传递到其他市场，进而加速过度波动的传播（Horváth et al.，2018；费兆奇，2020）。

第四节 相依性变化特征的理论解释

由上一节内容可知,经济基础理论和净传染假说都能在一定程度上解释关联资产间相依性和信息溢出效应的形成机理。前者基于有效市场假说解释了宏观经济基本面关联如何影响跨国市场的相依性,而后者则从更加全面的角度解释了危机时期市场间联动性增强的特殊现象。考虑到相依性是进行投资决策和风险管控的重要依据,除了对相依性的形成机理进行梳理,本书拟进一步基于相关理论解释相依性的变化特征。因此,本节将基于经济基础理论和行为金融学理论,阐述关联市场间相依性变化的不确定性及具体表现特点,并分析重大危机事件对市场间相依性的溢出机制。

一 相依性变化的不确定性

有效市场假说认为,信息在市场内部和市场间迅速传递并且完全流转,其传递过程不存在信息漏损或失真,因此可以充分反映在市场价格中。但其假设条件与现实严重不符,因此很难解释资产的异常波动。相反,行为金融学理论认为,传统的金融理论忽略了现实中人决策的过程,以及个体间的差异性。资本市场的异象是由一些非理性行为导致的,而且这些非理性行为体现在个人投资者进行复杂决策的过程中,从而导致投资行为的不确定性。这些非理性行为主要发生在信息处理和信息利用两个环节。前者是指投资者不能正确处理信息,从而不能正确预测未来收益率的概率分布,后者是指即使给定未来收益的概率分布,投资者作出的决策通常是前后矛盾的或次优的。

具体而言,在信息处理方面,政治经济学家马克斯·布瓦索(Max H. Boisot)1998年提出的信息空间理论,从信息扩散视角描述了信息在市场间的传递过程。该假说认为,所有信息活动都不超出

"编码""抽象"和"扩散"的范畴。信息开始一般由少数人获知,随着时间的推移,知情人数会增加,若所有投资者同质,信息扩散过程则为均匀扩散,如图3-1(a)所示;若投资者不具有同质性,即不同市场对应的投资者交易行为表现出异质性,如图3-1(b)所示,信息传递将表现为非均匀扩散,即信息在同一个市场平稳传递,但是当传递到另一个市场时会出现转折,因为不同的市场具有差异性的内部结构和空间分布。可见,随着时间的推移,信息将由平稳传递转为非平稳传递,而且在传递过程中很可能出现信息漏损,从而导致投资者无法精确估计收益概率分布。

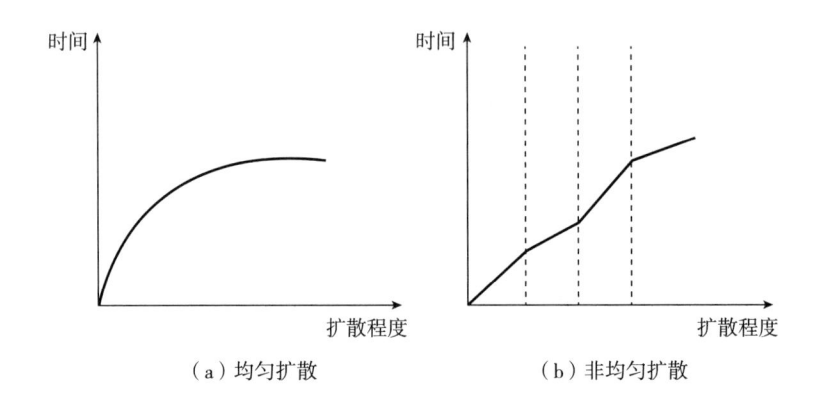

图3-1 资本市场信息扩散曲线

资料来源:成博(2016)。

此外,即使信息处理过程非常完美,人们也不能利用这些信息进行完全理性的决策。这种行为偏差极大地影响了投资者对风险—报酬模型的构建,从而导致资产间的相依变化。现实中的投资者并非完全理性,且对信息的理解和反应存在差异。为了获得超额收益,投资者往往采取非理性投资策略,从而导致信息在市场间的传递过程偏离理论路径,产生不确定的相依关系。例如,投资者的非理性投资行为往往表现为羊群效应,即在信息不对称的市场中,某些不具备专业知识的投资者即使获取了市场信息也很难做出正确的投资决策，因此往往通过猜测或模仿他人的行为进行决策。一般而言，随着时间的推移，在权威机构投资者的引导下，羊群效应会逐渐扩散（见图3-2），即当权威机构投资者在获取有效信息并加以专业分析后，部分机构投资者会跟风交易，随后该交易行为的变化逐渐被缺乏专业分析能力的个人投资者察觉，因此纷纷跟风投资，最终导致关联市场间的相依性变化。值得一提的是，羊群效应很可能使得正确的信息被市场湮没，而将错误的信息放大，最终使得价格偏离实体经济。

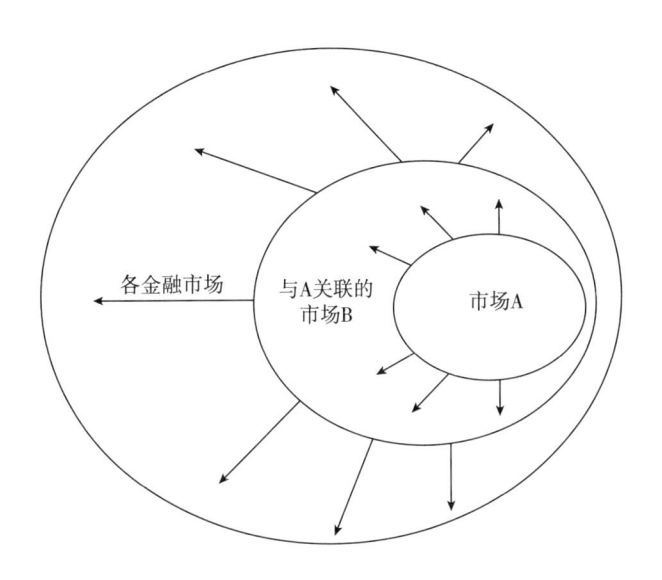

图3-2 投资者羊群效应扩散过程

资料来源：成博（2016）。

二 相依性变化特征与理论解释

（一）相依性的时变特征

有效市场假说下，不同市场间具有固定的相依关系，但这在现实生活中并不成立。一方面，由经济基础理论可知，不同国家间的经贸往来和金融体系关联是形成跨国市场间相依性的重要渠道，但随着世界政治经济局势的变化以及全球金融制度的调整，全球关联市场间的相依性（或信息溢出效应）在漫长的历史进程中不可能是一成不变的，而表现出时变特征。另一方面，投资者并非完全理性，相反，投资者往往在价格上涨和下跌时表现出差异化的情绪，从而采取截然不同的投资策略以应对价格变化，最终导致市场间的相依性发生非对称性变化。相依性变化的时变特征和不对称特征，可以分别通过行为金融学理论中的投资者情绪周期和投资者的损失厌恶心理进行解释。

Stein（1996）定义了可以反映市场参与者的投资意愿和市场预期的投资者情绪，认为投资者情绪具有周期性，能够反映投资者预期的系统性偏差。图3-3揭示了投资者情绪的周期性特征，可以看出投资者情绪周期包括上升期、平稳期以及下降期。其中，经济形势向好时（上升期），投资者往往放大利好消息，而弱化利空消息，并对宏观经济基本面及投资前景保持相当乐观的态度，从而产生高亢的投资情绪，这又不断吸引场外投资者入场从而抬高资产价格，最终投资行为可能演变为投机行为，产生金融资产泡沫。而在经济形势平稳期，资产价格的涨幅快速缩小，投资者往往表现出过度自信。但在经济形势下滑时（下降期），投资者情绪逐渐变为安心、关注、投降。可见，投资者情绪的周期性变化在一次次牛熊市转化中显著影响投资者交易行为，最终导致市场间相依性变化的周期性和时变特征。

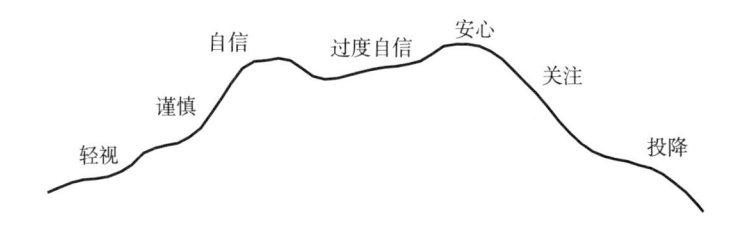

图3-3 投资者情绪的周期性变化示意

资料来源：成博（2016）。

相依性的时变特征源于资产间的时变信息溢出效应，时变信息溢出效应可以划分为时变收益率溢出效应与时变波动率溢出效应。其中，时变波动率溢出效应可以更深入地认识衍生品市场的运行效率和金融市场的风险传递过程。值得一提的是，均值和方差分别是市场收益率分布的一阶矩和二阶矩，因此只能显示小范围的风险变化，可能会低估风险的实际效应，不能捕捉金融市场偶尔发生的极端变化，因此基于收益率和波动率层面的研究只能刻画常规风险条件下关联市场间的信息溢出效应。

（二）相依性变化的不对称特征

除了时变特征，市场间的相依性变化还表现出不对称性。该现象可以由前景理论中的损失厌恶心理解释（Kahneman and Tversky，1979）。由图 3 - 4 可知，损失厌恶心理认为，效用取决于财富水平的变化量，即财富越多，投资者的满意度（或效用）越高，但是效用的变化速度递减（随着个人财富的不断增加，曲线变得越来越平坦）。相反，财富越少，投资者的效用越低，但是效用变化速度递增（随着个人财富的不断减少，曲线变得越来越陡峭）。可见，投资者在面对同等数量的收益和损失时往往表现出不对称的情绪，即当财富增加，投资者表现为风险厌恶者，但当财富减少，投资者表现为风险偏好者，因此资产价格下跌产生的负效用远高于同等数量收益带来的正效用。在现实生活中，投资者为了避免损失往往要求风险资产具有较高的期望收益，而且在资产价格上涨时会通过分散化投资降低投资组合的风险，而在资产价格下跌时往往低估利好消息，而快速放大利空消息，随着价格的进一步下降，投资者将因为恐慌情绪大量抛售资产，从而将该情绪传递给其他投资者，最终导致资产价格暴跌。

信息溢出是相依性的内在本质，关联资产间不对称相依性变化的内在原因是资产间的极端风险溢出效应。不同于一般情况下的信息溢出效应，极端风险溢出刻画的是造成投资潜在损失的下部风险，即收益率分布的高阶矩（如偏度和峰度）的函数，因此极端风险溢出反映的是由资产价格大幅波动（暴涨或暴跌）引发的极端风险层面的信息溢出关系，极端风险溢出往往表现为巨额资金在投资者之间进行转移，从而有损金融体系的稳定。

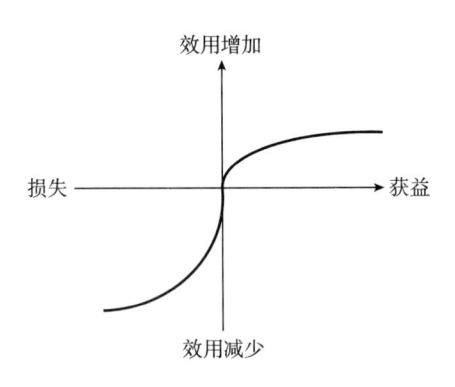

图 3-4　前景理论的效用函数

三　重大危机事件的冲击效应及理论解释

由前文的文献综述可知，重大危机事件（如国际金融危机、欧债危机、中美贸易战、新冠肺炎疫情等）也会对关联市场间的相依性产生冲击，从而导致相依关系变化。危机事件对相依性的冲击效应源于风险信息的跨市传递，在一定程度上可类比于市场传染，即发生危机事件的市场或国家可通过异质性的路径将危机信息传导和扩散到其他市场或国家，从而对市场间的相依性和信息溢出产生冲击效应。

总体而言，重大危机事件的风险溢出路径分为两类：第一类为基于宏观经济基本面的溢出，即由贸易、金融和产业层面的关联所导致的信息溢出效应；第二类为净传染，即由投资者或者其他金融经纪人的非理性投资行为所导致的信息溢出效应。其中，由经济基础假说可知，宏观经济基本面的传染路径具体包括贸易溢出、金融溢出以及产业联动。此外，根据行为金融学理论可知，重大危机事件还可以通过与宏观经济基础没有关联的净传染效应对市场间的相依性和信息溢出产生影响,即主要通过投资者预期和心理变化得以实现。

图3-5描述了重大危机事件主要的信息溢出机制。具体而言,贸易溢出机制是指一个国家的金融危机事件会引起金融市场剧烈震荡,金融资产快速下跌,随即基于贸易渠道分别通过价格效应和收入效应将危机信息传递到与该国有密切贸易关系的国家,进而导致该国金融资产价格的剧烈波动,从而影响了关联市场间的信息溢出效应。一般来说,当一个国家发生了由经济基本面恶化引起的金融危机时,该国的货币会出现急速贬值,从而使得该国进口下降和出口上升,由此增加了其贸易伙伴国的贸易赤字,导致其外汇储备量急剧下降及经济基本面进一步恶化。可见,金融危机事件的贸易溢出机制会对出口依存度较高或与危机发生国贸易关系密切的国家产生显著影响。

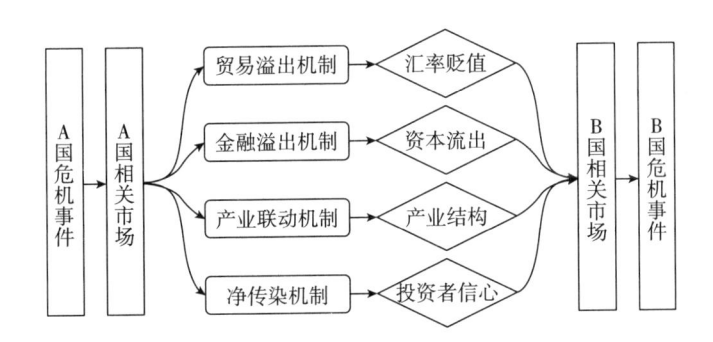

图3-5 危机事件冲击对关联市场间相依性的溢出机制

资料来源:何康(2016)。

金融溢出机制是指在金融危机事件的冲击下,相关金融市场出现流动性不足,资产价格暴跌,金融机构不得不调整其在其他国家的投资策略,从而对其他国家相关金融市场产生影响的过程。在经济全球化的趋势下,资本流动的活跃程度远超商品流动,国际资本的流动可以有效并显著地影响全球金融资源在各个国家的配置情况,金融资源的重新调配增加了各国金融体系的系统性风险及金融资产价格的不稳定性。这意味着国际资本流动是金融危机在各国金融市场间传染的最快和最关键的渠道。

在金融危机事件发生后,关联市场间的相依性还可以通过产业联动机制的两条路径得以加强。一方面,危机事件往往发生在经济衰退期,衰退期的资产大规模缩水,消费需求下降,而生产企业的产品会因销量不足而大量积压,企业会考虑在短期内大幅减产以降低存货,从而对上下游的相关企业经营状况造成显著的冲击。若该国企业与其他国家企业存在复杂的上下游产业链关系,危机就会通过产业链网络迅速传染到其他国家,导致相关资产价格迅速下降。另一方面,存在相似产业结构的两个国家将因为产业的竞争导致结构性失衡,进而导致这些国家同时遭受国际资本的投机性冲击和规避性资本撤离,从而使得其金融市场产生共振式波动。

最后,在经济全球化背景下,科技的进步以及信息透明度的提升使得金融危机事件波及范围快速扩大。因此在金融危机爆发时,即便是不存在直接或间接金融投资和贸易往来的国家也可能产生联动效应。此种危机传染过程被称为净传染机制,该机制合理地解释了市场间不以经济贸易为基础的传染渠道,即金融危机会通过投资者预期、投资者情绪以及其投资策略调整传递风险。具体而言,当危机事件发生时,投资者一般会对具有相似经济政治及文化背景的其他国家的相关金融市场产生类似预期,因此会通过调整相应的投资组合影响其他市场。投资者情绪主要表现为羊群效应,即当投资者察觉到掌握真实信息的权威机构投资者的策略变化,或接收到危机事件的信息时,他们将会模仿权威投资者的策略,从而产生连锁反应。此外,为了分散投资风险,国际投资者通常会通过资产组合投资多个国家的金融资产。当组合中某个资产的风险上升时,投资者往往会紧急抛售其他相关资产,即使某国经济基本面表现良好。因此,这种非理性投资行为会导致表现良好的国家出现金融市场动荡以及资本抽逃,最终显著影响两国资本市场间的相依性。

第五节 碳市场与关联市场间溢出效应的可能传导机理

如前文所述,学术界在碳市场与关联市场间(特别是能源市场)的相依性及溢出效应研究已较为丰富,然而大多数文献都将其信息传导机制视为"黑箱",这不利于进一步认识碳市场与现有成熟市场的复杂关系。因此,本书在梳理相关文献的基础上,探讨碳市场与关联市场间溢出效应的可能传导机理。

虽然碳排放权、大宗商品以及金融资产的定价机制存在较大差异,但在金融化进程中,大宗商品的定价机制也逐渐趋同于传统的金融资产。碳排放权虽然是一种人为设定的资产,但它可以用于交换和买卖,具有明显的商品属性,被广泛视为一种新兴大宗商品。尤其是,在多元化金融机构大量涌入碳市场以及碳期货市场成交量快速扩张的背景下,碳排放权也具有显著的金融属性,表现出与传统大宗商品和金融资产相近的定价机制。可见,碳期货不仅是一个实现碳中和目标的环保商品,也是实现企业利润最大化的金融工具。

由于碳配额同时具有商品属性和金融属性,其不仅是可以交易的资产,也是市场上的投资工具。因此,在分析其定价机制时需要从两个角度去解析。首先,商品属性表现为其价格受实体经济和宏观因素的影响,因此传统的市场供需关系是影响商品价格长期走势的决定性因素。其次,类似金融资产的价格波动幅度需要根据金融属性来分析,而金融属性意味着金融资产价格会受到货币和金融风险因子等的影响。可见,商品属性促使碳配额价格波动传导到生产链上的实体企业,从而导致股价波动。但金融属性导致金融市场和商品市场的定价机制逐渐趋同,金融投资者跨市投资决策会显著影响商品价格。具体而言,针对碳配额的商品属性,大量研究发现碳配额与大宗商品(尤其是能源资产)存在显著的信息溢出效应。该现象可以由商品价格传导理论予以解释，即商品价格通过一定的渠道或者途径与其他价格产生共同作用，引起总体物价水平的变动。商品价格传导的主要原因是价差，这种价差的形成可能来源于不同区域同种商品的价格差异，或是同一区域不同商品间的价格差异。欧盟碳市场与大宗商品市场以及金融市场间的信息传导渠道如图3－6所示。

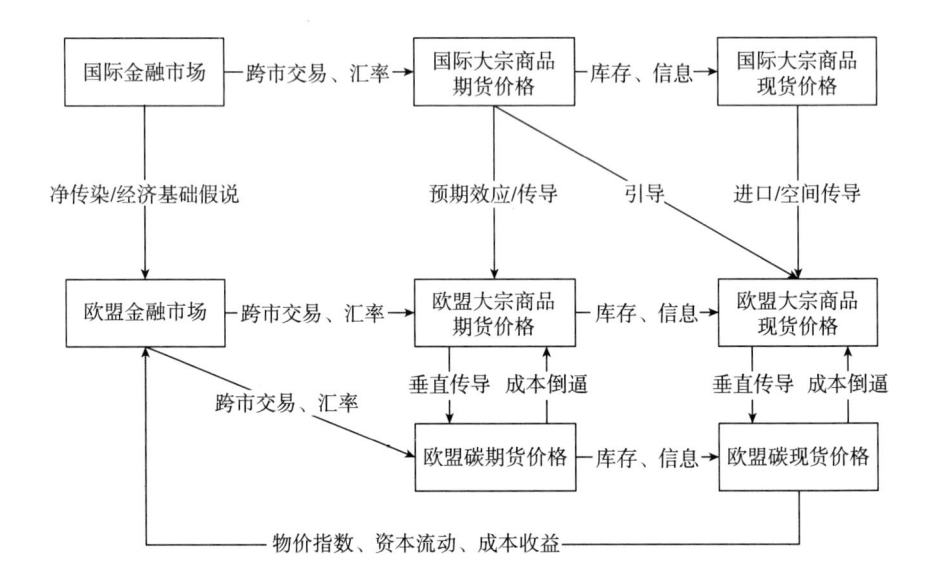

图 3－6　碳市场与关联市场间可能的信息传导机理

一　碳配额与大宗商品间的信息传导机理

商品价格传导路径包括垂直传导、空间传导、预期效应传导及循环型传导。第一，垂直传导又被称为产业链传导，即价格波动沿着产业链垂直产生溢出效应的过程，主要包括成本推进型和需求拉动型。成本推进型表明，国民经济产业链中各个环节的产品存在价格相关性，上游产品的价格上升增加了中下游产品的生产成本，导致中下游产品价格上升，并最终引起物价水平整体上升。需求拉动型是指消费品市场的供不应求会拉升产品价格，同时也会拉升上中游的原材料价格,从而引起产业链的物价水平整体上升。第二,空间传导,即个别地区的某些商品价格上涨会对其他地区的相关商品产生价格上涨压力,从而引起其他地区的连锁反应。第三,预期效应传导主要是通过人们对某种商品物价上涨产生心理共鸣,最终引起物价上涨的放大效应。第四,循环型传导,即国民经济总供给与总需求间的关系决定了均衡价格,但此均衡价格仅是一种短暂的相对状态,一旦这种均衡状态被打破,就会推动部分商品价格上涨,并造成所有商品价格相互推动并循环上升的状态。

同理,碳配额作为一种新兴的大宗商品,其商品属性意味着碳配额与大宗商品间可能通过上述四种路径进行价格信息传导。一方面,大宗商品的消耗会产生碳排放,因此可被普遍视为碳配额的上游材料,可通过成本推进型路径对碳配额产生价格传导;另一方面,碳配额作为企业的生产要素之一,会显著影响企业的生产成本,因此当碳排放较多时,企业对碳配额的需求上升,上升的碳价也会通过需求拉动型路径对上游的化石能源和商品物资价格产生重要影响。除了基于产业链的垂直传导和基于国际贸易的空间传导,消费者对物价的普遍预期、国民经济均衡价格变化也会影响碳配额和其他大宗商品的价格。

二 碳配额与金融资产间的信息传导机理

碳期货提高了碳市场的金融化程度,期货成为投资者长期持有碳资产的有效投资工具,并与金融资产产生较为显著的信息传导。随着碳市场不断壮大,碳市场影响传统金融市场的主要渠道包括:①物价指数;②资本流动;③成本收益。其中,从物价角度来说,碳期货价格波动影响碳现货价格,而碳现货价格又影响物价指数,物价指数又影响权益市场和固定收益市场。从资本流动角度来说,碳期货属于金融市场的一部分,可以通过投资策略和资金流动影响权益市场和固定收益市场。最后,在碳约束时代,碳排放权既可以给碳配额富余的企业带来收益,也会增加碳配额不足方的生产成本,因此降低其未来现金流入量和企业价值,最终导致其股价下跌。相反,根据韩立岩和尹力博(2012),金融资产对大宗商品的信息传导渠道主要包括:①投资或投机需求;②市场流动性;③汇率。

(一)投资或投机需求渠道

投资或投机需求渠道是指投资者或投机者可以通过金融衍生品交易影响大宗商品价格。从理论上讲,大宗商品包括现货市场和期货市场。现货是可供出货、储存和制造业使用的实物商品,可以将其设计为标准化的期货合约来交易,而期货的主要目的是规避价格风险并引导现货市场的价格走势。一般而言,现货价格由实体经济的供给与需求决定,但也会受到期货价格的影响。期货市场是金融投机者的天堂,在大量跨市交易中,期货市场的金融化程度加剧,不仅与传统金融资产关系密切,还会通过库存和信息等渠道影响现货价格,从而将金融市场的价格信息和风险信息传递到现货市场。

就欧盟碳配额而言,随着 EU ETS 放松对碳期货的监管,大量金融机构涌入碳市场进行跨市交易。这些投资者青睐碳期货市场主要基于两个原因:一是碳配额作为新兴的商品,其价格与物价水平较为相关,持有该资产可以抵御通货膨胀风险;二是碳配额与金融资产的价格关联性很低甚至为负,因此可以通过构造资产组合分散投资风险。然而,由于投资者的行为存在共性,理论上的风险分散方法反而成为现实中的风险传播渠道。例如,当经济向好或出现其他利好时,这些投资者会追加股票市场投资,同时增加碳期货市场投资,因为持有一定比例的股票和商品期货往往是资产组合的专业投资策略。当股票市场风险上升时,投资者会抛售股票,股价下跌产生流动性压力,一旦流动性不足,投资者会对持有的碳期货头寸进行平仓处理,从而导致从股市到碳期货市场的风险溢出。

具体而言,碳期货价格会通过库存和信息两种渠道影响碳现货市场的定价。①当碳期货价格上升时(高于其与现货价格间应有的贴现水平),人们预期未来现货价格也将上升,就会囤积碳配额以待未来出售,从而导致碳配额库存量上升。在同样的价格下,碳配额需求量更大，因此需求曲线右移，如图3-7所示，供需均衡点由A点移动到B点，碳现货价格由此上升，这是期货定价影响现货定价的库存渠道。②如果碳现货供应方观察到碳期货价格上升趋势，就会为增加利润而大量囤积碳现货。如果在配额履约期来临之际，碳配额需求方面对供给量的减少，那么只能推高当期现货需求报价，以补偿价差，促使供应者足量供应。在图3-7中，供应曲线左移，供需均衡点由A点移动到C点。此时，虽然库存没有变化，但碳现货价格同样上升，这是期货市场影响现货定价的信息渠道。在库存和信息两种渠道的共同影响下，碳现货价格从A点上升到D点。由于现货市场交易者会参考期货市场的信息进行决策，现货价格与期货价格间产生了较为稳定的联系，从而将期货市场的收益和风险信息传递到现货市场。

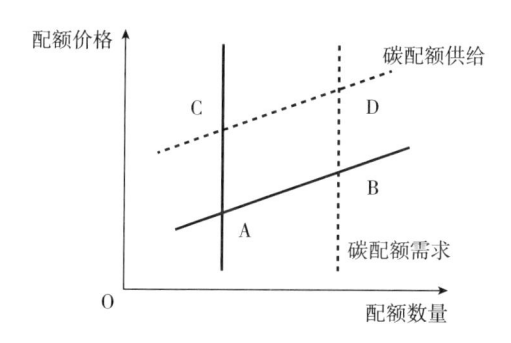

图3-7 碳期货与碳现货的价格作用机理

(二) 市场流动性渠道

市场流动性渠道是指世界主要经济体的货币供给调整，尤其是美元的政策调整会通过改变市场流动性进而影响商品价格。大量研究表明，在全球连通的金融市场环境中，世界主要经济体的货币供给调整会在世界范围内对商品价格产生冲击。例如，由于美元在全球经济中的领先地位，美联储的一系列货币宽松政策将对全球经济产生持续深远的影响。首先，美国无节制印钞将导致美元资本过剩，未来美元会有贬值压力，使得美元债权国持有的债权资产缩水，触发美债的大量抛售，从而对全球金融体系造成冲击。其次，美国宽松的货币政策将进一步影响全球无风险利率，并迅速传导至股票与债券等风险资产，通过资产结构的调整效应和财富效应影响风险资产价格，引起投机和投资资本在全球金融市场上的流动。再次，美国在大宗商品定价方面占据重要地位，因此美国货币政策将显著影响大宗商品的价格变动。最后，美联储的宽松货币政策，使得新兴市场国家货币贬值以及资本大量外流，进而导致新兴市场国家外债风险加剧，并剧烈冲击其宏观经济。

（三）汇率渠道

汇率渠道是指汇率通过能源与贸易路径影响碳需求进而影响碳价。一方面，能源相对价格的变化推动企业调整能源消费结构，欧盟使用的石油和天然气等能源的国际价格分别以美元和英镑标价，因此欧元兑美元和欧元兑英镑汇率的变化，都会显著冲击能源进口量与消费结构，进而影响碳需求，引发碳价波动。另一方面，汇率直接影响企业的进出口。在满足马歇尔—勒纳条件下，本币贬值增加出口订单和企业能源消耗，进而提升碳配额需求和碳价水平。作为能源进口重要经济体，欧盟的能源价格与进出口贸易直接受到欧元汇率波动的影响。

第六节　本章小结

本章对相关理论假说进行了有序梳理，从而为后文的实证研究提供理论依据。首先，本书对产权理论进行阐述，以解释碳交易机制形成的理论基础。其次，对大宗商品金融化以及金融市场一体化相关理论进行回顾，以强调该背景对资产间相依性的影响。再次，分别基于经济基础假说和市场传染假说解释相依性和信息溢出效应的形成机理，并进一步基于行为金融学理论对相依性的不确定性、时变性、不对称变化等特征进行解释，随后类比市场传染假说，基于经济基础理论和行为金融学理论阐述重大危机事件对关联资产间相依性产生的信息溢出机理。最后，本书根据"商品—商品"资产组合和"商品—金融"资产组合的信息传导路径，论述了"碳配额—商品—金融"系统内可能的信息传导机理。

第 四 章

碳期货与关联资产间的相依特征及相依性变化

碳配额的复杂性一方面源于碳市场机制设计及政策调整,另一方面源于其与权益市场、债券市场以及商品市场间错综复杂的信息传递。为了更好地吸引碳市场投资者,增强碳市场活力,有必要从信息传递的视角探究其与关联资产间的相依关系。鉴于此,本章总结出能源资产以及金融资产影响碳价的主要路径,并基于分位数回归模型从相依程度和相依结构两个维度刻画碳期货与关联资产间的相依特征及相依性变化。

第一节 碳市场与关联市场间的信息传导路径

在碳金融属性日益增强的背景下,厘清碳期货与主要关联资产,如商品和金融资产间的相依关系将有助于投资者构建投资组合分散投资风险,从而提高碳市场的参与度。然而当前关于碳配额与关联资产间的价格信息传导路径尚不清晰。为此,本书基于有关商品市场与金融市场间信息传递渠道的研究结论,提出了能源和金融资产影响碳配额的主要信息传导路径,并总结出金融危机和能源危机冲击碳市场的可能渠道。

由第二章可知，商品市场间主要的信息传递渠道是垂直价格传导（产业链传导）和空间价格传导。因此，从国际能源到碳配额的价格传导路径可解释为：化石能源生产国的能源价格会通过垂直价格传导和空间价格传导的交叠作用影响欧盟的化石能源价格，欧盟的能源价格则主要通过产业链传导路径影响碳价走势。具体而言，作为碳价的关键驱动因素，能源价格的变化将直接影响控排企业的碳排放量及其对碳配额的需求。随着碳市场的快速发展，以及控排企业规模的扩大，碳价波动对企业生产行为的影响也日益显著，因此能源价格和碳价可能存在错综复杂的相互作用关系。一方面，化石燃料具有同质性和可替代性，因此化石能源价差会通过生产商的燃料选择行为直接影响碳排放量；另一方面，基于对产出规模、能源利用效率、能源消费结构等因素的考虑，能源价格还可以间接影响碳价。因此，在不考虑技术升级的长期影响下，本书提出能源价格影响碳价的三条路径，分别为替代效应、总量需求效应以及生产抑制效应。

首先，替代效应是指化石能源具有较强的可替代性，其消费量在很大程度上依赖于替代能源的价格变化，因此高排放能源和低排放能源的价差将通过发电厂商的燃料转换行为影响碳价。例如，当煤炭价格相比于其他化石能源更便宜时，火力发电厂商将倾向于使用煤炭，反之使用更加经济的替代能源以降低生产成本。相比之下，虽然煤炭往往价格低廉，但是其产生的碳排放是天然气碳排放量的2.5倍，因此，若选择使用煤炭则会刺激发电厂商的碳排放权需求。反之，天然气发电则会降低碳排放权需求。此外，碳价也会对发电厂商的能源选择产生显著影响，因为碳价上涨将导致高排放发电厂商的生产成本显著提高，从而倒逼企业从利润最大化角度出发，结合化石能源价格以及碳价，选择最佳的燃料使用方案，最终影响化石能源需求和价格。

其次，总量需求效应是指基于需求冲击理论，当经济形势向好时，工业生产活动对能源的需求会随着社会总需求的上涨而增加，从而导致均衡价格与产量同步上升。尽管能源价格的上涨会在一定程度上抑制需求，但是在经济繁荣期间社会总需求的拉升作用下，碳价会倾向于上涨。相反，在经济形势低迷期间，经济增速的放缓导致社会总需求下降，最终导致碳价下跌。

最后，生产抑制效应是指当化石能源间的替代效应较弱，同时经济形势不乐观时，由于社会总需求较低，化石能源价格的上升将对企业投资行为产生差异性的影响。一方面，能源价格的上升可能会在长期刺激企业通过技术研发投入降低能耗，从而降低碳排放及对碳配额的需求。另一方面，能源价格上升可以在短期抑制企业的生产投资，从而通过减产等行为降低碳排放和对碳配额的需求。

根据文献综述可知，金融市场与商品市场的主要信息传导渠道包括投资或投机需求、市场流动性和汇率。因此，本书认为金融资产对碳配额的影响路径包括直接渠道和间接渠道两类，分别称为能源价格路径（即图4-1中路径Ⅰ）和工业生产路径（即图4-1中路径Ⅱ）。其中，直接渠道是指金融资产直接通过金融投资或投机需求影响碳配额，因为金融市场的波动信息可以传递宏观经济信号，从而引导投资者在碳市场的投资和投机意向。而间接渠道是指金融市场会通过市场流动性和汇率渠道影响全球性大宗商品价格，特别是以美元定价的大宗商品价格，随后大宗商品市场将通过产业链传导路径作用于产业链最末端的碳市场。

与此同时，由前文理论基础可知，重大危机事件一般会通过贸易溢出、金融溢出、产业联动及净传染四条渠道对关联市场间的相依性和信息溢出效应产生冲击，从而导致其相依关系变化和信息传递路径变化。由于碳市场与能源市场以及金融市场均存在较为密切的关系，碳市场与关联市场间的相依性和信息溢出效应同样会受到某些金融危机事件和能源危机事件的冲击。因此，本书基于能源危机冲击金融市场的信息传递路径（见图4-2）和金融危机冲击能源市场的信息传递路径（见图4-3），梳理了金融危机事件对碳配额与

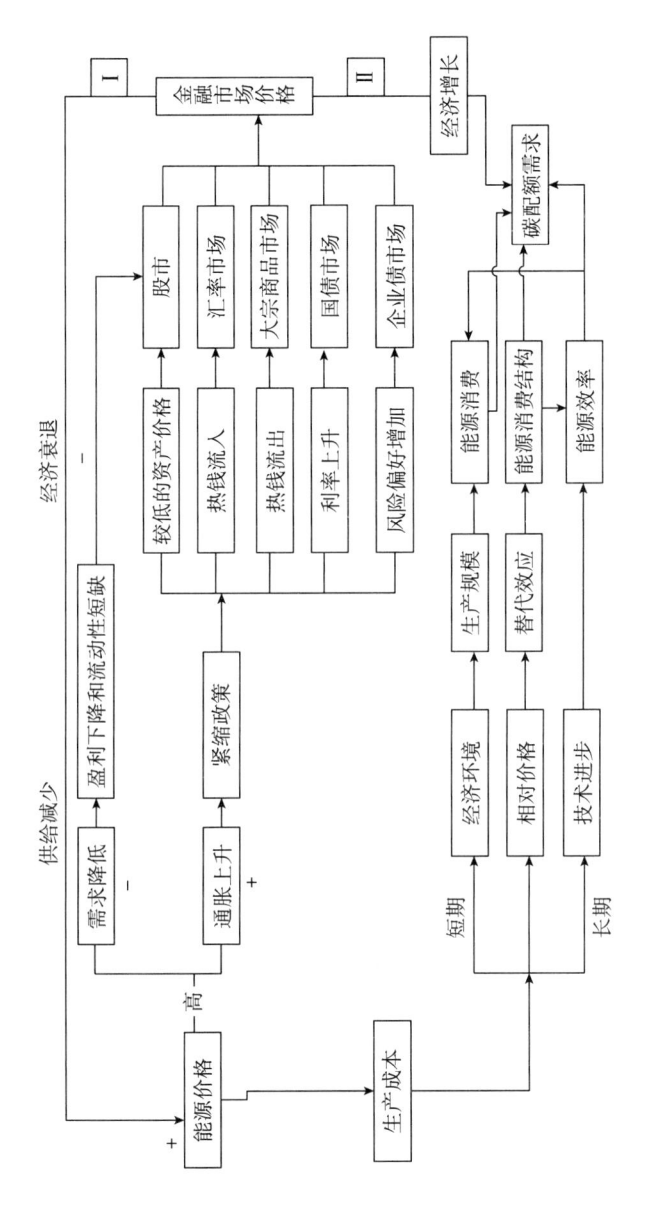

第四章 碳期货与关联资产间的相依特征及相依性变化 145

图 4−1 能源价格与金融资产价格对碳价的影响路径

资料来源：笔者根据相关文献整理所得。

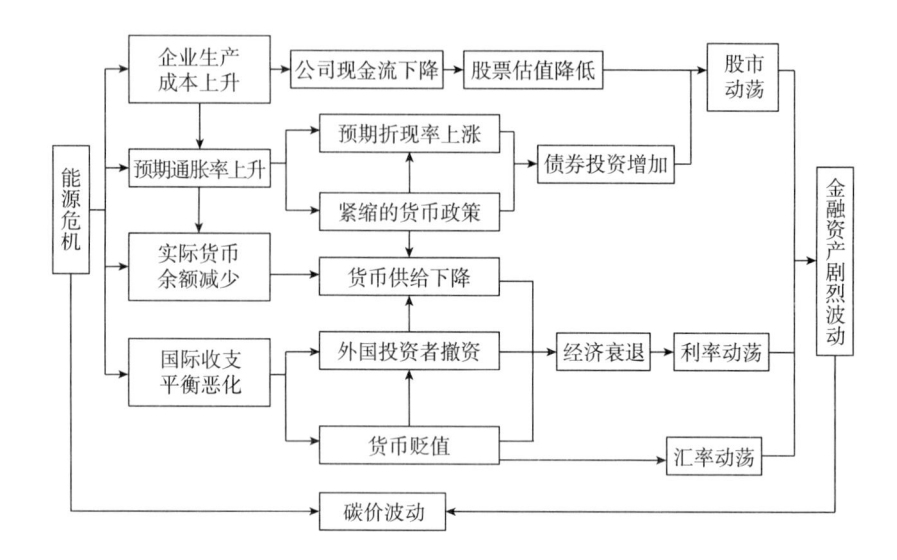

图 4-2 能源危机冲击金融市场的信息传递路径

资料来源：笔者根据相关文献整理所得。

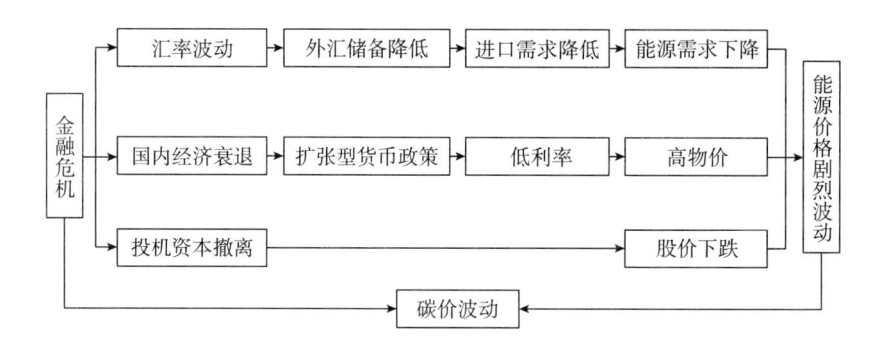

图 4-3 金融危机冲击能源市场的信息传递路径

资料来源：笔者根据相关文献整理所得。

能源资产间相依关系的冲击渠道，以及能源危机事件对碳配额与金融资产间相依关系的冲击渠道。由此可见，由主要能源生产国引起的能源危机事件不仅会直接导致大宗商品价格剧烈波动，还会通过企业现金流、通胀水平以及国际收支平衡，对股市、利率以及汇率产生显著影响，最终引发碳配额与金融资产间的相依关系、信息溢出效应以及信息传递路径发生改变。反过来,金融危机事件不仅冲击金融市场,还会通过汇率波动、国内经济衰退以及投机资本撤离等渠道冲击能源需求、物价以及股市,进而导致能源价格剧烈波动,最终改变碳配额与能源资产间的相依关系、信息溢出效应以及信息传递路径。

第二节 模型构建及变量选取

一 分位数回归模型

分位数回归模型(Quantile Regression, QR)由 Koenker 和 Basset 于 1978 年提出,鉴于该方法对误差项分布没有要求,因此被广泛应用于经济学、政治学、医学以及金融学领域的相依关系研究。与 OLS 相比,QR 允许估计因变量不同分位点的边际效应,且估计结果对异常值不敏感。因此,QR 可以揭示变量间的相依结构,以反映随分布变化的动态结果。

一般而言,y_i 在 θ 分位点基于 x_i 的 QR 条件分布函数可以表示为:

$$Q_{y_i}(\theta|x) = \alpha(\theta) + x'_i \beta(\theta) \quad (4-1)$$

其中,y 为因变量,本书假定其线性依赖于自变量 x,α 为常数项。$\beta(\theta)$($\theta \in [0, 1]$)为分位数回归的系数估计值,用于衡量向量 x 对 θ 分位点上 y 的影响程度。总体而言,y 对特定自变量的相依结构类型包括:①平稳结构,即不同分位点下的 $\beta(\theta)$ 均相等;②单调趋势结构,即 $\beta(\theta)$ 随着 θ 值的增大而单调下降或单调上升;③对称结构,即低分位点、中分位点及高分位点的 $\beta(\theta)$ 相似;④不对称结构,即低分位点、中分位点、高分位点的估计系数显著不同。一般而言,当边际影响显著为正时,则说明变量间存在联动效应。

条件分布参数 $\beta(\theta)$ 的估计值可通过最小化加权残差绝对值之和得到:

$$\hat{\beta}(\theta) = \underset{\beta \in R^p}{\operatorname{argmin}} \sum_{i=1}^{n} \rho_\theta [y_i - x'_i \beta(\theta) - \alpha(\theta)] \quad (4-2)$$

其中，$\rho_\theta(\mu) = \mu[\theta - I(\mu < 0)]$ 为检测函数，而 $I(\cdot)$ 为 $\mu = y_i - x'_i \beta(\theta) - \alpha(\theta)$ 的示性函数。通过 Koenker 和 D'Orey (1987) 提出的线性规划方法以及 Busschinsky 提出的 Bootstrap 自助抽样方法，可将残差分解成正值和负值，并分别分配权重值 θ 和 $1-\theta$。

根据 Baur (2013) 可知，$\beta(\theta)$ 虽然可以捕捉正常条件下的相依关系，但是当相依关系存在结构变点时，$\beta(\theta)$ 估计值是有偏的。因此，参照 Zhu 等 (2016) 的做法，本书用一个嵌有多个结构变点的分位数回归模型来测量结构变点是否会导致碳市场与关联市场间的相依关系显著变化。对应的公式如下：

$$Q_y(\theta|x) = \alpha(\theta) + \sum_k \beta_k(\theta) x_k + \sum_{j=1}^n D_j [\gamma(\theta) + \sum_k \delta_{jk}(\theta) x_k] \quad (4-3)$$

其中，D_j 为二元虚拟变量，即对在第 j 个结构变点前的碳价赋值为 0，而对该变点后的碳价赋值为 1，而 n 为未知结构变点的个数。参数 $\alpha(\theta)$ 和 $\beta_k(\theta)$ 的估计值可以衡量变点前自变量对因变量 θ 分位数的边际影响，但自变量在第 j 个结构变点后的额外边际影响可以通过 $\gamma(\theta)$ 和 $\delta_{jk}(\theta)$ 衡量。参数 $\beta_k(\theta)$ 表明正常情况下的相依结构，但参数 $\delta_{jk}(\theta)$ 测量了由第 j 个异常事件所导致的相依关系变化程度。同时，各自变量在 θ 分位点上对因变量的总影响程度可以由 $\beta(\theta) + \sum \delta_j(\theta) D_j$ 测量。一般而言，$\delta_{jk}(\theta)$ 为正（负）则意味着相依关系增加（减弱），若相依关系显著增加，则说明危机时期的变量间存在传染效应。因此，该模型可用于测量碳配额与关联资产在不同阶段的相依结构和相依程度，以及结构变点对相依关系产生的影响。

二 变量选取与数据预处理

为了研究碳配额与能源金融资产在条件分布上的相依特征，本章选取了欧盟 2005 年 4 月 22 日至 2016 年 1 月 6 日的日度数据作为样本，该样本区间涵盖了 EU ETS 三个阶段，及欧盟经济繁荣期（2005 年至 2007 年中期）和衰退期（2007 年后期至 2009 年中期）。在变量方面，本章选取 ICE－EUA 连续期货合约结算价（EUA，欧元/吨二氧化碳）代表碳市场；选取 ICE－布伦特原油价格（OIL，美元/桶）、美国亨利港（Henry Hub）天然气连续期货合约价（GAS，美元/百万英热单位）、澳大利亚 BJ 动力煤价格指数（COAL）分别代表石油市场、天然气市场和煤炭市场。由于石油和天然气价格均以美元结算，为确保所有能源价格以同种货币结算，本书采用欧洲中央银行公布的欧元兑美元参考汇率将石油和天然气的结算单位调整为欧元。此外，本章参照 Chevallier（2009）的研究，选取了四个重要的金融风险因子指标代表金融市场。①道琼斯欧洲斯托克 50 指数（STOXX50）。该指数代表了欧洲价值加权投资组合中流动性最大的 50 只股票的价格走势，常被用于反映欧洲权益市场动态。②路透社商品研究局指数（CRB）。该指数是最早创立的商品指数，可以有效反映大宗商品的总体趋势，同时也可预警宏观经济景气程度。③美国 90 日国债收益率（T－BILL）。该指标常用于代表短期国债市场，可以充分反映美联储的货币政策变化。④垃圾债收益率差（JUNK BOND），即穆迪评级 BAA 长期公司债券收益率与 AAA 评级债收益率的差额。该指标可代表企业债券市场，被视为股票收益率和违约风险的强预测因子，反映了市场对风险资产持有者的货币补偿。

上述所有变量的数据均来自 Wind 金融数据库。为了降低数据波动和异方差性，本书对原始数据进行对数转换，并进行多重共线性检验，得到图 4－4 的价格序列。由图 4－4 可知，欧盟碳价在 2006—2007 年暴跌，主因为 2006 年 5 月的核证减排数据泄露事件，以及 2007 年欧盟委员会宣布将在第二阶段实行更严格的碳配额分配，但第一阶段的剩余碳配额不允许过渡到第二阶段。此外，2008 年国际金融危机也导致上述变量出现剧烈波动。

表 4－1 汇报了碳价、能源价格与金融风险因子在全样本区间的

图 4-4 变量价格序列

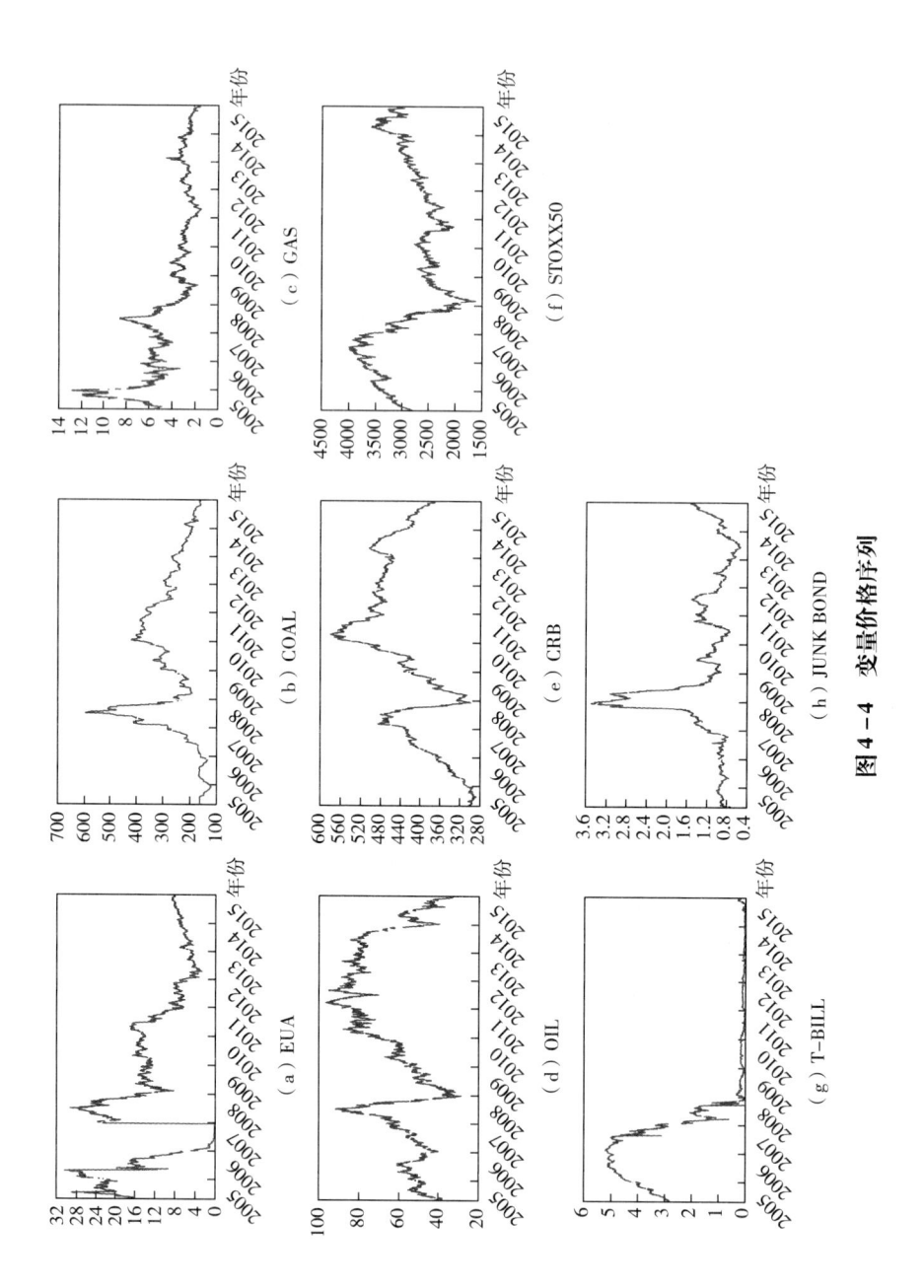

表4-1 变量描述性统计

统计量	EUA	COAL	OIL	GAS	T-BILL	JUNK BOND	CRB	STOXX50
均值	11.51	257.30	63.65	3.95	1.28	1.15	427.40	2890.01
中位数	10.33	243.45	60.35	3.19	0.12	0.97	430.60	2846.47
最大值	30.45	596.70	96.66	12.89	5.19	3.50	580.32	3998.93
最小值	0.01	118.60	28.41	1.45	0.00	0.53	286.50	1614.75
标准差	7.17	89.60	16.24	1.90	1.87	0.51	71.35	512.32
偏度	0.48	0.83	0.07	1.67	1.11	2.55	-0.24	0.19
峰度	2.48	3.50	1.74	6.29	2.50	9.90	2.28	2.25
J-B检验	131.17***	332.19***	174.52***	2388.66***	569.33***	8018.90***	82.29***	76.85***
观测值（个）	2604	2604	2604	2604	2604	2604	2604	2604

注：J-B检验为Jarque-Bera检验，原假设为样本数据符合正态分布。***代表统计量在1%显著性水平上拒绝原假设。

描述性统计结果。由表可知，J-B（Jarque-Bera）检验显著拒绝了正态分布的原假设，可见所有变量均为非正态分布，且具有明显的尖峰厚尾，因此 OLS 回归并不能准确地捕捉本章数据间的相关性。相比之下，分位数回归更适用于具有非正态分布的变量，并能准确捕捉变量的尾部特征。为了评价价格序列的平稳性，表 4-2 汇报了 ADF（Augmented Dickey-Fuller）检验和 PP（Phillips & Perron）检验的结果，结果显示所有变量的价格序列为非平稳序列，但为 1 阶单整，由此表明碳配额与关联资产间存在长期均衡关系。此外，为避免非平稳序列的虚假回归，本章进行了一系列 Johansen 协整检验，发现变量在全样本以及子样本区间均存在一个协整关系。因此，在 EU ETS 所有阶段检测碳配额与关联资产间的长期均衡关系是合适的。值得一提的是，虽然 OLS 通常被用于构建协整方程，但是当协整方程中存在自变量内生性和残差序列相关时，OLS 的渐近分布通常不是正态分布，因此导致 OLS 的系数估计有偏。因此，为了修正由内生性造成的偏差，本章使用 Saikkonen（1991）提出的动态最小二乘法（Dynamic Ordinary Least Square，DOLS）对参数进行估计。

表 4-2　　　　　　　　　　单位根检测

变量	ADF 检测	PP 检测	检测结果	变量	ADF 检测	PP 检测	检测结果
EUA	-1.56	-2.94	N	DEUA	-23.54***	-58.47***	Y
COAL	-0.06	-0.08	N	DCOAL	-15.79***	-53.82***	Y
GAS	-1.09	-1.13	N	DOIL	-23.91***	-54.42***	Y
OIL	-0.27	-0.30	N	DGAS	-24.03***	-57.49***	Y
STOXX50	-1.66	0.08	N	DSTOXX50	-25.15***	-55.23***	Y
T-BILL	-1.27	-1.29	N	DT-BILL	-25.69***	-43.39***	Y
JUNK BOND	-0.36	-0.52	N	DJUNK BOND	-16.11***	-58.45***	Y
GRB	-1.82	-1.84	N	DGRB	-19.31***	-52.84***	Y

注：ADF 和 PP 检测用于检测变量水平值和变量一阶差分值的单位根。其中滞后阶数由 SIC 信息准则确定。D 代表一阶差分运算。*** 代表统计量在1% 显著性水平上拒绝原假设。N 代表序列存在单位根，即序列不平稳，而 Y 则代表统计量拒绝存在单位根的原假设，即序列平稳。

第三节　EU ETS 不同阶段的相依特征分析

本章根据 EU ETS 的阶段划分标准将总样本划分为三个子样本，并采用分位数回归和 DOLS 分别从分位数和均值的角度捕捉碳期货与关联资产间的同期相依特征，具体的系数估计结果如表 4-3 所示。此外，图 4-5 展示了碳配额与关联资产在 EU ETS 三个阶段的相依结构以及各变量对碳价的影响路径。相比于 DOLS，分位数回归可以更加细致地描述能源金融资产价格变化如何影响碳价分布。为了更直观地判断变量间的相依结构特征（对称或不对称）以及变量间是否存在"市场传染"现象，本章选择从低（$\theta=0.1$）到高（$\theta=0.9$）的 9 个分位点来捕捉碳价分布，并将其划分为低分位点（0.1，0.2，0.3，0.4）、中分位点（0.5）以及高分位点（0.6，0.7，0.8，0.9）三个等级。此外，本章还通过 0.01 分位点、0.05 分位点和 0.95 分位点探讨能源资产和金融资产对碳配额尾部收益率的影响，特别是 0.01 分位数可被视为期货市场多头方在 99% 显著性水平下的 VaR，其被定义为多头方投资组合价值在特定时间区间的最大损失。

由表 4-3 可知，DOLS 估计值与分位数回归估计值显著不同，从而证实了当变量服从非正态分布时，最小二乘估计值是有偏的。总体而言，在均值层面上，大多数能源资产和金融资产（STOXX50 除外）都能显著影响碳配额。但是，在第三阶段，天然气、大宗商品价格指数和美国短期国债并不会对碳配额产生显著影响。此外，分位数回归结果表明，能源价格和金融风险因子会对不同分位点的碳价产生差异性的影响。

一　"碳配额—能源资产"相依特征分析

由表 4-3 可知，煤炭和天然气作为发电厂的主要燃料，在某种程度上对碳价产生相似影响。总体来说，煤炭价格与碳价的相关性较

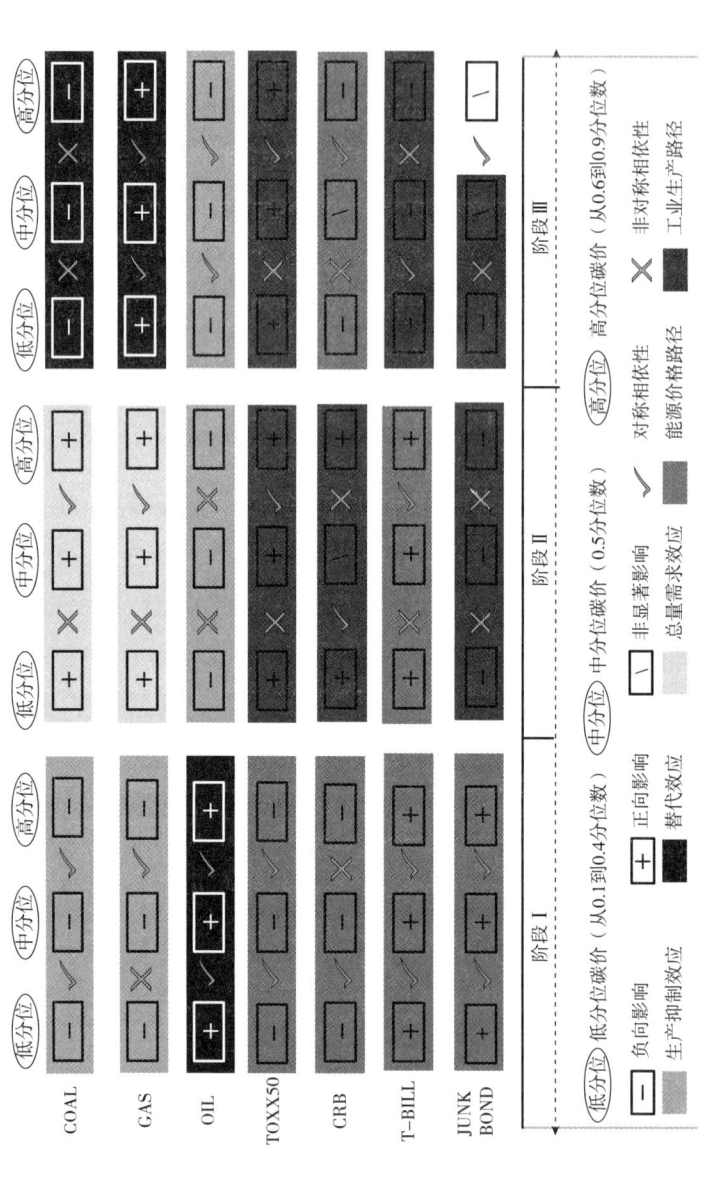

图 4-5 EU ETS 三个阶段的相依特征及影响路径

注：该图展示了碳配额与关联资产在低分位点、中分位点以及高分位点的相依关系，其特征包括正向和负向相依、对称和不对称相依结构，以及能源和金融资产影响碳配额的五条路径，分别为总量需求效应、替代效应、生产抑制效应、能源价格路径以及工业生产路径。

高，这与Zhang和Sun（2016）的研究结论一致。同时，由图4-5可知，煤炭和天然气价格在EU ETS第一阶段都主要通过生产抑制效应影响碳价，但由于经济复苏政策的冲击，其主要影响路径在第二阶段转变为总量需求效应，在第三阶段主要表现为替代效应。具体而言，在第一阶段，煤炭和天然气价格与所有分位点上的碳价均存在显著负相关，这表明煤炭和天然气价格的上涨会导致任意状态下的碳价出现大幅下降，可能的原因为煤炭和天然气价格上涨会导致能源消费降低，从而降低对碳配额的需求。此外，煤炭和天然气对碳价的作用规律在第一阶段存在差异，其中煤炭和碳配额间存在对称的相依结构，但天然气和碳配额间存在不对称相依结构，由此表明，煤炭价格上涨可以稳定抑制碳价上涨，但天然气价格上涨会对低水平碳价产生更强的抑制作用。煤炭和天然气的生产抑制效应可能源于EU ETS第一阶段严重的经济泡沫和低迷的经济环境。

不同于第一阶段，煤炭和天然气在第二阶段对碳配额产生了正向非对称影响（见表4-3和图4-5），并与碳价存在显著的联动效应，但天然气价格与碳价不存在尾部（0.05和0.95分位点）相依关系。该极端现象的原因可能是，在2008年国际金融危机的冲击下欧盟步入经济衰退期。因此，煤炭和天然气在第二阶段的价格上涨被视为衰退期的需求总量增加，由此提升了碳价。对于第三阶段，煤炭和天然气价格对碳价的影响程度和影响结构均存在显著差异，可见煤炭与天然气在此阶段的替代效应较为显著（见图4-5）。具体而言，煤炭价格的负向非对称影响意味着煤炭价格的上涨抑制了煤炭的消费，从而导致碳价下降，尤其是当碳价处于低迷状态时，煤炭的抑制作用更显著。此外，天然气价格的对称性正向作用表明，天然气价格与中高水平的碳价存在联动效应，即较高的天然气价格导致更多的煤炭消费，从而促进碳价上涨。有趣的是，本章发现在碳价处于低位或者经济环境不乐观时，较高的天然气和煤炭价格主要通过生产抑制效应导致碳价大幅下降，因为天然气价格与碳价间存在显著的负向相依性，而且煤炭价格也会对 0.05 分位点上的碳价产生显著的负向作用。

此外，本章的研究结果显示，油价在第一阶段会通过煤炭与天然气的替代效应影响碳价，但在第二阶段和第三阶段，其影响路径转变为生产抑制效应。具体而言，在第一阶段，原油几乎对碳价的所有分位数（0.9 分位点除外）产生显著的正向对称影响，可见原油与碳配额间存在显著的联动效应。表 4-3 显示，高价位碳配额对油价变化相当敏感，因为原油对碳价右尾的边际影响系数较大。这一结果表明，当经济平稳增长时，油价可以推动碳价稳定上涨，且当市场对碳配额的需求强劲时，油价的促进作用更显著。该现象可能源于天然气与煤炭间的价格替代效应，因为一般而言石油和天然气价格间存在显著的联动作用。而在第二阶段，原油价格的上涨会对碳价右尾产生显著的负向影响。该结论与 Reboredo（2013）的发现不一致，可能的原因是 Reboredo（2013）的样本只涵盖 2008 年 3 月 1 日至 2011 年 7 月 9 日，没有涵盖整个第二阶段。此外，石油在第三阶段表现为对称的生产抑制效应，即油价上涨会导致碳价的所有分位数显著下降。

最后，表 4-3 显示出能源价格对碳价 VaR 产生了显著但异质的影响。总体而言，煤炭价格在三个阶段均是碳价暴跌风险最重要的影响因素。具体而言，在第一阶段，煤炭和天然气价格的上涨以及石油价格的下跌都会加大碳价暴跌风险。而在第二阶段，碳市场 VaR 值的增加主要归咎于油价上涨及煤炭价格下跌。在第三阶段，所有能源价格的上涨都会在一定程度上导致碳价暴跌风险上升。

二 "碳配额—金融资产"相依特征分析

碳价与经济活动存在紧密联系。一般来说，经济繁荣期的工业生产会导致碳价大幅上涨，而经济衰退期的工业需求萎缩则会导致碳价下跌。参照 Chevallier（2009）的相关假设，本章也探究了金融资产对碳配额的影响及信息传递路径。其中，表 4-3 显示 DOLS 估计下的金融风险因子基本不会显著影响碳价，特别是股指在三个阶段都无显著影响。在信息传递路径方面，图4-5表示金融风险因子在第一阶段主要通过能源价格路径影响碳价，而在其他两个阶段则主要通过工业生产路径影响碳价。同时，表4-3表明当碳价处于极高价位（0.95分位点）或者经济处于快速增长期间，金融资产更倾向于通过工业生产路径影响碳配额。具体而言，股指在第一阶段与碳配额存在负向对称相依关系，表明股价上涨会通过拉升能源价格从而导致碳价下跌，因为第一阶段的经济增长缓慢，能源价格表现出明显的生产抑制效应。但是，股价与碳价在第二阶段和第三阶段存在正向非对称相依关系，该结果可能源于2008年国际金融危机后一系列经济刺激政策的出台。此外，在第二阶段，股指与碳配额存在较强的联动性，但不会影响碳价极端风险。在第三阶段，股指对低分位碳价的影响较为微弱，但与中高分位碳价存在联动效应。

作为全球大宗商品市场的代表，CRB值越高则表明经济增速越快。基于表4-3和图4-5，本书发现CRB在第一阶段与碳价存在对称的负向相关关系，且相依程度从低分位到高分位逐渐减弱，由此表明CRB主要通过能源价格路径影响碳价。此外，本章发现两者在第三阶段存在不对称的负向相依关系，但是该关系在中分位点和极端分位点上并不显著。相反，两者在第二阶段存在正向非对称的联动关系，并在低分位点和高分位点存在显著的联动效应。根据Chevallier（2009）的研究，导致该依存关系的原因可能为CRB通过工业生产路径影响EUA，即CRB越高则表明工业需求越大，从而导致高排放预期。

众所周知，利率是相当重要的宏观经济指标。美国90日国债收益率代表美国当前的经济状况及美联储的货币政策，将对全球利率市场产生显著影响。由表4-3可知，T-BILL在第一阶段和第二阶段与碳配额存在显著的联动效应，可能的影响路径为能源价格路径，即低利率在一定程度上提高了能源价格，但由于全球处于经济大萧条期间，高能源价格则会通过生产抑制路径导致碳价下跌。而在第三阶段，T-BILL 很可能通过工业生产路径对碳价产生影响，即较低的利率刺激了社会的总需求，从而导致工业生产活动增加，最终提升碳价。由表 4-3 可知，T-BILL 在第一阶段对碳价产生了对称且显著的正向作用，然而，T-BILL 对右尾碳价的影响为负。在第二阶段，T-BILL 与 EUA 存在非对称的正向相依关系，但 T-BILL 对碳价尾部的影响并不显著。该现象可能源于在第一和第二阶段美国量化宽松政策投放了大量的资金从而推高了能源价格，并在短期内抑制了工业活动，最终导致碳价下跌。但是，当一系列经济复苏政策在第三阶段逐渐得以实施和推行时，低利率政策则会有效地刺激工业需求，从而促进碳价上涨。但利率在第二阶段和第三阶段对碳价极端风险的影响并不显著。

对于垃圾债市场（JUNK BOND）的影响，根据表 4-3 和图 4-5 可得出以下结论：首先，垃圾债市场与碳市场在三个阶段都不存在价格联动效应；其次，JUNK BOND 在第一阶段与 EUA 存在对称的正向相依关系，特别是当碳价很高时，该关系尤为显著；最后，在第二阶段和第三阶段，两者间存在非对称的负向相依关系，该结论与 Chevallier（2009）一致，可能的原因是较高的垃圾债收益率差会降低工业生产总需求，从而导致碳价下跌。值得注意的是，JUNK BOND 在第二阶段对碳价极端风险的影响并不显著，但是在第三阶段，JUNK BOND 的上升会降低碳价暴跌风险，但会增加碳价暴涨风险。该现象表明，垃圾债收益率在第三阶段主要是通过工业生产路径影响低位碳价，但通过能源价格路径影响高位碳价。

最后，表 4-3 表明极少有金融资产显著影响碳价极端风险，特别是在第二阶段影响最弱。但在第一阶段，相比于 T-BILL 的负向微弱影响，CRB 的上升会导致碳价风险快速上涨，这可能是由美国次贷危机预期引起的。然而，在第三阶段，只有 STOXX50 和 JUNK BOND 的上涨才会显著增加碳价暴跌风险。

表 4-3　EU ETS 三阶段的分位数回归和 DOLS 回归的系数估计结果

阶段	变量	(−VaR) $Q_{0.01}$	$Q_{0.05}$	$Q_{0.1}$	$Q_{0.2}$	$Q_{0.3}$	$Q_{0.4}$	$Q_{0.5}$	$Q_{0.6}$	$Q_{0.7}$	$Q_{0.8}$	$Q_{0.9}$	$Q_{0.95}$	DOLS
阶段 I (654 个样本)	β_{COAL}	−3.34***	−2.83***	−2.92***	−3.22***	−2.83***	−2.48***	−2.57***	−3.12***	−2.97***	−3.45***	−3.49***	−2.05***	−2.37*
	β_{OIL}	1.75***	1.36***	1.32***	1.34***	1.64***	1.50***	1.55***	1.76***	1.69***	1.62***	2.08	3.95***	2.05**
	β_{GAS}	−1.57***	−1.65***	−1.56***	−1.72***	−1.73***	−1.55***	−1.36***	−1.56***	−1.48***	−1.33***	−1.42***	−1.20***	−1.78***
	$\beta_{STOXX50}$	0.18	−1.83*	−2.44***	−2.88***	−2.36***	−2.44***	−2.93***	−2.56***	−2.61***	−1.56***	−1.46	3.14***	−1.74
	β_{CRB}	−16.63***	−16.54***	−15.83***	−14.85***	−15.16***	−15.15***	−14.58***	−14.25***	−13.96***	−12.61***	−10.42***	−5.13***	−15.23***
	β_{T-BILL}	0.80***	0.86***	0.81***	0.71***	0.64***	0.69***	0.71***	0.64***	0.67***	0.54***	0.34	−0.65***	0.55**
	$\beta_{JUNK\ BOND}$	−0.79	−0.12	−0.51	−0.30	0.70***	0.76***	0.68***	0.70***	0.77	0.31	1.42	1.38**	4.04***
阶段 II (1229 个样本)	β_{COAL}	1.18***	0.56***	0.39***	0.63***	0.69***	0.73***	0.73***	0.71***	0.68***	0.67***	0.71***	0.78***	0.62***
	β_{OIL}	−1.35***	−1.26***	−1.24***	−1.00***	−1.01***	−1.01***	−1.09***	−1.15***	−1.28***	−1.35***	−1.58***	−1.61	−1.17***
	β_{GAS}	0.24	0.51	0.46***	0.48***	0.48***	0.46***	0.44***	0.42***	0.39***	0.42***	0.37***	0.24	0.41***
	$\beta_{STOXX50}$	1.07	0.54	0.70***	0.63***	0.44***	0.39***	0.27***	0.24***	0.33***	0.25	0.42	0.55	0.39
	β_{CRB}	0.69	1.40**	1.53***	0.60**	0.34**	0.13	0.18	0.19	0.46***	0.72***	1.00***	0.99	0.56**
	β_{T-BILL}	0.04	0.05	0.05	0.07***	0.08***	0.07***	0.10***	0.12***	0.13***	0.12***	0.13***	0.15	0.11***
	$\beta_{JUNK\ BOND}$	−0.12	−0.03	0.02	−0.05*	−0.09***	−0.13***	−0.14***	−0.14***	−0.09***	−0.08***	−0.05**	−0.02	−0.10***

160　碳期货与关联资产间的信息作用机制研究

续表

阶段	变量	$(-\text{VaR})$ $Q_{0.01}$	$Q_{0.05}$	$Q_{0.1}$	$Q_{0.2}$	$Q_{0.3}$	$Q_{0.4}$	$Q_{0.5}$	$Q_{0.6}$	$Q_{0.7}$	$Q_{0.8}$	$Q_{0.9}$	$Q_{0.95}$	DOLS
阶段Ⅲ (721个样本)	β_{COAL}	-2.03^{***}	-1.79^{***}	-1.39^{***}	-1.13^{***}	-1.03^{***}	-0.90^{***}	-0.79^{***}	-0.76^{***}	-0.69^{***}	-0.55^{***}	-0.32^{*}	-0.12^{*}	-0.87^{***}
	β_{OIL}	-0.23^{***}	-0.23^{***}	-0.24^{***}	-0.24^{***}	-0.23^{***}	-0.24^{***}	-0.28^{***}	-0.28^{***}	-0.28^{***}	-0.32^{***}	-0.20^{**}	-0.17^{**}	-0.28^{**}
	β_{GAS}	-0.75^{***}	-0.41^{***}	-0.21	0.04	0.19^{***}	0.16^{***}	0.15^{***}	0.10^{**}	0.08^{**}	0.08^{**}	0.23^{***}	0.22^{***}	-0.07
	β_{STOXX50}	-0.79^{***}	-0.20	-0.15	0.04	0.20^{*}	0.34^{***}	0.40^{***}	0.37	0.32^{***}	0.26^{***}	0.29^{***}	0.47^{***}	0.25
	β_{CRB}	0.88	0.94	-0.59	-0.96^{***}	-1.14^{***}	-0.78^{***}	-0.39	-0.24	-0.31	-0.40	-0.54^{*}	-0.13	-0.44
	$\beta_{\text{T-BILL}}$	-0.310	-0.10	0.11	0.06	-0.08	-0.22^{**}	-0.26^{***}	-0.19^{***}	-0.19^{***}	-0.11^{*}	-0.04	-0.04	0.10
	$\beta_{\text{JUNK BOND}}$	-0.57^{*}	-0.35^{*}	-0.58^{***}	-0.44^{***}	-0.31^{***}	-0.17^{**}	-0.05	-0.04	-0.06	-0.09	0.05	0.22^{*}	-0.28^{*}

注：*、**和***分别代表在10%、5%和1%显著性水平上拒绝原假设。

第四节　基于结构变点的相依关系变化分析

考虑到碳价的复杂性，能源和金融市场对碳市场的影响可能会受到宏观经济和政治制度等因素的冲击。Bel 和 Joseph（2015）指出，2005—2012 年碳排放的大规模降低主要归功于经济衰退而不是碳市场，因为国际金融危机的爆发直接导致工业生产活动和能源消费的萎缩。因此，为了捕捉外部因素对碳配额与关联资产相依关系的影响，本书进一步检验其相依关系的结构变点及可能的原因。

一　结构变点诊断

本书应用 Bai 和 Perron（1998，2003）及 Kejriwal 和 Perron（2008）的结构变点检验方法，对全样本区间的结构变点数及变点日期进行检测，具体结果见表 4-4。具体而言，第一个变点出现在 2007 年 12 月 18 日，可能是由碳市场政策制度重大公告和美国次贷危机[1]共同导致的。第二个变点日期为 2011 年 7 月 11 日，可能是由利比亚独立战争导致的石油短缺危机所致。第三个变点日期为 2013 年 8 月 1 日，该变点可能源于人们对美联储在 9 月议息会议[2]上加息预期以及利比亚地缘政治危机引发的石油短缺。[3]

---

[1]　一方面，2006 年 10 月欧盟委员会宣布将在 EU ETS 第二阶段实行更严格的碳配额分配，且第一阶段的配额不能过渡到第二阶段，由此导致第一阶段的碳价跌至 0 左右。另一方面，美国次贷危机于 2007 年夏季开始爆发，从而引发国际金融市场的震荡。

[2]　在美联储 2017 年 9 月议息会议之前，市场已预测美联储将在量化宽松（Quantitative Easing, QE）货币政策结束时宣布加息决定，但实际上，美联储并没有加息，因此该决策与市场预期不一致，从而导致商品市场和金融市场的剧烈波动，而美联储直到 12 月 19 日才宣布结束 QE 计划。

[3]　2013 年下半年，利比亚中东部地区的几个重要港口被石油设施卫队封锁，此外，利比亚西部的抗议活动导致几口油井和大量石油管道被迫关闭，该事件大幅降低了原油产量。

表 4-4　　　　　　　　　结构变点的诊断结果

统计量	UDmax[a]	WDmax[a]	SupF$_T$ (1/0)[b]	SupF$_T$ (2/1)[c]	SupF$_T$ (3/2)[d]	SupF$_T$ (4/3)[e]
	890.63**	1244.57**	810.44**	146.77**	193.06**	23.92
变点日期	—	—	2007年12月18日	2011年7月11日	2013年8月1日	—

注：UDmax[a] 和 WDmax[a] 用于检验最大变点数为 5 时的模型是否存在结构变点，SupF$_T$ ($L+1/L$) 递归统计量是用于确定内生结构变点个数，其检验原理是：在存在 L 个结构变点的原假设下，若增加一个结构变点能够显著缩小样本的总残差平方和，则拒绝原假设，接受存在 $L+1$ 个变点的备选假设。本检验中设定修正值为 0.15，最大的变点数为 5，以及显著性水平为 5%。** 表示统计量在 5% 的显著性水平上拒绝原假设。

二　变点冲击后的相依性变化

为了分析宏观经济事件及政策制度的影响规律，本书基于三个结构变点将全样本划分为四个区制，并通过图 4-6 展示不同区制中分位数回归系数的动态轨迹。此外，为了探讨某个宏观经济类或政策类事件对相依关系的冲击作用，本书通过表 4-5 展示了嵌入三个结构变点的分位数回归模型的估计结果，并在图 4-7 展示了结构变点、相依关系和影响路径的变化情况。本书发现，由于煤炭与天然气在发电过程中存在显著的替代效应，三个结构变点对资产组合 COAL - EUA 和 GAS - EUA 的相依关系具有相似的影响。此外，第一个变点对 EUA 与 OIL、STOXX50 和 T - BILL 的相依关系产生对称性影响，但其他两个变点只对 OIL - EUA 的相依关系产生对称性影响。EUA 与 CRB 间显著且较强的相依性表明，碳市场与大宗商品市场存在密切联系，相比之下，EUA - JUNK BOND 组合的相关性很弱。

此外，结构变点的出现也冲击了关联资产对碳价 VaR 的影响。首先，由表 4-5 可知，变点 1 发生后，能源价格（除了石油）和大宗商品价格指数对碳价 VaR 产生负向作用，特别是大宗商品价格指数具有较强的影响力。相反，美国短期国债利率的上升会导致碳价风险的上涨，因为紧缩的货币政策会使得疲软的市场需求进一步恶化。其次，变点 2 发生后，能源价格对碳价 VaR 的影响产生显著变化。其中原油价格正向影响碳价 VaR，相反，大宗商品价格指数、煤炭价格以及天然气价格负向影响碳价 VaR。最后，变点 3 发生后，石油价格和短期国债利率正向影响碳价 VaR，同时，大宗商品价格指数、煤炭及天然气价格负向影响碳价 VaR。

（一）结构变点冲击前的相依特征

表 4-5 的结果显示，碳配额与关联资产在结构变点前的相依关系与其在第一阶段的相依关系大体一致。能源价格（COAL、OIL 和 GAS）在所有分位点（除了 0.95 分位点）的边际影响（第一区制的 β 值）均显著。不同于 OIL-EUA 的对称相依结构，GAS 与 EUA 的相依关系并不对称，因为其相依程度在低分位点较高，但在中高分位点较低。因此，该结果表明当市场对碳配额的需求很弱或者经济不景气时，较高的天然气价格会显著抑制市场对天然气的需求，从而导致碳价进一步降低。同时，COAL 和 EUA 的负向边际系数说明，煤炭价格可能通过产量抑制效应影响碳价，但 OIL 的对称性正向边际系数则说明，石油价格主要通过天然气与煤炭间的替代效应影响碳价。

对于金融风险因子的表现，本书发现在所有分位点上均 STOXX50 与 EUA 存在显著的负向相依关系，相反，JUNK BOND 对 EUA 的影响并不显著，可能的原因是碳市场作为新兴的大宗商品市场，与 CRB 指数存在密切关联，但垃圾债市场可能会通过股市对碳市场产生间接且微弱的影响。而且，由于第一区制期间经济增长缓慢，STOXX50 和 T-BILL 主要通过能源价格路径对碳价产生对称性影响，但 CRB 和 JUNK BOND 则通过不对称的能源价格路径影响碳价。最后，只有 CRB 和 T-BILL 对碳价右尾（0.95 分位点）产生显著影响，表明在碳价处于较高分位点时，需要提防来自大宗商品市场和美国短期国债的风险溢出。

（二）第一结构变点后的相依特征

总体而言，在第一个结构变点冲击后，EUA—能源和 EUA—金融间的相依性均发生了显著变化，同时，能源价格以及金融风险因子对碳价的影响路径也发生了变化。首先，COAL - EUA 和 GAS - EUA 的相依关系在几乎所有分位点（除了 0.95 分位点）均显著增强，可见美国次贷危机导致 COAL 和 GAS 对碳价的影响路径由生产抑制效应转变为总量需求效应。但是，由图 4 - 7 可知，COAL 和 GAS 分别在碳配额需求低迷和旺盛时通过生产抑制效应影响碳价。此外，第一结构变点还会导致 OIL 通过对称的替代效应影响碳价，但当碳价处于低迷时期，来自石油价格的影响并不显著。

对于金融风险因子而言，表 4 - 5 显示出 CRB、T - BILL 和 STOXX50 在几乎所有分位点的相依性变化均较为显著，但是 JUNK BOND 的相依性变化只在 0.1 分位点上显著。由此表明，第一个结构变点使得几乎所有金融风险因子（除了 JUNK BOND）与碳价的相依性发生变化，但当碳价处于高位和低位时，STOXX50 对碳价的影响并不会变化。同时，STOXX50 和 CRB 的正向相依性变化以及 T - BILL 的负向相依性变化都表明，STOXX50、CRB 和 T - BILL 的影响路径已经逐渐从能源价格路径转变为工业生产路径。但是，在第一次结构变点后，只有 STOXX50 的影响路径转变为工业生产路径，而其余两个金融风险因子的影响路径仍然主要表现为能源价格路径，因为结构变点对其的影响较为微弱。最后，JUNK BOND 与 EUA 的不显著相依性变化表明，能源价格路径仍然是 JUNK BOND 影响 EUA 的主要途径。

由能源和金融资产的相依性变化特征可知，除了 2006 年至 2007 年 EU ETS 的政策制度公告造成碳配额供给面的巨大冲击，美国次贷危机引起的碳配额需求萎缩也是影响变量间相依性的重要因素。美国次贷危机对碳市场产生的风险传导大概可分为两个阶段。首先，次贷危机的爆发导致房地产市场和股市崩盘，避险情绪的高涨导致大量资金流入债券市场，从而使得国债收益率大幅下降。相应地，资产价值急速下降，大量公司破产，美国失业率大幅上涨，美国步入经济衰退期，而美国的需求萎缩直接导致国际生产需求及能源价格的下跌，煤炭和天然气的生产抑制效应又进一步加速碳价下跌。其

第四章 碳期货与关联资产间的相依特征及相依性变化 165

(a) 区制 I 的分位数回归估计

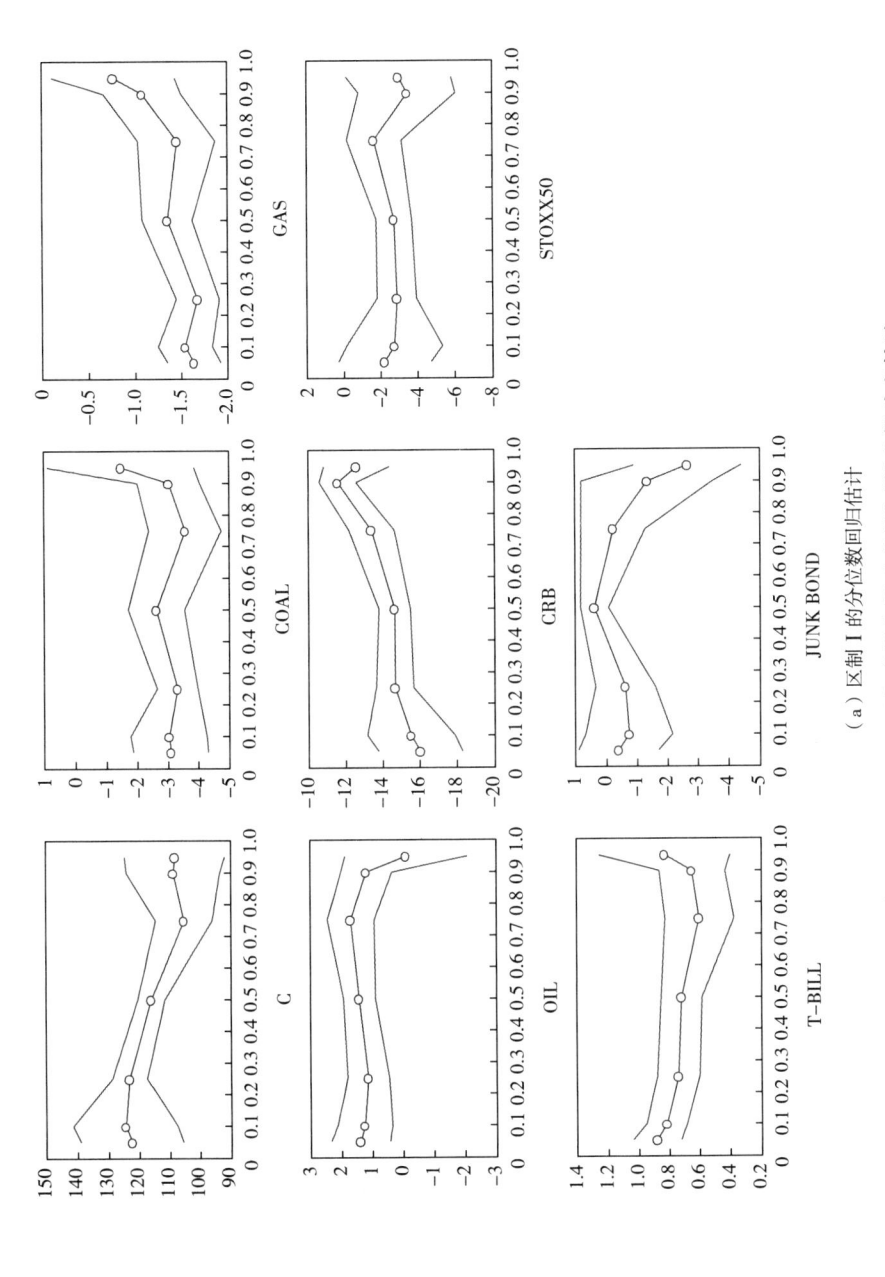

图 4-6 EU ETS 四个子样本的分位数回归系数动态轨迹

(b) 区制Ⅱ的分位数回归估计

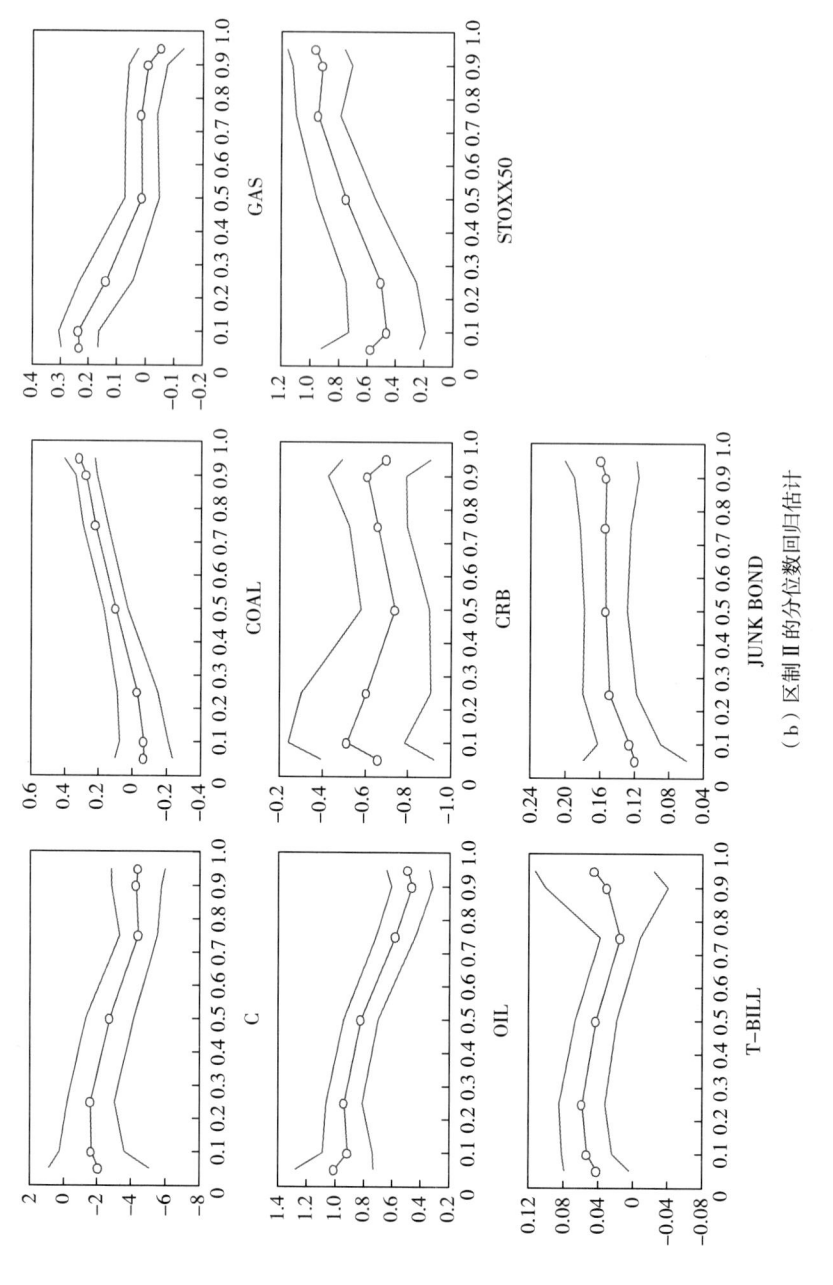

图 4-6 EU ETS 四个子样本的分位数回归系数动态轨迹（续）

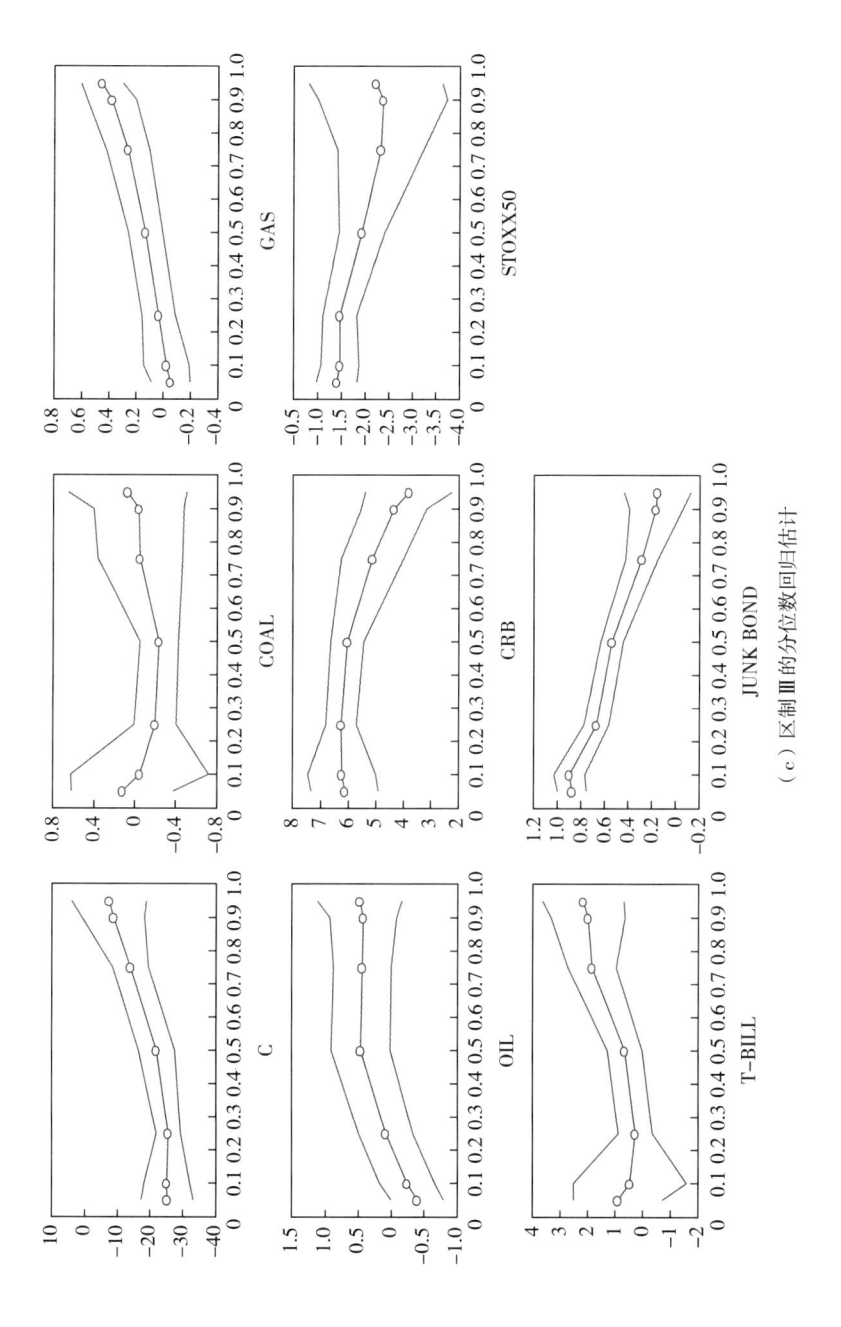

第四章 碳期货与关联资产间的相依特征及相依性变化 167

(c) 区制Ⅲ的分位数回归估计

图 4-6 EU ETS 四个子样本的分位数回归系数动态轨迹（续）

168 碳期货与关联资产间的信息作用机制研究

(d) 区制IV的分位数回归估计

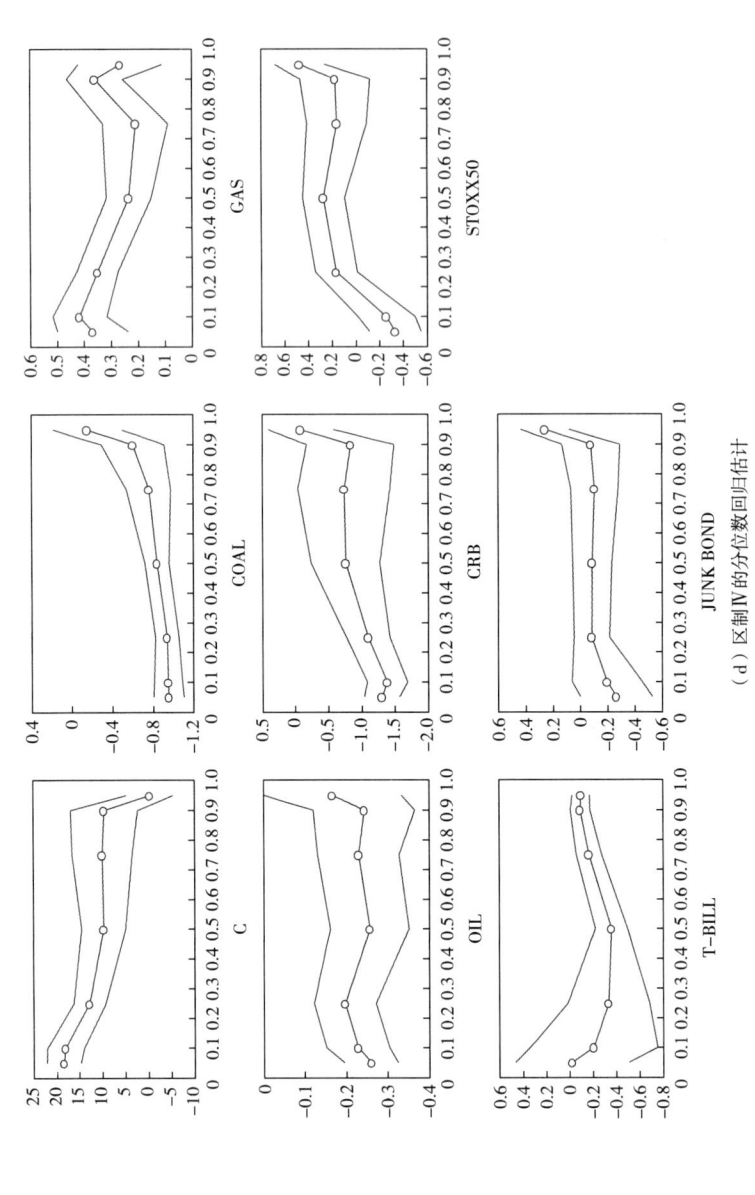

图 4-6　EU ETS 四个子样本的分位数回归系数动态轨迹（续）

注：横轴表示因变量的分位点，纵轴表示变量的分位数回归系数。中线为不同分位点的系数估计值，而上线与中线间的区域表示分位数回归在95%置信区间通过自举法（Bootstrap）得到的误差。

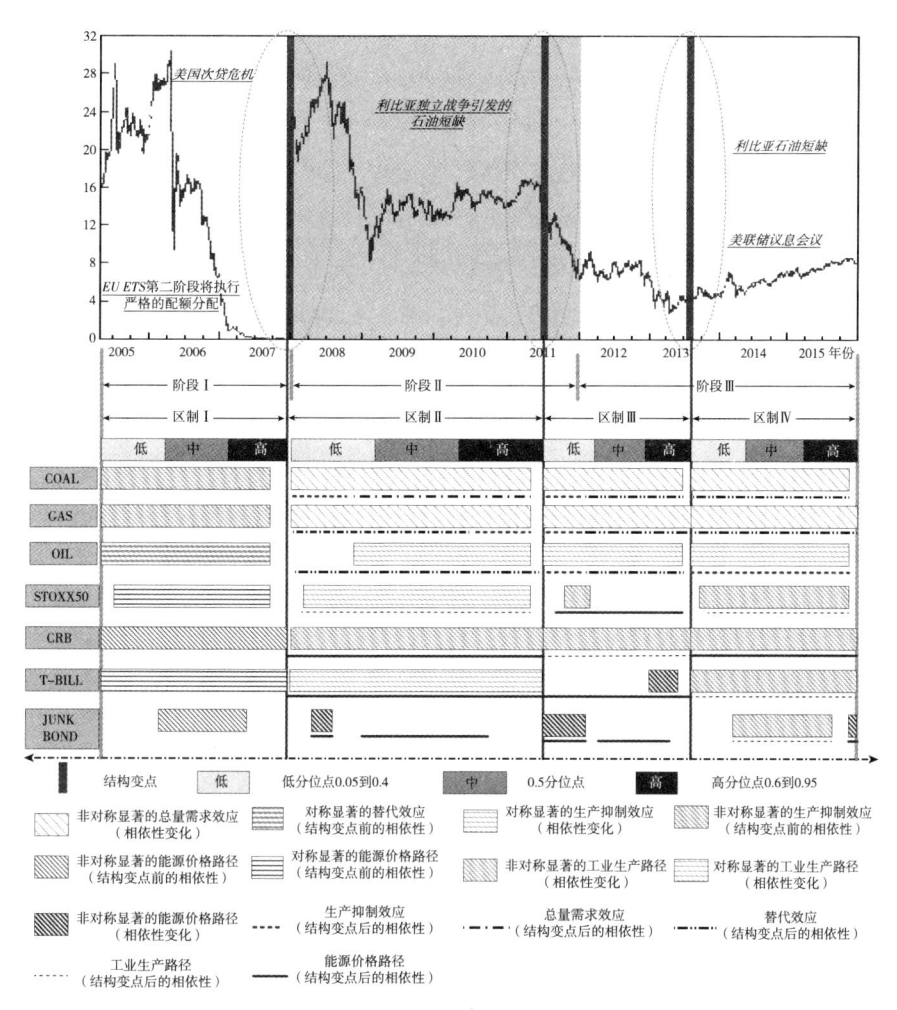

第四章 碳期货与关联资产间的相依特征及相依性变化　169

图 4-7　结构变点及相依关系变化特征

注：图中粗竖线为三个结构变点的位置，带下画线的文字为变点的可能原因。底、中和高分别表示碳价低分位点、中分位点和高分位点。不同类型的长方形表示在结构变点前的相依性特征以及变点导致的相依性变化特征。不同类型的虚线代表能源变量在变点冲击后与碳价的相依性特征，不同类型的实线表示金融风险因子在变点冲击后与碳价的相依性特征。最后，没有长方形和线条的空白部分表示在该分位点上的相依性或相依性变化不显著。

次，美联储在次贷危机爆发后迅速采取量化宽松政策，旨在为经济增长带来新动力，股价和国债收益率纷纷上涨。同时，量化宽松政策导致美元大幅贬值，更多的资金流入商品市场以避免美元贬值风险，从而推高了商品市场的需求量，最终导致碳价上涨。

表 4−5　考虑多个结构变点的分位数回归和 DOLS 回归系数估计结果

变量	$(-\text{VaR})$ $Q_{0.01}$	$Q_{0.05}$	$Q_{0.1}$	$Q_{0.2}$	$Q_{0.3}$	$Q_{0.4}$	$Q_{0.5}$	$Q_{0.6}$	$Q_{0.7}$	$Q_{0.8}$	$Q_{0.9}$	$Q_{0.95}$	DOLS
α	106.53***	122.27***	124.45***	122.19***	121.46***	116.98***	116.00***	113.85***	108.10***	102.87***	108.76***	108.22***	113.66***
β_{COAL}	−3.34***	−3.09***	−3.03***	−3.37***	−3.27***	−2.66***	−2.62***	−3.35***	−3.63***	−3.44***	−3.03***	−1.48	−3.29***
β_{OIL}	1.75**	1.38***	1.24***	1.29**	1.44**	1.47***	1.41***	1.71***	1.79***	1.49***	1.17***	−0.11	1.57***
β_{GAS}	−1.57***	−1.63***	−1.54***	−1.66***	−1.70***	−1.56***	−1.34***	−1.56***	−1.58***	−1.22***	−1.07***	−0.76	−1.61***
β_{STOXX50}	0.18	−2.20	−2.73**	−2.74***	−2.86***	−2.61***	−2.72***	−2.43***	−1.62***	−1.83***	−3.43***	−2.98	−1.98**
β_{CRB}	−16.63***	−16.03***	−15.53***	−14.69***	−14.64***	−14.92***	−14.64***	−14.12***	−13.97***	−12.74***	−11.57***	−12.60***	−14.64***
$\beta_{\text{T-BILL}}$	0.80**	0.88***	0.81***	0.70***	0.68***	0.69***	0.71***	0.63***	0.58***	0.61***	0.64***	0.82**	0.64***
$\beta_{\text{JUNK BOND}}$	−0.79	−0.39	−0.73*	−0.87	−0.25	0.47**	0.38**	0.44**	0.18	−0.56	−1.33	−2.66	0.22
γ_1	−110.44***	−124.36***	−126.14***	−123.75***	−123.19***	−118.71***	−118.76***	−117.66***	−111.80***	−107.60***	−113.05***	−112.62***	−117.94***
δ_{1COAL}	3.36***	3.02***	2.96***	3.29***	3.29***	2.73***	2.72***	3.47***	3.78***	3.67***	3.30***	1.79	3.32***
δ_{1OIL}	−0.81	−0.38	−0.33	−0.34	−0.55	−0.64	−0.59**	−0.98***	−1.14***	−0.92***	−0.71***	0.60	−0.67
δ_{1GAS}	1.82***	1.87***	1.77***	1.83***	1.82***	1.64***	1.36***	1.58***	1.61***	1.21***	1.07***	0.71	1.63***
δ_{1STOXX50}	0.67	2.78	3.20***	3.18***	3.43***	3.22***	3.47***	3.29***	2.47***	2.80***	4.35***	3.94	2.96***
δ_{1CRB}	15.85***	15.37***	15.01***	14.19***	13.95***	14.20***	13.90***	13.44***	13.33***	12.08***	10.97***	11.90***	13.86***
$\delta_{\text{1T-BILL}}$	−0.78***	−0.83***	−0.76***	−0.64***	−0.62***	−0.64***	−0.67***	−0.60***	−0.56***	−0.60***	−0.61***	−0.78***	−0.62***
$\delta_{\text{1JUNKBOND}}$	0.86	0.51	0.86**	1.02	0.39	−0.34	−0.23	−0.28	−0.03	0.73	1.49	2.82	−0.04
γ_2	−132.11***	−147.54***	−149.64***	−148.96***	−146.85***	−140.59***	−138.00***	−134.66***	−125.00***	−116.40***	−117.46***	−115.61***	−130.31***

续表

变量	$(-VaR)$ $Q_{0.01}$	$Q_{0.05}$	$Q_{0.1}$	$Q_{0.2}$	$Q_{0.3}$	$Q_{0.4}$	$Q_{0.5}$	$Q_{0.6}$	$Q_{0.7}$	$Q_{0.8}$	$Q_{0.9}$	$Q_{0.95}$	DOLS
δ_{2COAL}	3.28**	3.21***	2.98***	3.21***	3.06***	2.50***	2.39***	3.27***	3.55***	3.50***	2.99***	1.55	2.89***
δ_{2OIL}	-2.07**	-1.78***	-1.48***	-1.48***	-1.29***	-1.09***	-0.94***	-1.29***	-1.23***	-1.12***	-0.74*	0.59	-0.89
δ_{2GAS}	1.52***	1.58***	1.51***	1.68***	1.79***	1.73***	1.48***	1.78***	1.83***	1.53***	1.46***	1.21**	1.82***
$\delta_{2STOXX50}$	-1.55	0.80	1.27	1.49	1.33**	0.89**	0.79	0.54	-0.61	-0.42	1.06	0.75	-0.57
δ_{2CRB}	22.84***	22.15***	21.77***	21.02***	20.91***	20.93***	20.69***	19.80***	19.39***	17.67***	15.93***	16.41***	20.62***
$\delta_{2T-BILL}$	-0.80	0.02	-0.34	-0.25	-0.33	-0.06	-0.06	0.51	0.89*	1.55***	1.34*	1.34	0.49
$\delta_{2JUNKBOND}$	1.85	1.26**	1.63**	1.64**	0.92	0.14	0.15	0.03	0.16	0.79	1.50	2.81	0.24
γ_3	-88.02***	-103.85***	-106.39***	-107.45***	-108.16***	-106.55***	-106.29***	-105.34***	-97.45***	-90.55***	-99.18***	-108.51***	-96.98***
δ_{3COAL}	2.40**	2.13***	2.08***	2.37***	2.32***	1.81***	1.79***	2.52***	2.78***	2.67***	2.42***	1.32	2.33***
δ_{3OIL}	-1.99**	-1.64***	-1.47***	-1.46***	-1.66***	-1.72***	-1.66***	-1.98***	-2.05***	-1.72***	-1.42***	-0.05	-1.811***
δ_{3GAS}	1.99***	2.00***	1.96***	2.02***	2.00***	1.84***	1.58***	1.74***	1.77***	1.51***	1.43***	1.03**	1.94***
$\delta_{3STOXX50}$	-0.54	1.87	2.48*	2.79**	2.98***	2.87***	2.99***	2.69***	1.78*	1.89*	3.61***	3.45	1.87
δ_{3CRB}	15.29***	14.72***	14.14***	13.47***	13.55***	14.05***	13.88***	13.57***	13.24***	11.76***	10.74***	12.52***	13.34***
$\delta_{3T-BILL}$	-1.15***	-0.90***	-1.02***	-0.95***	-1.00***	-1.09***	-1.07***	-0.90***	-0.79***	-0.76***	-0.74***	-0.92***	-0.85
$\delta_{3JUNKBOND}$	0.65	0.12	0.54	0.75	0.11	-0.53**	-0.47**	-0.53***	-0.33	0.41	1.25	2.92**	-0.46

注：本书根据前文诊断出的三个结构变点将全样本划分为四个区制，该表为考虑三个结构变点的分位数回归和DOLS回归的系数估计结果。*、**和***分别代表统计量在10%、5%和1%显著性水平上拒绝原假设。

(三) 第二结构变点后的相依特征

导致第二个结构变点的主要原因为石油短缺危机而不是金融风险事件，因为 EUA—能源的相依性变化相比于 EUA—金融的相依性变化更显著。通过对变点日期周围的重大国际事件进行梳理，本书认为第二个结构变点主要由利比亚内战时期的石油中断事件所致。利比亚是石油输出国组织（OPEC）的主要成员，是世界上最重要的石油生产国之一，而且是欧盟主要的石油进口国。与第一个结构变点的影响类似，第二个结构变点导致 COAL 和 GAS 在所有分位点上产生了显著的总量需求效应，且与碳配额的相依关系显著增强。同时，利比亚石油中断还导致 OIL 在所有分位点（除了 0.95 分位点）上表现出生产抑制效应，与碳配额的联动性降低。值得注意的是，在石油短缺危机冲击后，石油对不同分位的碳价产生异质性的影响，例如通过负向生产抑制效应对碳价左尾（低分位点）产生影响，而通过替代效应影响中高分位碳价。

由图 4-7 可知，STOXX50 和 JUNK BOND 的相依性变化只在某个低分位点显著，然而 T-BILL 与碳价的相依性只在高分位点显著变化。此外，第二个结构变点导致 CRB 与 EUA 的相依性显著增强，并产生联动性，且主要影响路径从变点前的能源价格路径转变为工业生产路径。上述结果表明，能源短缺危机与中东地区持续的紧张局势有关，从而引发投资者对石油供应短缺的担忧。一方面，石油短缺风险导致能源价格迅速上涨，而较高的能源价格会通过显著的生产抑制效应对低分位碳价产生影响，但也会通过强烈的替代效应影响高分位碳价。另一方面，石油短缺引起的避险情绪会导致垃圾债收益率差快速飙升以及股价暴跌，从而在经济环境不景气时进一步冲击能源价格，最终引发碳价大幅波动。

(四) 第三结构变点后的相依特征

不同于上述两个变点的冲击影响，第三个结构变点似乎会对碳价产生了更加显著且广泛的影响。由表 4-5 可知，所有自变量（除了 JUNK BOND）与碳价都存在显著的相依性变化，而 JUNK BOND

的相依性变化在高分位和低分位点都不显著。而由图 4-7 可知，COAL 和 GAS 的不对称相依性变化表现为总量需求效应，且其与碳配额间的相依性显著增强，但是 OIL 与碳配额的联动性有所减弱，其对称性变化仍然表现为生产抑制效应。然而，在第三个结构变点出现后，COAL 和 GAS 主要通过替代效应影响碳价，但 OIL 则主要通过稳定的生产抑制效应对碳价产生作用。此外，碳配额与STOXX50 及 CRB 的相依性均显著增强，但是碳配额与 T-BILL 和 JUNK BOND 的相依性则显著降低。总体而言，几乎全部金融风险因子（除了 CRB）均在第三个结构变点后通过工业生产路径影响碳价。因此，这些结果表明，第三个结构变点可能源于利比亚的石油短缺危机和 2013 年 9 月美联储议息会议的共同冲击。欧洲作为利比亚最大的石油进口商，其能源市场将受到利比亚石油市场的显著影响，因为较高的能源价格会增加企业的生产成本，从而抑制产量并促进天然气和煤炭间的替代效应。而且，2013 年 9 月美联储在议息会议上对 QE 退出计划做出的决定与市场预期不一致，从而导致 STOXX50、T-BILL 和 JUNK BOND 均通过工业生产路径引起碳价波动。

为了观察碳配额与关联资产间的相依性是否在结构变点后发生显著变化，本书参照 Baur（2013）和 Zhu 等（2016）的做法，计算了整个期间的总相依程度，即将结构变点前的相依程度与结构变点后的相依程度变化值相加（$\sum \delta_j(\theta) D_j$），然后将其与没有结构变点冲击的相依程度进行对比。表 4-6 展示了每个自变量在不同分位点上对碳价的总影响程度。可见，每个自变量在不同分位点上的相依性变化都具有不对称性和异质性。

表 4-6　自变量对碳价的总影响

变量	$Q_{0.05}$	$Q_{0.1}$	$Q_{0.2}$	$Q_{0.3}$	$Q_{0.4}$	$Q_{0.5}$	$Q_{0.6}$	$Q_{0.7}$	$Q_{0.8}$	$Q_{0.9}$	$Q_{0.95}$
COAL	5.28	4.99	5.51	5.41	4.38	4.27	5.92	6.48	6.41	5.69	1.65
GAS	3.82	3.71	3.88	3.91	3.66	3.07	3.55	3.64	3.09	2.89	2.19
OIL	-2.42	-2.04	-2.01	-2.06	-1.98	-1.79	-2.54	-2.63	-2.28	-1.71	1.03
STOXX50	3.24	4.21	4.73	4.90	4.37	4.53	4.11	2.02	2.44	5.59	5.17

续表

变量	$Q_{0.05}$	$Q_{0.1}$	$Q_{0.2}$	$Q_{0.3}$	$Q_{0.4}$	$Q_{0.5}$	$Q_{0.6}$	$Q_{0.7}$	$Q_{0.8}$	$Q_{0.9}$	$Q_{0.95}$
CRB	36.22	35.40	33.98	33.77	34.26	33.84	32.70	31.99	28.78	26.07	28.24
T-BILL	-0.83	-1.31	-1.15	-1.29	-1.11	-1.10	-0.36	0.12	0.81	0.63	0.46
JUNK BOND	1.51	2.30	2.55	1.18	-0.25	-0.16	-0.33	-0.02	1.37	2.92	5.90

第五节　主要结论及政策启示

本章采用分位数回归方法探究了碳配额在 EU ETS 三个阶段与主要能源资产和金融资产间的同期价格相依特征及信息传递路径，并探究了不同事件导致的结构变点是否会在全样本区间引起相依关系和影响路径变化。

本章的主要研究结论如下。

（1）总体而言，由于 EU ETS 三阶段异质性的政策环境，碳价与其关联资产间的相依程度和相依结构均表现出明显的阶段性。相比于第一阶段的对称相依性，第二阶段和第三阶段的能源价格和金融风险因子更倾向于对碳价产生非对称性影响。能源价格和金融风险因子均在三个阶段对碳价产生显著影响，但相比之下，能源与碳配额之间的价格相关性更强，其中，煤炭和天然气在三个阶段均通过相似的影响路径作用于碳配额。

（2）碳市场与部分关联市场存在市场传染效应。具体而言，在第一阶段，只有石油和短期国债收益率与碳价存在显著的价格联动，但在第二阶段，与碳价存在显著联动效应的变量扩展为煤炭价格、天然气价格、股价、大宗商品价格指数以及国债收益率，但在第三阶段，只有天然气价格和股价在中高分位点上与碳价存在显著的联动效应。在所有结构变点发生时期，碳价与煤炭价格、天然气价格以及大宗商品价格指数均表现出显著的市场传染效应，即相依性增强；相反，石油价格与碳价间的联动性显著降低，不存在市场传染。值得注意的是，金融危机类事件的爆发会导致股市与碳市场间出现市场传染，但债市与碳市场的联动性显著降低，不存在市场传染。

（3）在影响路径方面，在 EU ETS 第一阶段，煤炭价格和天然气价格主要通过生产抑制效应影响碳价上涨，几乎所有的金融风险因子都主要通过能源价格路径影响碳价。除此之外，股指的下降和短期国债收益率的上涨都会降低高价位碳价。在 EU ETS 第二阶段，煤炭价格和天然气价格主要表现为总量需求效应而不是生产抑制效应。但是，在第三阶段，煤炭价格和天然气价格则产生了显著的替代效应，但是当碳价处于较低分位时，则表现为显著的生产抑制效应。可见，由于油价的剧烈波动和强制减排范围的扩大，油价在第二阶段和第三阶段对碳价产生了显著的生产抑制效应。此外，几乎所有金融风险因子均通过工业生产路径影响碳价，可见碳市场在第二阶段和第三阶段的金融属性有所增强。因此，碳市场投资者应该注意金融市场对碳市场的风险溢出。

（4）本书诊断出碳价与关联资产的相依关系在 EU ETS 全样本区间存在三个结构变点。第一个结构变点主要源于 EU ETS 政策公告和美国次贷危机的共同作用。第二个结构变点则主要由利比亚独立战争引起的石油中断所致，而利比亚的地缘政治危机和市场对美联储 2013 年 9 月的加息预期是第三个结构变点的主要原因。重要金融事件和石油短缺风险都会导致碳配额与煤炭价格、天然气价格和大宗商品价格指数间的相依性出现非对称变化，但是石油具有对称的相依性变化。此外，在重大金融事件的冲击下，大宗商品价格指数和短期国债收益率对碳配额的影响在所有分位点上发生了显著变化，但在能源短缺风险冲击下，只有天然气价格和大宗商品价格指数对碳价的影响在所有分位点上显著变化。

（5）碳价 VaR 风险值与能源金融资产间的相依关系显示，能源价格冲击是碳价极端风险的重要风险源。具体而言，在经济繁荣时期（第一阶段），宽松的利率政策刺激商品价格上涨，从而增加碳价风险。但当石油价格较高时（第二阶段），油价的上涨也导致了碳价风险。而在经济复苏时期（第三阶段），能源价格（特别是煤炭价格）的上涨，以及股市和短期国债收益率的上升都导致碳价风险上升。此外，在国际金融危机冲击后，大宗商品价格指数和煤炭价格的上涨以及短期国债收益率的下降都导致碳价风险。然而，在石油短缺风险的影响下，只有石油价格下跌以及大宗商品价格指数和煤炭价格的上涨才会在一定程度上降低碳价风险。在金融风险和石油短缺风险的共同影响下，油价和国债收益率的下跌有利于降低碳价风险，同时大宗商品价格指数、煤炭价格和天然气价格的上升也在一定程度上能降低碳价风险。

　　从政策角度来看，本章的研究结果表明，能源价格及金融风险因子对不同分位点的碳价有异质性影响。而且，只有石油价格的相依性变化才具有对称性。可见，碳配额与煤炭、天然气及金融风险因子间紧密但不稳定的相依关系增加了碳市场风险管理的难度。同时，鉴于碳市场供给面和需求面的外生性冲击，碳市场与关联市场间相依关系的敏感性也进一步提高了碳市场的投资难度和投资风险。

　　前文分析可为我国碳期货市场建设提供以下启示：①碳配额在碳市场建设早期主要与天然气和煤炭密切关联，两种能源对碳配额的影响路径具有相似性，但容易受到宏观经济环境的影响。②随着碳市场交易量和流动性逐渐增强，金融资产价格，特别是股指、短期国债收益率以及大宗商品价格指数对碳配额的影响显著提高，尤其是在金融危机事件的冲击下，容易对碳市场产生风险传染。③能源价格冲击是导致碳价极端风险的主要原因之一，会在碳市场不同阶段产生显著的影响。④外部能源和金融事件往往会冲击关联资产对碳配额的影响。针对金融类事件的冲击，要注意调整基于碳配额与短期国债和大宗商品价格指数构建的投资组合策略，而在能源类事件的冲击下，要注意碳配额与天然气价格以及大宗商品价格指数的关系变化。

第 五 章

"碳配额—能源—金融"系统的动态信息溢出效应

第四章相关结论表明,碳期货与其关联资产间的相依关系存在明显的阶段性,即表现出时变相依性特征。根据相关理论假说可知,导致时变相依性的主要原因是经济环境冲击、信息扩散不均匀以及投资者羊群效应。基于此,为了进一步探究碳期货与关联资产间相依性时变特征及其形成机理,本章节从系统性视角测度"碳配额—能源—金融"系统中的方向性信息溢出效应及碳期货的主要风险源,并捕捉时变信息溢出效应的宏观决定性因素。

第一节 修正溢出指数法

DY 溢出指数的概念最早是 Diebold 和 Yilmaz（2009）提出的。这种方法基于 VAR 模型,将通过方差分解得到的各类信息提取成一个指数,该指数可以十分直观地描述变量间的相互关系。为了解决 VAR 模型中由于变量次序改变引起的结果差异问题,Diebold 和 Yilmaz（2012）对该方法进行改进,提出更一般化的溢出指数以度量变量间的溢出效应,并对该指数加以扩展。值得注意的是,DY 溢出指数法中误差相关导致方差总贡献不等于1，从而难以解释新息冲击的经济学意义（Koop et al.，1996），也不能准确评估单个变量对系统方差的时变贡献（Chan – Lau，2017）。鉴于此，Lanne 和 Nyberg（2016）对广义预测误差方差分解算法（Generalized Forecast Error Variance Decomposition，GFEVD）进行修正，从而使得新息冲击对向前 h 步预测误差的方差贡献和等于1。为了更加准确地测度信息溢出效应，本书基于修正溢出指数法（即 Lanne – Nyberg DY 溢出指数法，以下简称 MLNDY），从均值视角测算"碳配额—能源—金融"系统中的方向性信息溢出效应。

首先，根据 Pesaran 和 Shin（1998），本书考虑一个 K 维非线性多变量模型：

$$y_t = G(y_{t-1}, \cdots, y_{t-p}; \theta) + \varepsilon_t \tag{5-1}$$

其中，$G(\cdot)$ 是取决于参数向量 θ 的非线性函数，ε_t 是一个独立同分布误差项。本书定义 y_t 在 l 期步长和 δ_{jt} 冲击下的广义脉冲响应函数（Generalized Impulse Response Function，GIRF）为：

$$GIRF(l, \delta_{jt}, \varpi_{t-1}) = E(y_{t+l} | \varepsilon_{jt} = \delta_{jt}, \varpi_{t-1}) - E(y_{t+l} | \varpi_{t-1}), \quad l = 0, 1, 2, \cdots, n \tag{5-2}$$

其中，ϖ_{t-1} 和 δ_{jt} 分别是第 j 个方程中条件期望的历史信息和新息冲击。在式（5-2）中，GIRF 代表向前 l 步的 y_t 在 t 时刻新息 δ_{jt} 冲击下的反应曲线，即由基于冲击和历史信息的条件期望减去仅基于历史信息的条件期望。历史信息 ϖ_{t-1} 由计算两个条件预期所需的初始值矩阵组成，这两个条件预期是分别对式（5-1）在有冲击 δ_{jt} 和无冲击 δ_{jt} 情况下的大量已实现值进行平均所得。与基于正交脉冲响应函数的 Pesaran – Shin GFEVD 不同的是，Lanne – Nyberg GFEVD 不限于具有正态分布误差的线性 VAR（p）模型，它是通过将 Pesaran – Shin GFEVD 中的正交脉冲响应函数（Impulse Response Function，IRF）替换为式（5-2）中的 GIRF［详见 Lanne 和 Nyberg（2016）］。针对预测期 h 的 Lanne – Nyberg GFEVD 分量可表示为：

$$\lambda_{ij,\varpi_{t-1}}(h) = \frac{\sum_{l=0}^{h} GIRF(l,\delta_{jt},\varpi_{t-1})}{\sum_{j=1}^{K}\sum_{l=0}^{h} GIRF(l,\delta_{jt},\varpi_{t-1})_i^2}, i,j = 1,\cdots,K$$

(5－3)

其中，h 是预测步长，ϖ_{t-1} 为历史信息。分母是所有冲击的累积总效应，分子表示第 j 个冲击的累积效应。$\lambda_{ij,\varpi_{t-1}}(h)$ 介于 0 和 1 之间，可衡量在总冲击影响中，第 j 个冲击对第 i 个变量向前 h 步预测误差的方差贡献程度，K 个冲击的相对贡献之和为 1。

在由无限阶移动平均表示的线性 VAR 模型 $y_t = \sum_{j=0}^{\infty} A_j \varepsilon_{t-j}$ 中，当不施加识别限制时，式（5－2）中的 GIRF 可简化为 GIRF（l, δ, ϖ_{t-1}）$= A_l \delta$，它与历史信息 ϖ_{t-1} 无关，但取决于假定的 K 维冲击向量 $\delta = (\delta_1, \cdots, \delta_K)'$ 的大小，其中只有一个元素为非零。假设误差项 ε_t 服从正态分布，并将冲击设定为 ε_t 的第 j 个元素，则冲击 δ_j 的非标度 GIRF 可表示为：

$$GIRF(l, \delta_j, \varpi_{t-1}) = A_l \sum e_j \sigma_{jj}^{-1} \delta_j \quad (5-4)$$

本书参考 Chan－Lau（2017）、Diebold 和 Yılmaz（2012），获得改进版 DY 总溢出指数（以下简称 TOTAL），即衡量变量间的信息溢出对系统内总预测误差的平均方差贡献，可表示为：

$$S^{LN}(h) = \frac{\sum_{\substack{i,j=1 \\ i \neq j}}^{K} \lambda_{ij,\varpi_{t-1}}(h)}{\sum_{i,j=1}^{K} \lambda_{ij,\varpi_{t-1}}(h)} \cdot 100 = \frac{\sum_{\substack{i,j=1 \\ i \neq j}}^{K} \lambda_{ij,\varpi_{t-1}}(h)}{K} \cdot 100$$

(5－5)

同时，该方法可以对不同资产溢出效应的方向性加以度量。其中市场 i 的来自其他所有市场 j（$j \neq i$）的方向性信息溢入指数（以下简称 FROM）可以表示为：

$$S_{i\cdot}^{LN}(h) = \frac{\sum_{\substack{j=1 \\ j \neq i}}^{K} \lambda_{ij,\varpi_{t-1}}(h)}{\sum_{j=1}^{K} \lambda_{ij,\varpi_{t-1}}(h)} \cdot 100 \quad (5-6)$$

类似地，市场 i 对其他市场 j（$j \neq i$）的方向性溢出指数（以下简称 TO）可表示为：

$$S_{\cdot i}^{LN}(h) = \frac{\sum_{j=1, j \neq i}^{K} \lambda_{ji,\varpi_{t-1}}(h)}{\sum_{j=1}^{K} \lambda_{ji,\varpi_{t-1}}(h)} \cdot 100 \quad (5-7)$$

基于式（5-6）和式（5-7），可以计算出单个市场对其他所有市场的净溢出效应，即市场 i 对其他所有市场 j $(j \neq i)$ 的净溢出指数（以下简称 NET）可以表示为：

$$S_i^{LN}(h) = S_{\cdot i}^{LN}(h) - S_{i\cdot}^{LN}(h) \quad (5-8)$$

此外，系统中两两市场之间的交叉净溢出指数（简称为 NET PAIRWISE）可以表示为：

$$S_{ij}^{LN}(h) = \left(\frac{\lambda_{ij,\varpi_{t-1}}(h)}{\sum_{k=1}^{K} \lambda_{ik,\varpi_{t-1}}(h)} - \frac{\lambda_{ji,\varpi_{t-1}}(h)}{\sum_{k=1}^{K} \lambda_{jk,\varpi_{t-1}}(h)} \right) \cdot 100 \quad (5-9)$$

第二节　变量选取与数据预处理

本章选取了从 2008 年 3 月 4 日到 2018 年 7 月 17 日的 2651 个日度数据。整个样本几乎涵盖了欧盟碳排放权交易体系的第二阶段和第三阶段，也包括若干重要的能源和金融事件。鉴于第一阶段的碳价波动异常且主要由碳市场的政策调整导致（Benz and Trück, 2009），本章没有使用 EU ETS 第一阶段的样本。

在变量方面，为构建"碳配额—能源—金融"系统，本章考虑了 10 个变量。首先，选取 ICE - EUA 期货合约的连续结算价格（EUA，欧元/吨）作为碳市场变量。然后，选取四类能源期货价格代表欧洲主要的能源市场，包括 ICE - 布伦特原油连续期货[①]（OIL,

---

[①] ICE - 布伦特原油连续期货为世界上 2/3 的国际贸易原油供应，特别是欧洲的原油供应，提供了基准价格参考。

美元/桶)、ICE–API2 鹿特丹煤炭期货①(COAL,美元/吨)、ICE–UK 天然气期货②(GAS,英镑和便士/赫姆)及 EEX–Phelix 电力基准期货③(EPE,欧元/兆瓦时)。为确保上述能源资产具有相同单位,本书使用欧洲中央银行的每日汇率将外币统一换算成欧元。此外,本章选取 5 个非能源金融变量代表金融市场的信息。具体而言,标准普尔 GSCI 非能源商品指数收益率④(NCIR)被用于代表商品市场;欧元区公司债券收益率差⑤(ECRS),即用评级为 BBB 的 FISE 公司债券收益率减去 AAA 级 FISE 公司债券的收益率,被用于捕捉欧洲垃圾债市场的动态。欧元区 10 年期政府债券收益率(ELTB)⑥和欧元区 3 月期国债收益率(ESTB)⑦被用于反映国债市场。最后,针对股票收益率,本书选取欧洲 STOXX600 指数(ESTOXX)。⑧

在数据预处理方面,本书通过对数差分法获得 8 种资产(EUA、OIL、COAL、EPE、GAS、NCIR、ECRS 和 ESTOXX)的连续复利回报率,并采用差分法得到两种债券资产(ELTB 和 ESTB)的连续复利回报率。所有收益率序列均为平稳时间序列。借鉴相关文献

---

① 鹿特丹煤炭期货价格被认为是发布在 Argus/McCloskey 煤炭价格指数报告中的 API2 月平均指数的重要基本参考。

② ICE–UK 每日天然气 1 个月远期合约是欧洲天然气市场定价中使用最多的液体天然气衍生工具。

③ EEX–Phelix 电力期货被确立为欧洲电力的基准合同,因为它是欧洲电力市场中流动性最强的合同,具有快速增长的未平仓量和交易量。

④ 标准普尔 GSCI 非能源商品指数的收益率是用来指代商品市场的变量。因为这个全球生产加权指数可以代表影响商品市场的经济条件变化。

⑤ 公司债券收益率差被认为是违约风险的代表性指标,也是股票市场收益率的一个强有力预测因素(Fama and French, 1989),因为它代表了持有风险资产的货币补偿。

⑥ 欧元区十年期债券收益率被用来揭示市场报酬率和长期债券剩余期限之间的关系。

⑦ 欧元区 3 个月的政府债券收益率用于代表当前经济状况,因为它反映了欧洲中央银行的政策变化。

⑧ 欧洲 STOXX 600 指数是一个广泛的基准指数,追踪 18 个欧洲国家的公司业绩。

（Khalifa et al.，2011；Zhang and Wang，2014；Antonakakis and Kizys，2015），本书采用收益率绝对值代表变量的波动率。Forsberg 和 Ghysels（2007）发现收益率绝对值可以很好地预测波动率，主要原因包括：①在群体预测中表现很好；②抽样误差较小；③对跳跃值不敏感。

表 5-1 汇报了每日收益率（面板 A）和绝对收益率（即波动率，面板 B）的描述性统计。由面板 A 可知，10 种资产收益率的均值范围为 -0.174%（ESTB）至 0.01%（ECRS），而波动率的范围值为 0.2%（ECRS）至 10.1%（EPE）。其中 ECRS 具有最低标准差 0.2%，NCIR 和 ESTOXX 也是相对安全的投资品，其标准差分别为 1.0% 和 1.3%。相反，EUA 作为新兴的投资品，其收益率为负且波动率相对较高（3.1%）。此外，EPE 也是一种高波动资产，其最大值和最小值分别是 173% 和 -257%，其负偏态表明电力市场具有较大的下行风险。面板 A 中的超额峰度值（高于 3）表明，所有变量分布都具有较高的峰值和较厚的尾部，这一点在 J-B 检验中得到证实，即所有变量都不服从标准正态分布。Ljung-Box 检验统计证明了收益率中存在残差自相关（NCIR 除外），而 ADF 检验结果表明所有收益率序列均为平稳序列。

面板 B 汇报了波动率的描述性统计。EPE 的波动率最高（3.116%），其次是 ELTB（3.036%）。相比之下，ECRS 的波动率最低（0.107%），且样本标准差也显示出类似的模式（0.1%）。此外，所有变量的波动率都是正偏态，而且是厚尾。前者意味着这些变量更容易产生剧烈波动，后者则表明相对于正态分布，尾部的极端波动事件更有可能发生。这些结果与 J-B 检验一致。此外，Q 统计量和 ADF 检验表明，所有波动率序列都是序列相关和平稳的。因此，考虑到变量具有自相关，本书在后文 VAR 模型中考虑每个变量的五个滞后期。

表 5-1　日度收益率和波动率序列的描述性统计

	EUA	COAL	OIL	GAS	EPE	NCIR	ELTB	ECRS	ESTOXX	ESTB
面板 A：收益率										
均值（%）	-0.00006	-0.00006	-0.00006	-0.00002	0.00008	-0.00029	-0.00139	0.00010	0.00008	-0.00174
中位数（%）	0.00000	0.00017	-0.00014	-0.00094	0.00259	-0.00005	-0.00236	0.00011	0.00044	-0.00044
最大值（%）	0.24	0.08	0.11	0.36	1.73	0.06	0.26	0.01	0.09	0.22
最小值（%）	-0.43	-0.09	-0.12	-0.12	-2.57	-0.06	-0.19	-0.01	-0.08	-0.94
标准差（%）	0.031	0.016	0.021	0.027	0.101	0.010	0.041	0.002	0.013	0.031
偏度	-0.81	-0.43	-0.04	2.15	-8.39	-0.35	0.26	0.17	-0.17	-11.73
峰度	20.73	8.28	6.33	28.55	274.33	7.12	5.08	14.07	9.91	335.13
J-B 检验	34997***	3158***	1228***	74181***	8163196***	1927***	511***	13528***	5295***	12236455***
Q（30）检验	158.77***	169.25***	76.18***	81.49***	162.66***	28.90	55.52***	155.77***	69.64***	368.93***
ADF 检验	-39.90***	-43.20***	-56.06***	-49.88***	-33.19***	-52.17***	-48.24***	-23.87***	-25.82***	-9.36***
面板 B：波动率										
均值（%）	0.02124	0.01074	0.01506	0.01753	0.03116	0.00674	0.03036	0.00107	0.00849	0.01436
中位数（%）	0.01483	0.00759	0.01044	0.01185	0.00994	0.00478	0.02392	0.00067	0.00572	0.00833
最大值（%）	0.43	0.09	0.11	0.36	2.57	0.06	0.26	0.01	0.09	0.94
最小值（%）	0.00	0.00	0.00	0.00	0.00	0.00	0.00	0.00	0.00	0.00
标准差（%）	0.023	0.011	0.015	0.021	0.096	0.007	0.027	0.001	0.009	0.028
偏度	4.23	2.67	2.17	5.22	14.66	2.35	1.82	3.63	2.94	17.25
峰度	49.04	13.45	9.76	61.86	315.79	11.68	8.63	21.89	17.26	501.37
J-B 检验	241885***	15214***	7141***	393280***	191654***	10768***	4965***	45246***	26274***	27546175***
Q（30）检验	2831.8***	3073.4***	3975.8***	1628.2***	437.11***	2514.4***	633.56***	4233.9***	4355.4***	3251.4***
ADF 检验	-7.60***	-8.56***	-6.16***	-4.43***	-28.26***	-8.29***	-11.59***	-8.25***	-7.77***	-8.79***

注：*** 代表在 1% 显著性水平上显著；样本量为 2651 个。

第三节 静态信息溢出效应分析

根据上述方法，首先对上述变量建立向量自回归模型，为了控制周效应并调整周末效应，本书选择 VAR（5）模型，并设定预测步长为 10 期。表 5-2 为基于改进溢出指数法得到的静态总溢出指数矩阵。每行数据是各列的冲击对该行方差的预测误差的贡献值，是两两组合间的溢出指数，即各列代表的变量对该行代表的变量的溢出效应。

表 5-2 中的对角线元素反映了由变量自身产生的溢出效应（方差贡献程度），而非对角线元素则表示由其他变量产生的溢出效应（方差贡献程度）。最后一列（FROM），代表其他所有市场 j 对市场 i 产生的总溢出效应，而底部一行（TO），代表市场 i 对其他所有市场 j 产生的总溢出效应。最后一行（NET），即 TO 和 FROM 间的差值，代表市场 i 在系统中的净溢出效应，该值为正表明对应变量是信息净传递者，相反是净接受者。表 5-2 右下角为总溢出指数，即"碳配额—能源—金融"系统的平均收益率（波动率）溢出指数。为了对比分析 EUA 和 OIL 与其他资产的信息溢出效应，本书将重点关注表格中数据的第 1 行（列）和第 4 行（列）。

在收益率层面，表 5-2 的面板 A 显示，"碳配额—能源—金融"系统的平均溢出指数为 42.26%，由此表明该系统内资产间的收益率溢出效应较强。总体而言，ESTOXX 是系统中最大的收益率传递者，其净贡献为 34.51%，其次是 NCIR、OIL 和 ELTB，净贡献约为 15%。相比之下，EPE 是最主要的收益率接受者，ESTB 和 ECRS 紧随其后，其净溢出指数分别为 31.29%、26.15% 和 23.64%。相比之下，股市、非能源商品市场和石油市场在收益率信息传递过程中扮演重要角色，不仅会传递大量信息，还会从系统中获取大量信息。由此表明，投资者对股票市场、商品市场和长期债

表 5-2　静态溢出指数

面板 A: 收益率溢出指数 (%)

	EUA	EPE	GAS	OIL	COAL	NCIR	ESTOXX	ECRS	ESTB	ELTB	FROM
EUA	59.39	0.32	6.20	6.78	8.39	5.44	7.43	0.50	0.71	4.84	40.61
EPE	3.19	66.23	5.14	1.31	4.53	6.88	2.70	1.55	2.09	6.37	33.77
GAS	7.81	0.26	59.67	6.56	17.56	1.50	4.42	0.64	0.31	1.27	40.33
OIL	4.35	0.07	3.48	49.68	8.10	15.47	12.91	0.70	1.89	3.34	50.32
COAL	6.37	0.27	12.17	9.69	55.17	2.91	8.38	1.14	2.80	1.10	44.83
NCIR	4.36	0.30	0.95	15.83	1.95	52.24	16.31	1.76	2.29	4.02	47.76
ESTOXX	4.66	0.26	2.27	12.13	5.64	14.76	45.01	2.60	1.87	10.81	54.99
ECRS	2.47	0.37	2.22	4.61	1.30	6.28	12.70	64.06	1.16	4.83	35.94
ESTB	3.24	0.30	3.52	3.27	4.13	5.70	10.41	2.53	58.32	8.58	41.68
ELTB	2.86	0.32	1.24	4.36	0.90	5.11	14.25	0.88	2.41	67.66	32.34
TO	39.31	2.48	37.18	64.55	52.51	64.06	89.51	12.31	15.53	45.16	42.26
NET	-1.30	-31.29	-3.15	14.23	7.68	16.30	34.51	-23.64	-26.15	12.82	

续表

面板 B: 波动率溢出指数 (%)

	EUA	EPE	GAS	OIL	COAL	NCIR	ESTOXX	ECRS	ESTB	ELTB	FROM
EUA	78.02	0.63	1.71	1.09	6.28	2.91	5.31	2.98	0.22	0.85	21.98
EPE	2.77	66.05	5.34	2.71	3.16	3.70	5.04	3.17	0.86	7.21	33.95
GAS	2.30	1.01	70.69	3.89	9.55	3.71	1.92	4.77	0.33	1.82	29.31
OIL	0.56	0.44	0.99	64.20	8.24	8.60	11.77	1.82	1.29	2.10	35.80
COAL	2.15	0.19	5.20	9.86	65.84	5.11	6.04	1.94	2.89	0.78	34.16
NCIR	1.41	0.65	1.55	7.33	4.43	63.69	13.41	0.73	2.73	4.08	36.31
ESTOXX	2.70	0.30	1.28	7.94	4.10	12.69	56.07	1.04	3.85	10.02	43.93
ECRS	2.00	0.50	2.68	1.01	1.11	2.55	5.89	67.92	0.64	15.71	32.08
ESTB	0.26	0.44	5.70	5.44	6.57	12.40	13.75	1.12	49.41	4.91	50.59
ELTB	0.50	0.36	0.69	1.40	1.09	3.65	11.38	9.25	1.77	69.93	30.07
TO	14.65	4.51	25.15	40.65	44.52	55.32	74.51	26.81	14.57	47.49	34.82
NET	−7.33	−29.44	−4.16	4.85	10.36	19.02	30.58	−5.27	−36.01	17.41	

注: 样本量为 2651 个, 内部矩阵代表两两交叉溢出指数; 矩阵右下角数值是"碳配额—能源—金融"系统的平均溢出指数。

券市场的收益率预期会在一定程度上影响电力、短期国债、公司债券、天然气和碳配额的收益率预期，从而形成可观测的联结。

　　EUA 和 OIL 分别作为新兴商品和成熟商品，在系统的信息溢出中表现出一定的差异和相似性。首先，面板 A 显示，EUA 对其他资产的平均方差贡献为 39.31%，但其他资产对 EUA 产生的平均方差贡献为 40.61%，因此 EUA 为净收益率接受者。在交叉溢出效应方面，EUA 最主要的传递者是 COAL，其方差贡献约为 8.39%，其次是股市、石油和天然气，它们的方差贡献分别是 7.43%、6.78% 和 6.2%。相反，碳市场对天然气和煤炭的溢出指数分别为 7.81% 和 6.37%。上述结果表明，相比之下碳配额与能源和股票间存在最紧密的联结，因为由商品价格和股市决定的工业生产活动是碳排放的主要来源，相反碳价往往通过生产者的燃料转换行为影响天然气和煤炭价格。此外，本书发现 EUA 和 OIL 与非能源金融资产的联结方式相似，即与商品市场和股市的收益率联结度显著强于其与债券市场的联结度。其次，EUA 和 OIL 也存在以下明显的差异：①OIL 与 NCIR 和 ESTOXX 的收益率溢出效应更强。例如，NCIR（ESTOXX）对 OIL 的贡献（分别为 15.47% 和 12.91%）几乎是对 EUA 的 3 倍；②OIL 与 NCIR 和 ESTOXX 的溢出效应更对称，从 EUA 传递到 NCIR 和 ESTOXX 的信息很少。由此可见，与石油相比，碳市场对金融市场的影响仍然很有限。

　　由表 5-2 的面板 B 可知，"碳配额—能源—金融"系统中的波动率溢出效应略弱于收益率溢出效应（溢出指数分别为 34.82% 和 42.26%）。然而，这一发现与 Ji 等（2018）不同，他们认为波动率溢出效应强于收益率溢出效应。导致该差异的主要原因可能是本书研究的对象是"碳配额—能源—金融"系统，但 Ji 等（2018）的研究对象是"碳配额—能源"系统。类似地，ESTOXX 是波动溢出过程中最大的净传递者（30.58%），其次是 NCIR 和 ELTB，其方差贡献净值达到近 20%。相比之下，ETSB 是最大的波动率净接受者（36.01%），其次是 EPE（29.44%）和 EUA（7.33%）。这一结果表明，在"碳配额—能源—金融"系统中，部分金融市场，如股市、非能源商品市场和长期国债市场会通过波动溢出效应将投资者恐慌情绪传递到其他市场，尤其是短期国债、电力和碳市场。

通过比较 EUA 和 OIL 的表现，本书发现其与其他资产在波动率方面的关联强度弱于其在收益率方面的联结。总体而言，EUA 和 OIL 在系统中的波动溢出模式具有明显的异质性，具体表现在以下方面：①EUA 和 OIL 只与 COAL 存在相对较强的波动溢出效应，但组合 OIL-COAL 具有更强更对称的波动溢出效应；②OIL 与非能源金融资产间［特别是 ESTOXX（11.77%）和 NCIR（8.6%）］存在更密切的波动溢出效应；③EUA 和 OIL 与债券市场的波动溢出效应都相当弱。相比之下，OIL 与 ESTB 有更密切的关系，而 EUA 与 ECRS 有更紧密的溢出效应。这一发现表明，短期国债市场对石油市场的冲击相当敏感，因为石油价格变化会引发通货膨胀担忧，但垃圾债券的波动性对碳市场的价格变化更敏感，因为碳价会影响到控排企业的盈利能力和未来现金流。

第四节 动态信息溢出效应分析

在上节研究中，本书对"碳配额—能源—金融"系统的静态信息溢出指数及其在不同子样本中的表现进行了详细分析。事实上，随着全球金融市场与商品市场外部环境的快速变化，关联市场间的信息传递强度及方向也表现出显著的时变特征。因此，本书将基于滚动窗口（200 天）测度 5 阶滞后 VAR 模型在 10 期预测步长下的动态溢出指数，以分析该系统在收益率和波动率层面的时变信息溢出效应。

一 动态总溢出指数

总体而言，由图 5-1 和图 5-2 中四类总溢出指数曲线可知，系统的平均波动率溢出效应要略低于收益率溢出效应，这与上一节的静态结果相符。此外，波动率和收益率溢出效应存在类似趋势，但前者的波动幅度弱于后者，特别是2015—2017年。其次，EUA和OIL与非能源金融资产间的信息溢出效应均低于系统平均水平。总之，本书证实了碳市场与金融市场间存在一定程度的信息溢出效应，该结论与Koch（2014）相符。

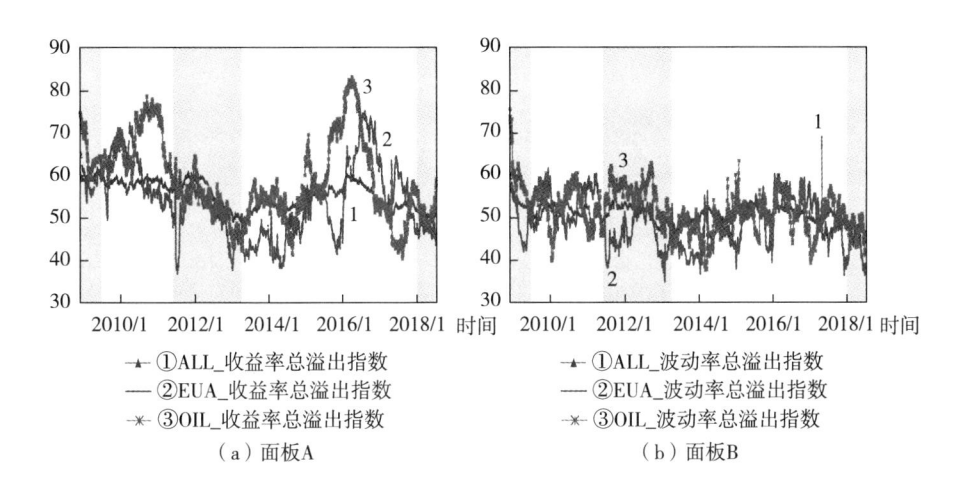

图5-1 考虑所有资产的动态总溢出指数

注：阴影区域代表CEPR欧元区的衰退期。面板A是EUA、能源和金融资产之间的收益率溢出指数，而面板B是EUA、能源和金融资产之间的波动率溢出指数。ALL_收益率（波动率）总溢出指数（总体平均水平）是"碳配额—能源—金融"系统中每个收益率（波动率）溢出指数的总和；EUA_收益率（波动率）总溢出指数仅表示"碳配额—能源—金融"系统中EUA和所有其他资产之间的收益率（波动率）溢出，而OIL_收益率（波动率）总溢出指数是指在"碳配额—能源—金融"系统中，OIL和所有其他资产之间的收益率（波动率）溢出。

通过进一步对比EUA和OIL的具体表现，本书发现如下结论：第一，虽然OIL与EUA具有相似的周期性动态，但是前者与系统的关联程度普遍强于系统平均水平（见图5-1的曲线1）。第二，在由EUA、OIL及金融资产构成的子系统中，EUA和OIL各自与金融资产的关联度均小于子系统的平均水平（见图5-2的曲线1）。第三，相比于波动率溢出效应，EUA 和 OIL 的收益率溢出效应波动更剧烈。第四，相比于总体平均水平，OIL 和 EUA 与其他资产间的溢出效应波动更大，特别是 2010—2012 年和 2015—2018 年。第五，动态收益率溢出效应在 2012 年、2014 年、2015 年和 2016 年表现出更高值，这可能源于在 Wang 和 Guo（2018）中提到的一些极端金融事件冲击。

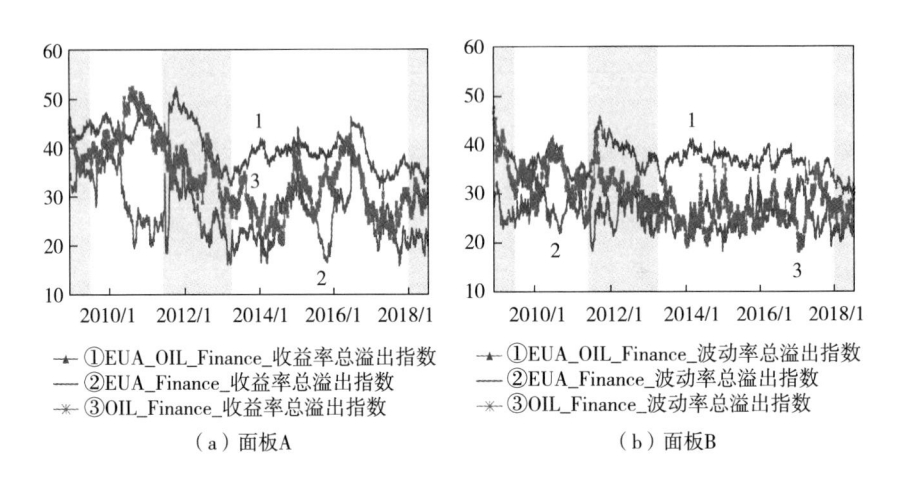

(a) 面板A

(b) 面板B

图 5-2　考虑金融资产的动态总溢出指数

注：基于 Lanne - Nyberg 方差分解方法，通过 200 天滚动窗口重新估计每日 VAR（5），计算几个动态总溢出指数。阴影区域代表 CEPR 欧元区的衰退期。面板 A 显示了 EUA、OIL 和金融资产之间的收益溢出，而面板 B 显示了 EUA、OIL 和金融资产之间的波动溢出。EUA_OIL_Finance_收益率（波动率）总溢出指数（金融总体平均水平）表示所有只包括 EUA、OIL 和金融资产的收益率（波动率）溢出指数。EUA_Finance_收益率（波动率）总溢出指数表示 EUA 和金融资产之间的收益率（波动率）溢出。同样，OIL_Finance_收益率（波动率）总溢出指数是指 OIL 和金融资产之间的收益率（波动率）溢出。

对于收益率动态，图 5-1 中面板 A 显示：①在国际金融危机的冲击下，EUA 和 OIL 的收益率溢出效应都分别从 2009 年之前的 65% 和 75% 高位骤降；②在一系列经济复苏计划的刺激下，EUA 和 OIL 的收益率溢出效应分别在 2010 年第一季度和 2011 年第一季度达到峰值，其数值均超过 70%；③在高不确定性时期（2011—2017 年），EUA 和 OIL 的收益率溢出效应均经历了剧烈的波动，并在

2016年达到峰值，其数值分别超过70%和80%。值得注意的是，首先，在经济衰退期，EUA和OIL的收益率关联均呈现出稳步下降趋势，而不是迅速上升。可能的原因是，在衰退期间经济指标的恶化和金融市场的流动性降低会抑制市场间的信息传递效率。其次，收益率溢出效应的波动往往与关键经济金融事件有关，因为与金融资产的溢出指数（见图5-2面板A）和与其他所有资产的溢出指数（见图5-1面板A）在变动模式以及行为动态方面几乎一致。例如，2013年的跳跃可能由欧洲主权债务危机恶化引起；2014年的跳跃可能是由美国的经济不确定性指数飙升以及利比亚的石油危机导致；而2015—2016年的急剧上升可能是由于中国经济放缓[1][2]和英国脱欧导致。

相比之下，图5-1和图5-2的面板B显示系统中的波动率溢出效应和收益率溢出效应存在显著不同的动态模式。第一，波动率溢出效应在2009年中期之前的经济衰退期出现了较大幅度的下降。该现象的可能原因为市场对危机的反应是剧烈但短暂的。第二，在2011年中期到2013年，系统内存在更多持续的高波动溢出效应，由此突显了该阶段的风险传染。第三，2015—2017年，波动率溢出效应的变动小于收益率溢出效应的波动，表明收益率溢出效应对于中国经济放缓、英国脱欧以及美国国债利率上升等事件更加敏感。第四，2013年前，"石油—金融"组合和"碳配额—金融"组合的关联性存在很大差距，但是2013年后该差距逐渐缩小，表明EUA和OIL与金融资产的信息溢出效应逐渐趋同。

二 动态净溢出指数

为了测度动态有向溢出指数，本书将总溢出指数分解成溢出指数

---

[1] 中国股市的动荡始于2015年6月股市泡沫破灭，并在2016年2月初结束。在事件发生后的一个月内，上海证券交易所的A股价值损失了1/3。

[2] 2015年，中国经济放缓至6.9%，达到25年来最低，原因是从传统的制造业投资—出口主导模式转变为由服务和消费驱动的经济模式。

（TO）和溢入指数（FROM）两个成分。首先，本书根据 FROM 和 TO 的差值确定碳市场和石油市场的净溢出指数（NET）（见图 5-3）。正（负）值表明该市场是收益率和波动率的净传递者（接受者）。然后，本书进一步探究了 EUA 与其他所有资产间的交叉收益率和波动率净溢出效应，并详细对比了"EUA—金融"和"OIL—金融"组合间的差异。

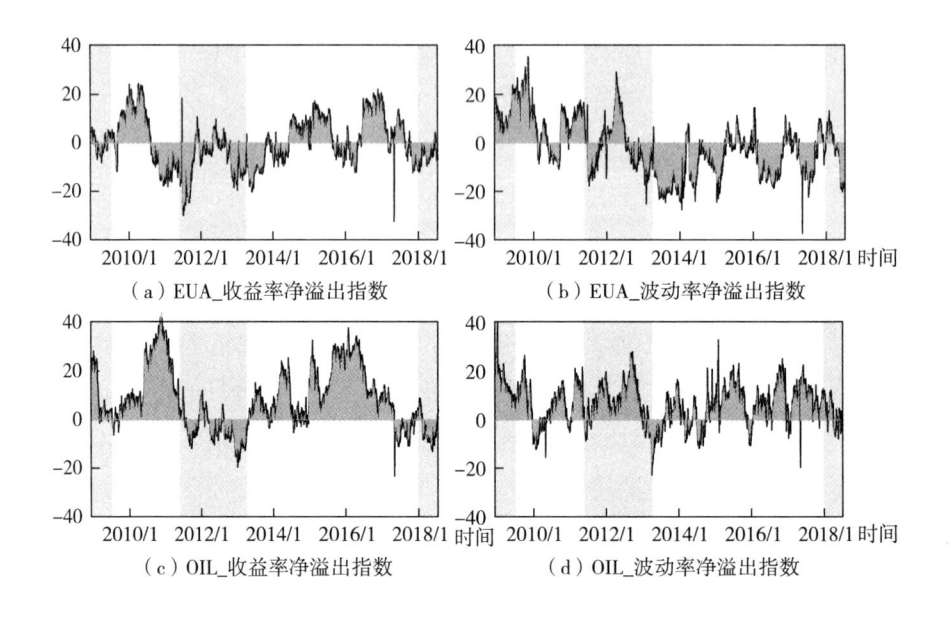

图 5-3　EUA 和 OIL 的动态净溢出指数

注：净收益率（波动率）溢出指数是一个市场向其他市场传递的收益率（波动率）与该市场从其他市场获得的收益率（波动率）之差。正（负）值表示该变量是溢出效应的净传递者（接受者）。浅色阴影区域表示 CEPR 所定义的欧元区经济衰退期。

由图 5-3 可知，OIL 在"碳配额—能源—金融"系统中扮演收益率和波动率的净传递者，因为其在几乎所有样本中均具有正的净溢出指数。相比之下，EUA 作为一种新兴商品，在系统中扮演净波动率接受者的角色，因其在大部分时间具有负的净溢出指数，然而 EUA 在收益率层面的角色还较为模糊。此外，尽管 OIL 与 EUA 具有不同角色，但在部分时期仍具有类似特征。具体而言，在经济衰退期，EUA 和 OIL 都倾向于扮演收益率接受者，但 EUA 对其他资产的价格变动更为敏感，因为其具有更久更强的负向收益率溢出指数。在经济扩张期，EUA 和 OIL 都倾向于扮演收益率净传递者，但相比之下，OIL 的贡献更大。

图 5-4 和图 5-5 分别显示了 EUA 和其他资产在收益率和波动率层面的交叉净溢出指数，并汇报了金融资产与 EUA 和 OIL 的交叉净溢出指数。总体而言，本书发现 EUA 与其他资产存在时变交叉净溢出指数，且在 -10% 和 10% 之间波动。具体而言，图 5-4 显示 EUA 分别是 COAL 和 EPE 的净接受者和净传递者，可见煤炭作为最主要的碳排放源，将对碳价产生显著影响。相反，电力价格对碳期货价格变动更敏感，因为碳价是电力公司生产成本的重要组成部分（Keppler and Mansanet - Bataller, 2010）。此外，在全样本期间，EUA 主要扮演石油的收益率净接受者，特别是 2010—2012 年和 2015—2017 年，但在 2014—2015 年则扮演石油的收益率净传递者。至于 EUA 与天然气，本书发现其相互作用关系在全样本中并不明确，这意味着 EUA 对天然气的反馈影响强于其对煤炭的影响。这些发现证实了 Ji 等（2018）的部分结论。

此外，由图 5-4 可知，OIL 和 EUA 与非能源金融资产的交叉净溢出指数具有相似动态，但 OIL 与金融资产的溢出效应更强。具体而言，EUA 和 OIL 都是 ESTB 的净传递者，但在全样本中都是 ESTOXX 和 ELTB 的净接受者。EUA（OIL）和 ESTB 间的联结可能是由于通货膨胀会通过货币政策和投资者行为影响短期国债利率，因为央行倾向于根据通货膨胀确定货币供应量，当投资收益率跟不上通货膨胀，投资者将不愿意购买国债，从而导致投资在实际购买力上出现净损失。此外，EUA（OIL）与 ESTOXX 和 ELTB 的关联可以解释为：股票和长期国债可以反映投资者对经济和政府的信心，是用于预测国家经济形势的有力指标。值得注意的是，在全样本中，EUA（OIL）与 NCIR 和 ECRS 的联结并不显著，但它们在经济衰退

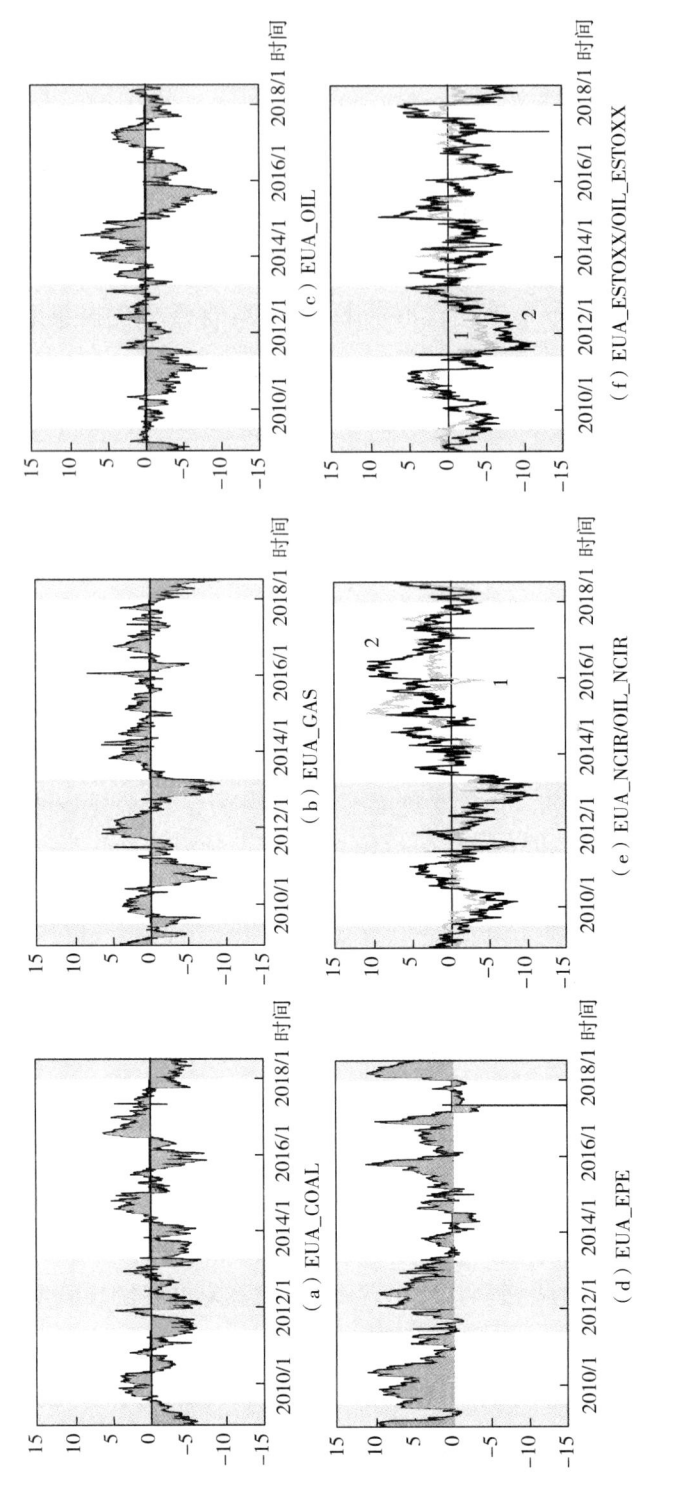

194 碳期货与关联资产间的信息作用机制研究

图 5-4 EUA 和 OIL 的动态交叉净收益率溢出指数

第五章 "碳配额—能源—金融"系统的动态信息溢出效应 195

图 5-4 EUA 和 OIL 的动态交叉净收益率溢出指数（续）

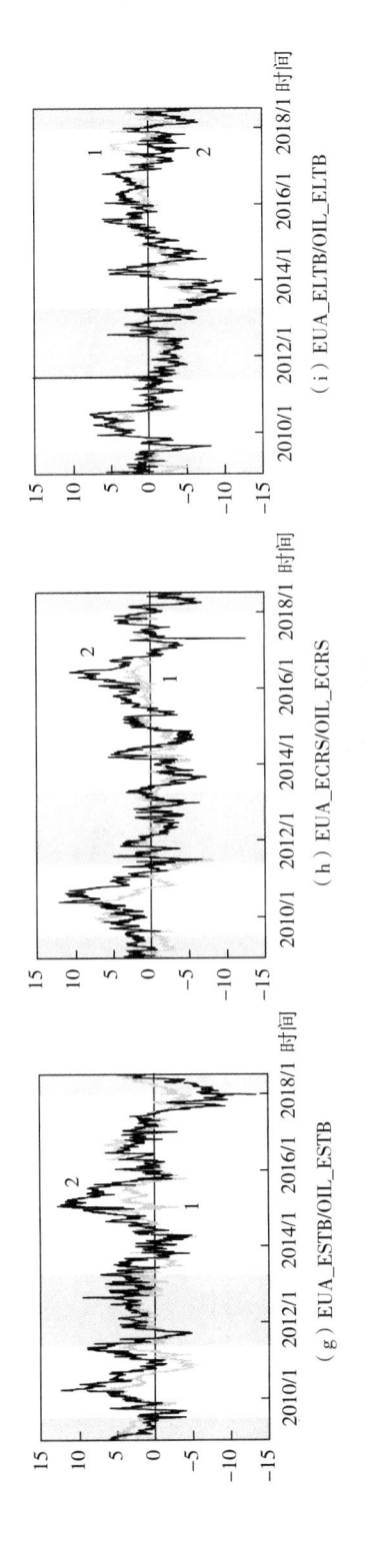

(g) EUA_ESTB/OIL_ESTB
(h) EUA_ECRS/OIL_ECRS
(i) EUA_ELTB/OIL_ELTB

注：①横轴为时间。②交叉净收益率溢出指数是指从一个市场传递给另一个市场的收益与该市场从另一个市场获得的收益之间的差值。因此，正值意味着第一个市场向第二个市场传递更多的收益率信息，而负值意味着第二个市场向第一个市场传递更多的收益率信息。深色阴影区域代表 EUA 和每个能源金融资产之间的交叉净收益率溢出。子图（e）至子图（i）曲线 1 和曲线 2 描述了 EUA 和 OIL 与非能源金融资产的交叉净收益率溢出。浅色阴影区域表示 CEPR 所定义的欧盟经济衰退期。

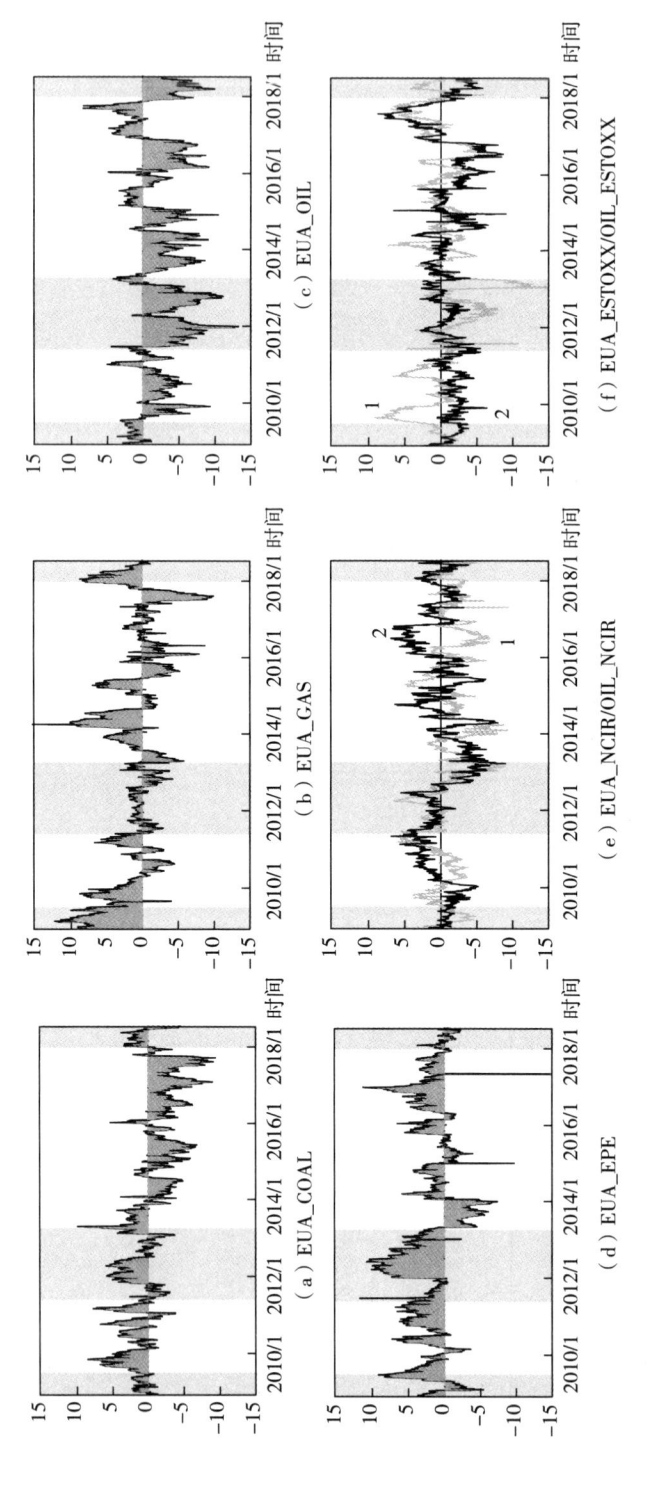

196　碳期货与关联资产间的信息作用机制研究

图 5-5　EUA 和 OIL 的动态交叉波动率净溢出指数

第五章 "碳配额—能源—金融"系统的动态信息溢出效应

图 5-5 EUA 和 OIL 的动态交叉波动率净溢出指数（续）

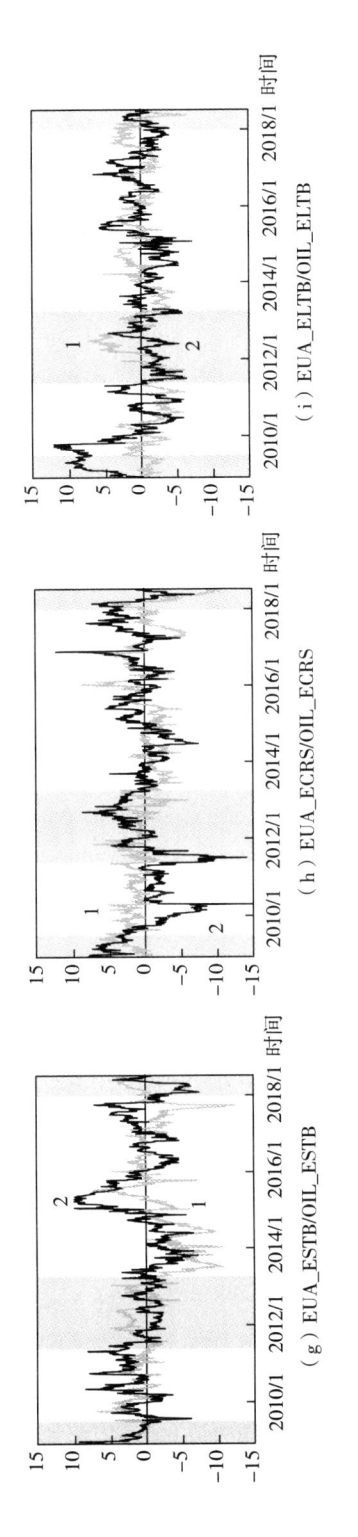

注：①横轴为时间。②交叉波动率净溢出指数是指从一个市场传递给另一个市场的波动率与该市场从另一个市场获得的波动率之间的差值。因此，正值意味着第一个市场向第二个市场传递更多的波动率信息，而负值意味着第二个市场向第一个市场传递更多的波动率信息。深色阴影区域表示 EUA 和每个能源资产之间的交叉波动率净溢出，子图（e）至子图（i）曲线 1 和曲线 2 描述了 EUA 和 OIL 与非能源金融资产的交叉波动率净溢出。浅色阴影区域表示 CEPR 所定义的欧盟经济衰退期。

期间往往扮演净接受者。这意味着 NCIR 和 ECRS 在经济衰退时很可能成为 EUA 和 OIL 的收益率触发器。

由图 5-5 可知，非能源金融资产与 EUA 和 OIL 间的交叉波动率净溢出指数具有较大差异。具体而言，在"EUA—能源"的波动溢出层面，EUA 是 GAS 和 EPE 的净传递者，但却是 OIL 的净接受者。这一结果表明，从动态角度来看，石油市场倾向于通过碳市场向电力和天然气市场传递市场恐慌情绪，这也进一步证实了 Ji 等（2018）的结论。此外，在动态层面上，COAL 与 EUA 的关系并不明确，因为 EUA 在经济衰退期往往扮演波动率的净传递者，但在 2014—2018 年转变为波动率净接受者，由此表明 COAL 对 EUA 的波动溢出在增加。

此外，图 5-5 显示 EUA 和金融资产在波动率层面的交叉净溢出指数具有较大波动。首先，在全样本及经济衰退期，EUA 和 OIL 对金融资产的波动净溢出均为负，由此表明股市是商品市场的一个风险触发器，该结论部分支持了 Singh 等（2019）、Wei 和 Lin（2016）的发现。其次，就 NCIR 而言，EUA 倾向于扮演其净接受者，但 OIL 的角色并不明确，这表明石油市场对非能源商品的影响更大（Singh et al.，2019）。此外，在全样本期间，EUA（OIL）倾向于成为 ESTB 的净接受者（传递者）。然而，在经济动荡时期，其角色发生了逆转。最后，在全样本期间，EUA（OIL）对 ECRS 和 ELTB 的作用并不明确，这可能是由其微弱的波动溢出效应导致。

第五节　信息溢出效应的宏观经济因素分析

一　宏观经济因素选择

鉴于碳期货与关联资产间存在时变信息溢出效应，本节将进一步探讨：①"碳配额—能源—金融"系统的总溢出效应是否会受到宏观经济因素的影响；②哪类变量对总溢出效应的贡献最大。本书将依次检验四类溢出指数的宏观经济决定因素：①ALL_ 收益率总溢出指数（TRS）；②ALL_ 波动率总溢出指数（TVS）；③EUA_OIL_ Finance_ 收益率总溢出指数（EOFRS）；④EUA_ OIL_ Finance_ 波动率总溢出指数（EOFVS）。本书选取了两类宏观经济因素作为自变量：①商品类宏观经济因素，这类因素主要通过宏观经济周期直接影响实际的商品供需；②金融类宏观经济因素，这类因素主要通过投资者预期影响资金流。在商品类宏观经济因素方面，本书使用4个月度指标：①欧元区实际有效汇率的变化率（ExR）；②全球商品需求变化（GDC），该指标由 Kilian（2009）提出的全球工业商品市场实际经济活动指数的变化率表示；③欧元区通货膨胀率（Inf）；④欧盟工业生产指数的变化率（IPI）。此外，本书选取5个月度指标代表金融风险型宏观经济因素：①因变量的滞后项（TRSl、EOFRSl、TVSl 和 EOFVSl）；②美元指数的变化率（UDI）；③欧盟消费者信心指数变化率（CCI）；④全球经济政策不确定性指数的变化率（GEPU）（Davis，2016）；⑤CBOE 波动率指数的变化率（VIX）。本书用每个月最后一个观测值代表日度变量（即4个因变量和 VIX）的月度数据。此外，由对数差分转换得到每个变量（除 Inf 外）的变化率，所有变量的变化率均是平稳时间序列。

二 宏观经济因素的贡献分析

表5-3使用双变量和多变量回归模型测度了宏观经济因素对四个总溢出指数的影响。对于多变量回归，本书进一步估计了每个变量对因变量的方差贡献。参考 Ma 等（2019），本书应用 Shapley（1953）的概念来估计每个解释变量对模型 R^2 的贡献值。除了汇报每个宏观经济因素单独的贡献，本书进一步估计了两组宏观经济变量的总体贡献：①金融类，包含5个金融风险类宏观经济变量；②商品类，包含4个商品类宏观经济变量。

表5-3　　　　　宏观经济因素对动态总溢出指数的贡献

因变量：TRS	面板A1：双变量模型			面板A2：多变量模型			夏普利值	方差贡献(%)
	B	t	R²	β	t	R²		
TRSl	0.04	0.44	0.002	0.09	1.00		0.005	4.04
UDI	-0.12	-1.99**	0.034	-0.13	-1.88*		0.033	26.74
CCI	-0.01	-0.39	0.001	-0.00	-0.12		0.001	0.57
GEPU	0.01	0.84	0.006	0.00	0.40		0.003	2.76
VIX	0.02	2.16**	0.040	0.02	2.27**	0.125	0.042	33.66
EExR	0.10	0.59	0.003	0.09	0.48		0.004	2.85
GDC	0.00	0.80	0.006	0.00	0.89		0.007	5.33
Inf	-0.01	-2.07**	0.04	-0.006	-1.50		0.029	23.60
IPI	0.00	0.10	0.00	-0.000	-0.08		0.001	0.45
金融类							0.083	66.77
商品类							0.042	33.23

因变量：EOFRS	面板B1：双变量模型			面板B2：多变量模型			夏普利值	方差贡献(%)
	B	t	R²	β	t	R²		
EOFRSl	0.05	0.51	0.002	0.07	0.75		0.003	2.14
UDI	-0.31	-2.55**	0.055	-0.30	-2.31**		0.051	31.81
CCI	-0.03	-0.84	0.006	-0.01	-0.17		0.003	1.70
GEPU	0.03	1.80*	0.028	0.02	1.32		0.020	12.55
VIX	0.03	2.26**	0.044	0.04	2.44**	0.160	0.046	28.77
EExR	0.52	1.53	0.020	0.38	1.05		0.016	9.71
GDC	0.00	0.44	0.002	0.00	0.77		0.004	2.19
Inf	-0.01	-1.47	0.019	-0.01	-0.91		0.014	8.90
IPI	-0.00	-0.56	0.003	-0.00	-0.63		0.004	2.22
金融类							0.121	75.37
商品类							0.039	24.63

因变量：TVS	面板C1：双变量模型			面板C2：多变量模型			夏普利值	方差贡献(%)
	B	t	R²	β	t	R²		
TVSl	-0.20	-2.24**	0.043	-0.22	-2.36**		0.046	33.80

续表

因变量：TVS	面板C1：双变量模型			面板C2：多变量模型			夏普利值	方差贡献(%)
	B	t	R^2	β	t	R^2		
UDI	-0.04	-0.48	0.002	-0.03	-0.39		0.002	1.33
CCI	-0.02	-1.10	0.011	-0.01	-0.62		0.007	5.02
GEPU	0.03	2.67***	0.060	0.02	2.05**		0.047	34.74
VIX	0.01	1.50	0.020	0.01	1.15		0.015	11.30
EExR	0.29	1.45	0.019	0.25	1.13	0.136	0.015	11.11
GDC	-0.00	-0.51	0.002	-0.00	-0.23		0.001	0.91
Inf	0.00	0.30	0.001	0.00	0.47		0.002	1.28
IPI	-0.00	-0.12	0.000	0.00	0.33		0.001	0.50
金融类							0.117	86.07
商品类							0.019	13.93

因变量：EOFVS	面板D1：双变量模型			面板D2：多变量模型			夏普利值	方差贡献(%)
	B	t	R^2	β	t	R^2		
EOFVSl	-0.07	-0.72	0.005	-0.11	-1.14		0.008	6.11
UDI	0.15	0.99	0.009	0.19	1.20		0.010	7.48
CCI	-0.12	-2.68***	0.060	-0.09	-2.05**		0.048	34.96
GEPU	0.05	2.43**	0.050	0.04	1.69*		0.036	26.36
VIX	0.03	1.59	0.022	0.02	1.17	0.137	0.017	12.09
EExR	0.49	1.21	0.013	0.40	0.90		0.010	6.97
GDC	-0.00	-0.12	0.000	0.00	0.47		0.001	0.49
Inf	-0.00	-0.41	0.002	-0.01	-0.70		0.003	2.19
IPI	-0.00	-0.52	0.002	-0.01	-0.90		0.005	3.34
金融类							0.123	89.78
商品类							0.014	10.22

注：列 β（B）报告的是斜率系数，t 是斜率系数的 t 统计值。*、**、*** 分别在10%、5%和1%的显著性水平上显著。本书计算夏普利值（Shapley，1953）以确定每个解释变量对回归模型 R^2 的方差贡献率。

总体而言，由表 5-3 可知，收益率和波动率总溢出指数主要是由金融风险类宏观经济因素决定，这部分支持了 Koch（2014）和 Zheng 等（2015）的研究结果。例如，收益率总溢出效应受美元指数和 VIX 显著影响，波动率总溢出效应则受到全球经济政策不确定性指数显著影响。具体来说，面板 A1 和 A2 分别用双变量和多变量回归展示了宏观经济因素对 ALL_ 收益率总溢出指数的影响。显然，在双变量和多变量回归模型中，美元指数和 VIX 的影响都相当大。然而，由于通货膨胀率只在双变量回归中显著，所以商品类宏观经济因素对收益率总溢出指数的影响有限。美元指数的负系数表明，美元指数的上升会减少"碳配额—能源—金融"系统的收益率溢出，反之亦然。可能的原因是美元指数对货币市场、商品市场以及债券市场具有强大的影响。例如，当美元指数上升时，欧洲国家的资金倾向于流入美国债券市场，大大减少了"碳配额—能源—金融"系统中的投资活动和预期关联性。此外，VIX 的正系数可以解释为：VIX 的上升会触发"碳配额—能源—金融"系统中的投资组合策略调整，从而增加整个系统的收益率溢出效应。通货膨胀率在双变量回归中的负系数表明，通货膨胀率的下降往往会增强"碳配额—能源—金融"系统中的收益率预期关联。这一结果可能是由于通货膨胀率的下降代表需求萎缩，从而提高了投资者的风险厌恶情绪，触发"碳配额—能源—金融"系统内的投资组合调整。R^2 的夏普利值分解表明，金融风险类宏观经济因素是全系统收益率溢出的主要驱动因素，贡献率达到 66.77%。相比之下，VIX 是最重要的因素，其贡献率超过 1/3，其次是美元指数和通货膨胀，其贡献率都超过 20%。

值得注意的是，在面板 B1 和 B2 中，金融风险类宏观经济因素对 EUA_ OIL_ Finance_ 收益率总溢出指数的 R^2 贡献最大，其贡献率几乎是商品类宏观经济因素的三倍。同样，美元指数的负系数和 VIX 的正系数均在 10% 的显著性水平上显著，其贡献率大约为 30%。然而，没有证据表明商品类宏观经济因素与 EUA_ OIL_ Finance_ 收益率总溢出指数之间存在显著关系。此外，全球经济政策不确定性指数的变化率对 R^2 的贡献约为13%，但在双变量回归模型中其正系数仅在10%显著性水平上显著。这一发现表明，与金融资产相关的溢出效应更容易受到全球经济政策不确定性指数的影响，因为不确定性会急剧提高投资者的恐慌情绪。

根据面板 C 和 D 可知，宏观经济因素通过不同的路径影响收益率总溢出指数和波动率总溢出指数。首先，金融风险类的宏观经济因素对波动溢出的影响更为显著，因为其对波动溢出的贡献（约90%）远远高于对其收益溢出的贡献（约70%）。其次，对于波动率总溢出指数，全球经济政策不确定性指数比美元指数和 VIX 重要。此外，ALL_ 波动率总溢出指数受其历史值的影响很大，滞后项的贡献率超过33%，而 EUA_ OIL_ Finance_ 波动率总溢出指数主要由欧盟消费者信心指数的变化率决定，其贡献率接近35%。全球经济政策不确定性指数的变化率对两个总波动率溢出指数的正向影响可以解释为：全球经济政策不确定性指数的增加提升投资者恐慌情绪，导致"碳配额—能源—金融"系统中的风险传染增强。相比之下，ALL_ 波动率总溢出指数的滞后项对 ALL_ 波动率总溢出指数的负向影响可能是由于投资情绪的频繁变化造成的，因为一旦相关市场的冲击被消化，投资者的情绪就会回到平衡点。欧盟消费者信心指数的变化率对 EUA_ OIL_ Finance_ 波动率总溢出指数的负向影响可能是由宏观经济变量和金融市场之间的密切关系导致的，也就是说，欧盟消费者信心指数增加意味着投资者看好经济前景，从而愿意长期持有金融资产。

第六节　主要结论及政策启示

为了深度挖掘碳期货与关联资产间时变相依性的内在机理，本章从信息溢出效应视角探索了"碳期货—能源—金融"系统中各变量在收益率和波动率层面上的信息溢出程度及溢出方向。本章研究将有助于厘清碳市场与关联市场间的信息传递机制并发现碳市场的主要风险源，以期为投资者的资产组合策略及监管者的市场稳定制度提供有力的参考。本书基于10个关联资产自2008年以来的日度数据构建了"碳配额—能源—金融"系统，应用改进的DY溢出指数法分别分析了系统的静态溢出指数、动态溢出指数、净溢出指数动态以及碳市场与关联市场间的交叉净溢出指数动态，并进一步探索了系统内总溢出指数的宏观经济决定性因素。

本章主要结论包括：①"碳配额—能源—金融"系统的收益率溢出效应强于波动率溢出效应。②总溢出指数具有时变性和较强的波动性，主要由金融类宏观经济因素驱动。例如，收益率溢出效应主要由美元指数和VIX决定，而波动率溢出效应主要由其滞后项、消费者信心指数和全球经济政策不确定性指数驱动。③EUA与能源资产的联结强于其与金融资产的联结。④四个子样本的网络联结图显示，2010年的冲击显著影响了EUA与关联资产间的信息溢出效应。⑤OIL是系统中重要的信息净传递者，而EUA则是波动率净接受者，这意味着碳价波动对于其他市场的冲击很敏感。⑥在全样本中，EUA作为石油市场的净信息接受者和电力市场的净信息传递者。但是，EUA是煤炭市场的收益率净接受者和天然气市场的波动率净传递者。⑦尽管OIL和金融资产间的联结更强，但OIL（EUA）与金融资产间的收益率关联模式很相似。例如，股市和长期国债是EUA和OIL主要的收益率触发器，但短期国债利率则是EUA和OIL的收益率接收器。然而，在总样本中，EUA和OIL与非能源商品指数和垃圾债的关系并不明确。⑧EUA（OIL）与金融资产存在异质性的波动联结。例如，在全样本中，EUA主要扮演股市、非能源商品市场和国债的净接受者，而OIL只是股市的净接受者。

上述结论对国际投资者、投资组合经理和政策制定者具有重要的意义。在当前国际碳市场快速发展的背景下，这些代理人需要更好地了解"碳配额—能源—金融"系统中的动态信息关联规律，以便建立有效和稳健的风险对冲模型或政策体系。总之,"碳配额—能源—金融"系统中的时变信息溢出效应表明,如果要利用这些信息制定投资和政策决策,就需要对不断变化的信息溢出网络进行实时监测和规律分析。

基于上述结论,本书提出以下建议。首先,本章结论为政策制定者设计不同时期的风险网络"路线图",以及为跟踪全系统溢出效应的风险触发因素(如消费者信心指数、全球经济政策不确定性指数)提供了基础,有助于防范风险传染和维护碳市场稳定。具体来说,煤炭市场和股市应该被密切监测,因为它们是碳市场的主要风险源,会对碳市场产生最强的波动溢出效应。此外,在经济复苏时期,非能源商品、原油和长期国债市场是碳市场的主要风险源,而在经济增长时期,应警惕企业债市场对碳市场的风险溢出。

其次,本书发现碳市场和关联市场间的波动传导机制可提供碳价波动的可预测性证据。本章的实证结果显示,煤炭、股票、原油、非能源商品和短期国债都可预测 EUA 波动率,这也体现出 EUA 在许多情况下扮演波动率净接受者。同时,EUA 被认为在电力价格波动的可预测性方面发挥了重要作用,这体现为从碳市场到电力市场的强烈波动溢出效应。

最后,本章的收益率溢出效应结果对投资者和投资组合经理有一定的参考价值,具体表现为:①由于碳市场与非能源金融市场,特别是与债券市场的关联性不强,存在多样化投资组合机会;②应注意金融类宏观经济指标,如美元指数和 VIX,因为这些指标往往会促进碳市场和关联市场间的收益率溢出效应,从而削弱投资组合在碳市场和非能源金融市场上分散化投资的吸引力;③鉴于股指(非能源商品指数)和 EUA 在经济不确定时期和衰退时期(在复苏和增长时期)分别具有显著的收益率溢出效应,可能有必要减少股指(非能源商品指数)和 EUA 之间的投资组合;④包含碳资产的投资组合对于风险厌恶型投资者而言是有利的,因为碳资产由于较差的历史表现和潜在的交易成本,可能不会提高收益,但包括碳资产应该有助于降低多元化投资组合的波动性；⑤煤炭期货、股指和非能源商品指数在欧盟经济衰退期具有对冲碳风险的潜在作用，因为它们对 EUA 具有相对稳定和强大的收益率溢出效应，这一点特别值得未来进一步研究。需要注意的是，与传统市场相比，碳市场缺乏流动性，这可能会限制上述对冲策略的开展，因为碳资产和能源资产（或股票和非能源商品资产）都需要存在具有相同到期日的流动性期货合约。碳市场仍然相对较年轻，并在继续发展和壮大，现在正在使用新的产品，包括碳 ETF。我国碳市场建设务必要让更多的主体和投资者参与进来，从而提高碳市场的流动性和投资价值。

第 六 章

碳期货与关联资产间的极端风险溢出效应

第四章的相关结果显示碳期货与关联资产间的相依结构具有不对称性,即碳期货与关联资产间的相依关系在不同分位点上存在显著差异。此外,由第五章可知碳配额与部分关联资产在均值层面上存在双向且不对称的动态信息溢出效应,且 VIX 及全球经济政策不确定性等金融类宏观经济指标是波动率溢出效应的关键决定性因素。基于投资者情绪传染理论,本章继续使用包括分位数 VAR 模型和 Cross-Quantilogram 方法在内的分位数相依关系框架,深入刻画碳配额与关联资产间的尾部相依关系,并揭示其极端下行风险溢出机制。

第一节 基于分位数的方法体系

一 VaR 测量方法

VaR,即在险价值,是指在一定置信水平下,资产组合在未来特定时间内的最大可能损失。自 1994 年,该指标已经成为金融行业进行风险管理的标准之一。VaR 的估计方法主要有历史模拟法、蒙特卡洛模拟法和参数法三种,其中参数法被广泛应用于实践中,因为其具有操作容易和估计准确的优点。

为了拟合金融资产的尖峰厚尾分布特征,本书采用 Engle 和 Managanelli(2004)的条件自回归分位数指标。假设一个投资组合收益的向量为 $\{y_t\}_{t=1}^T$,设 θ 是与 VaR 相关的概率,设 β_θ 是一个 p 维未知参数向量。最后,让 $V_t(\beta) \equiv V_t(y_{t-1}, \beta_\theta)$ 表示在 $t-1$ 时刻形成的 t 时刻 θ 分位点上的投资组合收益分布。条件概率分布左侧 θ 分位点的 VaR 值可表示为 $\Pr[y_t < -VaR_t | \Omega_{t-1}] = \theta$,其中 Ω_{t-1} 表示时刻 $t-1$ 的可用信息集。一个通用的 CAViaR 模型可表示为以下形式:

$$V_t(\beta) = \beta_0 + \sum_{i=1}^{q} \beta_i V_{t-i}(\beta) + \sum_{j=1}^{r} \beta_j l(y_{t-j}) \qquad (6-1)$$

其中,$p = q + r + 1$ 是 β 的维度数,l 是有限个滞后观测值的函数。$\beta_i V_{t-i}(\beta)$($i = 1, 2, \cdots, q$)为自回归项,可确保量化指标随时间"平滑"变化。函数 $l(\cdot)$ 取决于属于信息集 Ω_{t-1} 的有限个观测变量滞后值,它建立了这些预定变量和 VaR 之间的联系。CAViaR 模型可用于波动率不变但误差分布随时间变化的情景,或误差密度和波动率都随时间变化的情景,因此它们比 GARCH 族模型更通用(更多信息见 Engle 和 Manganelli,2004)。

具体来说,本章使用 Engle 和 Manganelli(2004)的非对称斜率模型(以下简称 AS-CAViaR)来计算碳配额和关联资产各自的 VaR 值:

$$V_t(\beta) = \beta_0 + \beta_1 V_{t-1} + \beta_2 y_{t-1}^+ + \beta_3 y_{t-1}^- \qquad (6-2)$$

其中,$y_t^+ = \max(y_t, 0)$,$y_t^- = -\min(y_t, 0)$,该模型假设资产收益率遵循 GARCH 模型,其中条件标准差以标准正态分布新息进行非对称建模。

本书还使用 Engle 和 Manganelli(2004)的动态分位数统计量(Dynamic Quantile,DQ)来评价 CAViaR 模型估计的充分性,因为样本内 DQ 检测对模型选择非常有用。

二 风险格兰杰因果检验

本章进一步采用由 Hong 等（2009）提出的风险格兰杰因果检验，验证碳配额和关联资产间是否存在风险因果关系。基于 AS-CAViaR 模型计算出的 VaR 估计值，本书将收益率序列 $y_{i,t}$ 的分位数击穿率定义为：

$$\hat{Z}_{i,t} \equiv I[y_{i,t} < -VaR_{i,t}], \quad i = 1, 2, \cdots, n \quad (6-3)$$

其中 $I[\cdot]$ 是指示函数，当其参数为正时，取值为 1，否则为 0。

然后，本书将两个序列之间的交叉相关函数定义为：

$$\hat{\rho}(j) = \hat{C}(j)/[\hat{C}_1(0)\hat{C}_2(0)]^{1/2} \quad (6-4)$$

其中，分子是样本交叉协方差函数，可表示为：

$$\hat{C}(j) \equiv \begin{cases} T^{-1} \sum_{t=j+1}^{T} (\hat{Z}_{1,t} - \hat{\theta}_1)(\hat{Z}_{2,t-j} - \hat{\theta}_2), & J \geqslant 0 \\ T^{-1} \sum_{t=1-j}^{T} (\hat{Z}_{1,t+j} - \hat{\theta}_1)(\hat{Z}_{2,t} - \hat{\theta}_2), & J < 0 \end{cases} \quad (6-5)$$

其中，$\hat{\theta}_i \equiv T^{-1} \sum_{t=1}^{T} \hat{Z}_{i,t}$，式（6-4）中的分母是对应的方差，可表示为：

$$\hat{C}_i(0) = T^{-1} \sum_{t=1}^{T} (\hat{Z}_{i,t} - \hat{\theta}_i)^2 \quad (6-6)$$

基于风险值之间的交叉相关性，Hong 等（2009）提出基于内核的测试统计量，以检验风险格兰杰因果关系：

$$Q = T \sum_{j=1}^{T-1} k^2(j/M)\hat{\rho}^2(j) \quad (6-7)$$

其中，$k(\cdot)$ 是一个加权函数，M 是正整数的带宽。$k(\cdot)$ 函数的主要种类包括截断、Bartlett、Daniell、Parzen、二次光谱（QS）和 Tukey-Hanning 核。参考 Shen 等（2018）的做法，本书采用常用的 Daniell 核来生成基准结果 $k(z) = \sin(nz)/nz$，$-\infty < z < +\infty$。

该统计量的标准化版本是：

$$Q_1(M) = \frac{\left\{T\sum_{j=1}^{T-1}k^2(j/M)\hat{\rho}^2(j) - C_{1T}(M)\right\}}{\{2D_{1T}(M)\}^{1/2}} \quad (6-8)$$

其中：

$$C_{1T}(M) = \sum_{j=1}^{T-1}(1-j/T)k^2(j/M)$$

$$D_{1T}(M) = \sum_{j=1}^{T-1}(1-j/T)\{1-(j+1)/T\}k^4(j/M)$$

该统计量的原假设为 H_0：$Q_1(M) \to N(0,1)$。除了 Q_1 统计量，双向检验统计量 Q_2 可表示为：

$$Q_2(M) = \frac{\left\{T\sum_{|j|=1}^{T-1}k^2(j/M)\hat{\rho}^2(j) - C_{2T}(M)\right\}}{\{2D_{2T}(M)\}^{1/2}} \quad (6-9)$$

其中，中心和缩放系数分别表示为：

$$C_{2T}(M) = \sum_{|j|=1}^{T-1}(1-|j|/T)k^2(j/M)$$

$$D_{2T}(M) = [1+\hat{\rho}^4(0)]\sum_{|j|=1}^{T-1}(1-|j|/T)$$
$$\{1-(|j|+1)/T\}k^4(j/M)$$

在没有风险格兰杰因果关系的原假设下，统计量 Q_2 也收敛于标准正态分布。本书使用一个向下加权的核函数，因为相比于远期事件，近期事件对金融市场的冲击更大。

三 分位数 VAR 模型

在不断整合的全球金融市场中，投资者可以通过重组投资组合迅速改变其资产头寸，从而造成金融资产之间的尾部相依。因此，识别出风险溢出现象后，本书采用 White 等（2015）提出的分位数 VAR 模型框架（也称 MVMQ-CAViaR 或 VAR for VaR）来揭示碳配额和能源金融资产间的尾部相依结构。该方法是 CAViaR 模型的多变量扩展，认为时间序列的条件 VaR 值可能取决于它自身的滞后信息（收益率和 VaR）和外生变量的滞后信息（收益率和 VaR）。该方法的通用公式为：

$$V_{1,t} = c_1 + a_{11}|y_{1,t-1}| + a_{12}|y_{2,t-1}| + b_{11}V_{1,t-1} + b_{12}V_{2,t-1}$$
$$V_{2,t} = c_2 + a_{21}|y_{1,t-1}| + a_{22}|y_{2,t-1}| + b_{21}V_{1,t-1} + b_{22}V_{2,t-1}$$

$$(6-10)$$

其中：$|y_{1,t-1}|$ 和 $|y_{2,t-1}|$ 分别表示碳配额和能源金融资产绝对收益率的一阶滞后，$V_{1,t}$ 和 $V_{2,t}$ 是碳配额和能源金融资产的特定条件分位数。a_{11} 和 a_{12} 分别表示碳期货 VaR 对碳期货收益率滞后项及关联资产收益率滞后项的依赖程度，而 b_{11} 和 b_{12} 则分别代表碳期货 VaR 与其自身滞后项以及关联资产 VaR 滞后项的相依程度。相反，a_{21} 和 a_{22} 则表示关联资产 VaR 在收益率层面对碳配额滞后项及其自身滞后项的依赖程度，而 b_{21} 和 b_{22} 则分别表示关联资产 VaR 对碳配额 VaR 滞后项及其自身滞后项的依赖程度。如果 $b_{12} = b_{21} = 0$，这个模型可简化成 Engle 和 Manganelli（2004）的 CAViaR 模型。式（6-10）可简化为：

$$V_t = c + A|y_{t-1}| + BV_{t-1} \qquad (6-11)$$

其中，若矩阵 A 和 B 中的非对角项显著非零则表示两个变量间存在尾部相依性。

基于分位数 VAR 模型，本书进一步通过分位数伪脉冲响应函数（Pseudo Quantile Impulse Response Functions，PQIRFs）测量碳期货 VaR 在关联资产收益率受到一个标准差冲击时的反应模式。不同于传统脉冲响应函数中假定一次性干扰项 δ 只作用于误差项，PQIRFs 假设一次性干扰项 δ 仅在 t 时刻作用于风险溢出变量的收益率，而在其他所有时刻均不干扰收益率。因此，VaR 在第 i 个风险源变量冲击下的伪脉冲响应函数可表示为：

$$\Delta_{i,s}(\tilde{y}_{i,t}) = \tilde{V}_{i,t+s} - V_{i,t+s}, \quad s = 1, 2, 3, \cdots, T \quad (6-12)$$

其中，$\tilde{V}_{i,t+s}$ 是受冲击序列 $\tilde{y}_{i,t}$ 的 s 期预先值的 VaR，而 $V_{i,t+s}$ 则

为未受冲击序列 $y_{i,t}$ 的 s 期预先值的 VaR。PQIRF 方法的一个优点是它不仅保留了对脉冲响应函数（IRF）的传统解释，而且还可以测量变量在不同分位点的响应程度。

因此，本书可以直接模拟整个金融序列的尾部相依结构，并进一步观测风险在不同市场间的传递过程，而不是通过金融序列的第一条件和第二条件矩来间接估计风险溢出。

四　Cross – Quantilogram 方法

除了通过分位数 VAR 方法揭示变量间的短期尾部关联，本书进一步采用 Han 等（2016）开发的分位数相关性方法（Cross – Quantilogram，CQ）来研究碳配额和关联资产在长滞后期的方向性极端风险关联特征。与传统均值层面的相关性不同，CQ 估计的是两个分布在不同分位点以及不同滞后期上的相关性，从而可同时捕捉相依关系的不对称性和动态性。

y_t 和 x_t 代表两个具有平稳随机过程的时间序列。在假设 $y_t = (y_{1t}, y_{2t})^T \mathbb{R}^2$ 和 $x_t = (x_{1t}, x_{2t})^T \mathbb{R}^{d_1} \times \mathbb{R}^{d_2}$ 的基础上，对于任何的 τ_i (0, 1)，分位数函数和条件分布可表示为 $F_{y_i|x_i}(\cdot|x_{it})$ 和 $q_{i,t}(\tau_i) = \inf\{v: F_{y_i|x_i}(v|x_{it}) \geq \tau_i\}$。CQ 方法首先估计分位数击穿率，然后估计击穿率间的分位数交叉相关性，即两个事件 $y_{1t} \leq q_{1,t}(\tau_1)$ 和 $y_{2,t-k} \leq q_{2,t-k}(\tau_2)$ 的相依性。分位数相关性可表示为：

$$\rho_\tau(k) = \frac{E[\psi_{\tau_1}(y_{1,t} - q_{1,t}(\tau_1))\psi_{\tau_2}(y_{2,t-k} - q_{2,t-k}(\tau_2))]}{\sqrt{E[\psi_{\tau_1}^2(y_{1,t} - q_{1,t}(\tau_1))]}\sqrt{E[\psi_{\tau_2}^2(y_{2,t-k} - q_{2,t-k}(\tau_2))]}}$$

(6 – 13)

其中，$\psi_a = 1[u<0] - a$ 代表分位数击穿过程，k 表示到时间 t 的领先—滞后期数。$\rho_\tau(k)$ 是两个分位数击穿率的相关性。

CQ 衡量的是两个事件 $y_{1t} \leq q_{1,t}(\tau_1)$ 和 $y_{2,t-k} \leq q_{2,t-k}(\tau_2)$ 的条件分位数是否具有相关性以及是否存在有向可预测性。$\rho_\tau(k) = 0$ 表示两个序列没有分位数交叉相关性或方向性的可预测性，相反 $\rho_\tau(k) = 1$ 表示存在完全交叉相关性或方向性可预测性。该模型检验了条件相关性等于零的原假设$[H_0: \rho_\tau(1) = \cdots = \rho_\tau(p) = 0]$与条件相关性不等于零的备择假设$[H_1: \rho_\tau(k) \neq 0, k \in \{1, 2, \cdots, p\}]$。参考 Han 等（2016），Box-Ljung 统计量被用于检验原假设的有效性。Box-Ljung 统计量表示如下：

$$\hat{Q}_\tau(p) = T(T+2) \sum_{k=1}^{p} \frac{\hat{\rho}_\tau^2(k)}{T-k}. \qquad (6-14)$$

此外，本书应用 Han 等（2016）提出的分位数偏相关性方法（Partial Cross-Quantilogram，PCQ），以控制美国经济政策不确定性和股票市场不确定性对碳配额和关联资产间分位数相关性的影响。PCQ 方法是 CQ 的一个扩展版本，它控制了两个事件 $y_{1t} \leq q_{1,t}(\tau_1)$ 和 $y_{2,t-k} \leq q_{2,t-k}(\tau_2)$ 在时间 t 和 $t-k$ 之间的所有中间事件。分位数偏相关矩阵可表示为：

$$R_{\bar{\tau}}^{-1} = E[h_t(\bar{\tau})h(\bar{\tau})^T]^{-1} = P_{\bar{\tau}} \qquad (6-15)$$

其中，$h_t(\bar{\tau}) = [\psi(y_{1t} - q_{1,t}(\tau_1)), \cdots, \psi_{\tau l}(y_{lt} - q_{l,t}(\tau_l))]^T$ 表示分位数击穿过程，分位数偏相关性 $P_{\bar{\tau}}$ 可以定义为：

$$\rho_{\bar{\tau}|z}^- = -p_{\bar{\tau},12}^- / \sqrt{p_{\bar{\tau},11}^- p_{\bar{\tau},22}^-} \qquad (6-16)$$

其中，$\rho_{\bar{\tau}|z}^-$ 是控制变量 z 时的分位数相关系数。

第二节 变量选取及数据预处理

一 变量与数据来源

与上一章相同，本章继续选取 10 个变量刻画"碳配额—能源—金融"系统的极端风险溢出效应。首先，本书选取 ICE-EUA 连续期货合约的结算价格（欧元/吨二氧化碳）代表碳市场（EUA）。其次，选取四类能源期货价格代表欧洲能源市场：①ICE—布伦特原油连续期货（OIL，美元/桶）；②ICE-API2 鹿特丹煤炭期货（COAL，美元/吨）；③ICE-UK 天然气期货（GAS，英镑和便士/赫姆）；

④EEX Phelix 电力基准期货（EPE，欧元/兆瓦时）。为确保上述能源资产具有相同的货币单位，本书使用欧洲中央银行的每日汇率将外币统一换算成欧元。最后，本章选取 5 个非能源金融变量代表金融资产，具体包括：①标普 S&P GSCI 非能源商品价格指数收益率（NCIR）；②欧元区公司债券收益率差（ECRS），即 BBB 级 FISE 公司债券的收益率减去 AAA 级 FISE 公司债券的收益率；③欧元区 10 年期政府债券收益率（ELTB）；④欧元区 3 月期国债收益率（ESTB）；⑤欧洲 STOXX600 指数（ESTOXX）。欧元区债券收益率数据来自欧洲中央银行，天然气期货价格数据来源于网站 https：//www.quandl.com/，其他数据均来自汤森路透数据库（Thomson Datastream）。本章数据区间为 2008 年 3 月 4 日至 7 月 17 日，每个变量均包含 2651 个日度观测值。

本书通过对数差分法获得 8 种资产（EUA、OIL、COAL、EPE、GAS、NCIR、ECRS 和 ESTOXX）的连续复利回报率，并采用差分法得到两种债券资产（ELTB 和 ESTB）的连续复利回报率。

二 变量描述性统计

图 6-1 展示了所有变量的收益率动态。总体来说，所有变量的收益率均存在显著的波动聚集和跳跃现象，其中化石能源、大宗商品以及股票表现出相似的波动聚集规律，且在 2008—2009 年和 2015—2016 年剧烈波动。此外，碳配额和垃圾债还在 2012—2013 年（EU ETS 体系第二阶段末至第三阶段初）波动剧烈。相比之下，电力价格不存在明显的波动聚集，但具有一定周期性，且在 2017 年存在异常波动。欧元区短期国债收益率的高波动期主要集中于 2008—2009 年，尤其是在 2008 年 9 月雷曼兄弟宣布破产后出现快速下跌。2015—2017 年为全球经济高度不确定时期，也是全球金融市场重大事件集中爆发期。例如，2015 年 1 月，瑞士央行宣布放弃实施了近四年的汇率上限管理；随后中国央行首次降息；3 月，总规模达 12000 亿欧元的欧版 QE 正式实施；6—8 月，中国股市出现断崖式下

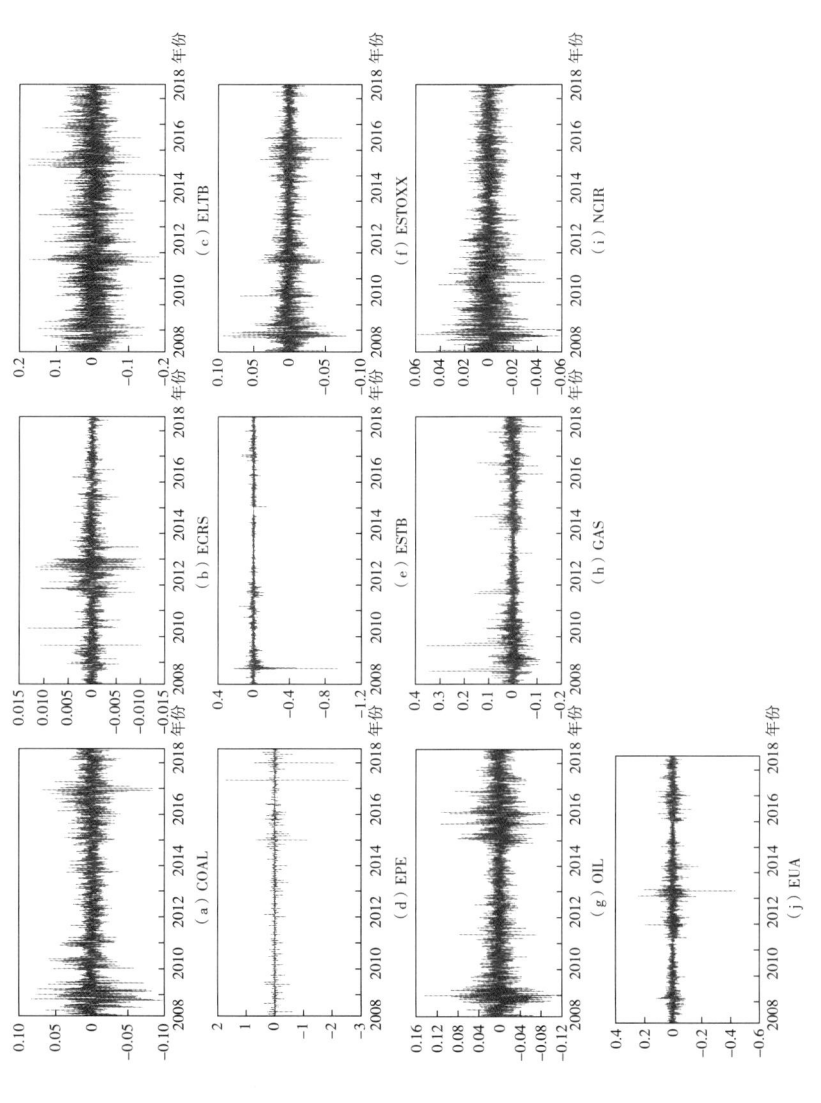

第六章 碳期货与关联资产间的极端风险溢出效应 215

图 6-1 变量收益率序列

表6-1 变量收益率的描述性统计

观测值2651	EUA	COAL	GAS	OIL	EPE	ECRS	ELTB	NCIR	ESTB	ESTOXX
均值	-0.0001	-0.0001	0.0000	0.0000	0.0001	0.0001	-0.0014	-0.0003	-0.0017	0.0001
中位数	0.0000	0.0001	-0.0009	-0.0001	0.0026	0.0001	-0.0023	-0.0001	-0.0004	0.0004
最大值	0.24	0.08	0.35	0.14	1.73	0.01	0.17	0.05	0.22	0.09
最小值	-0.43	-0.09	-0.12	-0.11	-2.57	-0.01	-0.19	-0.05	-0.93	-0.07
标准差	0.03	0.01	0.02	0.02	0.10	0.00	0.03	0.01	0.03	0.01
偏度	-0.81	-0.42	2.15	0.06	-8.39	0.17	0.18	-0.31	-11.68	-0.17
峰度	20.77	8.25	28.55	6.93	274.33	14.04	4.58	7.12	333.78	9.92
J-B统计量	35212***	3132***	74182***	1712***	8163196***	13498***	293***	1927***	12146803***	5315***
ADF统计量	-12.59***	-11.14***	-8.84***	-13.82***	-14.24***	-12.73***	-12.90***	-52.09***	-6.48***	-25.76***

注：J-B统计量为Jarque-Beta统计量，原假设为序列服从正态分布；ADF统计量用于检验序列是否平稳，原假设为序列的自回归模型存在单位根，即序列不平稳。***代表统计量在1%显著性水平上拒绝原假设。

跌，原油和基本金属价格同步急剧下跌；10月，美联储释放加息信号；12月，美联储在全球金融危机爆发后首次宣布加息，其与主要经济体的相关货币政策出现严重分化。随后由于美联储加息预期升温、英国脱欧、中国经济增速大幅下降以及全球经济复苏政策出台等事件集中爆发，2016年全球恐慌情绪迅速高涨。2017年虽然全球经济稳中趋缓，但是金融市场震荡分化严重，其中美国经济向好，有加息预期，但是欧元区经济分化，欧元区边缘国家债务风险上升，新兴市场国家如印度、巴西和俄罗斯的经济增长稳健，但是地缘局势风险上升，对大宗商品市场产生显著的冲击。可见，在多元化经济不确定性因素的共同冲击下，碳市场与关联市场间很可能存在风险传染，即极端风险溢出。

表6–1展示了所有变量的描述性统计。由表可知，首先，所有变量的峰度均大于3，说明这些指标具有"尖峰厚尾"特征，极端事件发生的次数较多。此外所有变量的J–B统计量均在1%的显著性水平上显著，由此证实其服从非正态分布的假设。其次，天然气、石油、垃圾债以及欧元区长期国债的收益率偏度均大于0，说明这些指标超出预期的概率比低于预期的概率大，具有较大的上涨风险。相反，碳配额、电力、煤炭、大宗商品价格指数、股指和欧元区短期国债的收益率偏度小于0，说明这些指标低于预期的概率大于超出预期的概率，因此具有较大的暴跌风险。最后，所有变量的ADF检验均在1%显著性水平上拒绝原假设，说明本章所有变量的收益率均为平稳时间序列。

第三节 实证结果分析

本章实证结果包括以下三部分：首先，通过AS – CAViaR模型测度变量的VaR，并检验波动率和VaR两个维度上的风险格兰杰因果关系。其次，通过分位数VAR模型揭示碳配额和能源金融资产间的暴跌风险相依结构和暴跌风险溢出模式。最后，采用 Cross-Quantilogram 方法测度碳配额与各关联资产在不同滞后期的暴跌风险相关性，并分别检验美国经济政策不确定性和股市不确定性的影响。

一　VaR 测度与风险格兰杰因果检验

首先，本书通过 Engle 和 Manganelli（2004）的 AS-CAViaR 模型式（6-2）拟合所有变量的 VaR 值，并对模型的有效性进行评价。表 6-2 报告了每个变量的 AS-CAViaR 模型估计结果。总体而言，由动态分位数统计量可知，AS-CAViaR 模型适用于捕捉每个变量的条件风险值，因为几乎所有的样本内和样本外 DQ 检验均不能拒绝模型有效的原假设。具体而言，几乎所有变量中显著的 VaR 自相关均被系数 β_1 捕获，而正收益和负收益对 VaR 的不对称影响被系数 β_2 和 β_3 的差值所证明。值得注意的是，碳配额的负收益影响程度（0.25）显著强于正收益影响程度（0.06），由此表明碳市场投资者的风险规避特点，即相比于上行风险，投资者更关注碳配额收益率的下行风险。

表 6-2　　　　AS-CAViaR 模型在 5% 分位点的估计结果

变量	β_0	β_1	β_2	β_3	DQ（样本内）	DQ（样本外）
EUA	0.00**	0.90***	0.06***	0.25***	0.70	0.21
EPE	0.00	0.98***	0.08**	-0.05***	0.98	0.88
GAS	0.00*	0.87***	0.15**	0.25***	0.01	0.28
OIL	0.00**	0.96***	0.02	0.12***	0.90	0.87
COAL	0.00	0.88***	0.16***	0.30***	0.97	0.47
NCIR	0.00***	0.97	0.01***	0.07***	0.89	0.34
ESTOXX	0.00***	0.90***	0.03	0.31***	0.89	0.11
ECRS	0.00***	0.49***	0.73***	0.72***	0.78	0.01
ESTB	0.00	0.85***	0.27*	0.32***	0.84	0.34
ELTB	0.00*	0.92***	0.07***	0.12***	0.20	0.04

注：DQ 统计量的原假设为模型有效。样本内测试区间为前 2000 个观测值，样本外测试样本为剩余 651 个观测值。DQ 统计量所在列为 P 值。*、**、*** 分别表示统计量在 10%、5% 和 1% 的显著性水平上显著。

通过 AS-CAViaR 模型提取每个变量的 VaR 时间序列后，本书在表 6-3 和表 6-4 分别列出了基于 Daniell 核和三种带宽（M=5, 20, 50）的波动率和 VaR 风险格兰杰因果关系单向检验结果（Q1 统计量，见面板 A）和双向检验结果（Q2 统计量，见面板 B）。参考相关文献（Antonakakis and Kizys，2015），本书采用收益率的绝对值刻画变量的波动率。

表 6-3　　　　碳配额与关联资产间的波动率格兰杰因果关系检验

面板 A：波动率格兰杰因果关系检验（Q1）							
→EUA	M=5	M=20	M=50	EUA→	M=5	M=20	M=50
EPE	-0.20	-1.28	-1.77	EPE	-0.26	-1.06	-2.05
GAS	1.48*	-0.79	-0.78	GAS	-0.87	-1.14	-0.62
OIL	-0.61	1.08	9.63***	OIL	-0.47	-1.53	-2.41
COAL	4.58***	6.06***	5.85***	COAL	11.14***	12.70***	11.28***
NCIR	1.30*	2.63***	7.25***	NCIR	0.62	4.10***	8.07***
ESTOXX	0.96	1.40*	5.84***	ESTOXX	-0.25	-0.39	-0.22
ECRS	8.65***	18.50***	23.22***	ECRS	14.10***	27.45***	53.57***
ESTB	-0.77	-0.68	0.89	ESTB	-0.98	-1.19	-0.77
ELTB	-0.69	0.89	3.51***	ELTB	-0.01	-0.35	0.37
EPE	-0.31	-1.61	-2.67	ESTOXX	7.69***	4.32***	6.23***
GAS	1.92**	-0.24	-0.29	ECRS	16.23***	32.64***	54.35***
OIL	-0.64	-0.31	5.03***	ESTB	-1.43	-1.47	-0.03
COAL	15.39***	15.81***	13.87***	ELTB	-0.63	0.26	2.64***
NCIR	1.67**	4.85***	10.85***				

注：M 是 Daniell 核的带宽。↔代表 Q2 统计量检验，原假设为变量间没有格兰杰因果关系。→代表 Q1 统计量检验，原假设为从前者到后者不存在格兰杰因果关系。*、**、*** 分别表示统计量在 10%、5% 和 1% 的显著性水平上显著。

表 6-3 和表 6-4 分别汇报了波动率和 VaR 两个维度的风险格兰杰因果关系检验结果。总体而言，两个维度的风险格兰杰因果关系检验结果具有较大的差异。具体而言，在均值波动率层面，煤炭、

大宗商品、股票以及公司债都会对碳配额产生显著的风险溢出,同时碳配额也会对煤炭、大宗商品以及公司债产生风险溢出。然而在 VaR 层面,只有少数关联资产与碳配额存在有向的极端风险溢出效应。其中,Q2 统计量显示天然气、石油、大宗商品、股票及长期国债与碳配额存在极端风险溢出,但是 Q1 统计量显示其单向风险格兰杰因果关系并不很显著。可见,通过均值波动率和 VaR 风险值测度的风险溢出效应存在较大偏差,有必要从 VaR 层面对碳配额与关联资产间的极端风险溢出效应进行深入研究,从而弥补均值波动率不能捕捉极端风险的不足。

表6-4 碳配额与关联资产间的 VaR 风险格兰杰因果关系检验(基于5%分位点)

面板 A:风险格兰杰因果关系检验(Q1)							
→EUA	M = 5	M = 20	M = 50	EUA→	M = 5	M = 20	M = 50
EPE	0.27	0.84	0.71	EPE	-0.02	-0.24	-0.23
GAS	0.85	1.05	2.24***	GAS	1.02	-0.12	-0.96
OIL	-0.14	1.84**	1.79**	OIL	-0.47	-0.31	0.24
COAL	-0.99	-1.15	-0.84	COAL	-0.48	-0.27	-0.66
NCIR	-0.69	1.61**	1.09	NCIR	0.82	-0.15	0.94
ESTOXX	-0.60	-0.63	-0.59	ESTOXX	-0.14	0.06	1.59*
ECRS	0.31	1.01	0.09	ECRS	-0.16	-0.83	-0.90
ESTB	-0.55	-1.32	-1.79	ESTB	-0.51	-0.33	-0.89
ELTB	-0.78	-1.40	-1.64	ELTB	3.16***	2.49***	2.82***
面板 B:风险格兰杰因果关系检验(Q2)							
EUA↔	M = 5	M = 20	M = 50	EUA↔	M = 5	M = 20	M = 50
EPE	0.22	0.44	0.35	ESTOXX	10.18***	4.93***	4.06***
GAS	4.32***	2.24**	1.91**	ECRS	0.19	0.17	-0.53
OIL	6.83***	4.66***	3.70***	ESTB	-0.61	-1.12	-1.86
COAL	-0.05	-0.56	-0.78	ELTB	1.31*	0.69	0.79
NCIR	13.65***	7.79***	5.72***				

注:M 是 Daniell 内核的带宽。↔代表 Q2 统计量检验,原假设为变量间没有格兰杰因果关系。→代表 Q1 统计量检验,原假设为从前者到后者不存在格兰杰因果关系。*、**、*** 分别表示统计量在10%、5%和1%的显著性水平上显著。

二 分位数 VAR 模型的估计结果

上一节的检验结果表明，碳配额的下行风险不仅与其自身紧密相关，还会受到来自部分能源金融资产的风险溢出影响，因此本节将应用两元分位数 VAR 模型对碳配额和关联资产间的短期暴跌风险相依结构进行研究，并揭示其暴跌风险溢出动态。尽管这种方法有可能因遗漏变量而产生偏差，但它允许通过伪脉冲响应函数追踪尾部风险传导动态。

首先，本书基于二元分位数 VAR 模型估计碳配额与 9 种能源金融资产在 5% 分位点的联合交叉相依统计量，以检验碳配额与各风险源变量在其双变量分布的左尾部分是否具有显著相依关系。本书重点关注了 5% 分位点的风险值，因为它代表了资产的暴跌风险。图 6-2 为关联资产收益率序列及其 5% 分位点条件 VaR。模型的具体估计结果见表 6-5，其中收益率信息对暴跌风险的溢出效应由矩阵 A 中的数值刻画，而市场间的暴跌风险溢出效应则由矩阵 B 中的参数表示。

总体来说，碳配额与部分能源金融资产在短期（滞后一期）存在较为显著的左尾相依关系，但与所有债券资产均不存在左尾相依关系。具体发现包括：①矩阵 B 中相当显著的对角线自回归系数表明 VaR 过程具有显著的自相关性，这一发现与 CAViaR 模型的结果一致；②碳配额与几乎所有的能源资产（石油除外）存在显著的左尾相依关系，其相依模式可分为 4 类。第一，EUA-OIL 组合的非对角线系数不显著，说明碳配额与石油在滞后一期不存在显著的下行风险相依关系。第二，EUA-EPE 组合中 b21（0.12）在 5% 显著性水平上显著，说明碳配额与电力资产存在显著的左尾风险相依关系，但仅存在从碳配额到电力的单向尾部风险溢出，即碳配额的左尾 VaR 上升会刺激电力资产的左尾 VaR 上升，即存在正向的暴跌风险溢出。可能的原因是碳配额作为影响电力生产企业生产成本的重要因素，碳价下跌将通过降低生产成本导致电力价格下跌。第三，EUA-

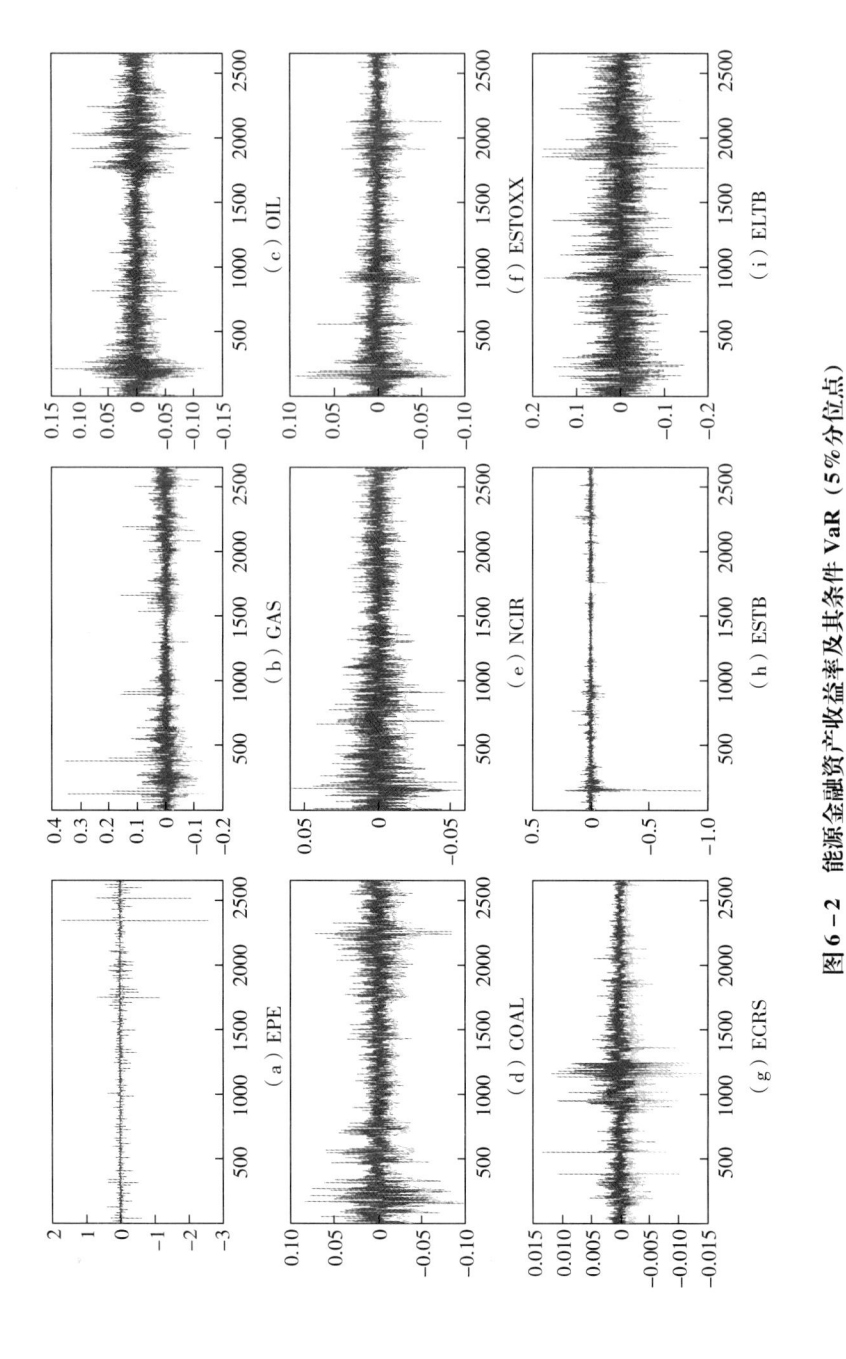

图 6-2 能源金融资产收益率及其条件 VaR (5%分位点)

注：图中浅色的线为 5% VaR，深色的线为日收益率。

表6-5　分位数VAR模型在5%分位点的估计值和标准差

		EUA-EPE					EUA-GAS					EUA-OIL		
c1	a11	a12	b11	b12	c1	a11	a12	b11	b12	c1	a11	a12	b11	b12
0.00	-0.23***	0.00	0.84***	0.03	0.00	-0.19***	0.02	0.88***	0.03*	0.00	-0.18***	0.03	0.89***	0.05
0.00	0.07	0.01	0.04	0.03	0.00	0.06	0.02	0.03	0.02	0.00	0.05	0.04	0.02	0.03
c2	a21	a22	b21	b22	c2	a21	a22	b21	b22	c2	a21	a22	b21	b22
-0.01***	0.08*	0.05***	0.12**	0.82***	-0.00**	0.01	-0.26***	0.01	0.83***	-0.00	-0.02	-0.12***	-0.01	0.93***
0.00	0.04	0.01	0.06	0.05	0.00	0.02	0.07	0.01	0.04	0.00	0.02	0.04	0.01	0.02

		EUA-COAL					EUA-NCIR					EUA-ESTOXX		
c1	a11	a12	b11	b12	c1	a11	a12	b11	b12	c1	a11	a12	b11	b12
-0.00*	-0.19***	-0.19*	0.88***	-0.08*	0.00	-0.19***	0.08	0.89***	0.10*	-0.00***	-0.17***	0.03	0.90***	0.07
0.00	0.07	0.10	0.03	0.05	0.00	0.04	0.09	0.02	0.05	0.00	0.04	0.07	0.02	0.05
c2	a21	a22	b21	b22	c2	a21	a22	b21	b22	c2	a21	a22	b21	b22
-0.00	-0.00	-0.23***	-0.00	0.88***	-0.00***	0.00	-0.06***	0.00	0.97***	-0.00	-0.01	-0.23***	-0.01**	0.88***
0.00	0.01	0.06	0.01	0.03	0.00	0.00	0.02	0.00	0.01	0.00	0.05	0.05	0.01	0.02

		EUA-ECRS					EUA-ESTB					EUA-ELTB		
c1	a11	a12	b11	b12	c1	a11	a12	b11	b12	c1	a11	a12	b11	b12
-0.00	-0.17***	-0.13	0.89***	0.27	-0.00	-0.18***	0.01	0.89***	0.02	0.00	-0.18***	-0.00	0.89***	0.02
0.00	0.04	1.64	0.03	0.88	0.00	0.06	0.04	0.03	0.03	0.00	0.05	0.02	0.03	0.02
c2	a21	a22	b21	b22	c2	a21	a22	b21	b22	c2	a21	a22	b21	b22
-0.00***	-0.00	-0.51***	-0.00	0.71***	-0.00*	0.01	-0.31***	0.00	0.85***	0.00	0.01	-0.08***	0.01	0.94***
0.00	0.01	0.07	0.00	0.04	0.00	0.01	0.08	0.01	0.04	0.00	0.04	0.03	0.02	0.02

注：本表为式（6-10）的参数估计结果，即测量碳价左尾 VaR 分别与能源金融资产收益率的滞后项、能源金融资产 VaR 滞后项以及碳期货 VaR 滞后项的相依关系。第一行为模型估计系数，第二行为对应的标准误。*、**、*** 分别表示统计量在10%、5%和1%的显著性水平上显著。

GAS 组合中 b12（0.03）在 10% 显著性水平上显著，表明碳配额与天然气间存在从天然气到碳配额的单向暴跌风险溢出效应，即天然气左尾风险上升也会增加碳配额的暴跌风险。可能的原因是，天然气价格下降会导致发电企业弃煤用气，从而致使碳排放量大幅下降以及碳价暴跌风险。第四，EUA-COAL 组合中 a12（-0.19）和 b12（-0.08）都在 10% 显著性水平上显著，表明碳配额的左尾风险值受到煤炭收益率变化及煤炭左尾风险值的负向影响，即煤炭的价格波动和下行风险上升都会降低碳配额的下行风险。主要原因是：一方面，煤炭价格波动加剧将会增加电力生产商的燃料选择困难，从而电力生产商倾向于采取观望态度，因此导致碳配额的价格波动降低；另一方面，煤炭价格的下行风险上升，会导致企业更多地使用煤炭进行生产，由此导致碳配额的需求上升和暴跌风险减小。

相比之下，碳配额与金融资产的尾部相依关系明显弱于其与能源资产的尾部相依关系。具体而言，首先，碳配额与三类债券资产间均不存在显著的尾部相依关系，说明其在短期（滞后一期）不存在显著的极端下行风险溢出效应。其次，EUA-NCIR 组合中 b12（0.10）在 10% 显著性水平上显著，表明碳配额与非能源大宗商品价格指数间存在单向左尾相依关系，即大宗商品价格指数的暴跌风险会传染到碳市场，从而导致碳配额暴跌风险增强。主要原因为根据总量需求效应，非能源大宗商品的价格下跌意味着宏观经济减速，从而代表企业生产活动的减少以及对碳配额的需求减少，最终导致碳价暴跌风险增强。最后，EUA-ESTOXX 组合中 b21（-0.01）在 5% 显著性水平上显著，表明碳配额与股票指数间存在显著的短期单向暴跌风险溢出，即碳配额的暴跌风险上涨会降低股指的暴跌风险。可能的原因为碳配额价格上升会增强大量控排企业的生产成本，从而降低其股票价值，因此，碳配额的下行风险增加，这意味着企业的减排成本会降低，从而降低其股价暴跌风险。

此外，为了揭示碳配额 VaR 如何响应能源金融资产的收益率冲击，本书计算了从分位数 VAR 模型中得出的伪分位数脉冲响应函数，从而评估 VaR 在冲击下的响应动态。图 6-3（图 6-4）显示了碳配额（能源金融资产）的 5% 分位数 VaR 风险值在能源金融资产（碳配额）收益率受到一个标准差冲击时的反应模式。X 轴测量反应时间（以天表示，最大值为 50 天），而 Y 轴表示碳价 VaR 在不同风险源冲击下的变动百分比。分位数伪脉冲响应函数可以刻画冲击在风险传递机制中的传播过程以及风险信息被系统吸收的时间。当脉冲响应值接近 0 时则表明冲击已经被系统完全吸收。

由图 6-3 可知，在全样本中，当期给各能源金融资产收益率一个标准差的负向冲击时，同期碳价 VaR 会产生异质性的反应。首先，当对能源资产施加一个负向冲击时，碳价左尾收益率会在当期出现不同程度的降低，即碳价暴跌风险增大，由此说明存在一定程度的风险传染。其中，当对石油施加负向冲击，碳价 VaR 并没有显著的即期反应，但在后续 10 日出现持续下降。而对于天然气的负向冲击，碳价 VaR 在当期表现出微弱下降，并在后续 5 日进一步下降。由此可见，石油和天然气价格的下降会对碳价产生滞后的暴跌风险溢出效应。相反，当对电力和煤炭收益率施加一个负向冲击时，碳价 VaR 在当期表现出不同程度的下降（分别为 -0.05% 和 -0.4%），但在后续 10 日逐渐恢复为 0。由此可见，电力和煤炭价格下跌虽然会在当期对碳价产生冲击，但不会导致持续的暴跌风险溢出效应。

其次，当给金融资产收益率施加一个标准差冲击时，碳价 VaR 的即期反应并不显著，由此说明碳价左尾风险对于金融资产收益率下降并不敏感。具体而言，当给非能源大宗商品价格指数一个负向冲击时，碳价左尾收益率会在即期出现小幅上升，但在随后 10 天缓慢下降，说明大宗商品价格下跌会在长期对碳价造成暴跌风险溢出，且影响较久。当给股指、公司债、短期国债收益率一个负向冲击时，碳价 VaR 虽然在即期没有显著反应，但在随后 10 天内出现持续降低，由此说明金融资产的收益率下降会对碳价下行风险造成滞后的溢出效应。其中股指的冲击影响最大，且冲击吸收时间超过 50 天，

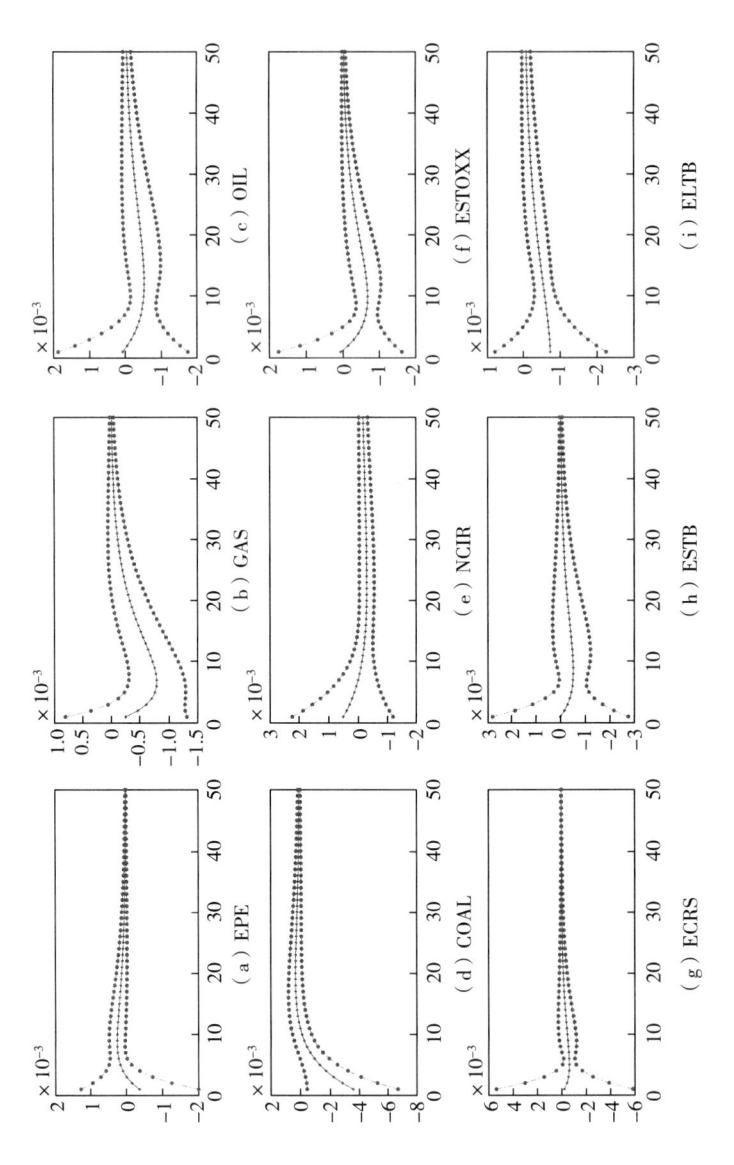

图 6-3 碳价 VaR 对关联资产收益率冲击的响应动态

注：该图展示了在全样本中当分别给各能源金融资产收益率施加一个标准差冲击时，碳价 5% VaR 分别表现出的响应模式。横坐标表示响应天数（最大值为 50 日），纵轴则表示碳价 5% VaR 的变化百分比。中间的线为碳价 VaR 的动态响应值。上、下两条线分别表示 95% 置信区间的上下限。

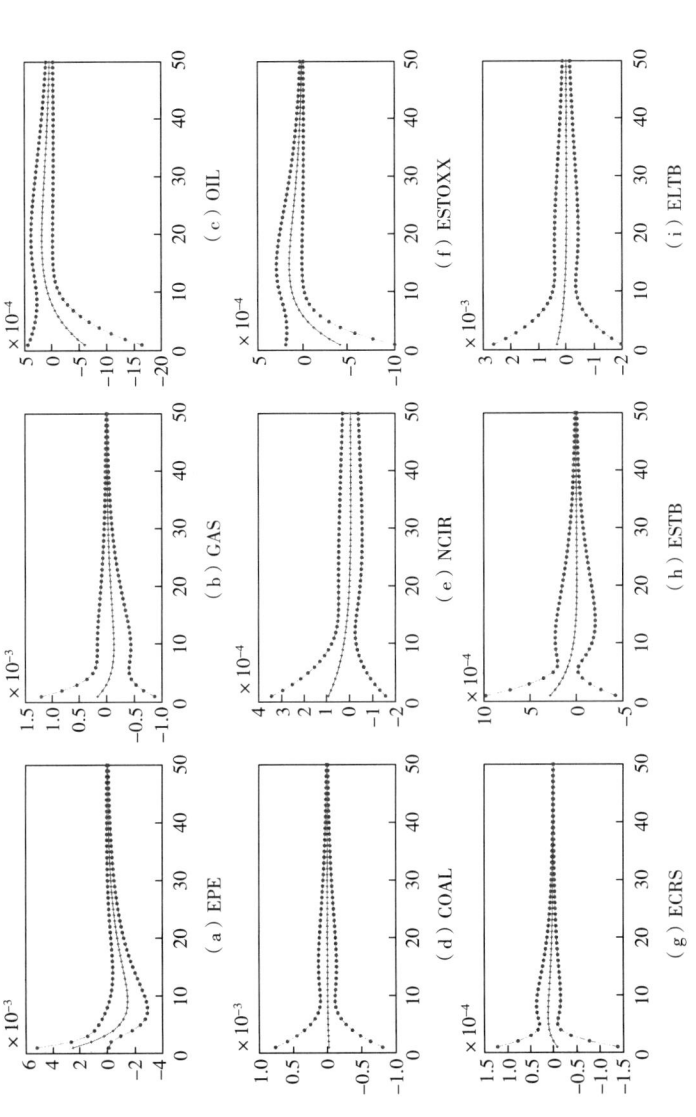

第六章 碳期货与关联资产间的极端风险溢出效应 227

图 6-4 能源金融资产 VaR 对碳价收益率冲击的响应动态

注：该图展示了在全样本中当分别给碳配额收益率施加一个标准差冲击时，各个能源金融资产 5% VaR 分别表现出的响应模式。横坐标表示响应天数（最大值为 50 天），纵轴则表示能源金融资产 5% VaR 的变化百分比。中间的线为能源金融资产 VaR 的动态响应值，上、下两条线分别表示 95% 置信区间的上下限。

相反，公司债的冲击时间最短，其影响在 30 天左右消失。

图 6-4 为能源金融资产 VaR 对于碳价收益率冲击的脉冲响应。总体而言，碳价收益率下跌对于能源金融资产的影响较小，但具有较明显的差异性。具体而言，首先，碳配额收益率下跌不会影响煤炭 VaR，但会对电力、天然气以及石油产生异质性冲击。其中，当给碳配额收益率一个标准差的负向冲击，电力资产的左尾收益率在当期增大约 0.3%，但随后逐渐降低，并在第 10 天达到最低，可见碳配额价格下跌会对电力价格造成极端风险溢出效应。当碳配额收益率下跌时，天然气的左尾风险在当期下降，随后逐渐上升并在 10 天后恢复正常，可见碳价下跌对天然气价格的冲击较弱，且不会立即产生极端风险溢出效应。相反，碳配额收益率下跌冲击会立即导致石油价格的左尾风险上升 0.06%，且该影响会在 50 期后消失，可见碳价下跌也会对石油价格产生一定程度的极端风险溢出效应。此外，对于金融资产的左尾收益率响应，本书发现碳价收益率下跌冲击只会对股指造成较为明显的极端风险溢出，即当给碳配额收益率施加一个标准差的负向冲击时，股指（ESTOXX）的左尾收益率会立即下跌 0.05%，该反应将在 50 天左右消失。由此可见，碳配额不仅会通过生产成本影响股市表现，也可能通过总量需求效应影响石油及股指，即碳价下跌往往意味着生产活动的减少，以及市场对石油和生产物质需求的降低，由此对石油和股市产生左尾风险溢出效应。

总体而言，碳配额只与部分能源金融资产在短期存在显著的左尾风险相依关系，其中，天然气和大宗商品价格指数会对碳配额产生左尾风险溢出效应，但碳配额会对电力资产产生左尾风险溢出效应。此外，碳价收益率冲击对其关联资产的影响明显弱于关联资产对碳配额的影响。其中，当给碳配额收益率一个标准差负向冲击时，只有石油和股指的暴跌风险会立即上升，而电力资产和天然气的暴跌风险表现为先下降后上升的模式。相反，能源金融资产价格下跌均会导致碳配额暴跌风险不同程度地增加，其中碳配额左尾风险对于煤炭价格下跌最为敏感,但对石油、股指、大宗商品价格指数、天然气等资产的收益率冲击反应较为滞后。

三 Cross-Quantilogram 结果分析

前文的双变量分位数 VAR 模型虽然可以揭示资产间的短期尾部风险相依结构,以及 VaR 对收益率冲击的响应动态,但不能有效反映尾部风险相依关系在不同滞后期的表现。前文研究表明,碳配额与部分能源金融资产间存在短期的极端下行风险溢出,且部分组合的极端下行风险溢出具有明显的滞后性。此外,第五章的相关结论表明,金融资产间的信息溢出效应会受到宏观经济风险因子的决定性作用,尤其是代表投资者情绪的金融类不确定性指标会显著增强资产间的风险溢出效应。因此,考虑到碳配额与关联资产间的尾部风险相依关系可能具有显著的滞后性,本部分采用 Han 等(2016)提出的 Cross-Quantilogram(CQ)绘制碳配额与能源金融资产的 VaR (5%分位点)在滞后为 60 日内的相依关系(见图 6-5 至图 6-7),以捕捉碳期货与各能源金融资产在不同滞后期下的左尾风险相依性。

鉴于美国经济政策不确定性指数(EPU)及恐慌指数(VIX)会通过影响预估现金流和贴现率与金融市场密切关联(Uddin et al., 2019),本书继续选取美国经济政策不确定性指数(EPU)及恐慌指数(VIX)代表金融投资环境的不确定性,并在 Cross-Quantilogram 方法中分别加以控制,即分别控制 EPU 和 VIX 的 95% 分位数,以刻画在恐慌指数(见图 6-8 至图 6-10)或宏观经济政策不确定性(见图 6-11 至图 6-13)很高的情景下,碳配额与各关联资产间的左尾风险相依关系(用 PCQ 图表示)。在图 6-5 至图 6-13 中,子图(b1 至 b3)显示了碳配额左尾收益率在不同滞后期对各个关联资产左尾收益率的预测能力,相反,子图(a1 至 a3)显示了各个关联资产左尾收益率在不同滞后期对碳配额左尾收益率的预测能力。

由图 6-5 至图 6-7 可知,在不控制金融投资环境不确定性时,碳配额与能源金融资产间的左尾下行风险溢出表现出异质性的滞后效

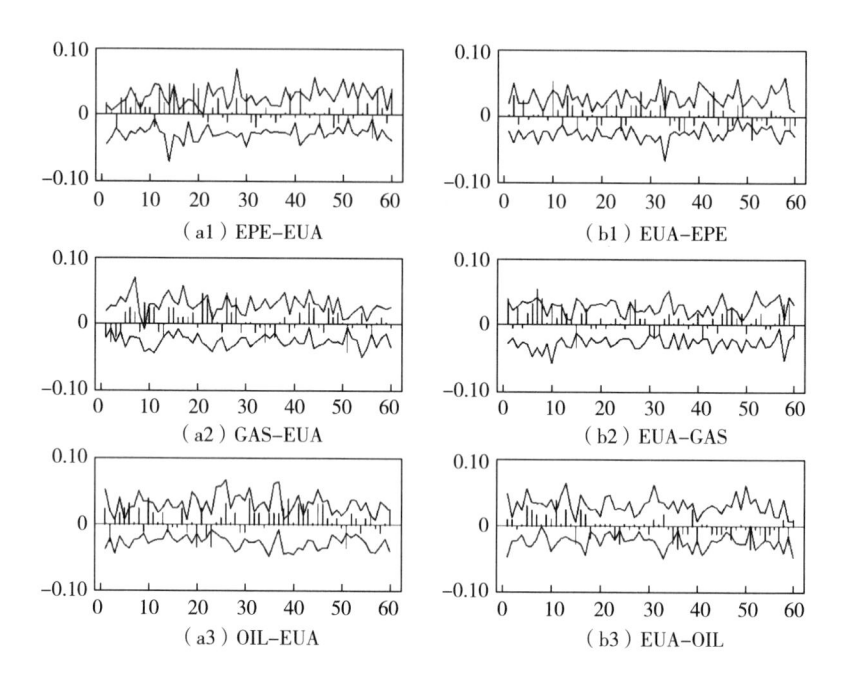

图 6-5　碳配额与能源金融资产在 5% 分位点的 CQ 图（A）

注：条形图指的是 5% 分位点的 CQ 图，上、下两条是基于 1000 个自举重复数据的非分位数相依关系的 95% 自举置信区间。

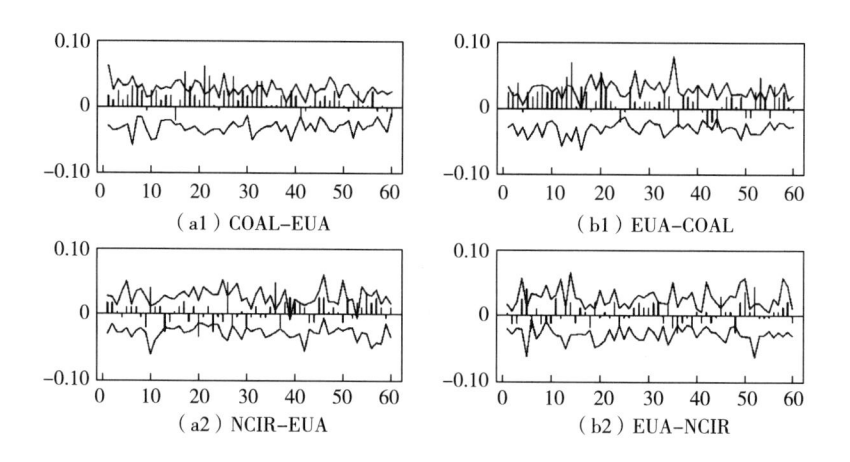

图 6-6　碳配额与能源金融资产在 5% 分位点的 CQ 图（B）

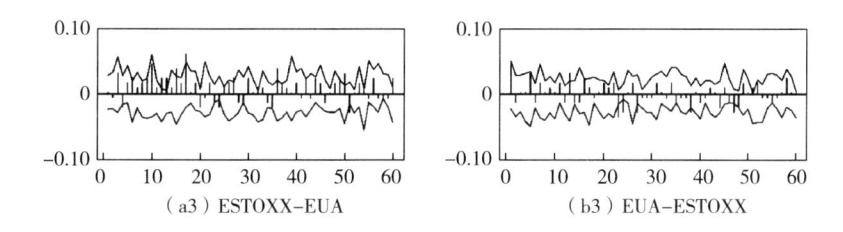

(a3) ESTOXX-EUA　　　　　　　（b3) EUA-ESTOXX

图 6-6　碳配额与能源金融资产在 5% 分位点的 CQ 图（B）（续）

注：条形图指的是 5% 分位点的 CQ 图，上、下两条是基于 1000 个自举重复数据的非分位数相依关系的 95% 自举置信区间。

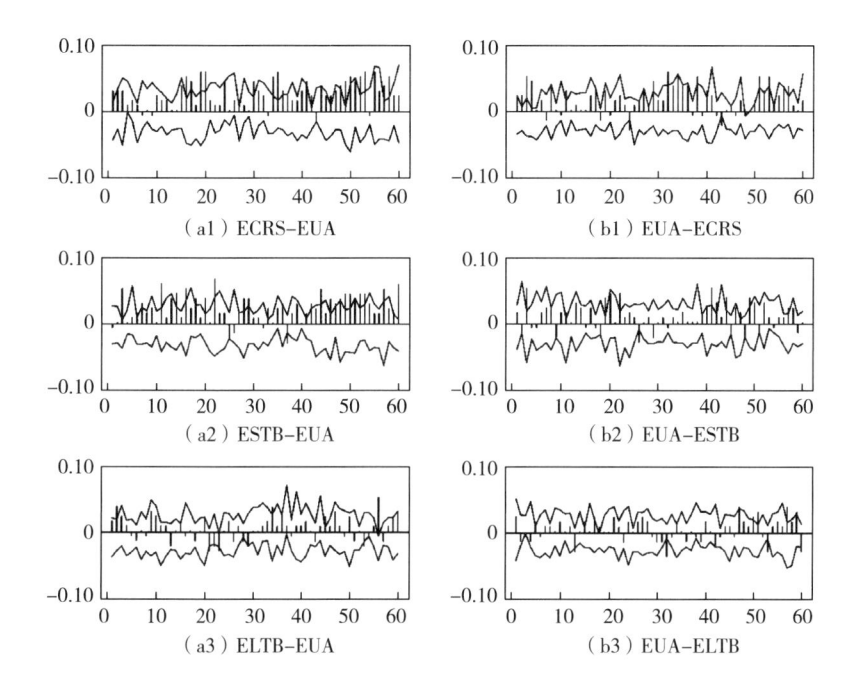

(a1) ECRS-EUA　　　　　　　（b1) EUA-ECRS

(a2) ESTB-EUA　　　　　　　（b2) EUA-ESTB

(a3) ELTB-EUA　　　　　　　（b3) EUA-ELTB

图 6-7　碳配额与能源金融资产在 5% 分位点的 CQ 图（C）

注：条形图指的是 5% 分位点的 CQ 图，上、下两条是基于 1000 个自举重复数据的非分位数相依关系的 95% 自举置信区间。

应。总体而言，本书发现：①相比之下，能源金融资产对碳配额下行风险的预测能力强于碳配额对能源金融资产下行风险的预测能力；②能源资产中，只有煤炭与碳配额存在较为显著的左尾风险相依关系，而在金融资产中，垃圾债和短期国债对碳配额下行风险的预测能力最强，但碳配额只能较为显著地预测垃圾债的下行风险；③碳配额只与煤炭、电力、垃圾债以及短期国债存在稳定为正的左尾收益率相关性，表明其存在比较稳定的下行风险传染，但在部分时期与其他资产表现出显著为负的左尾相依性，由此说明其极端下行风险不一定传染。

具体而言，在组合 EPE - EUA 中，从电力资产到碳配额的极端下行风险溢出在短中期显著为正，并在滞后 10—20 日达到最高值，但随着滞后期数的增加，其极端风险溢出效应逐渐下降且不再显著。由此可见，电力资产的极端下行风险会较为显著地增强碳价的短中期下跌风险，但其预测能力会随着滞后期数的增加而降低。相反，从碳配额到电力资产的极端下行风险溢出效应并不明显，且只在部分滞后期（第 10 日和第 30 日左右）显著。在组合 GAS - EUA 中，天然气和碳配额的极端下行风险溢出效应主要集中在滞后 30 日内，且只在部分滞后期表现出显著的正效应。其中，天然气在短期（5 日以内）与碳配额存在负相关，但在中长期表现为正相关，由此表明天然气价格下跌在短期会导致碳价上涨，但随后会导致碳价下跌。相反，碳配额对天然气的影响在短中期都主要表现为正向风险溢出，尤其是在前 10 期最为显著。可见，碳价下跌会在短中期提高天然气的下跌风险。在 OIL - EUA 组合中，石油与碳配额的极端下行风险溢出都具有显著滞后性。相比之下，从石油到碳配额的极端下行风险传染更显著，且主要发生在滞后 30 日以后，而从碳配额到石油的极端下行风险传递在前 20 期表现为正效应，但在 20 期后表现为负效应。相比之下，在 COAL - EUA 组合中，煤炭和碳配额在滞后 60 日内均表现出最为强烈的暴跌风险正向溢出效应。其中，从煤炭到碳配额的风险溢出效应在滞后 20—30 日内表现最为显著，而从碳配额到煤炭的风险溢出效应则在短中期（3—20 日）最为显著。

此外，碳配额与非能源金融资产间的极端下行风险溢出效应也具有较强的异质性。由 NCIR – EUA 组合可知，大宗商品价格指数与碳配额间的极端下行风险溢出效应较弱，且具有一定的滞后性和不稳定性。例如大宗商品价格指数在第 10 日和第 20 日分别对碳配额产生显著的正效应和负效应。相比之下，由 ESTOXX – EUA 组合可知，股指在滞后 60 日内将会对碳配额产生显著的正向极端下行风险溢出效应，且在前 20 日最为强烈。相反，碳配额对股指的风险溢出基本不显著，且在部分滞后期表现为负效应。根据 ECRS – EUA 组合可知，企业债和碳配额间存在相当显著的正向极端下行风险溢出效应，且在中长期（滞后 20—60 日）表现最强烈。其中，碳配额会在短期（前 5 期）正向影响企业债的极端下行风险，但企业债对碳配额的影响只在中长期表现显著。在 ESTB – EUA 组合中，短期国债和碳配额的极端下行风险溢出效应在 3 日后变得显著，但从短期国债到碳配额的正向溢出显著强于从碳配额到短期国债的正向溢出。其中，短期国债的正向传染主要集中在 3—30 日和 40—60 日，而碳配额的正向效应主要集中在 3—20 日以及 40—50 日。最后，由 ELTB – EUA 组合可知，长期国债和碳配额间的极端下行风险溢出较弱，且在中长期较为显著，但长期国债在短期（前 3 期）会显著增强碳配额的极端下行风险。

众所周知，投资者恐慌情绪是导致金融资产间风险传染的主要原因。本书进一步控制 VIX，分析在 VIX 较高水平时期，碳配额与关联资产间的极端下行风险相依关系是否会发生显著变化。由图 6 – 8 至图 6 – 10 可知，总体而言，高恐慌情绪时期的风险溢出规律相比于一般时期并没有显著提高，但是碳配额与部分资产间的短期（滞后 1 日）风险传染有所提高。具体来说，在 VIX 高水平时期，石油在滞后 1 日将对碳配额产生显著的极端下行风险传染，相反，碳配额在滞后 1 日将对天然气和股指产生显著的极端下行风险传染。

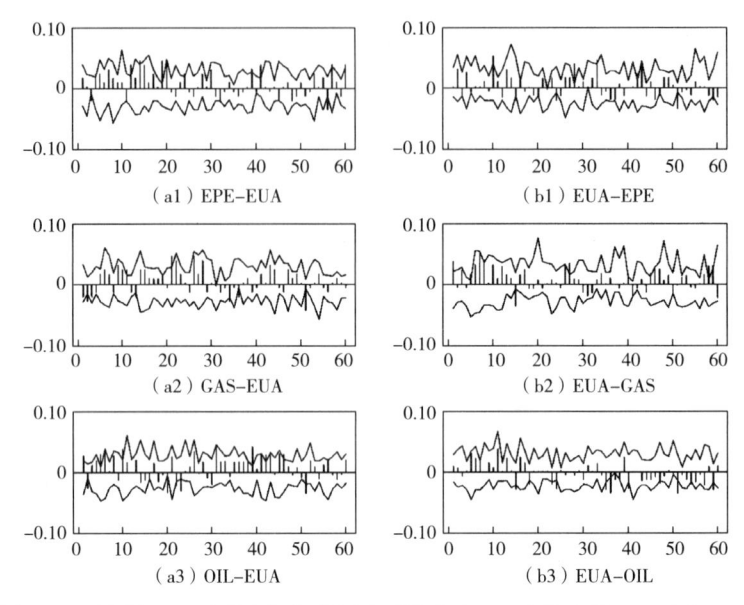

图 6-8　控制 VIX 时碳配额与能源金融资产在 5% 分位点的 PCQ 图（A）

注：条形图指的是 5% 分位点的 PCQ 图，上、下两条线是基于 1000 个自举重复数据的非分位数相依关系的 95% 自举置信区间。VIX 为芝加哥期权交易所市场波动率指数，即恐慌指数。

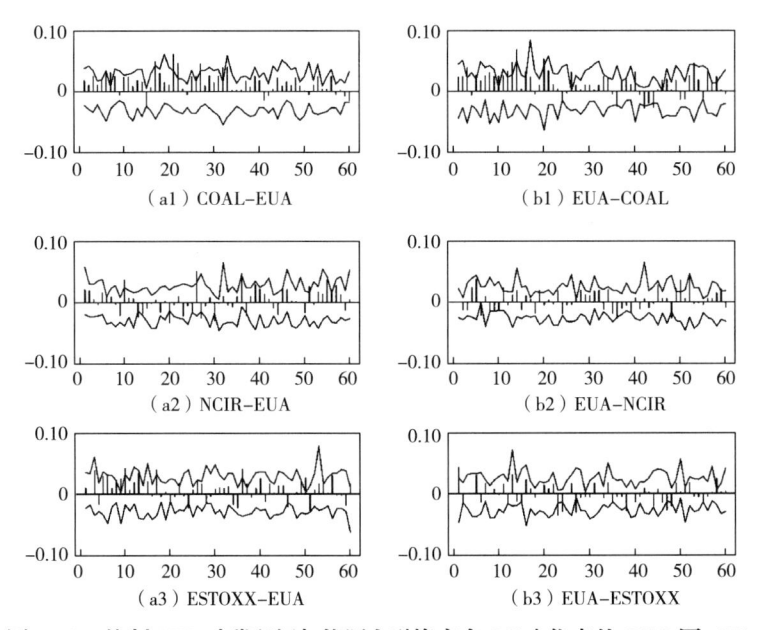

图 6-9　控制 VIX 时碳配额与能源金融资产在 5% 分位点的 PCQ 图（B）

注：条形图指的是 5% 分位点的 PCQ 图，上、下两条线是基于 1000 个自举重复数据的非分位数相依关系的 95% 自举置信区间。VIX 为芝加哥期权交易所市场波动率指数，即恐慌指数。

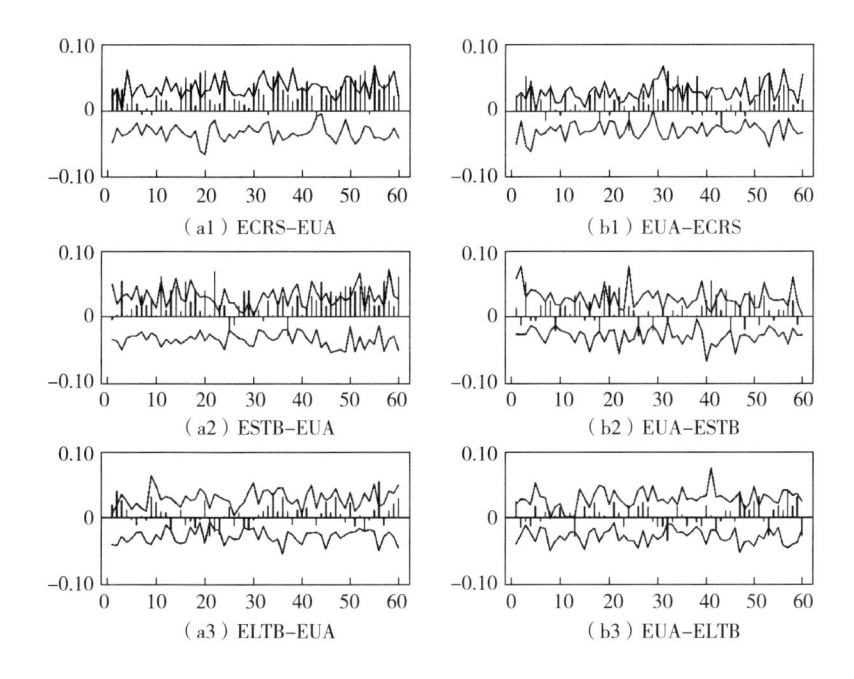

(a1) ECRS-EUA　　　　　　　　(b1) EUA-ECRS

(a2) ESTB-EUA　　　　　　　　(b2) EUA-ESTB

(a3) ELTB-EUA　　　　　　　　(b3) EUA-ELTB

图 6-10　控制 VIX 时碳配额与能源金融资产在 5% 分位点的 PCQ 图（C）

注：条形图指的是 5% 分位点的 PCQ 图，上、下两条线是基于 1000 个自举重复数据的非分位数相依关系的 95% 自举置信区间。VIX 为芝加哥期权交易所市场波动率指数，即恐慌指数。

此外，美国经济政策不确定性会对全球金融投资活动产生重要影响。本书将进一步控制美国 EPU，分析在美国经济政策不确定性较高时期，碳配额与关联资产间的极端下行风险具有何种相依关系。由图 6-11 至图 6-13 可知，在 VIX 和 EPU 较高时期，碳配额在滞后 1 日将会对股指产生显著的极端下行风险传染，从而导致股指下跌。但与高 VIX 时期不同的是，碳配额与部分资产间的中长期极端下行风险溢出会在高 EPU 时期显著增强，由此反映出经济政策不确定性指数冲击影响的滞后效应。具体而言，在美国经济政策不确定性指数较高时，大宗商品价格指数、企业债以及长期国债在滞后 50—60 日会对碳配额产生更加显著的极端下行风险溢出效应，相反，碳配额在滞后 20 日左右以及滞后 40—50 日对短期国债产生更强烈的极端下行风险溢出效应。

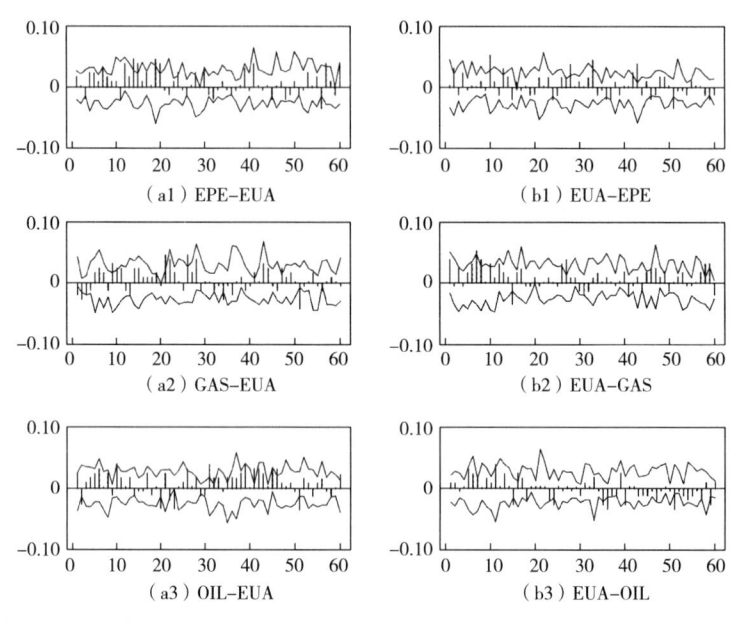

图 6-11 控制 EPU 时碳配额与能源金融资产在 5% 分位点的 PCQ 图（A）

注：条形图指的是 5% 分位点的 PCQ 图，上、下两条线是基于 1000 个自举重复数据的非分位数相依关系的 95% 自举置信区间。EPU 为美国经济政策不确定性指数。

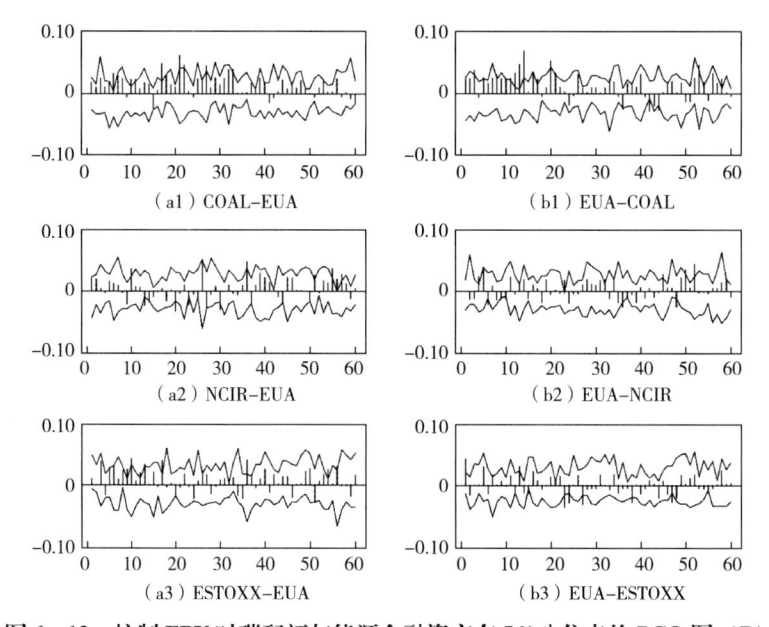

图 6-12 控制 EPU 时碳配额与能源金融资产在 5% 分位点的 PCQ 图（B）

注：条形图指的是 5% 分位点的 PCQ 图，上、下两条线是基于 1000 个自举重复数据的非分位数相依关系的 95% 自举置信区间。EPU 为美国经济政策不确定性指数。

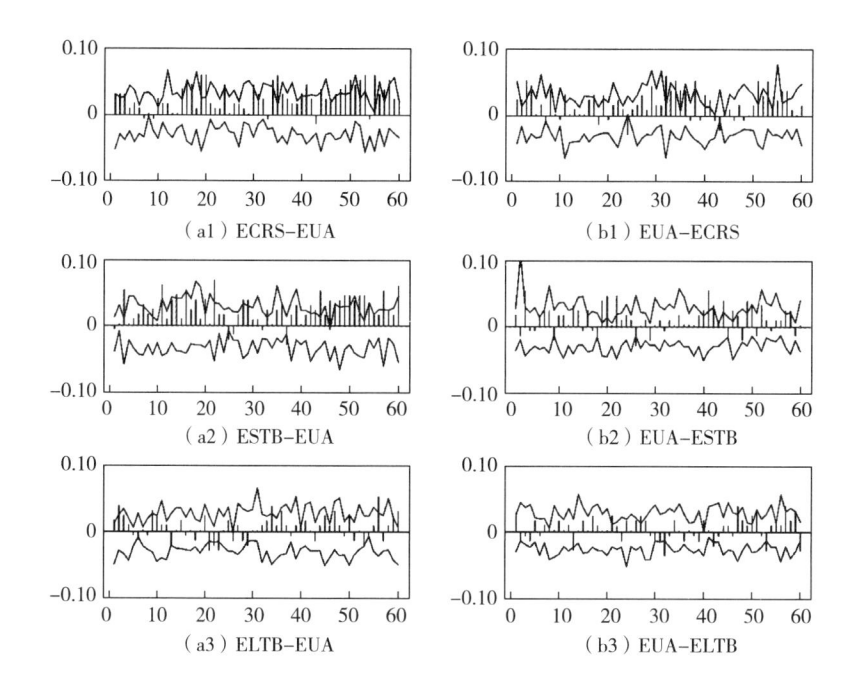

(a1) ECRS-EUA　　　　　　(b1) EUA-ECRS

(a2) ESTB-EUA　　　　　　(b2) EUA-ESTB

(a3) ELTB-EUA　　　　　　(b3) EUA-ELTB

图 6-13　控制 EPU 时碳配额与能源金融资产在 5% 分位点的 PCQ 图（C）

注：条形图指的是 5% 分位点的 PCQ 图，上、下两条线是基于 1000 个自举重复数据的非分位数相依关系的 95% 自举置信区间。EPU 为美国经济政策不确定性指数。

第四节　主要结论及政策启示

本章立足于"碳配额—能源—金融"系统，旨在揭示碳配额与各能源金融资产间可能存在的极端下行风险溢出，通过构建一个分位数方法体系，即包括 CAViaR 模型、风险格兰杰因果关系检验、二元分位数 VAR 模型以及 Cross-Quantilogram 方法，依次测度碳配额与关联资产的左尾 VaR，检验其风险格兰杰因果关系，测度其短期左尾 VaR 相依关系及冲击反应模式，并揭示其左尾 VaR 在不同滞后期的相依关系。

本章的主要结论如下：

（1）AS-CAViaR 模型估计结果显示，碳配额的左尾 VaR 具有显著的自相关性，且负收益的影响远远超过正收益的影响，因此投资者更关注碳配额的极端下行风险（即暴跌风险）。

（2）通过检验波动率和 VaR 两个维度的风险格兰杰因果关系，本书发现两个维度的检测结果存在较大差异。其中，碳配额与关联资产在均值波动率层面的风险溢出关系显著强于其在 VaR 层面的风险溢出关系，但均值层面的检验结果并不能覆盖 VaR 层面的检验结果。因此，有必要从分位数层面对碳配额与关联资产间的风险溢出效应进行深入研究。

（3）由双变量分位数 VAR 模型可知，碳配额与能源资产间存在较为显著的短期单向左尾风险相依关系，但与金融资产间的左尾相依性较弱。其中，碳配额与石油在滞后 1 日不存在显著的极端下行风险相依关系，但与电力资产、煤炭以及天然气存在异质性的尾部相依结构。例如，碳配额的价格下跌会导致电力价格出现快速下跌，相反，天然气价格下跌会增强碳配额的极端下行风险，但煤炭价格下跌会在短期缓解碳价极端下跌风险。

（4）相比之下，碳配额与金融资产间的短期尾部相依性较弱，尤其是与固定收益类资产在滞后 1 日均不存在显著的尾部相依性，但与大宗商品价格指数和股指存在单向的尾部相依关系。其中，从大宗商品价格指数到碳配额存在显著的极端下行风险溢出效应，相反，从碳配额到股指存在显著的极端下行风险溢出。

（5）伪分位数脉冲响应函数结果表明，当给能源资产施加一个负向冲击时，碳价左尾收益率会在当期或者滞后期呈现出不同程度的下降，由此表明存在从能源到碳配额的极端下行风险传染。相比之下，石油和天然气冲击存在显著的滞后性，而电力和煤炭冲击会导致即期碳价下跌，但会迅速恢复。当给金融资产收益率一个负向冲击时，碳价 VaR 不存在即期响应，但会在 10 日左右出现持续响应，且冲击信息很难被快速吸收。

（6）当给碳配额收益率施加一个负向冲击时，能源金融资产的尾部收益率反应不显著，且具有较大差异。针对碳配额收益率冲击，煤炭没有明显反应，电力、天然气和石油则在不同滞后期出现反应，其中电力资产反应最快，石油反应最慢。此外，金融资产中只有股指会在短期对碳价收益率冲击做出显著的反应。

（7）根据 Cross-Quantilogram 结果可知，能源金融资产与碳配额在不同滞后期存在不同程度的极端下行风险溢出效应，其中从能源金融资产到碳配额的正向溢出效应强于反向溢出效应。能源资产与碳配额的尾部风险溢出主要集中在短中期（滞后20日内），其中煤炭与碳配额的双向风险溢出效应最为显著。相反，金融资产与碳配额的极端下行风险溢出效应具有明显的时滞性，且在中长期（滞后20—60日）最为显著。其中，企业债、短期国债及股指与碳配额存在较显著的极端下行风险溢出效应。在 VIX 较高时期，碳配额与天然气、石油以及股指在滞后1日的极端风险溢出效应显著增强，但在 EPU 较高时期，碳配额与大宗商品价格指数以及三类债券间的中长期风险溢出效应显著增强，此外，碳配额与股指的短期风险溢出效应也显著增强。

基于上述结论，本章提出以下投资与监管建议：①碳配额虽然在短期与部分能源资产和股指存在显著的左尾相依关系，但主要表现为单向极端风险溢出效应，且能源金融资产的收益率冲击大多具有明显的时滞性，因此投资者在短期可以通过构建碳配额与固定收益类资产、非能源大宗商品价格指数或者石油间的投资组合以缓解碳价下行压力；②在短中期（1—20日），投资者可以考虑构建碳配额与大宗商品价格指数、长期债券、石油间的投资组合，但要防范股指、煤炭以及短期国债对碳配额的风险传染；③在中长期（21—60日），投资者可以构建碳配额与电力、天然气的投资组合，但要防范煤炭、股指、大宗商品价格指数、企业债、短期国债以及长期国债对碳配额产生的极端下行风险溢出效应；④当 VIX 指数较高时，监管者要警惕碳配额与能源资产以及股指间的短期风险传染，而当美国 EPU 指数较高时，要注意碳配额与金融资产间的中长期下行风险传染。

第七章

重大事件对系统内波动溢出效应的冲击作用

由第四章的相关结论可知，碳期货与关联资产间的相依性存在结构变点，且导致结构变点的主要原因为碳市场政策调整、金融危机事件和石油危机事件。可见，多元重大事件很可能影响碳期货与关联资产间的相依关系。根据相关理论假说可知，重大事件可以通过经济基本面以及净传染渠道将危机传染到其他市场，从而引起资产间的相依性变化。基于此，本章深入探讨了多种具体事件对"碳配额—能源—金融"系统内信息溢出效应的冲击影响，并测度了碳期货及关联资产极端下行风险的冲击影响，从而揭示多元事件冲击下的相依性变化形成机理。

第一节 多元 GARCH 模型及波动率脉冲响应函数

一 BEKK–GARCH 模型

信息溢出效应一般分为两个层次，即价格层面的信息传导和风险层面的信息传导。本章借鉴 Engle 和 Kroner 在 1995 年提出的

BEKK 参数化方法，建立具有正定条件方差矩阵的 BEKK – GARCH 模型，该模型突破了金融变量之间存在常数相关系数的假设约束，而且具有较少的待估参数，因此可以有效地捕捉变量间的动态波动溢出效应。

Bollerslev 等（1988）最早将一元 GARCH 模型扩展为多元 GARCH 模型的 VEC 表达式，即每个条件方差和协方差是所有滞后条件方差和协方差以及滞后收益残差平方和收益交叉乘积的函数。该模型可以表示为：

$$vech(H_t) = c + \sum_{i=1}^{q} A_i vech(\varepsilon_{t-i}\varepsilon'_{t-i}) + \sum_{j=1}^{p} B_j vech(H_{t-i})$$

$$(7-1)$$

其中，$vech(\cdot)$ 为向量的半算子，其功能是将一个 $N \times N$ 阶矩阵的下三角依次堆积成一个 $N(N+1)/2$ 维向量，N 为收益率序列个数。A_i 和 B_j 为各自包含 $N(N+1)/2 \times N(N+1)/2$ 个参数的矩阵，而向量 c 包含 $N(N+1)/2$ 个系数。尽管 VEC 模型比较灵活，但也存在一些不足。例如，对于所有时间 t，条件协方差矩阵 H_t 为正定矩阵的充分条件比较严格，同时，参数数量众多也给参数估计带来极大困难。

为了使模型更有实用价值，通常必须限制模型的参数。Engle 和 Kroner（1995）在 VEC 基础上提出一个受限制的多元 GARCH 模型，即 Baba – Engle – Kraft – Kroner（BEKK） – GARCH 模型，其主要优点在于它容易实现矩阵 H_t 的正定性，并且相比于 VEC 模型，其待估参数数量显著降低。其通用表达式为：

$$H_t = CC' + \sum_{k=1}^{K}\sum_{i=1}^{q} A'_{ki}\varepsilon_{t-i}\varepsilon'_{t-i}A_{ki} + \sum_{k=1}^{K}\sum_{i=1}^{p} B'_{ki}H_{t-i}B_{ki}$$

$$(7-2)$$

其中，H_t 是 $K \times K$ 阶条件方差—协方差矩阵，C 为 $K \times K$ 阶下三角矩阵，把常数项分解成两个下三角矩阵的乘积是为了确保 H_t 的正定性。矩阵 A_{ki} 和 B_{ki} 为 $K \times K$ 阶参数矩阵，当且仅当 $\sum_{k=1}^{K}\sum_{i=1}^{q} A_{ki} \otimes$

$A_{ki} + \sum_{k=1}^{K} \sum_{i=1}^{p} B_{ki} \otimes B_{ki}$ 的特征值的模小于 1 时，BEKK 模型的协方差才具有稳定性。这里 $\otimes$ 表示两个矩阵的 Kronecker 乘积。ε_t 是均值方程 $K \times 1$ 维残差向量，具有时变条件方差，即 $\mathrm{var}(\varepsilon_t | I_{t-1}) = H_t$，$I_{t-1}$ 为截止到 $t-1$ 期的信息集。假定残差 ε_t 服从正态分布，样本长度为 T，可通过对数极大似然法估计待估参数向量，对应的对数似然函数为：

$$\log L = \sum_{t=1}^{T} l_t$$

$$l_t = -\frac{N}{2}\ln(2\pi) - \frac{1}{2}\ln|H_t| - \frac{1}{2}\varepsilon'_t H_t^{-1} \varepsilon_t \qquad (7-3)$$

由于金融时间序列变量常常不服从正态分布，因此需要采用准最大似然估计（Quasi - Maximum Likelihood，QML）法最大化式（7-3）以估计参数。为更好拟合金融残差序列的尖峰厚尾，Bollerslev（1987）提出假设残差项服从 t 分布，并用 QML 法对参数进行估计。

在本章研究中，二元 BEKK - GARCH (1, 1) 模型将用于研究碳期货与关联资产间的动态波动溢出效应。其中，用于捕捉均值溢出效应和波动溢出效应的均值方程和方差方程可分别表示为：

$$\begin{cases} r_{1t} = \mu_1 + \varpi_{1i} \sum_{i=1}^{T} r_{1,t-i} + \varepsilon_{1t} \\ r_{2t} = \mu_2 + \varpi_{2i} \sum_{i=1}^{T} r_{2,t-i} + \varepsilon_{2t} \end{cases} \qquad (7-4)$$

$$\varepsilon_t = \begin{pmatrix} \varepsilon_{1t} \\ \varepsilon_{2t} \end{pmatrix}, \quad H_t = \begin{pmatrix} h_{11,t} & h_{12,t} \\ h_{21,t} & h_{22,t} \end{pmatrix} \qquad (7-5)$$

$$H_t = CC' + A\varepsilon_{t-1}\varepsilon'_{t-1}A' + BH_{t-1}B' \qquad (7-6)$$

$$C = \begin{pmatrix} c_{11} & 0 \\ c_{21} & c_{22} \end{pmatrix}, \quad A = \begin{pmatrix} a_{11} & a_{12} \\ a_{21} & a_{22} \end{pmatrix}, \quad B = \begin{pmatrix} b_{11} & b_{12} \\ b_{21} & b_{22} \end{pmatrix} \qquad (7-7)$$

$$\begin{aligned} h_{11,t} = {} & c_{11}^2 + b_{11}^2 h_{11,t-1} + 2b_{11}b_{12}h_{12,t-1} + b_{12}^2 h_{22,t-1} + \\ & 2a_{11}a_{12}\varepsilon_{1,t-1}\varepsilon_{2,t-1} + a_{11}^2 \varepsilon_{1,t-1}^2 + a_{12}^2 \varepsilon_{2,t-1}^2 \end{aligned} \qquad (7-8)$$

$$h_{22,t} = c_{22}^2 + c_{21}^2 + b_{21}^2 h_{11,t-1} + 2b_{21}b_{22}h_{12,t-1} + b_{22}^2 h_{22,t-1} +$$

$$a_{21}^2 \varepsilon_{1,t-1}^2 + 2a_{21}a_{22}\varepsilon_{1,t-1}\varepsilon_{2,t-1} + a_{22}^2\varepsilon_{2,t-1}^2 \quad (7-9)$$

$$h_{12,t} = h_{21,t} = c_{11}c_{21} + a_{11}a_{21}\varepsilon_{1,t-1}^2 + (a_{11}a_{22} + a_{12}a_{21})\varepsilon_{1,t-1}$$
$$\varepsilon_{2,t-1} + a_{12}a_{22}\varepsilon_{2,t-1}^2 + b_{11}b_{21}\varepsilon_{2,t-1}^2 + b_{11}b_{21}h_{11,t-1} +$$
$$(b_{11}b_{22} + b_{12}b_{21})h_{21,t-1} + b_{12}b_{22}h_{22,t-1} \quad (7-10)$$

式（7-4）至式（7-10）中的 r_1 和 r_2 分别表示两个变量的收益率，ε_1 和 ε_2 为均值方程的残差。C 为下三角常数项系数矩阵，H_t 是条件协方差矩阵，其中 $h_{11,t}$ 表示变量1的条件方差，$h_{22,t}$ 表示变量2的条件方差，$h_{12,t}$（$h_{21,t}$）表示变量1和变量2间的条件协方差。矩阵 A 和 B 分别代表 ARCH 项和 GARCH 项系数，其中，矩阵 A 测量条件方差与过去残差平方的相关性，从而衡量残差信息对波动率的影响。矩阵 B 衡量条件方差—协方差矩阵的当前值对其历史值的依赖程度。根据以上各式可知，影响两个市场变量波动的因素主要来自两个方面，一是自身因素以及其他相关因素的前期残差 $\varepsilon_{1,t-1}$ 和 $\varepsilon_{2,t-1}$，二是自身以及其他相关变量的条件方差 $h_{12,t-1}$（$h_{21,t-1}$）、$h_{21,t-1}$、$h_{11,t-1}$ 和 $h_{22,t-1}$。因此，当 $a_{ij} = b_{ij} = 0$（$i \neq j$）时，说明只有市场 j 自身的历史波动会对其产生溢出效应，而其他市场将不会对其波动产生影响。

二 波动率脉冲响应函数

波动率脉冲响应函数（Volatility Impulse Response Functions，VIRFs）方法旨在刻画外部冲击下资产间波动溢出效应的响应动态，该方法的一个关键步骤是识别独立性冲击。Hafner 和 Herwartz（2006）认为，随着时间的推移，冲击本身是独立的，而且不同市场间同时出现的冲击是相互独立的，该假设可以识别出任意时刻不服从正态分布的冲击。通过假设冲击服从独立同分布，现实冲击情景就可以从该分布中提取出来。这个假设也可以将 VIRFs 模型建立于 Koop 等（1996）对数据生成过程的定义上，由此表明，在多变量 VIRFs 分析框架下，独立性冲击可以通过历史数据集进行追踪及获取。

为了获取独立且确定的新息，Hafner 和 Herwartz（2006）将矩阵 H_t 进行 Jordan 分解，将对称的 $H_t^{1/2}$ 矩阵定义为：

$$H_t^{1/2} = \Gamma_t \Lambda_t^{1/2} \Gamma_t' \qquad (7-11)$$

其中，$\Lambda_t = \mathrm{diag}(\lambda_{1t}, \lambda_{2t}, \cdots, \lambda_{Nt})$ 为对角矩阵，其矩阵元素 $\{\lambda_{it}\}_{i=1}^N$ 代表矩阵 H_t 的特征值。$\Gamma_t = (\gamma_{1t}, \gamma_{2t}, \cdots, \gamma_{Nt})$ 为 $N \times N$ 阶特征向量。因此，独立冲击被定义为 $z_t = H_t^{-1/2} \varepsilon_t$。Hafner 和 Herwartz（2006）指出，在非正态分布的假设下，由于 z_t 被唯一定义，因此可以被视为可能在未来影响每个市场的历史冲击。

从误差向量 ε_t 中获取 z_t 后，Hafner 和 Herwartz（2006）将 VIRFs 定义为基于初始冲击及历史值的条件波动率预期值减去只考虑历史值的条件基准值。具体可表示为：

$$V_t(z_0) = \mathrm{E}[vech(H_t)|z_0, I_{t-1}] - \mathrm{E}[vech(H_t)|I_{t-1}] \quad (7-12)$$

其中，z_0 是在 0 时刻作用于系统的初始特定冲击，I_{t-1} 为截止到 $t-1$ 期的信息集，$V_t(z_0)$ 为 $N(N+1)/2$ 阶矩阵，用于衡量 z_0 中相同且独立的冲击分量对 t 期向前条件方差—协方差矩阵分量的影响程度。

Gallant 等（1993）提出的条件矩曲线方法（Conditional moment profiles, GRT）假设冲击直接作用于误差项，但 VIRFs 框架假定冲击具有独立同分布，可以更加准确地捕捉到历史事件对波动信息的冲击作用。鉴于此，本章将基于 VIRFs 框架，从三个方面深入研究各类事件对碳期货与关联资产间波动溢出效应的冲击效应。首先，针对碳市场内部事件，本章选取 6 个典型的碳市场事件代表碳市场相关政策事件，对比分析其在 VIRFs 和 GRT 两种框架下的冲击影响，从而识别出冲击最大的事件。其次，针对碳市场外部的事件，本章选取了来自国际金融商品市场的 4 个重大事件，并对比分析了该事件发生前 20 日和该事件发生日后 20 日对波动溢出效应产生的平均冲击。最后，鉴于"碳配额—能源—金融"系统中各个资产均存在暴跌和暴涨风险，本章进一步基于尾部风险传染视角，将每个资产 5% 分位点和 95% 分位点所在日期设定为暴跌事件发生日和暴涨事件发生日，并分别计算各种暴跌和暴涨事件对关联资产间波动溢出效应的冲击作用。

第二节 变量选取及数据预处理

为探究各类事件对"碳配额—能源—金融"复杂系统内部波动溢出效应的冲击作用，本章继续使用前文中的 10 个变量构建"碳配额—能源—金融"系统。首先选取 ICE – EUA 连续期货合约的结算价格（欧元/吨二氧化碳）刻画碳市场（EUA），然后选取四类能源期货价格代表欧洲能源市场，分别为：①ICE—布伦特原油连续期货合约结算价（OIL，美元/桶）；②ICE – API2 鹿特丹煤炭连续期货合约结算价（COAL，美元/吨）；③ICE – UK 天然气连续期货合约结算价（GAS，英镑/赫姆）；④EEX Phelix 电力基准连续期货合约结算价（EPE，欧元/兆瓦时）。为确保上述能源资产具有相同的结算货币，本书使用欧洲中央银行的每日汇率将外币统一折算为欧元。最后，本章选取 5 个非能源金融变量刻画金融资产，具体包括：①标普 S&P GSCI 非能源商品指数收益率（NCIR）；②欧元区公司债券收益率差（ECRS），即 BBB 级 FISE 公司债收益率减去 AAA 级 FISE 公司债收益率；③欧元区 10 年期政府债券收益率（ELTB）；④欧元区 3 月期国债收益率（ESTB）；⑤欧洲 STOXX600 指数（ESTOXX）。欧元区债券收益率数据来自欧洲中央银行，天然气期货价格数据来源于网站 https：//www.quandl.com/，其他数据均来自汤森路透数据库。本章数据区间为 2008 年 3 月 4 日到 7 月 17 日，每个变量均包含 2651 个日度观测值。

类似地，本书通过对数差分法计算 8 种资产（EUA、OIL、COAL、EPE、GAS、NCIR、ECRS 和 ESTOXX）的连续复利收益率，并采用差分法计算 2 种债券资产（ELTB 和 ESB）的连续复利收益率。具体的变量描述性统计如表 7 – 1 所示。

表 7-1　变量描述性统计

	EUA	COAL	GAS	OIL	EPE	ECRS	ELTB	NCIR	ESTB	ESTOXX
均值	-0.0001	-0.0001	0.0000	0.0000	0.0001	0.0001	-0.0014	-0.0003	-0.0017	0.0001
中位数	0.0000	0.0001	-0.0009	-0.0001	0.0026	0.0001	-0.0023	-0.0001	-0.0004	0.0004
最大值	0.24	0.08	0.35	0.14	1.73	0.01	0.17	0.05	0.22	0.09
最小值	-0.43	-0.09	-0.12	-0.11	-2.57	-0.01	-0.19	-0.05	-0.93	-0.07
标准差	0.03	0.01	0.02	0.02	0.10	0.00	0.03	0.01	0.03	0.01
偏度	-0.81	-0.42	2.15	0.06	-8.39	0.17	0.18	-0.31	-11.68	-0.17
峰度	20.77	8.25	28.55	6.93	274.33	14.04	4.58	7.12	333.78	9.92
J-B 统计量	35212***	3132***	74182***	1712***	8163196***	13498***	293***	1927***	12146803***	5315***
ADF 统计量	-12.59***	-11.14***	-8.84***	-13.82***	-14.24***	-12.73***	-12.90***	-52.09***	-6.48***	-25.76***

注：J-B 统计量为 Jarque-Beta 统计量，原假设为序列服从正态分布；ADF 统计量用于检验序列是否为平稳时间序列，原假设为序列的自回归模型存在单位根，即序列不平稳。*** 代表统计量在 1% 显著性水平上拒绝原假设。

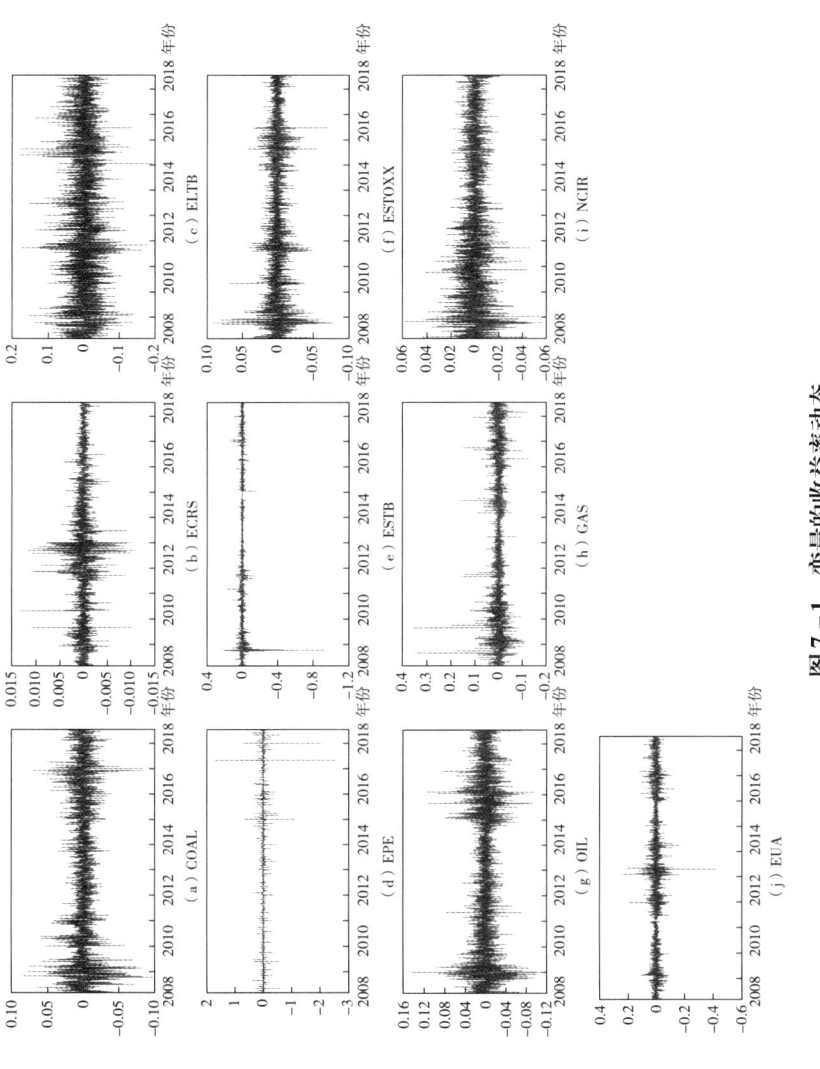

第七章 重大事件对系统内波动溢出效应的冲击作用　　247

图 7–1　变量的收益率动态

首先,表7-1显示所有变量的峰度均大于3,说明这些指标均不服从标准正态分布,而是存在"尖峰厚尾"特征,由此说明这些变量出现极端事件的概率较大。此外,所有变量的J-B统计量均在1%显著性水平上显著,也证实了其服从非正态分布的假设。其次,天然气、石油、垃圾债以及欧元区长期国债的收益率偏度均大于0,说明这些指标具有较大的暴涨风险。相反,碳配额、电力、煤炭、大宗商品、股指和短期国债的收益率偏度均小于0,说明这些指标具有较大的暴跌风险。最后,所有变量的ADF检验均在1%显著性水平上拒绝原假设,说明所有变量的收益率均为平稳序列。

图7-1显示,几乎所有资产均具有明显的波动聚集效应,而且2008年9月雷曼兄弟破产事件引发的国际金融危机时期(2008年9月至2009年6月)是最主要的高波动时期。对于碳市场而言,其在2012年年末至2013年中表现出最大幅度波动,且与短期国债具有较为相似的收益率动态,主要原因可能是EU ETS在2013年进入运行第三阶段,相关交易制度的调整导致碳价剧烈波动。此外,石油、煤炭、股市以及长期国债于2015—2017年也表现为高波动状态,主要原因可能是2015年年底美联储的加息预期、2016年中国经济增长放缓以及各国经济政策无序调整引发市场对全球经济复苏和投资安全性的担忧。

表7-2展示了本章选取的所有具体事件及相关信息。首先,为衡量碳市场相关政策事件的冲击影响,本章研究参照Fan等(2017),选取了EU ETS的6类碳市场相关事件,具体包括:①航空事件(AVIA),事件发生日为2011年3月7日;②拍卖事件(AUC),事件发生日为2012年7月25日;③免费配额事件(FREE),事件发生日为2012年11月30日;④核查事件(MRV),事件发生日为2013年1月23日;⑤碳信用使用事件(CER),事件发生日为2013年9月16日;⑥总量事件(CAP),事件发生日为2014年1月22日。此外,为进一步测度碳市场外的国际金融能源类重大事件的冲击影响,本章参照Eraslan和Ali(2018)分别从权益、

债券、商品以及石油 4 个方面选取了 4 个代表性事件进行研究，具体包括：①雷曼兄弟破产事件，事件发生日为 2008 年 9 月 15 日；②希腊主权债务危机恶化事件，事件发生日为 2009 年 11 月 5 日；③中国经济增长率大幅下跌事件，事件发生日为 2016 年 1 月 19 日；④石油减产协议延长事件，事件发生日为 2017 年 5 月 22 日。

表 7-2　　　　　　　　　具体事件选取及基本信息

	编号	日期	事件介绍	类型
碳市场相关事件	1	2011 年 3 月 7 日	关于历史航空排放的第 2011/149/EU 号决定	航空（AVIA）
	2	2012 年 7 月 25 日	欧盟委员会建议将 2013 年至 2015 年的部分配额折量拍卖到第三阶段末	拍卖（AUC）
	3	2012 年 11 月 30 日	欧盟委员会批准为匈牙利的发电厂提供临时免费配额	免费配额分配（FREE）
	4	2013 年 1 月 23 日	气候变化委员会批准新的欧盟排放交易计划登记规则	核查（MRV）
	5	2013 年 9 月 16 日	联盟登记处更新了国际碳信用交换和持有的相关规定	碳信用使用（CER）
	6	2014 年 1 月 22 日	欧盟委员会建议在第四阶段建立市场稳定储备机制	总量（CAP）
	7	2008 年 9 月 15 日	雷曼兄弟控股公司向美国纽约南区破产法院提交了破产申请，成为美国历史上最大的破产案	国际金融危机
	8	2009 年 11 月 5 日	希腊的年度预算赤字远超宣布值	欧债危机
	9	2016 年 1 月 19 日	中国经济增度为 25 年来最低	中国经济降速
	10	2017 年 5 月 22 日	OPEC 和非 OPEC 成员国同意延长减产协议 9 个月	石油减产协议

本书选取上述四个国际性重大事件的原因如下。首先，雷曼兄弟作为美国四大投资银行之一，是华尔街最负盛名的金融机构之一，

其业务涉及股票、固定收益、交易、投资管理和私募基金等，且分支机构遍布全球，其破产事件直接引发了 2008 年国际金融危机，给全球金融市场造成巨大冲击。其次，2009 年 11 月 5 日希腊总理帕潘德里欧宣布，希腊的年度预算赤字将占国内生产总值的 12.7%，是之前宣布的数字的两倍以上，该事件进一步刺激了全球资本对欧洲国家主权债务危机的担忧。再次，中国作为全球经济增长至关重要的引擎，主导着全球商品及资金的流动。2015 年中国的产能过剩及过度投资导致国内一系列的经济政策调整，降低了中国在未来对国际商品市场的依赖。因此，自 2016 年年初以来，市场对中国经济增长势头放缓和中国政府相关调控政策的担忧，导致石油和大宗商品价格暴跌，并引起全球股市的剧烈波动。最后，2017 年 5 月 22 日，为提振国际油价，OPEC 成员国和非 OPEC 成员国决定延长石油减产协议 9 个月，该事件迅速拉升了国际油价。

第三节 基于 BEKK – GARCH 模型的时变波动相关性与投资策略

一 时变波动相关性测度

在分析双变量系统的条件异方差之前，本书先估计所有变量的 AR（1）模型，然后用其残差建立双变量波动率溢出效应模型。本书构建所有变量收益率的 AR（1）– GARCH（1, 1）模型，并得到 QML 标准误差，具体估计结果和诊断统计报告如表 7 – 3 所示。由表 7 – 3 可知，只有 EPE、ESTB、OIL、COAL 以及 ELTB 的 AR（1）系数显著不为 0。其中，COAL 和 ELTB 的正系数表明煤炭市场以及欧元区长期国债的滞后收益率会进一步正向影响当期收益率，即存在显著的波动聚集现象。相反，EPE、ESTB 和 OIL 的负系数表明电力、欧元区短期国债以及石油的前期收益率信息会抑制下期收益率变化，即收益率波动更加剧烈。总体来说，诊断检测结果显示出 AR

第七章 重大事件对系统内波动溢出效应的冲击作用　251

表7-3　AR(1)-GARCH模型估计结果

	EUA	EPE	GAS	OIL	COAL	NCIR	ESTOXX	ECRS	ESTB	ELTB
面板A：估计结果									
常数项	0.07*	-0.21	0.02	0.02	-0.00	-0.02	0.05***	0.01***	-0.03	-0.15*
t统计量	1.94	-1.09	0.62	0.67	-0.07	-1.46	2.89	2.98	-0.94	-1.78
AR(1)	-0.00	-0.06***	0.03	-0.04**	0.17***	0.00	0.01	-0.05	-0.15***	0.05**
t统计量	-0.18	-2.72	1.25	-2.15	8.96	0.16	0.45	-1.22	-4.96	2.48
面板B：诊断检验									
ARCH-LM(1)	0.05	0.05	0.20	0.71	0.02	0.75	0.36	0.20	0.00	3.14*
J-B检验	963***	14008978***	6497***	115***	222***	128***	158***	38268***	49477***	170***
Q(10)	16.22*	24.09***	9.72	9.45	10.31	5.13	11.48	39.36***	33.87***	7.65
Q(20)	26.09	31.14**	17.72	17.85	27.86*	13.35	23.75	49.39***	60.03***	21.11

注：ARCH-LM(1)为滞后一期的ARCH效应检验，原假设为序列不存在显著的ARCH效应；J-B统计量为Jarque-Beta统计量，用于检验序列是否服从正态分布，原假设为序列服从正态分布；Q(10)和Q(30)分别为Ljung和Box提出的残差滞后10期和30期的Q统计量，其原假设为序列不存在显著的残差自相关。*、**和***分别代表统计量在10%，5%和1%显著性水平上拒绝原假设。

（1）-GARCH（1，1）模型可以较为充分地捕捉金融资产的条件异方差特征以及序列自相关特征。虽然 AR（1）-GARCH（1，1）模型使得几乎所有序列（除了 ELTB）的残差均不存在 ARCH 效应，但仍未能充分过滤部分序列（包括 EPE、ECRS、ESTB）的残差自相关问题。最后，J-B 检测结果表明所有残差序列仍不服从正态分布。

获取误差变量后，本书立足于碳期货市场，分别构建其与不同资产的 BEKK-GARCH 模型，从而刻画碳期货与关联资产间的动态波动溢出行为。由于所有变量均不服从正态分布，本书通过 t 分布拟合金融残差序列的尖峰厚尾特征。通过对比多种分布的检验结果，本书最终假设 EPE 和 ESTB 的残差向量 ε_t 服从对称 t 分布[①]，并假设其他资产的残差向量服从不对称 t 分布，具体的 BEKK-GARCH 模型估计结果如表 7-4 所示。

表 7-4　　　　　　　BEKK-GARCH 模型估计结果

C	A	B	D	特征值	极大似然值
面板 A：EUA-EPE（对称 t 分布）					
0.28***	0.34***	-0.01	0.94***	0.03		0.99	-15954.1
(0.00)	(0.00)	(0.80)	(0.00)	(0.41)		0.66	
2.66	6.57***	-0.00*	0.23***	-0.01	0.62***	0.44	
(0.13)	(0.00)	(0.08)	(0.00)	(0.15)	(0.00)		
面板 B：EUA-GAS（不对称 t 分布）					
0.25***	0.30***	0.00	0.94***	-0.00	-0.19***	0.01	0.99	-11901.6
(0.00)	(0.00)	(0.69)	(0.00)	(0.63)	(0.00)	(0.40)	0.96	
-0.04	0.13***	-0.04*	0.07***	0.01**	0.98***	0.04	-0.26***	0.95
(0.36)	(0.00)	(0.08)	(0.00)	(0.01)	(0.00)	(0.18)	(0.00)	

---

① 值的一提的是，本书也基于正态分布和对称 t 分布假设对模型进行了估计，但是该分布下的对数似然值较小，而相比之下，t 分布假设下的模型具有更大的似然值。此外 EPE 和 ESTB 的非对称 t 分布检验结果出现超过 1 的特征值，因此本书对其采用对称的 t 分布。

续表

C	A	B	D	特征值	极大似然值

面板 C：EUA - OIL（不对称 t 分布）

0.21***		0.27***	0.00	0.95***	0.00	0.19***	-0.01	0.97	-11467.2
(0.00)		(0.00)	(0.91)	(0.00)	(0.78)	(0.00)	(0.25)	0.95	
-0.09**	0.08	0.01	-0.05*	0.01***	0.98***	-0.02	0.28***	0.91	
(0.04)	(0.17)	(0.48)	(0.07)	(0.00)	(0.00)	(0.42)	(0.00)		

面板 D：EUA - COAL（不对称 t 分布）

0.25***		0.22***	0.01	0.95***	-0.00	0.27***	0.01	0.98	-10535.7
(0.00)		(0.00)	(0.49)	(0.00)	(0.65)	(0.00)	(0.30)	0.96	
-0.02	0.15***	0.07**	0.26***	0.00	0.95***	0.02	-0.11***	0.95	
(0.56)	(0.00)	(0.03)	(0.00)	(0.79)	(0.00)	(0.60)	(0.00)		

面板 E：EUA - NCIR（不对称 t 分布）

0.26***		0.28***	0.00	0.94***	0.00	-0.21***	-0.01	0.98	-9397.6
(0.00)		(0.00)	(0.65)	(0.00)	(0.88)	(0.00)	(0.18)	0.97	
-0.01	0.05***	-0.02	0.16***	0.02*	0.98***	0.09	0.13***	0.97	
(0.40)	(0.00)	(0.62)	(0.00)	(0.08)	(0.00)	(0.13)	(0.00)		

面板 F：EUA - ESTOXX（不对称 t 分布）

0.23***		0.29***	-0.00	0.94***	0.00	0.16***	0.01	0.98	-9773.3
(0.00)		(0.00)	(0.65)	(0.00)	(0.93)	(0.00)	(0.32)	0.90	
-0.04	0.12***	-0.01	0.03	0.01	0.94***	0.05	0.43***	0.89	
(0.18)	(0.00)	(0.77)	(0.38)	(0.61)	(0.00)	(0.27)	(0.00)		

面板 G：EUA - ECRS（不对称 t 分布）

0.26***		0.23***	-0.00	0.95***	0.00	0.27***	0.00***	0.98	-4374.8
(0.00)		(0.00)	(0.07)	(0.00)	(0.91)	(0.00)	(0.00)	0.97	
0.00*	-0.01***	0.73**	0.24***	-0.22***	0.95***	-1.03	-0.21***	0.96	
(0.09)	(0.00)	(0.01)	(0.00)	(0.01)	(0.00)	(0.11)	(0.00)		

面板 H：EUA - ESTB（对称 t 分布）

0.28***		0.31***	-0.00	0.95***	0.00			0.99	-11660.6
(0.00)		(0.00)	(0.80)	(0.00)	(0.80)			0.97	
-0.01	0.45***	-0.01	0.39***	0.01	0.90***			0.96	
(0.87)	(0.00)	(0.42)	(0.00)	(0.34)	(0.00)				

续表

C		A		B		D		特征值	极大似然值
面板 I：EUA - ELTB（不对称 t 分布）									
0.26***		0.25***	0.01	0.94***	0.00	0.25***	0.02	0.98	-13462.7
(0.00)		(0.00)	(0.77)	(0.00)	(0.89)	(0.00)	(0.48)	0.97	
-0.15	0.47***	-0.01	0.21***	0.01	0.97***	0.01	-0.07	0.96	
(0.34)	(0.00)	(0.27)	(0.00)	(0.11)	(0.00)	(0.72)	(0.13)		

注：*、** 和 *** 分别代表统计量在 10%、5% 和 1% 显著性水平上拒绝原假设。括号内的数值为 p 值。当假定 EPE 和 ESTB 服从不对称 t 分布时，其 BEKK - GARCH 模型的特征值超过 1，因此本书假定其服从对称 t 分布。

表 7-4 分别展示了碳期货与不同资产的 BEKK 估计结果，其中矩阵 C 表示 BEKK 模型常数项矩阵的估计结果，而矩阵 A 和矩阵 B 分别反映了 BEKK 模型中 ARCH 效应和 GARCH 效应下的波动溢出效应。系数矩阵 D 用于揭示正负冲击的非对称效应，即当给某资产施加一个负向冲击时，其波动一方面会对自身产生非对称影响，另一方面还可能对关联资产造成非对称影响。若 $d_{ij}=0$（$i \neq j$），则表明市场 i 不会对市场 j 的波动产生非对称冲击。除了报告上述矩阵的元素估计结果，本书还展示了各个模型的最大似然函数值及协方差矩阵的特征值。总体而言，各个组合的波动率主要来自自身的 ARCH/GARCH 效应，碳期货与金融资产间的波动溢出效应并不显著，但与部分能源资产以及企业债存在较为显著的波动关联。

具体而言，首先，特征值显示几乎所有的资产组合都具有平稳且高度持久的协方差，因为最大的特征值均接近 1。但 EUA - EPE 组合的特征值差别较大，说明其协方差具有较大的变动性，这可能是由电力价格的高跳跃性导致。其次，根据矩阵 A 和 B 的系数估计可知，所有组合的对角元素均在 1% 显著性水平上显著①，由此表明

---

① 根据 Winrats10.0 使用文件的相关解释，BEKK - GARCH 模型估计的参数具有与其他形式的 GARCH 模型相反的解释，如 $A(i, j)$ 代表的是变量 i 对变量 j 的影响。

各个资产的条件方差主要是由其自身强烈的 ARCH/GARCH 过程所驱动，即资产的波动率主要受到其历史残差和波动率的影响。但是，组合 EUA – ESTOXX 中不显著的 a_{22} 说明，股市的条件方差并不会受到其 ARCH 效应的显著影响。矩阵 B 估计值显示，所有组合的对角元素均大于 0.9，说明各资产的前期波动率都是其当期波动率的核心驱动因素。

此外，非对角元素的估计结果表明，碳市场与关联市场间的波动溢出模式可被划分为五类：①双向波动溢出。组合 EUA – ECRS 中 a_{12} 与 a_{21} 分别在 10% 和 5% 显著性水平上显著，表明碳配额与企业债收益差存在显著的双向波动溢出效应，即碳配额上一期的 ARCH 冲击 $\varepsilon_{1,t-1}$ 对企业债收益率的当期波动有显著的影响。相反，企业债收益率的上一期 ARCH 冲击 $\varepsilon_{2,t-1}$ 也会对碳配额的当期波动产生显著影响。与此同时，组合 EUA – ECRS 中显著的 b_{21} 表明，企业债的上一期方差 $h_{22,t-1}$ 对碳配额的当期波动产生了显著影响，由此可见企业债对碳配额的影响具有持久性，但碳配额对企业债的影响具有短期效应。②持久的单向波动溢出。组合 EUA – GAS 中显著的 a_{21} 和 b_{21} 表明，天然气的上一期 ARCH 冲击 $\varepsilon_{2,t-1}$ 及上一期方差 $h_{22,t-1}$ 均会对 EUA 的当期波动产生显著影响，且具有一定的持久性。(3) 基于 GARCH 效应的单向溢出。组合 EUA – OIL 和 EUA – NCIR 中仅存在显著的 b_{21}，由此表明石油和非能源大宗商品指数仅通过 GARCH 效应对 EUA 产生波动溢出，即石油和非能源大宗商品价格指数的上一期条件方差 $h_{22,t-1}$ 会影响 EUA 的当期波动率，从而再通过 EUA 的自身溢出机制影响其后期收益率。(4) 基于 ARCH 效应的单向溢出。组合 EUA – EPE 和 EUA – COAL 中只存在显著的 a_{21}，表明电力和煤炭仅通过 ARCH 效应（即 EPE 和 COAL 的上一期 ARCH 冲击 $\varepsilon_{2,t-1}$）显著影响 EUA 的当期波动率。(5) 无显著的波动溢出效应。组合 EUA – ESTOXX、EUA – ESTB 和 EUA – ELTB 中不存在显著的非对角元素，可见碳配额与股市和国债没有波动溢出效应。

根据矩阵 D 的估计值可知，各市场对自身冲击的反应不同。在假定服从不对称 t 分布的组合中，除了 ELTB 变量，所有变量对应的非对称项系数 d_{11} 或 d_{22} 均在1%显著性水平上显著，表明长期国债对不同性质的冲击反应无显著差异，但其余市场对来自自身的冲击均表现出非对称反应。组合 EUA‐COAL、EUA‐GAS、EUA‐ECRS 中的 d_{22} 小于0，说明煤炭、天然气以及企业债市场的正面消息会降低其波动，而其他组合中大于0的 d_{22} 和 d_{11} 则说明，来自本市场的正面消息会加大其波动率，尤其是股市和碳市间的非对称波动溢出效应最明显。组合 EUA‐ECRS 的非对角元素值 d_{12} 在1%显著性水平上显著，且大于0，表明碳市场的正面消息会加大企业债的收益波动。由此可见，碳市场对企业的影响已经逐渐突显，相关的原因可能是碳交易增加大量控排企业的生产成本，从而影响企业的绩效和偿债能力。

图7-2展示了碳期货与各个关联资产间的时变条件相关性。总体而言，各组合的动态波动相关性并不强，特别是碳配额与电力在大多数情况下具有最低的波动相关性，且存在大量的跳跃。相反，碳期货与短期国债的波动相关性最强，其数值在大多数情况下均超出0.4和-0.4。此外，碳期货与大多数关联资产间的时变相关性具有一定的相似性。例如，大多数组合在国际金融危机时期（2008—2009年）、欧债危机第二阶段（2011—2012年）、全球经济高度不确定性时期（2015—2016年）等阶段均表现出较高的波动相关性，说明危机时期的风险传染加剧了关联资产间的波动溢出效应。

二 套期保值率及投资组合权重分析

基于上文的时变波动相关性测度结果，本书将进一步探讨碳期货与关联资产间的套期保值及最优投资组合策略。Kroner 和 Sultan（1993）提出，可以使用条件方差和协方差计算最小方差的时变最优套期保值率。具体而言，资产 i 的多头头寸可以用资产 j 的空头头寸进行最优对冲，也就是说，用资产 j 对冲资产 i 的时变最优对冲比率

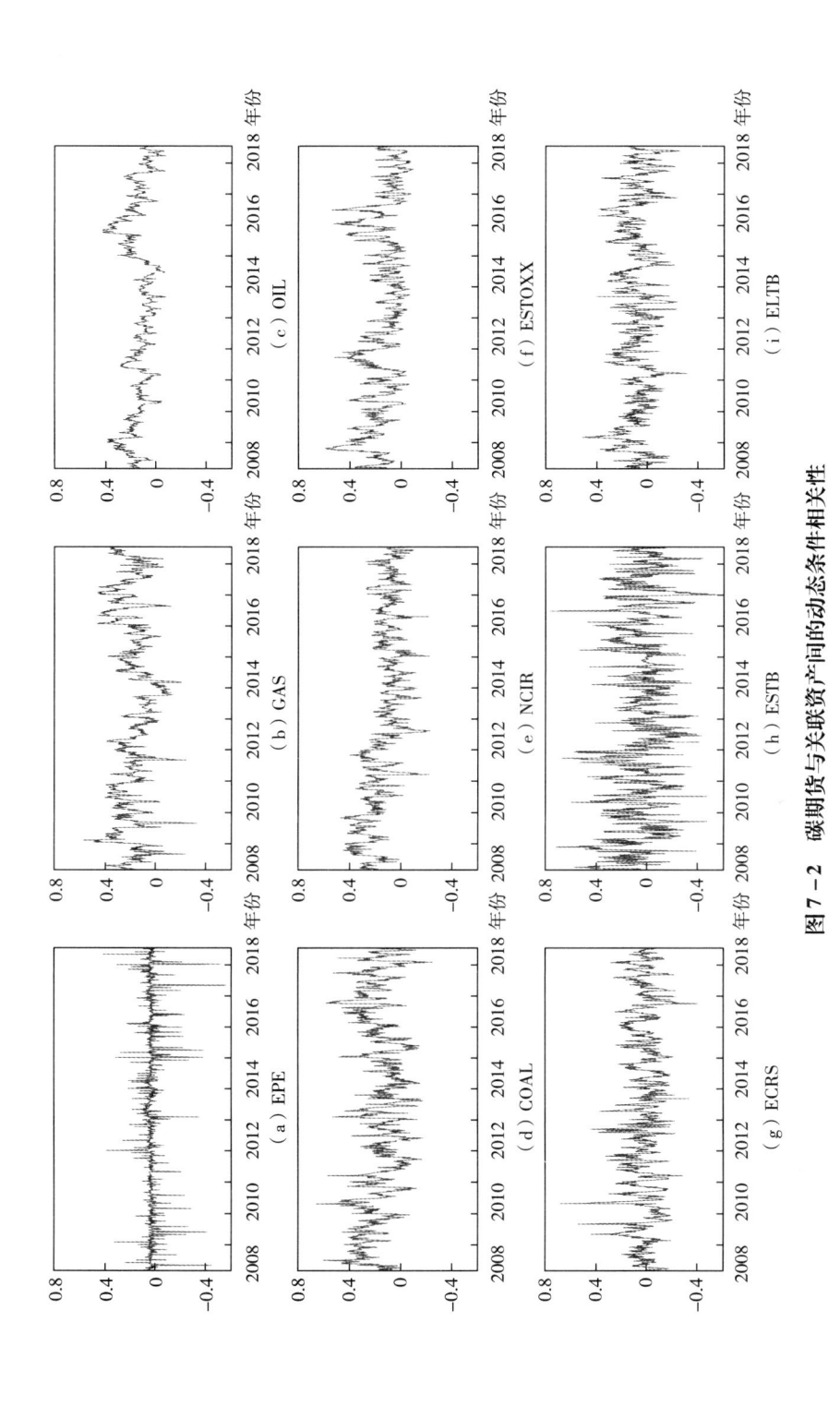

图 7-2 碳期货与关联资产间的动态条件相关性

可以表示为：

$$\beta_{i,j,t} = \sigma_{i,j,t}/\sigma_{j,t}^2 \qquad (7-13)$$

其中，$\sigma_{i,j,t}$ 代表资产 i 和资产 j 间的条件协方差，$\sigma_{j,t}$ 指代的是资产 j 的条件方差。

图 7-3 展示了用 9 种关联资产对冲 EUA 的时变套期保值率，相反，图 7-4 展示了用 EUA 对冲 9 种关联资产的时变套期保值率。图 7-3 和图 7-4 表明，基于 BEKK-GARCH 模型的绝大多数套期保值率均具有时变性。具体而言，图 7-3 显示，关联资产对冲碳期货的最大套期保值率主要集中于 2012—2013 年，大部分资产在 2016 年的套期保值率也显著上升。由此表明，在欧债危机时期以及中国经济增速减缓区间，关联资产与碳期货的波动相关性在增强，且碳期货的波动强于关联资产。图 7-4 表明，碳期货对冲关联资产的最高套期保值率主要集中在 2008 年和 2016 年，例如对于 GAS、OIL、COAL、ESTOXX 以及 ELTB，EUA 均在 2008 年和 2016 年表现出较高的套期保值率。然而，EUA 在 ESTB 中的最高套期保值率出现在 2008 年和 2011 年，而在 ECRS 中的最高值出现在 2012 年，且针对 EPE 的套期保值率表现出较大的波动性和跳跃性。

表 7-5 为两种对冲方案下时变最优套期保值比率的描述性统计。首先，面板 A 显示各个关联资产对冲碳期货的平均套期保值率差别较大，其中 COAL、NCIR、ESTOXX 和 ECRS 具有较高的平均套期保值率，尤其是非能源大宗商品 NCIR 具有最高值，相反 EPE 具有最低值。这表明，1 欧元的 EUA 多头头寸可以用 NCIR 的空头头寸以 0.41 欧元的价格进行对冲，也可以用 EPE 的空头头寸以 0.01 欧元的价格进行对冲。值得注意的是，面板 A 中只有 EPE、OIL 和 ELTB 对应的最大套期保值率不超过 1，由此表明 EPE、OIL 和 ELTB 与碳期货的相关性较低，投资者可以通过 EPE、OIL 和 ELTB 有效对冲 EUA 的风险。

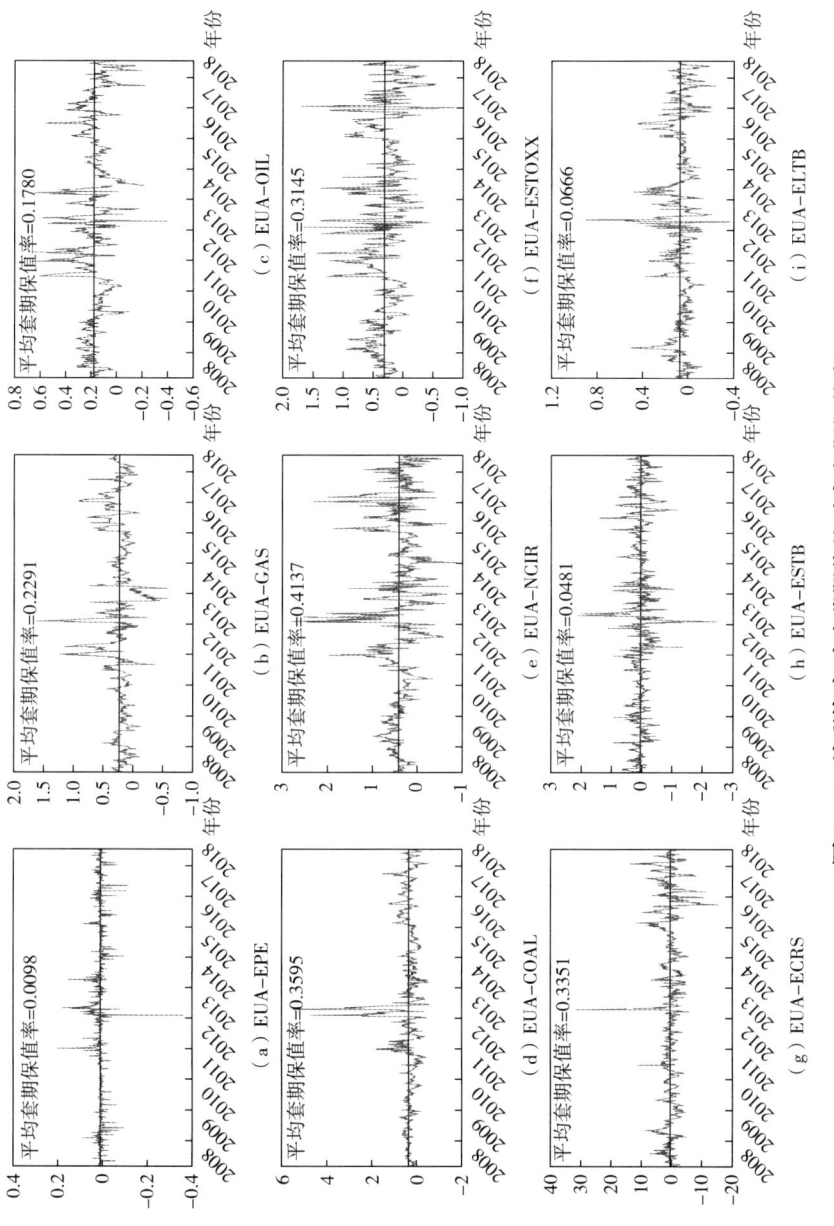

第七章 重大事件对系统内波动溢出效应的冲击作用　259

图 7-3　关联资产对冲碳期货的时变套期保值率

图 7-4 碳期货对冲关联资产的时变套期保值率

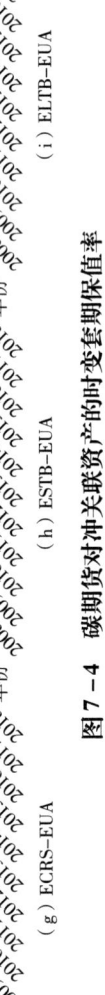

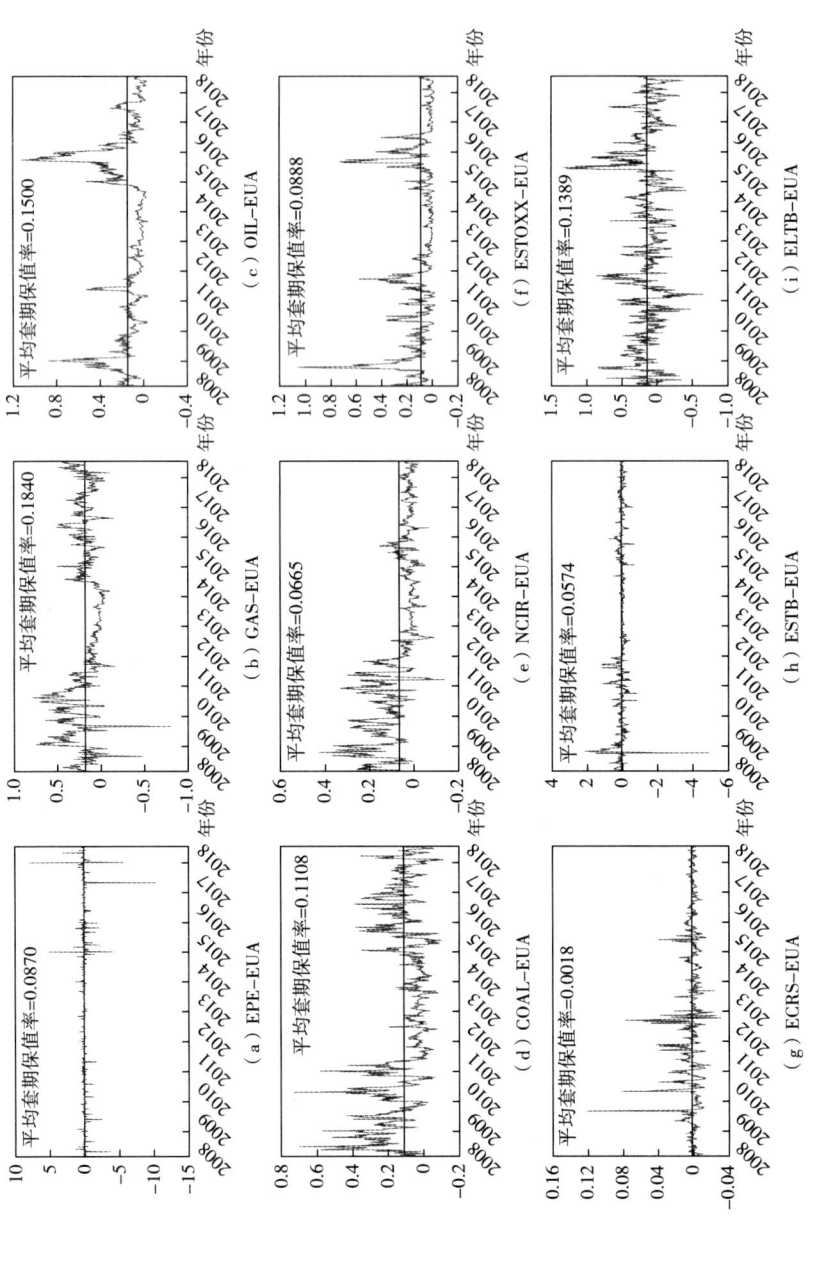

表7-5　　　　　　　时变最优套期保值率的描述性统计

	EPE	GAS	OIL	COAL	NCIR	ESTOXX	ECRS	ESTB	ELTB
面板A：关联资产对冲碳期货									
均值	0.01	0.23	0.18	0.36	0.41	0.31	0.34	0.05	0.07
标准差	0.02	0.23	0.12	0.49	0.42	0.32	3.11	0.35	0.11
最小值	-0.37	-0.59	-0.4	-0.61	-0.88	-0.85	-15.4	-2.48	-0.37
最大值	0.20	1.63	0.68	5.5	2.82	1.71	31.82	2.11	0.91
面板B：碳期货对冲关联资产									
均值	0.08	0.18	0.15	0.11	0.06	0.08	0.00	0.06	0.14
标准差	0.47	0.17	0.18	0.12	0.08	0.13	0.01	0.28	0.23
最小值	-10.29	-0.8	-0.05	-0.11	-0.14	-0.02	-0.03	-4.95	-0.66
最大值	7.97	0.8	1.12	0.73	0.43	1.06	0.12	2.14	1.33

由面板B可知，EUA对冲关联资产的平均套期保值率普遍很低，其中针对GAS、OIL和ELTB具有相对较高值，最高值为GAS对应的套期保值率0.18，而ECRS具有最低值。这个结论表明，一个1欧元的GAS多头头寸可以用EUA的空头头寸以0.18欧元的价格进行对冲。1欧元的ECRS多头头寸则可以用EUA的空头头寸以极低的价格进行对冲。同时，面板B中只有GAS、COAL、NCIR和ECRS对应的最大套期保值率小于1，表明EUA可以有效对冲GAS、COAL、NCIR和ECRS的风险。

除了上述的对冲策略，本书拟进一步基于BEKK-GARCH模型分析碳期货与各个关联资产间的投资组合方案。参照Kroner和Ng（1998）提出的式（7-14）和式（7-15），本书基于条件方差和条件协方差测算时变最优投资组合的权重。

$$w_{i,j,t} = \frac{\sigma_{j,t}^2 - \sigma_{i,j,t}}{\sigma_{i,t}^2 - 2\sigma_{i,j,t} + \sigma_{j,t}^2} \qquad (7-14)$$

$$w_{i,j,t} = \begin{cases} 0, & \text{若 } w_{i,j,t} < 0 \\ w_{i,j,t}, & \text{若 } 0 \leq w_{i,j,t} \leq 1 \\ 1, & \text{若 } w_{i,j,t} > 1 \end{cases} \qquad (7-15)$$

其中，时变最优投资组合权重$w_{i,j,t}$是指t时刻第一个资产i在由

资产 i 和 j 构成的 1 欧元投资组合中所占权重。在式 (7-14) 中，$\sigma_{i,t}$ ($\sigma_{j,t}$) 是资产 i (资产 j) 的条件方差，$\sigma_{i,j,t}$ 是资产 i 和资产 j 的条件协方差。相应地，第二个资产 j 的权重为 $1-w_{i,j,t}$。

表 7-6 展示了碳期货与关联资产间的时变投资组合权重的描述性统计。相比之下，EPE 具有最高的平均权重 0.90，相反 ECRS 具有最低的平均权重，EPE 和 ECRS 具有最小的标准差。由此表明，在 1 欧元的资产组合中，投资者应该投资 0.90 欧元的电力期货及投资 0.10 欧元的碳期货。此外，在 1 欧元的风险投资组合中，投资者也可以投资 0.99 欧元的碳期货以及 0.01 欧元的欧元区企业债。对于其他投资组合，GAS、OIL、ESTB 和 ELTB 对应的平均权重较高，分别为 0.43、0.37、0.36 和 0.67，且具有相似标准差，表明在 1 欧元投资组合中，应该分别投资 0.43 欧元、0.37 欧元、0.36 欧元和 0.67 欧元到 GAS、OIL、ESTB 和 ELTB，其余的资金则用于投资 EUA。相比之下，COAL、NCIR 和 ESTOXX 的平均权重较低，且具有相对较低的标准差，可见在 EUA 与 COAL、NCIR 和 ESTOXX 构成的资产组合中，COAL、NCIR、ESTOXX 的权重各为 21%、11% 和 15%。

表 7-6　碳期货与关联资产间最优投资组合权重的描述性统计

	EPE	GAS	OIL	COAL	NCIR	ESTOXX	ECRS	ESTB	ELTB
均值	0.90	0.43	0.37	0.21	0.11	0.15	0.01	0.36	0.67
标准差	0.09	0.25	0.25	0.17	0.12	0.17	0.01	0.24	0.20
最小值	0.25	0.00	0.01	0.00	0.00	0.00	0.00	0.00	0.01
最大值	1.00	0.95	1.00	0.79	0.62	1.00	0.05	1.00	1.00

第四节　多元事件的冲击效应

一　碳市场相关事件的冲击效应分析

参照 Hafner 和 Herwartz (2006)，本书对比分析了 6 类碳市场事件在 VIRF 和 GRT 框架下对碳配额与关联资产间协方差矩阵的冲击影响。其中图7-5和图7-6分别展示了事件1—3和事件4—6对条件协方差的冲击效应,而图7-7和图7-8则分别展示了事件1—3和事件4—6对条件方差的冲击效应。其中,事件1与碳市场第四阶段的稳定储备机制(CAP)相关,事件2关于航空业的历史排放(AVIA),事件3关于国际碳信用交易(CER),事件4关于折量拍卖(AUC),事件5关于免费配额发放(FREE),事件6关于排放量核查规则(MRV)。

首先,图7-5和图7-6表明:①基于VIRF框架和GRT框架的冲击结果在部分情况下具有显著差异,其在"碳配额—能源"组合中具有较高一致性,但在"碳配额—金融"组合中表现不一致;②MRV事件在两个框架下的冲击效应较为一致,但CER事件的冲击效应具有较大差异;③所有事件对EUA-EPE组合的协方差冲击时间最短,但对EUA-NCIR以及EUA-ESTOXX的协方差冲击时间较长;④相比之下,MRV事件对协方差产生的影响最强,尤其是对于"碳配额—非债券"组合,但是FREE事件对"碳配额—债券"组合的冲击最强,相反,CAP和AVIA事件的冲击效应普遍较弱。

具体而言,EUA-EPE组合的条件协方差在CAP、AVIA和CER事件的冲击下会立即上升,但在FREE、AUC和MRV事件的冲击下会立即下降,其反应均在10期左右消失。EUA-GAS组合的条件协方差只有在AUC和MRV事件的冲击下会上升,相比之下,其对MRV和FREE事件的即期反应最显著。EUA-OIL组合的条件协方差反应在VIRF和GRT框架下表现较为一致,其在CAP和AVIA事件的冲击下会下降,但在其他事件的冲击下会上升,其反应在200期左右才消失。其中MRV和CAP事件分别对其产生最强的正向冲击和负向冲击。对于组合EUA-COAL,只有事件FREE和MRV对其协方差产生正向冲击,且MRV的冲击最强。相反,其他事件都会导致其协方差降低,该冲击大致持续300期。在组合EUA-NCIR中,事件FREE、MRV和AVIA会导致其协方差上升,但其他三个事件会导致其协方差下降。其中AUC和MRV分别对其产生最强的负冲

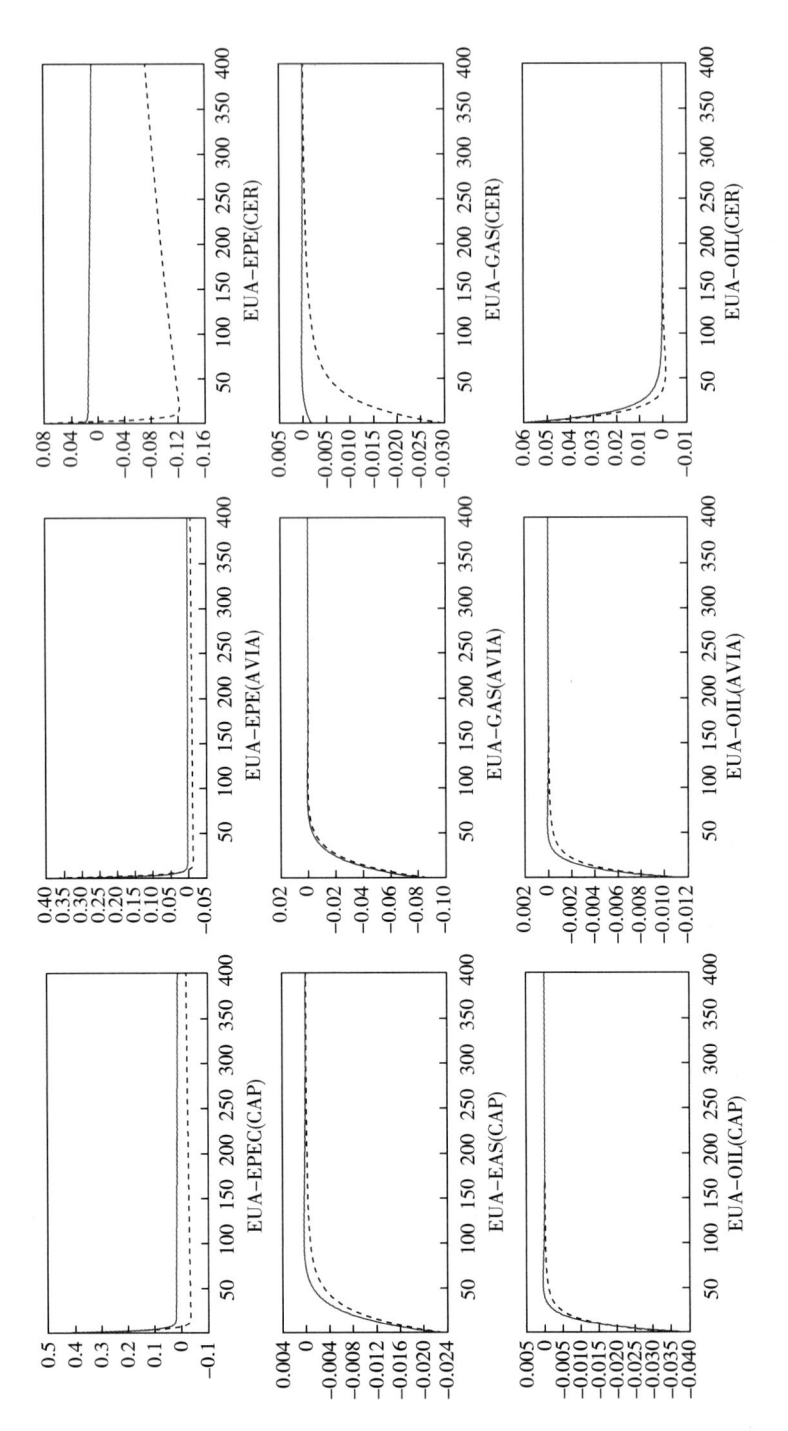

图 7-5 事件 1-3 在 VIRF 和 GRT 框架下对条件协方差的冲击效应

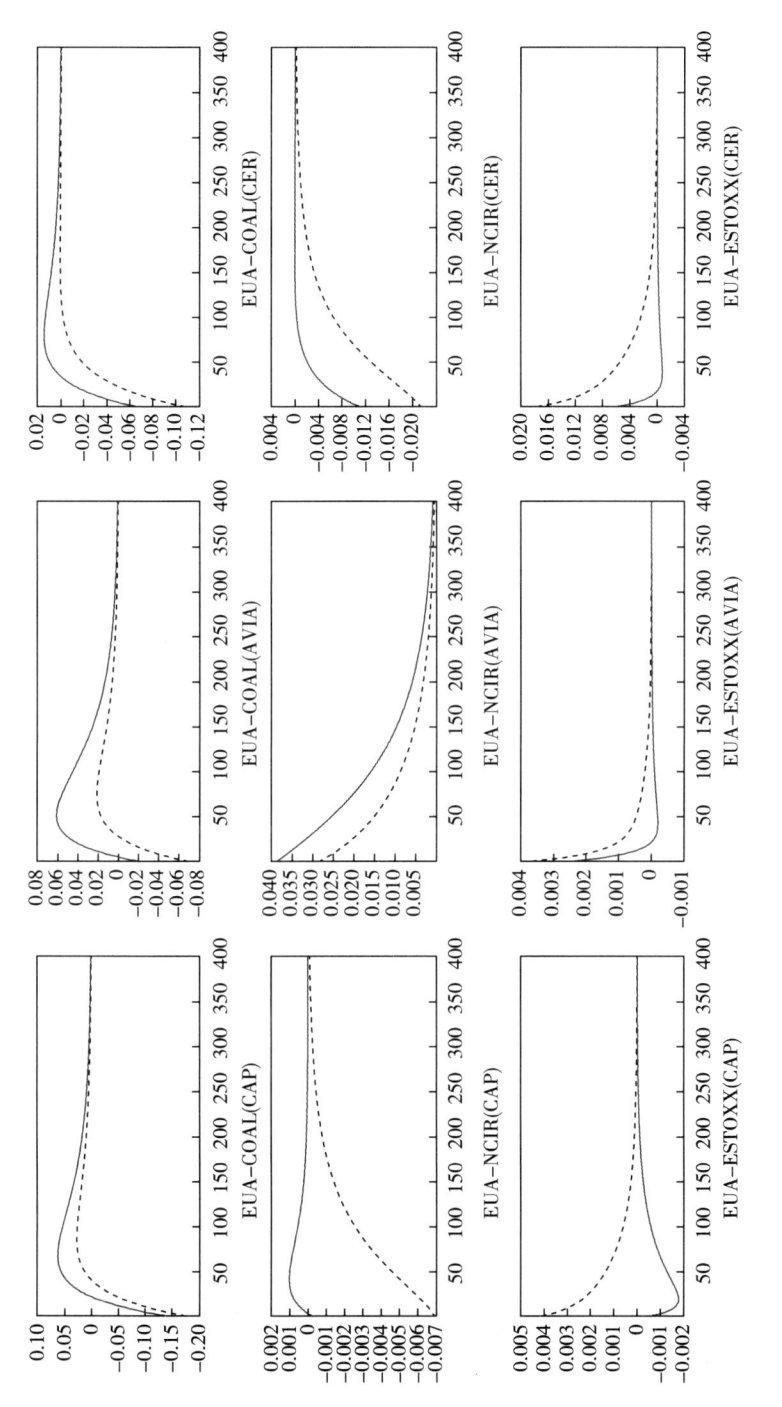

图 7-5 事件 1-3 在 VIRF 和 GRT 框架下对条件协方差的冲击效应（续）

图7-5 事件1-3在VIRF和GRT框架下对条件协方差的冲击效应（续）

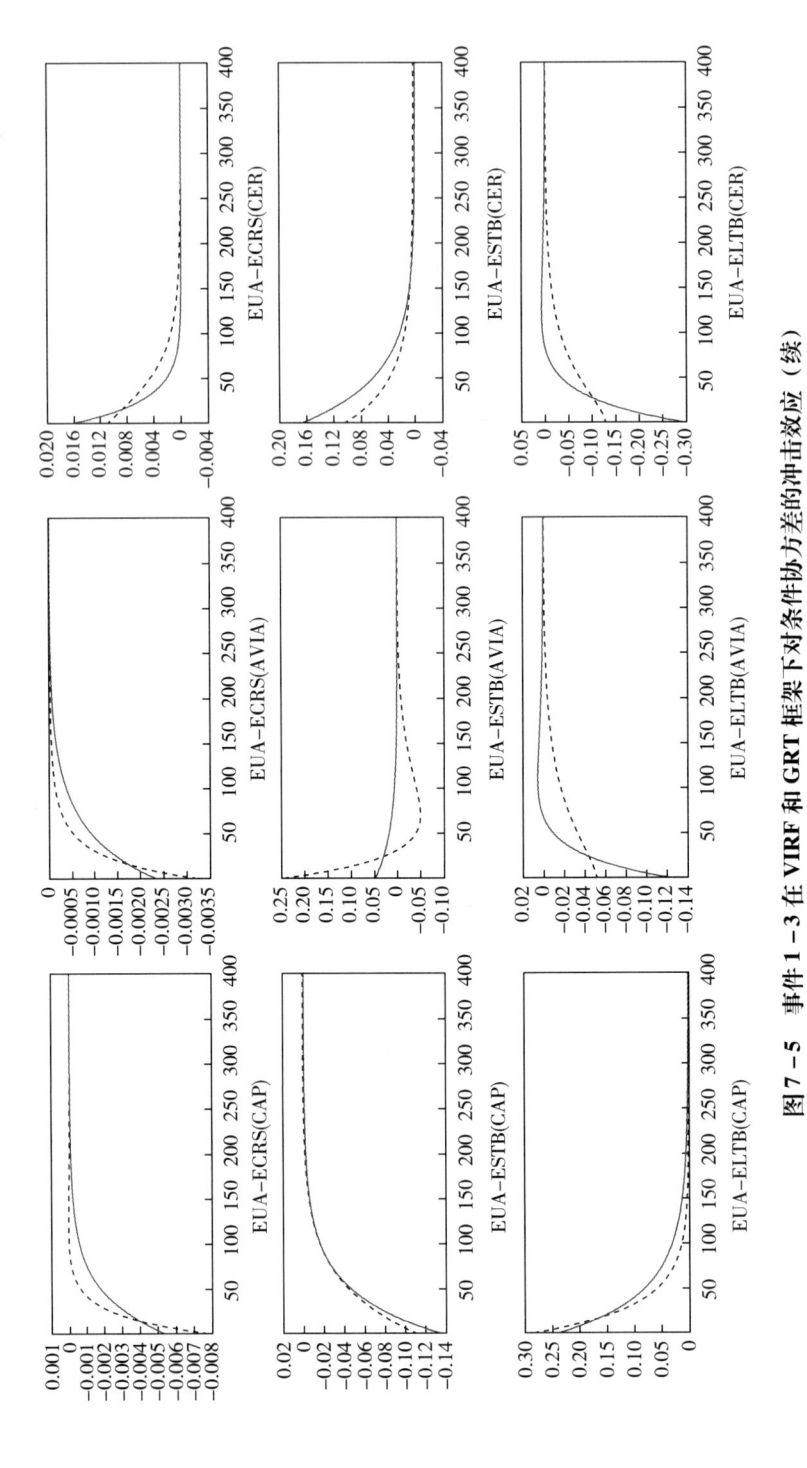

注：事件1（2014年1月22日，CAP）关于第四阶段稳定储备机制，事件2（2011年3月7日，AVIA）关于航空业历史排放，事件3（2013年9月16日，CER）关于国际碳信用交易；VIRF为波动率脉冲响应函数，GRT为条件矩曲线响应方法，用实线表示；由于此类图中子图较多，不予编号，下同。

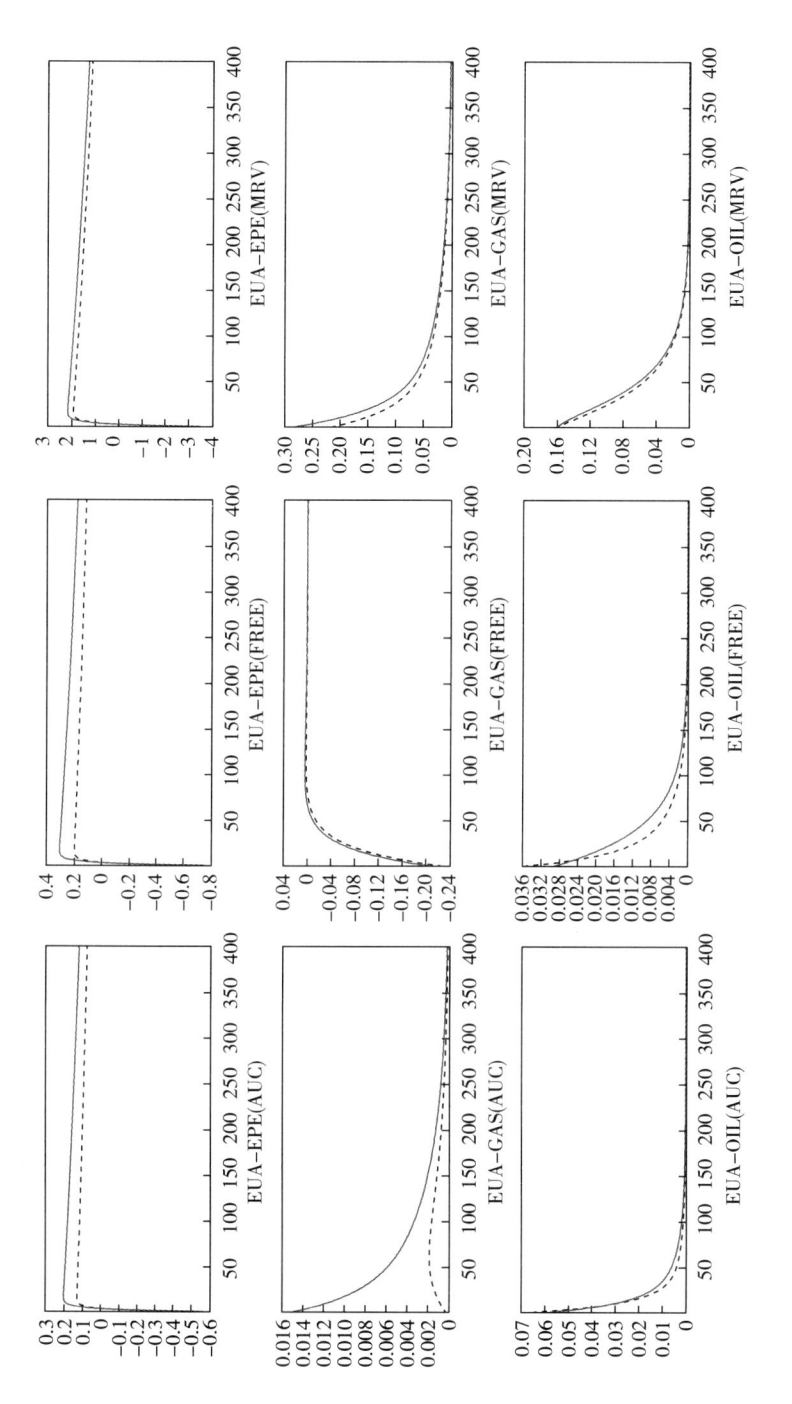

第七章 重大事件对系统内波动溢出效应的冲击作用

图 7-6 事件 4—6 在 VIRF 和 GRT 框架下对条件协方差的冲击效应

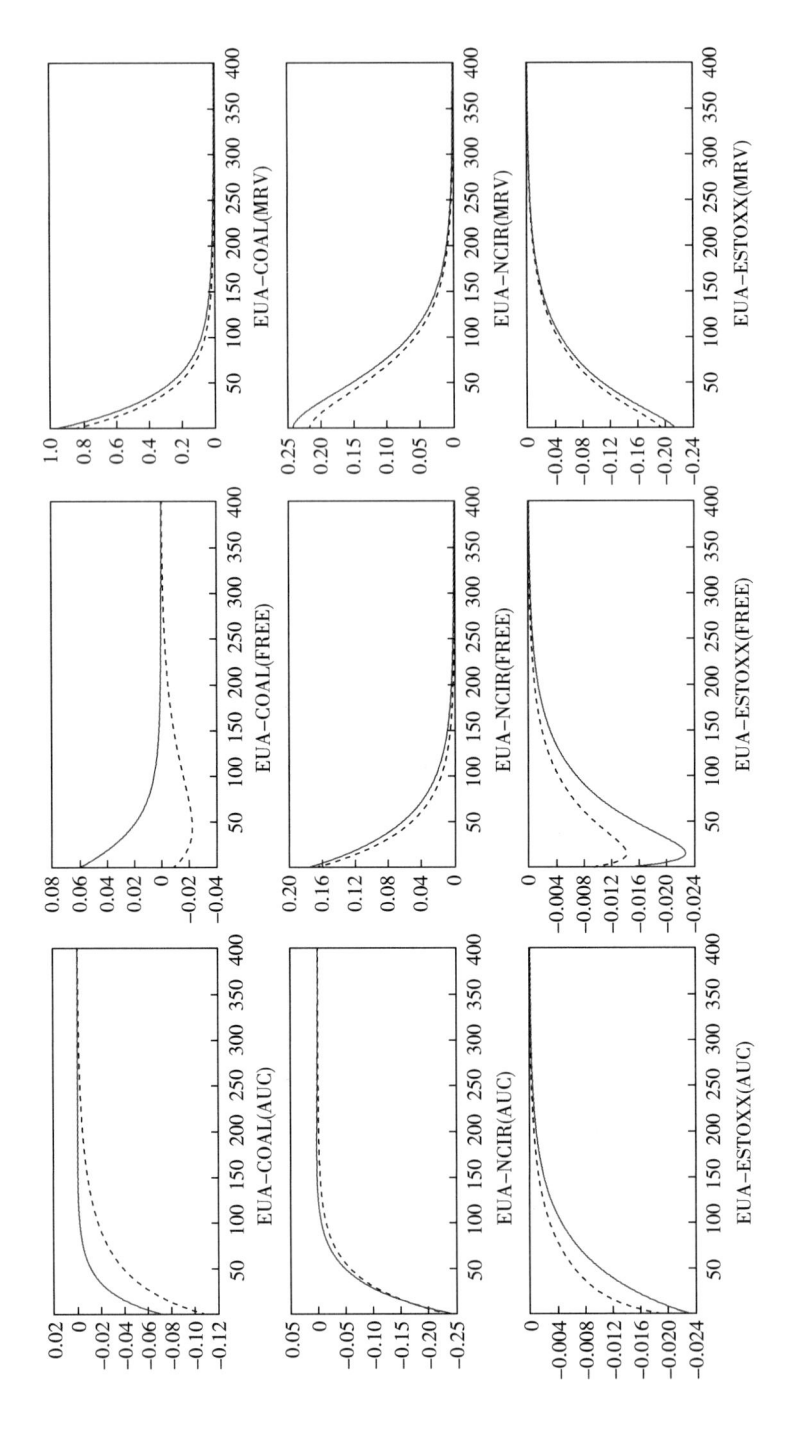

图 7-6 事件 4-6 在 VIRF 和 GRT 框架下对条件协方差的冲击效应（续）

图 7-6 在 VIRF 和 GRT 框架下对条件协方差的冲击效应（续）

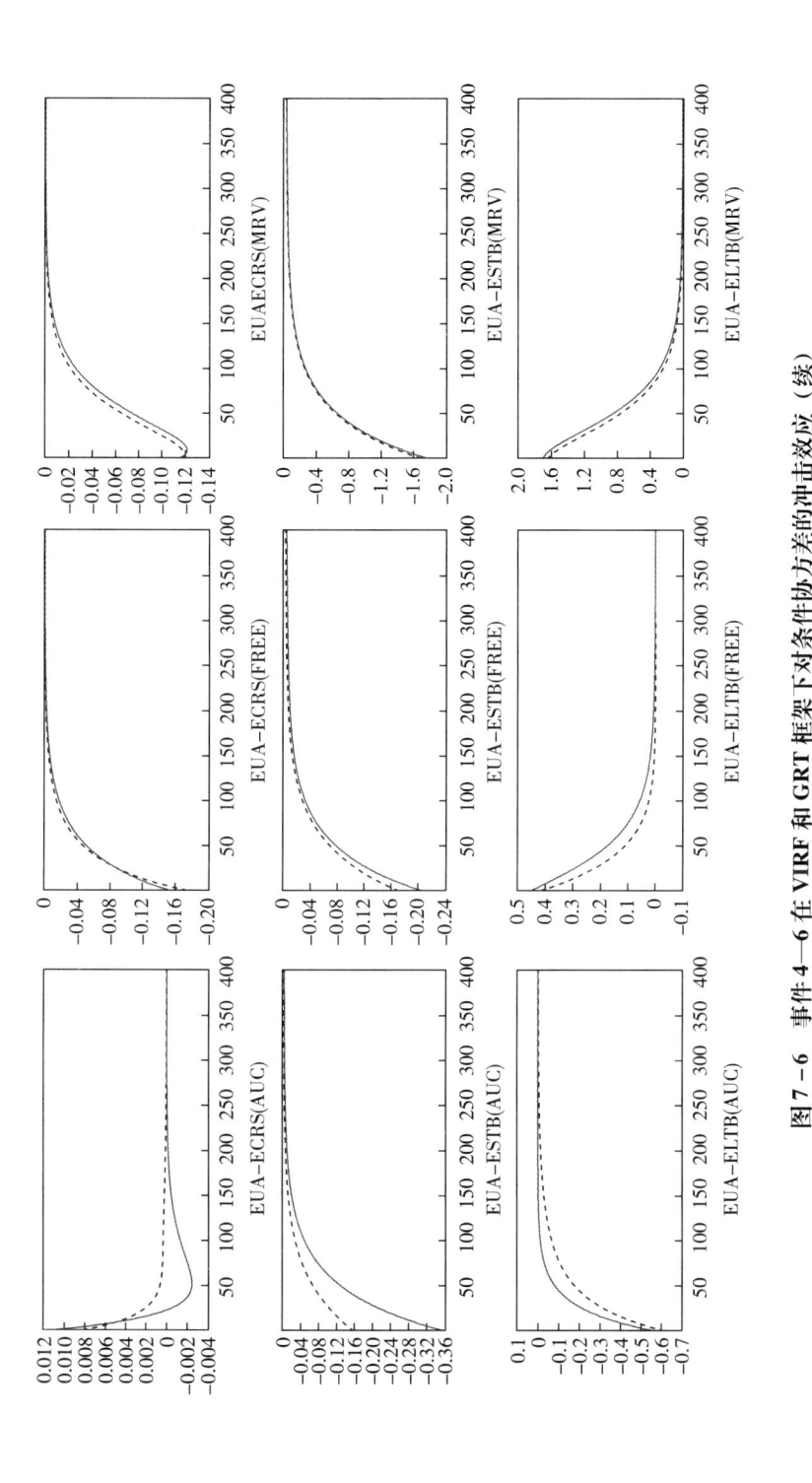

注：事件 4（2012 年 7 月 25 日，AUC）关于折量拍卖，事件 5（2012 年 11 月 30 日，FREE）关于免费配额发放，事件 6（2013 年 1 月 23 日，MRV）关于核查机制；VIRF 为波动率脉冲响应函数，用实线表示；GRT 为条件矩曲线方法，用虚线表示。

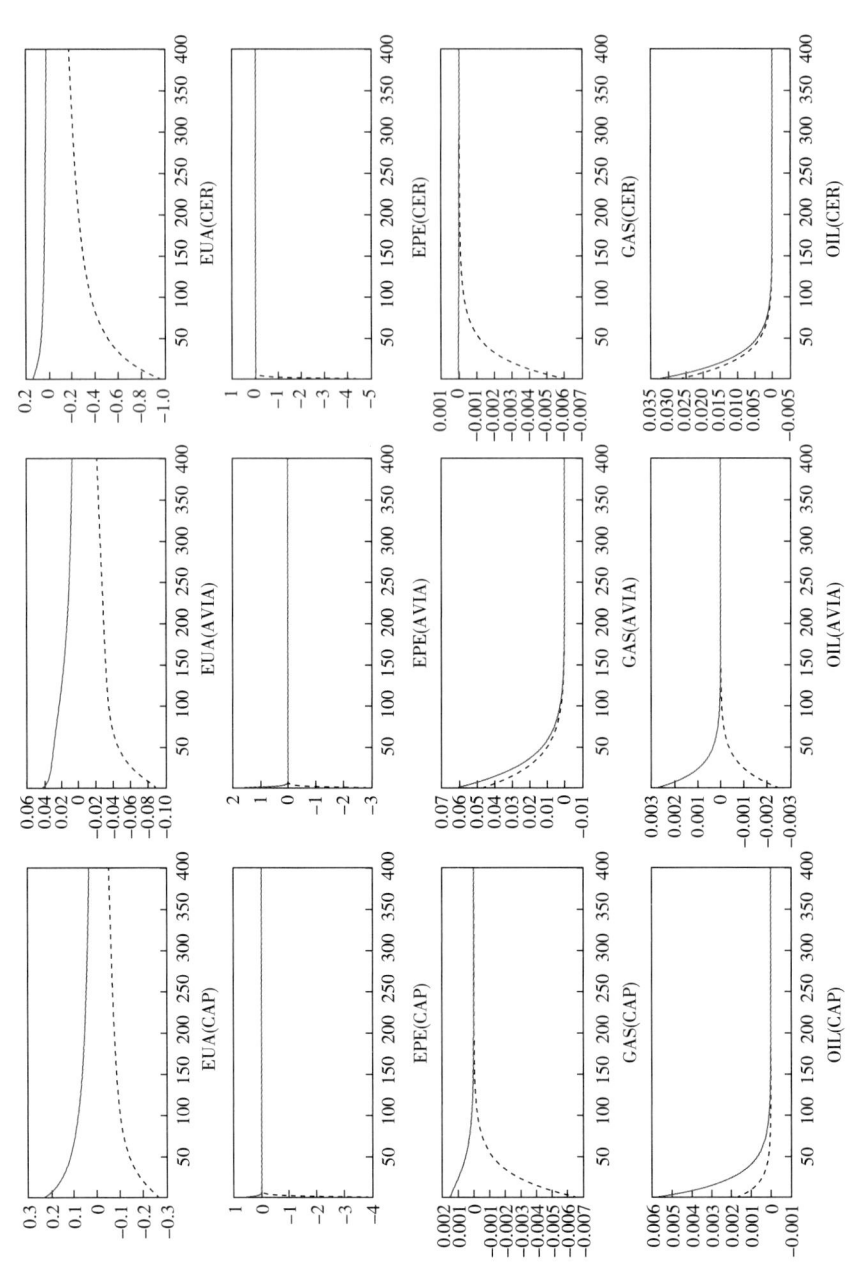

图 7-7 事件 1—3 在 VIRF 和 GRT 框架下对条件方差的冲击效应

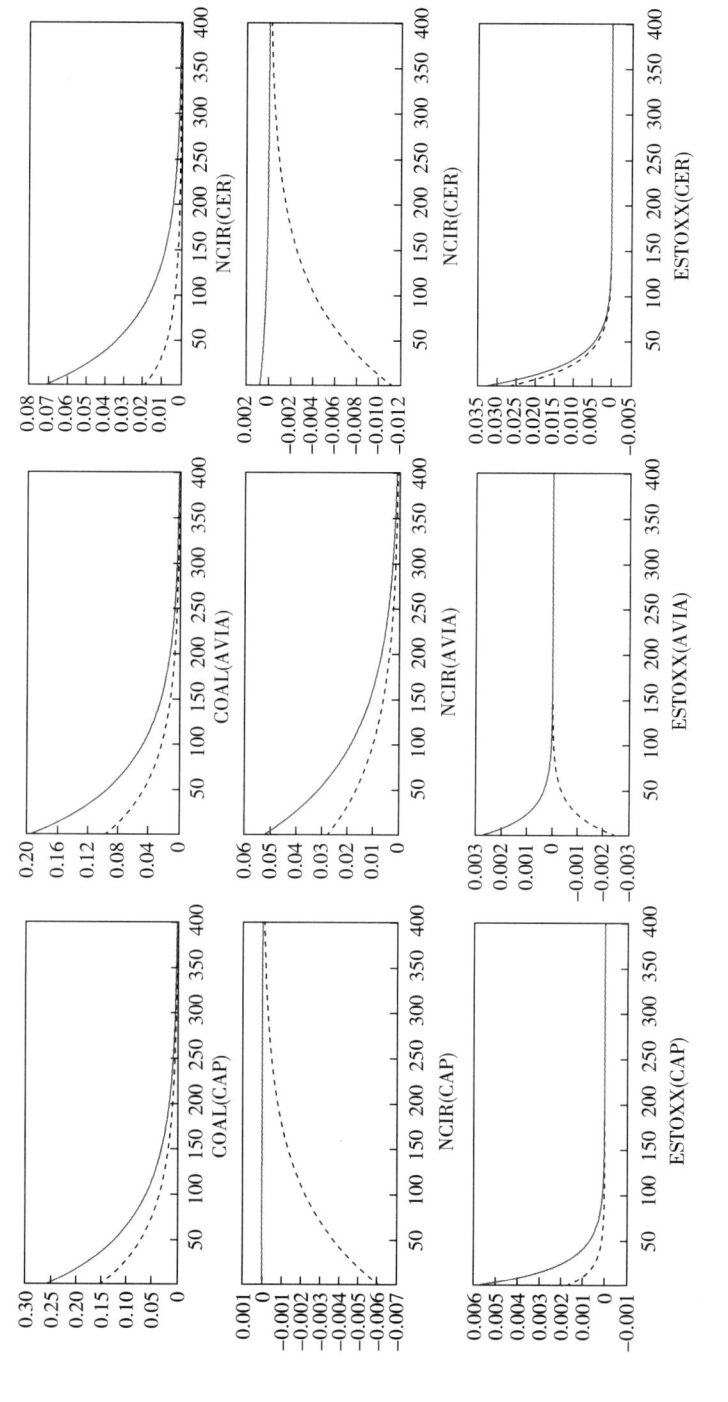

图7-7 事件1—3在VIRF和GRT框架下对条件方差的冲击效应（续）

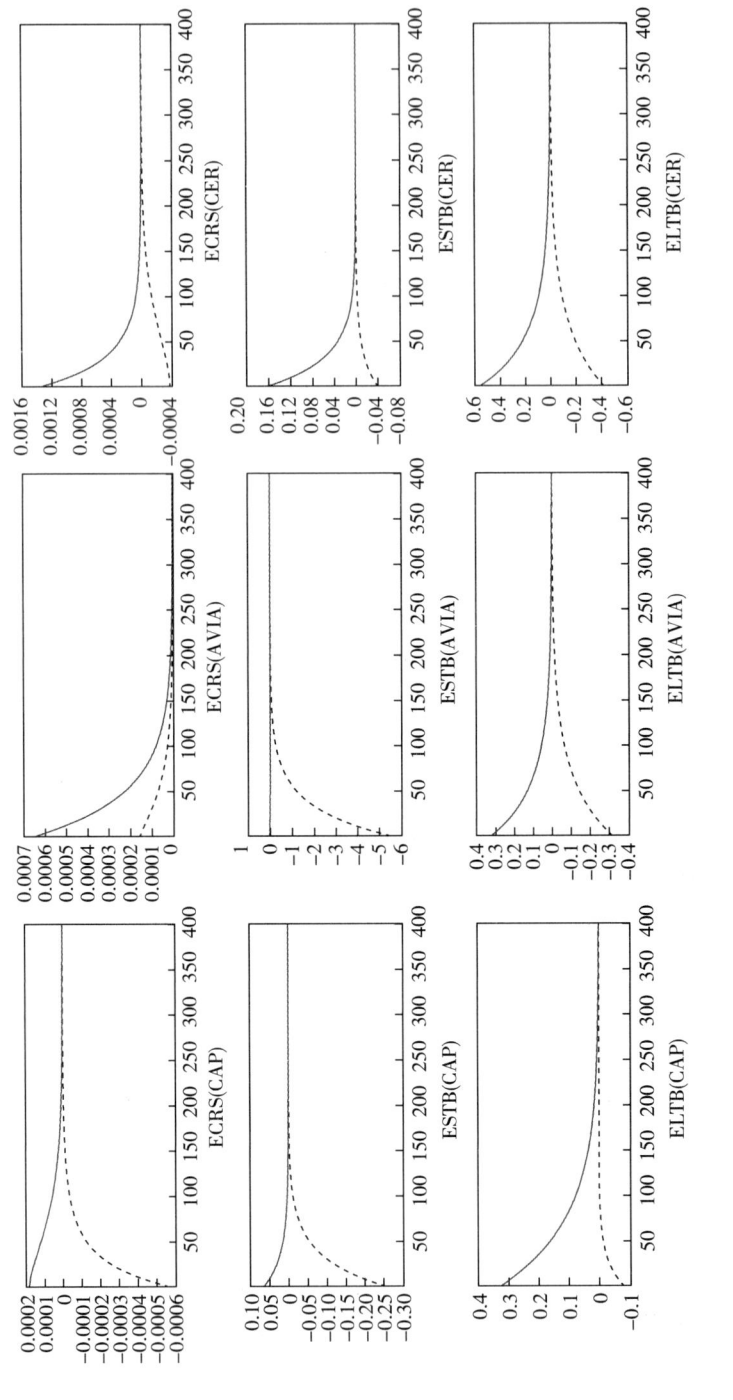

图 7-7 事件 1—3 在 VIRF 和 GRT 框架下对条件方差的冲击效应（续）

注：事件 1（2014 年 1 月 22 日，CAP）关于第四阶段稳定储备机制，事件 2（2011 年 3 月 7 日，AVIA）关于航空业历史排放，事件 3（2013 年 9 月 16 日，CER）关于国际碳信用交易；VIRF 为波动率脉冲响应函数，GRT 为条件矩曲线方法，用实线表示；碳期货的条件方差为平均值。

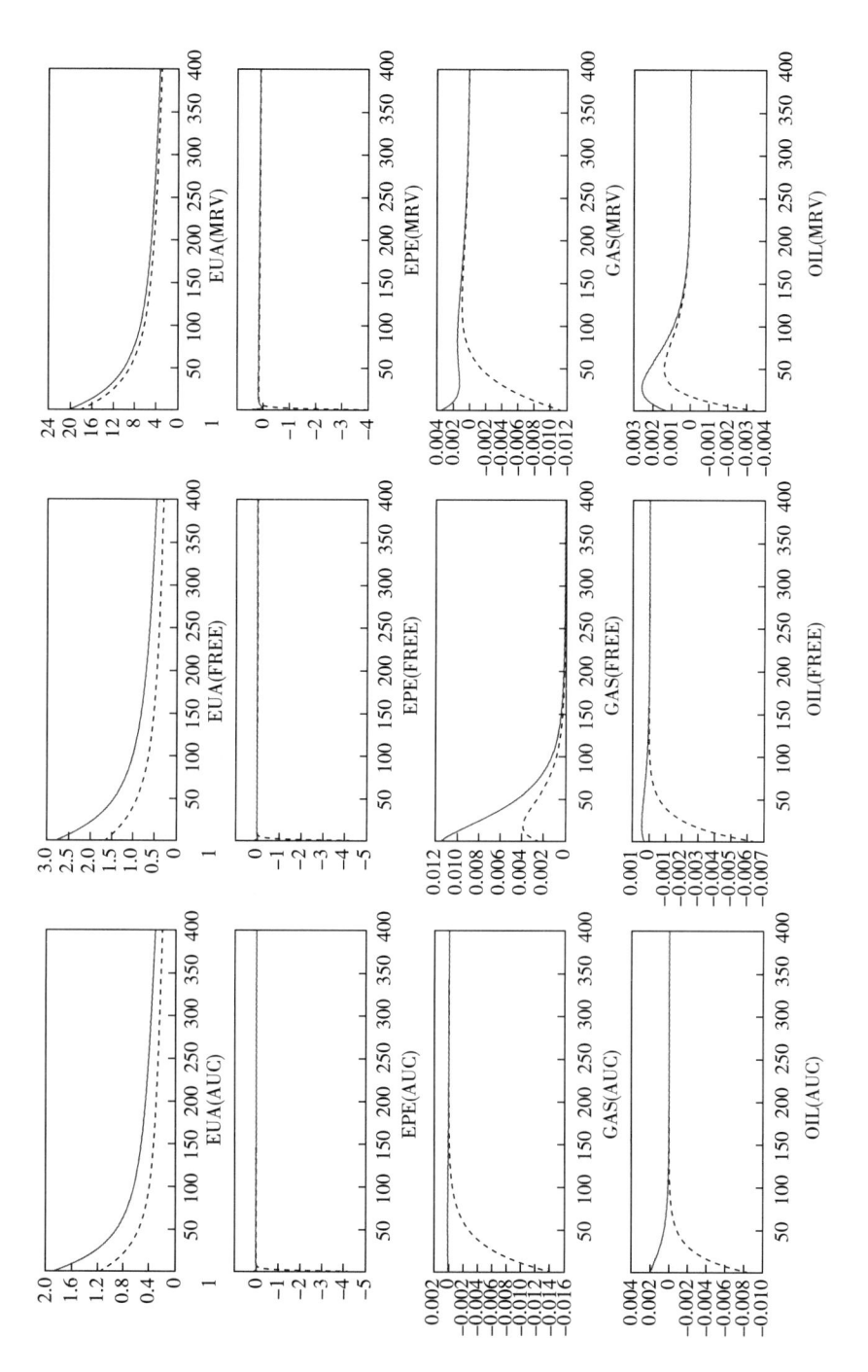

图 7-8 事件 4—6 在 VIRF 和 GRT 框架下对条件方差的冲击效应

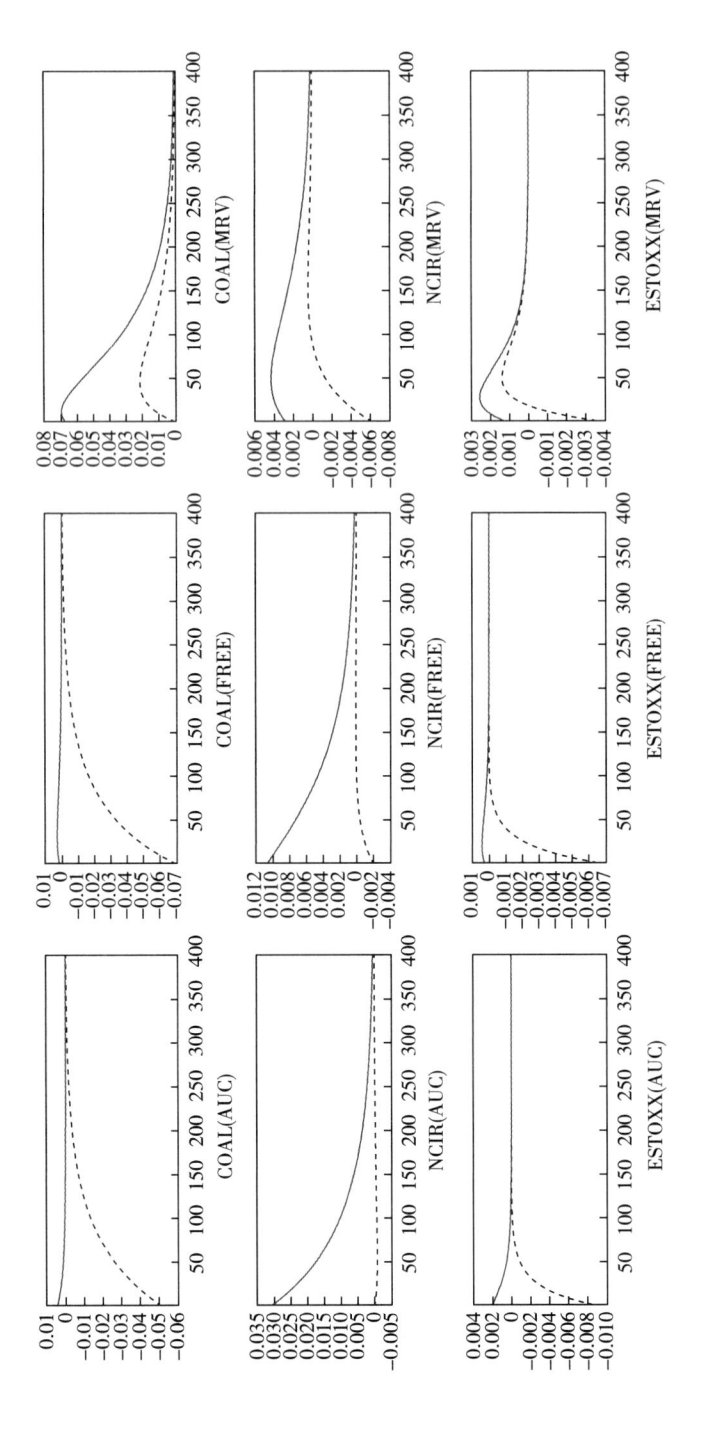

图7-8 事件4—6在VIRF和GRT框架下对条件方差的冲击效应（续）

图 7-8　事件 4—6 在 VIRF 和 GRT 框架下对条件方差的冲击效应（续）

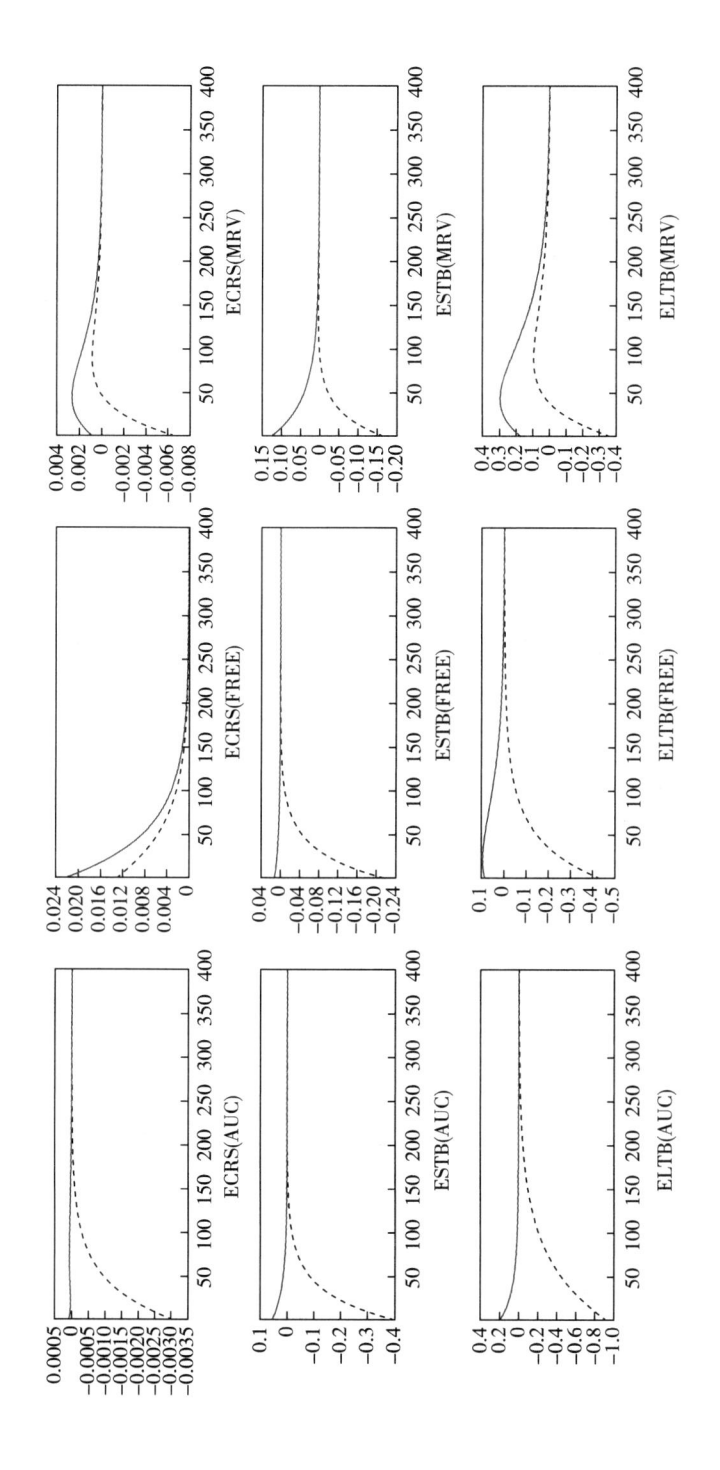

注：事件 4（2012 年 7 月 25 日，AUC）关于折量拍卖，事件 5（2012 年 11 月 30 日，FREE）关于免费配额发放，事件 6（2013 年 1 月 23 日，MRV）关于核查机制；实线为波动率脉冲响应函数（VIRF），虚线为条件矩曲线方法（GRT）；碳期货的条件方差为平均值。

击和正冲击,且分别持续 200 期和 300 期。相比之下,碳市场事件对 EUA – ESTOXX 组合的协方差冲击较弱,CAP、AVIA 和 CER 事件均产生正向冲击,而其余三个事件均产生负向冲击。其中 CER 和 MRV 事件均产生最强的冲击,并分别持续 250 期和 350 期。组合 EUA – ECRS 的条件协方差只会受到 CER 和 AUC 事件的正向冲击。相比之下,AUC 和 FREE 分别对其产生最强的正冲击和负冲击。在组合 EUA – ESTB 中,只有 AVIA 和 CER 会对其协方差产生正向冲击,其中 AVIA 和 MRV 事件的冲击最强。在组合 EUA – ELTB 中,CAP、FREE 和 MRV 事件会对其协方差产生正向冲击,其中 MRV 事件的冲击效应最大。

其次,图 7 – 6 和图 7 – 7 分别汇报了 10 个资产条件方差对六大事件的冲击响应模式。主要结论如下:①各事件在 VIRF 和 GRT 框架下对条件方差的冲击具有显著差异,其中,VIRF 框架下的冲击主要为负冲击,但 GRT 框架下的冲击主要为正冲击,由此说明使用 GRT 框架可能得出有偏结论;②CER 事件在 VIRF 和 GRT 下的冲击效应具有较高一致性;③各事件对 EUA 条件方差的冲击最久,相反对 EPE 条件方差的冲击最短,由此说明这 6 个事件均会对碳价产生深远影响;④相比之下,6 个事件普遍对 EUA、EPE、COAL、ESTB 和 ELTB 产生较为强烈的冲击影响,可见碳市场 6 个事件还会影响部分能源价格以及长短期国债收益率的波动率。

二 国际重大事件的冲击效应分析

当前,在全球化和商品金融化的大背景下,国际重大事件往往会对全球金融商品市场造成冲击,因此也可能会影响碳期货与关联资产间的波动溢出效应。鉴于此,本书继续参照 Jin 和 An (2016),基于 VIRFs 框架对比分析 EUA 与各关联资产组合的协方差矩阵在 4 个重大事件发生前后的平均波动率脉冲响应规律,以捕捉各类国际重大事件的冲击效应。

本书考虑的 4 个国际重大事件分别是雷曼兄弟破产事件、希腊债务危机恶化事件、中国2015年经济增速放缓事件、石油减产协议延期事件。由于这4个标志性国际事件都具有广泛影响力，往往伴随着一些类似事件的爆发，从而干扰波动率脉冲响应的测度准确性。因此，本书参照Jin和An（2016），以各事件发生日为基点，比较发生日前后20日的平均脉冲响应。具体做法为，选取包含事件发生日及其前20日和后20日共41日的对称事件窗口，通过VIRF法分别计算协方差矩阵在事件发生日前20日和发生日后20日的平均波动率脉冲值。4个事件具体的冲击模式分别见图7-9至图7-12。

总体来说，4个事件都会对9个资产组合的协方差矩阵产生异质性的冲击影响。首先，2008年雷曼兄弟破产事件具有最强的冲击效应，且影响范围最广泛，因为该事件不仅显著提升了几乎所有资产的波动率，也导致碳期货与金融资产间的波动溢出效应大幅增强。其次，2016年中国经济增速放缓事件也显著促进了资产的波动，且不同程度地增强了碳期货与几乎所有关联资产间（除了OIL）的波动关联度。然而，2009年的希腊债务危机恶化事件虽然导致碳期货与部分能源资产的条件方差上升，但仅仅提高了碳期货与石油、煤炭、非能源大宗商品以及短期国债间的波动溢出。最后，2017年的石油减产协议延期事件对碳期货与关联资产间的协方差矩阵影响较小。该事件发生日后20日的平均影响普遍小于发生日前20日的平均影响，且没有导致资产条件方差的增加，但提升了碳期货与能源和债券资产间的波动溢出效应。

具体而言，图7-9显示，相比于事件发生日前20日的平均冲击，雷曼兄弟破产事件发生日后20日的平均冲击导致组合EUA-EPE、EUA-COAL、EUA-NCIR、EUA-ESTOXX和EUA-ELTB中的协方差显著提高，可见雷曼兄弟破产事件会导致碳市场与上述市场间的风险传染，尤其是增强了长期国债与碳市场间的波动溢出效应。此外，雷曼兄弟破产事件还通过投资者恐慌情绪显著提高了各资产的条件方差。

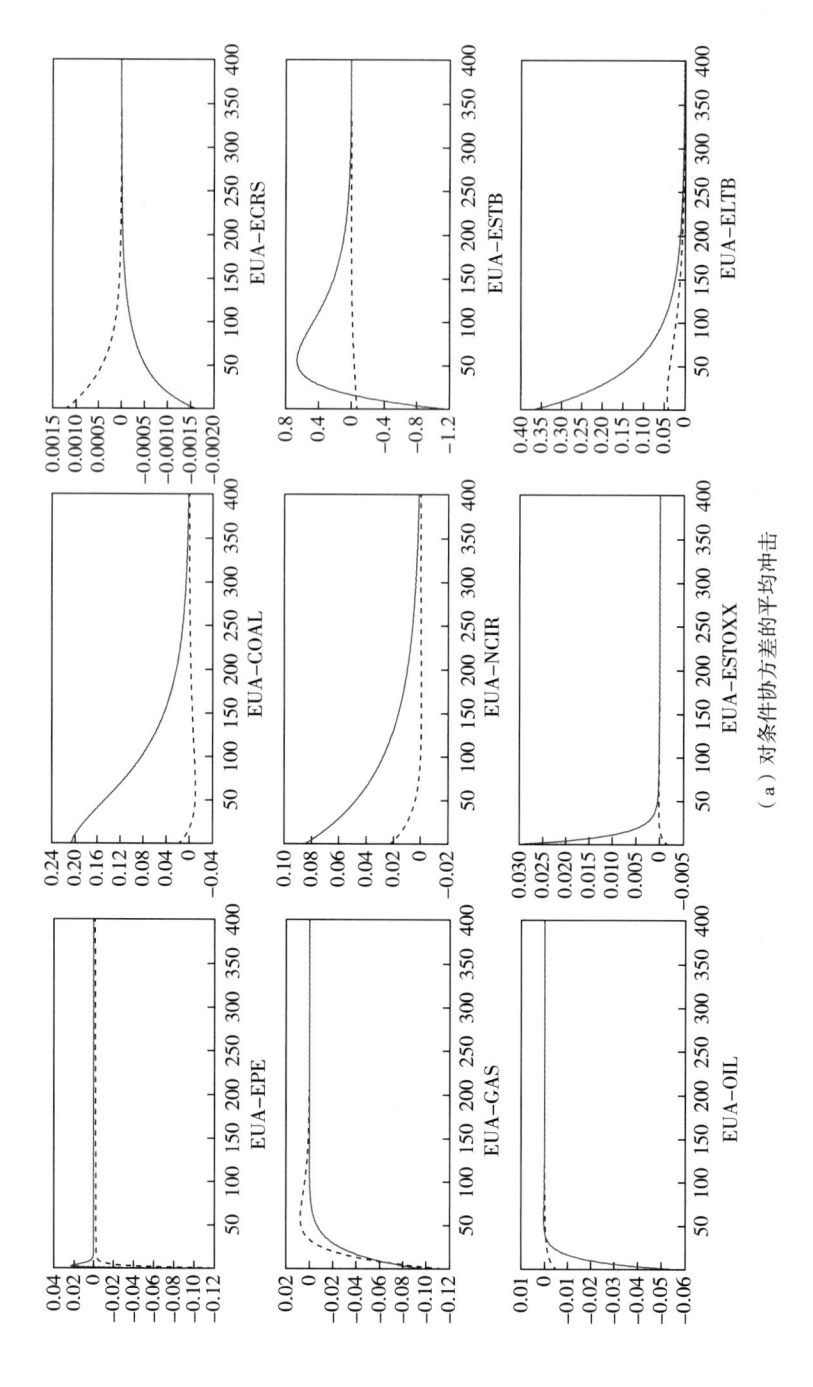

图 7-9 条件协方差矩阵在国际金融危机事件发生前后的平均波动率脉冲响应

（a）对条件协方差的平均冲击

(b) 对EUA条件方差的平均冲击

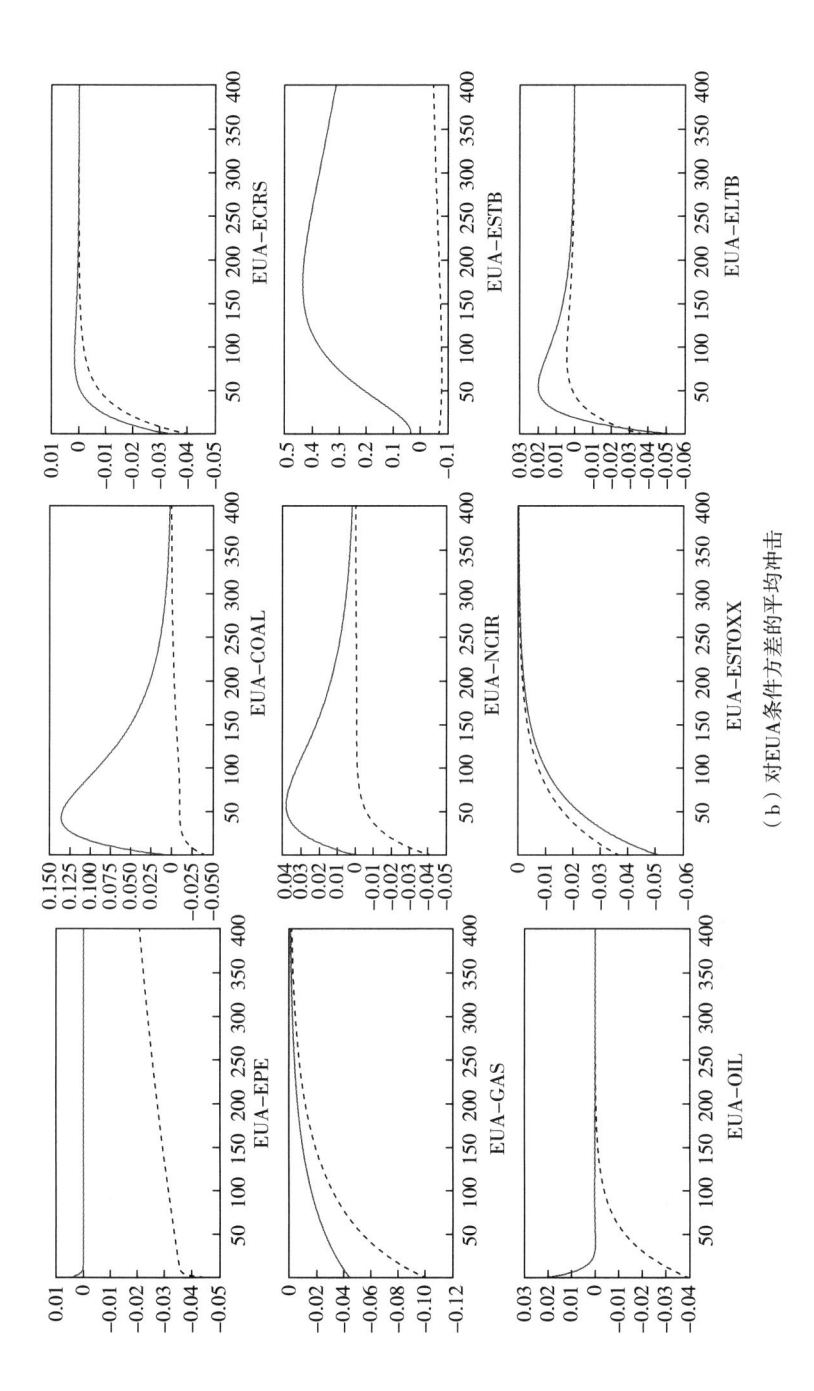

图7-9 条件协方差矩阵在国际金融危机事件发生前后的平均波动率脉冲响应（续）

(c) 对关联资产条件方差的平均冲击

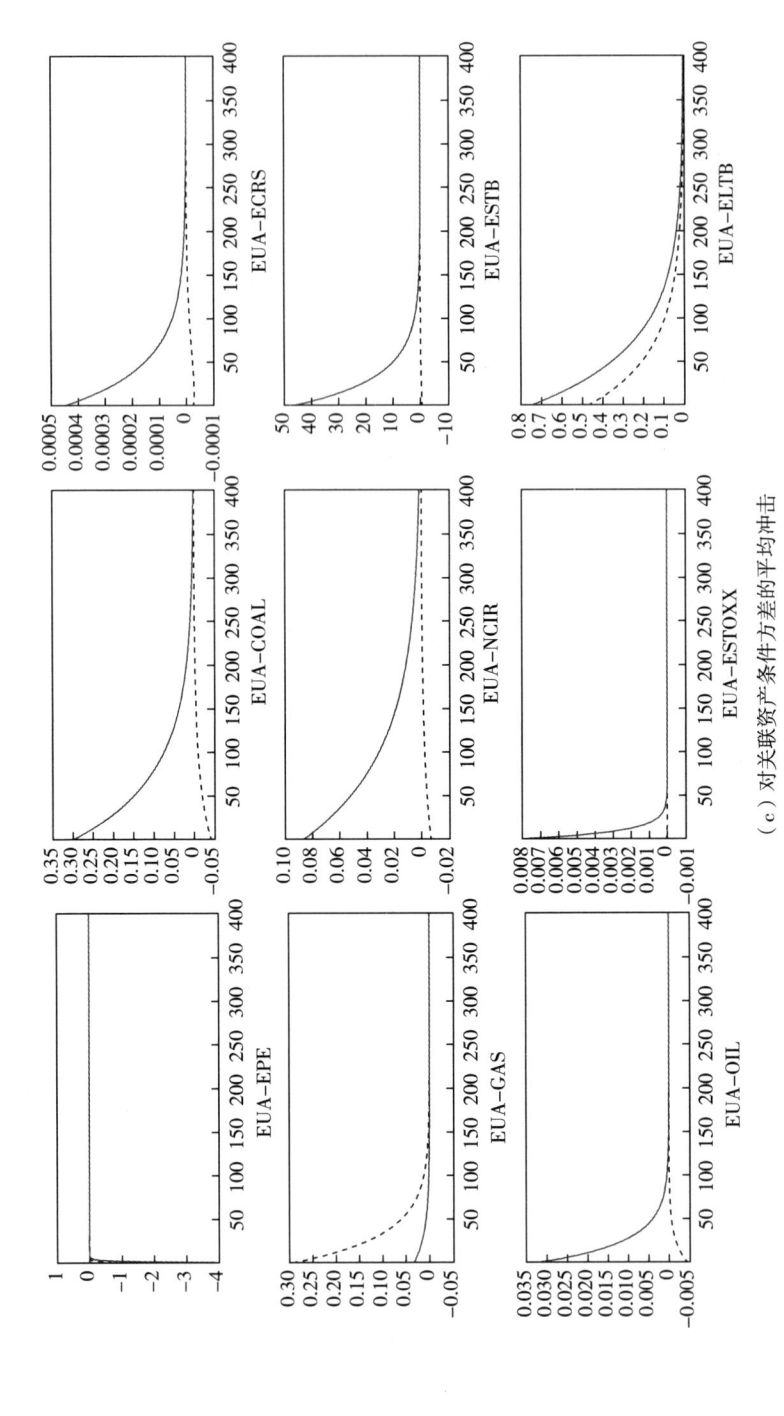

图 7-9 条件协方差矩阵在国际金融危机事件发生前后的平均波动率脉冲响应（续）

注：2008 年 9 月 15 日的雷曼兄弟破产事件是引发 2008 年国际金融危机的重要事件。子图 (a) 代表雷曼兄弟破产事件前后 20 日 (虚线为前,实线为后) 对条件协方差的平均冲击,子图 (b) 代表该事件前后 20 日对 EUA 条件方差的平均冲击,子图 (c) 则代表事件前后 20 日对关联资产条件方差的平均冲击。

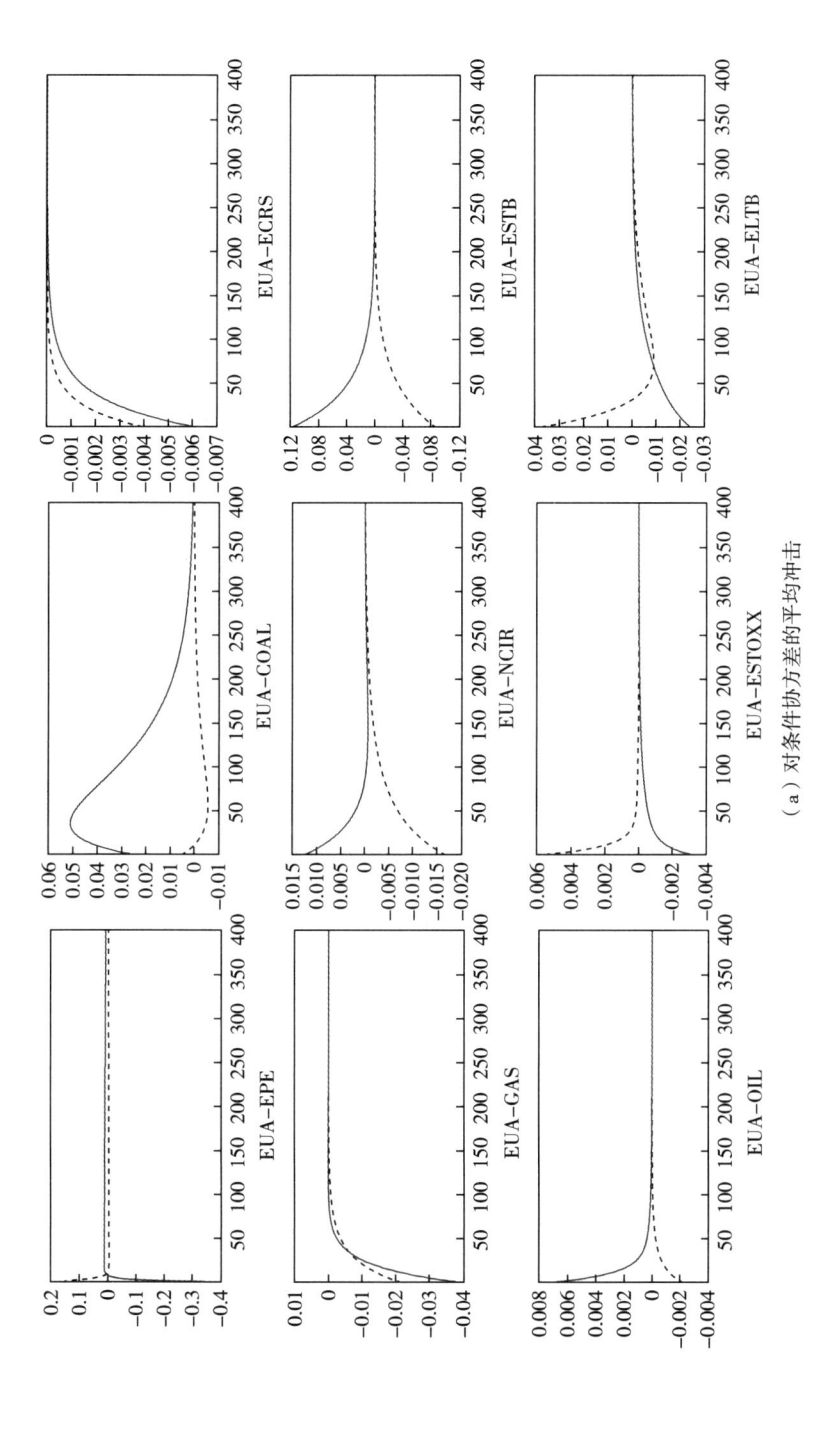

图 7-10 条件协方差矩阵在希腊债务危机事件冲击前后的平均波动率脉冲响应

（a）对条件协方差的平均冲击

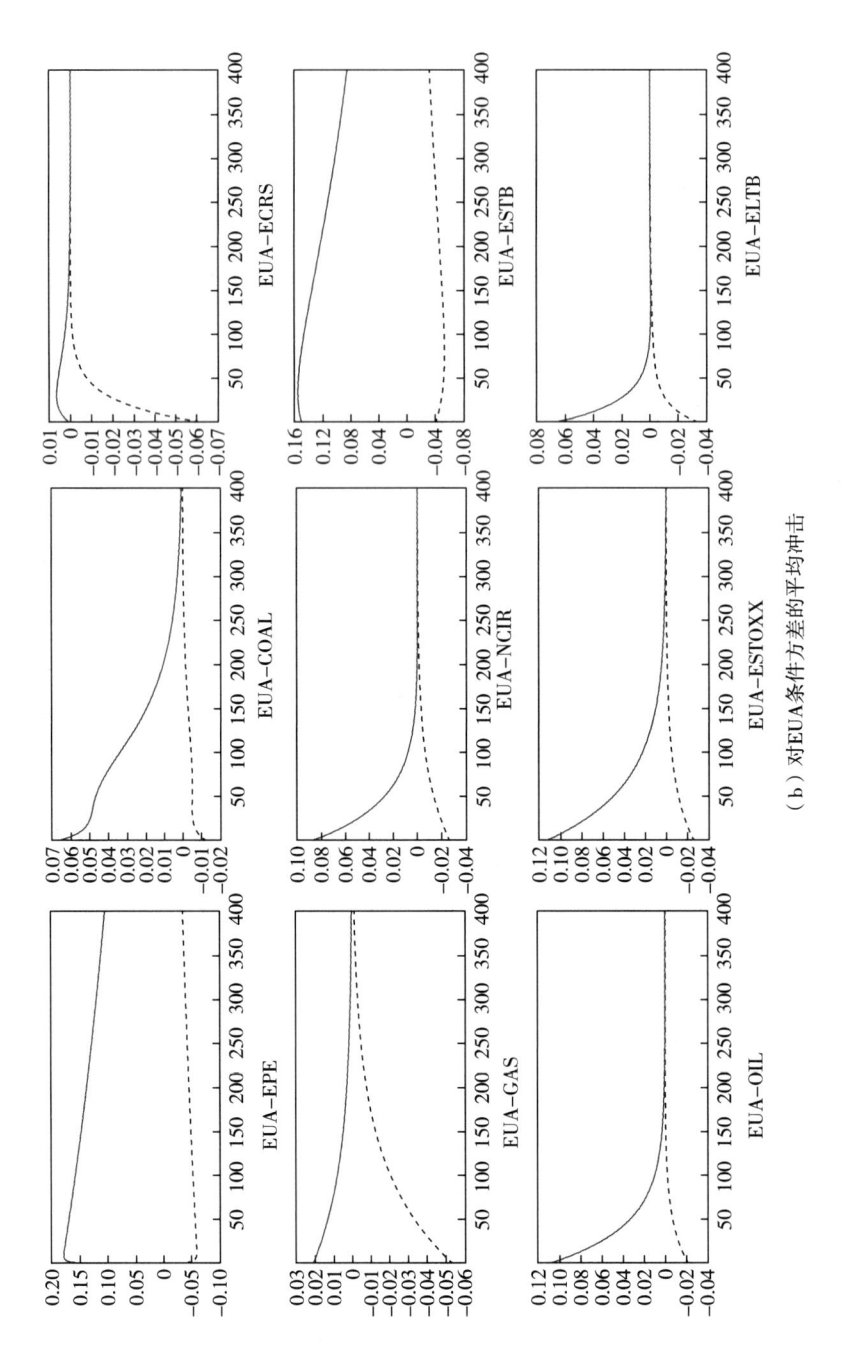

(b) 对EUA条件方差的平均冲击

图 7-10 条件协方差矩阵在希腊债务危机事件冲击前后的平均波动率脉冲响应（续）

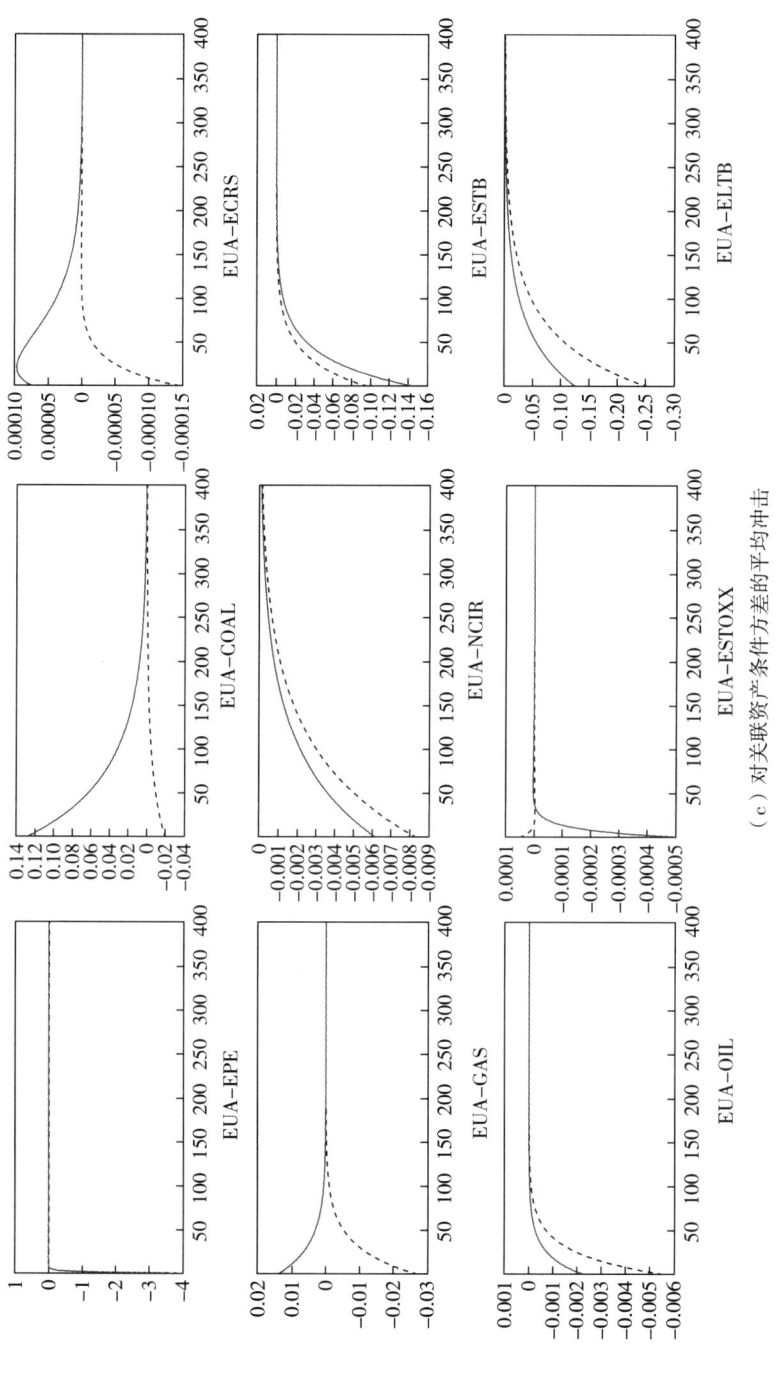

图7-10 条件协方差矩阵在希腊债务危机事件冲击前后的平均波动率脉冲响应（续）

注：2009年11月5日的希腊债务危机事件DEBT引发了市场的担忧。子图（a）代表为该事件发生前后20天（虚线为前，实线为后）对条件协方差的平均冲击，子图（b）代表对EUA条件方差的平均冲击，子图（c）则代表对关联资产条件方差的平均冲击。

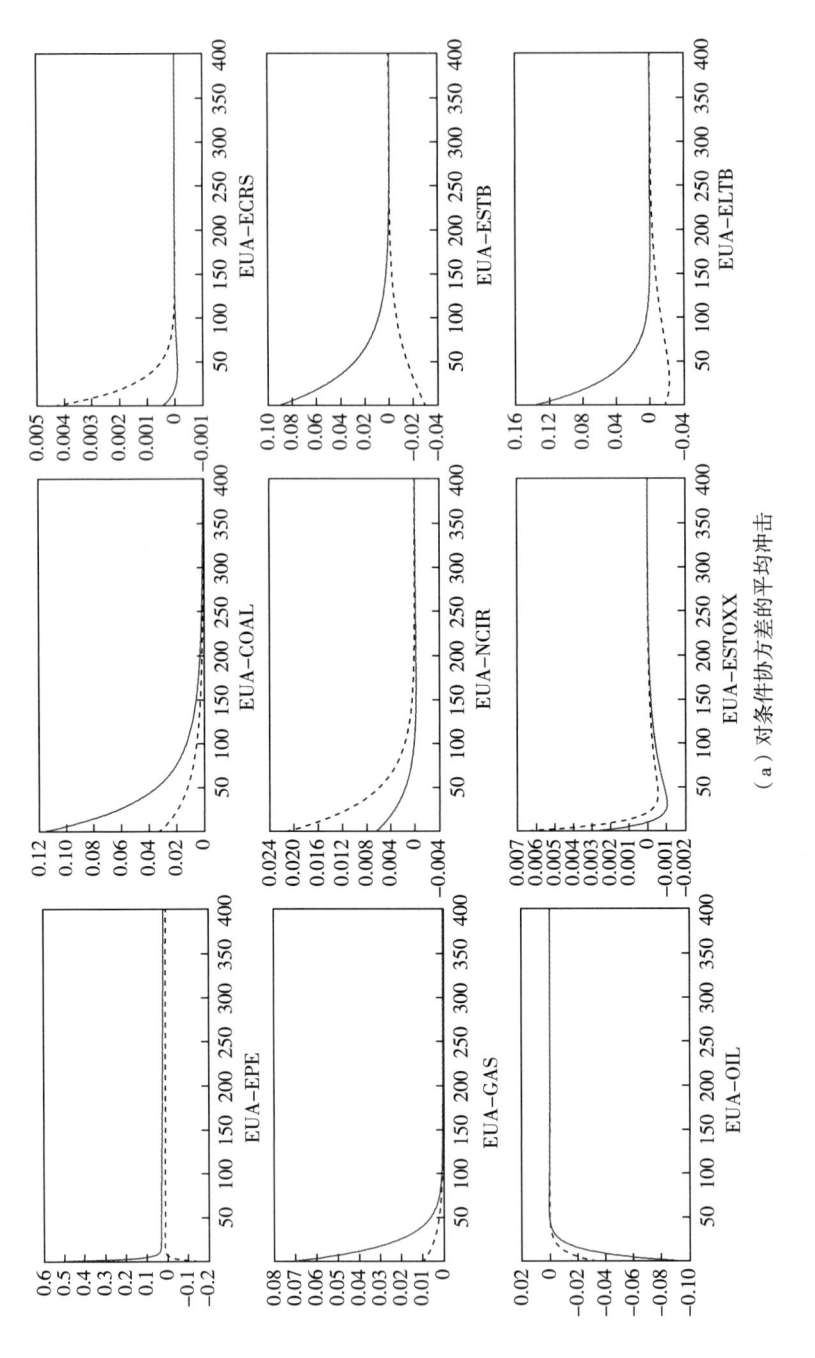

284 碳期货与关联资产间的信息作用机制研究

图 7－11 条件协方差矩阵在中国经济增速放缓事件冲击前后的平均波动率脉冲响应

（a）对条件协方差的平均冲击

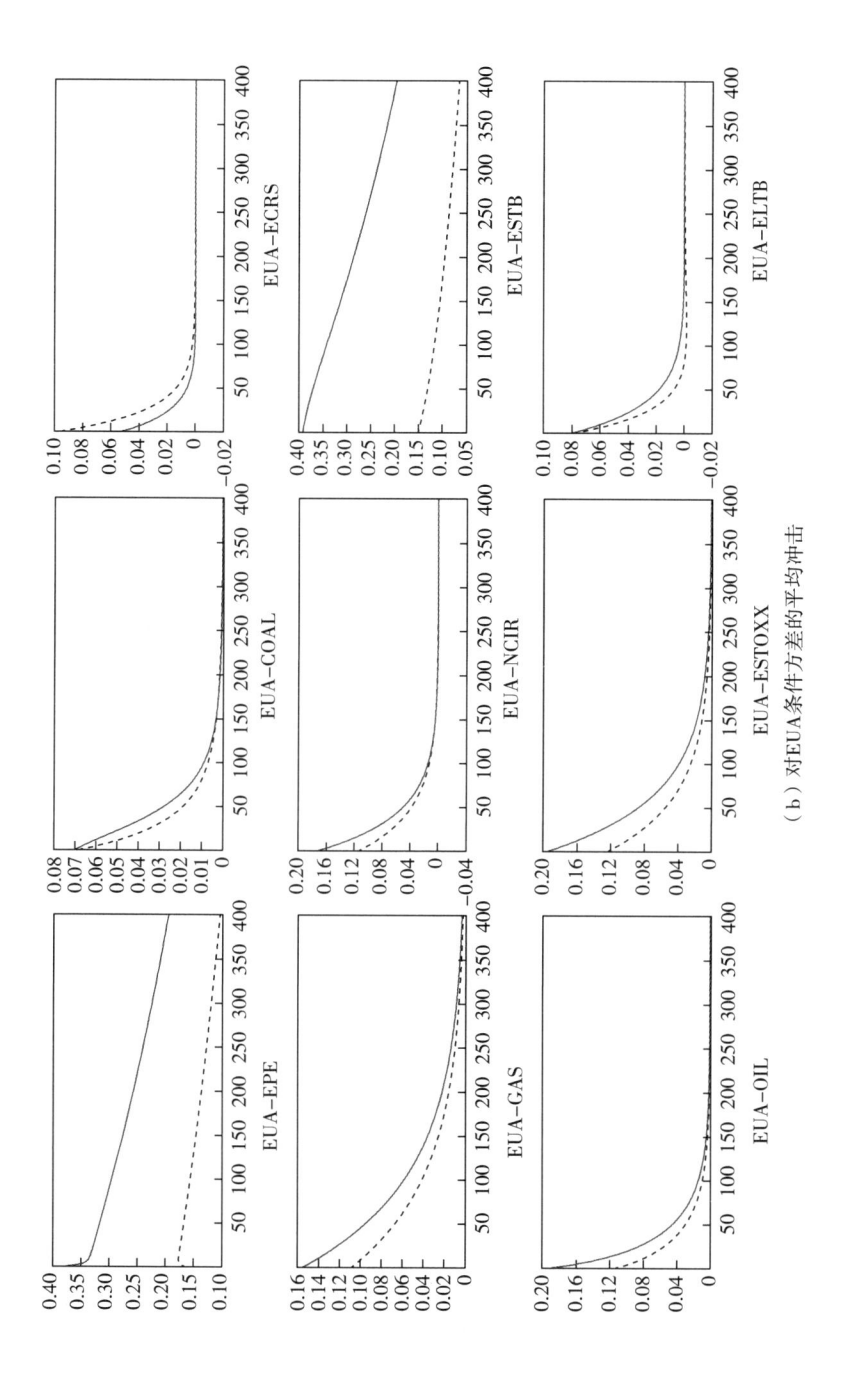

图7-11 条件协方差矩阵在中国经济增速放缓事件冲击前后的平均波动率脉冲响应（续）

（b）对EUA条件方差的平均冲击

图 7-11 条件协方差矩阵在中国经济增速放缓事件冲击前后的平均波动率脉冲响应（续）

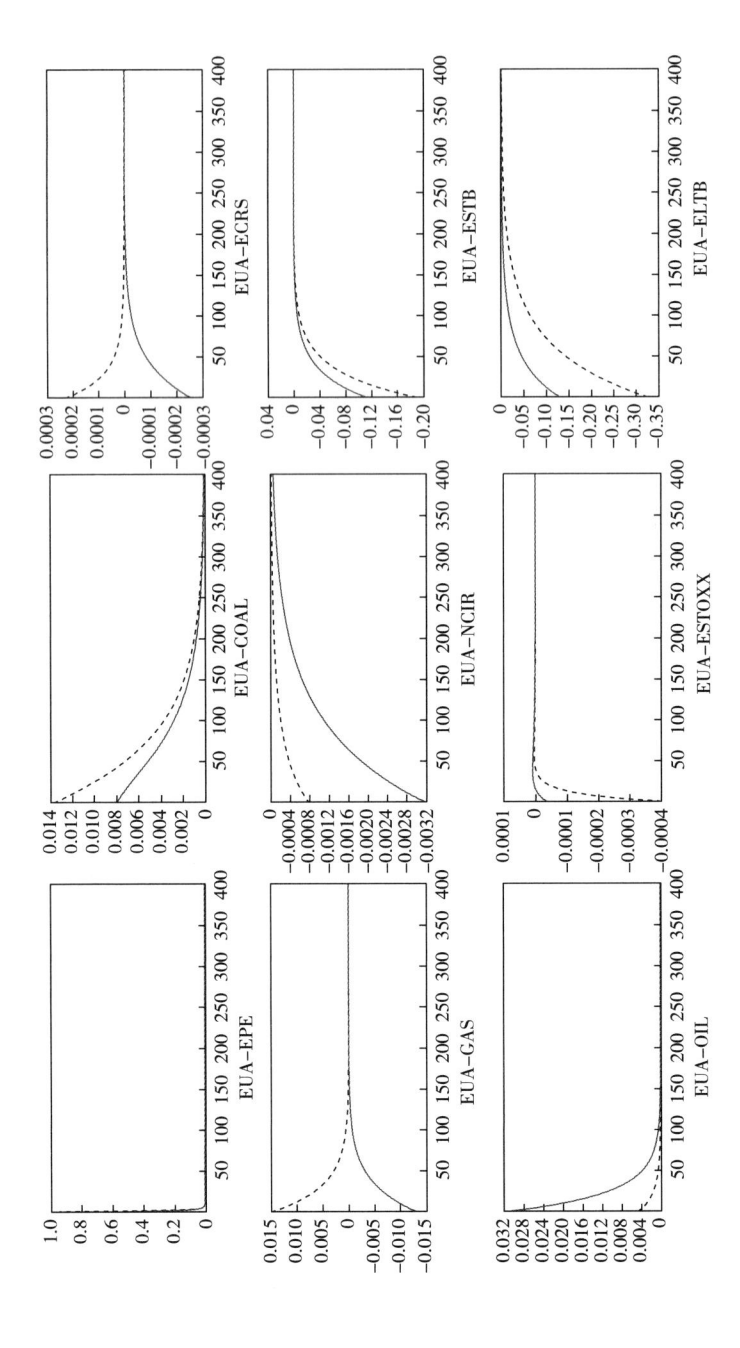

（c）对关联资产条件方差的平均冲击

注：2016 年 1 月 19 日，中国统计数据表明中国 2015 年的经济增速达到 25 年来最低，引发了国际市场的担忧。子图（a）代表事件发生前后 20 天（虚线为前，实线为后）对条件协方差的平均冲击。子图（b）代表事件对 EUA 条件方差的平均冲击，子图（c）则代表事件对关联资产条件方差的平均冲击。

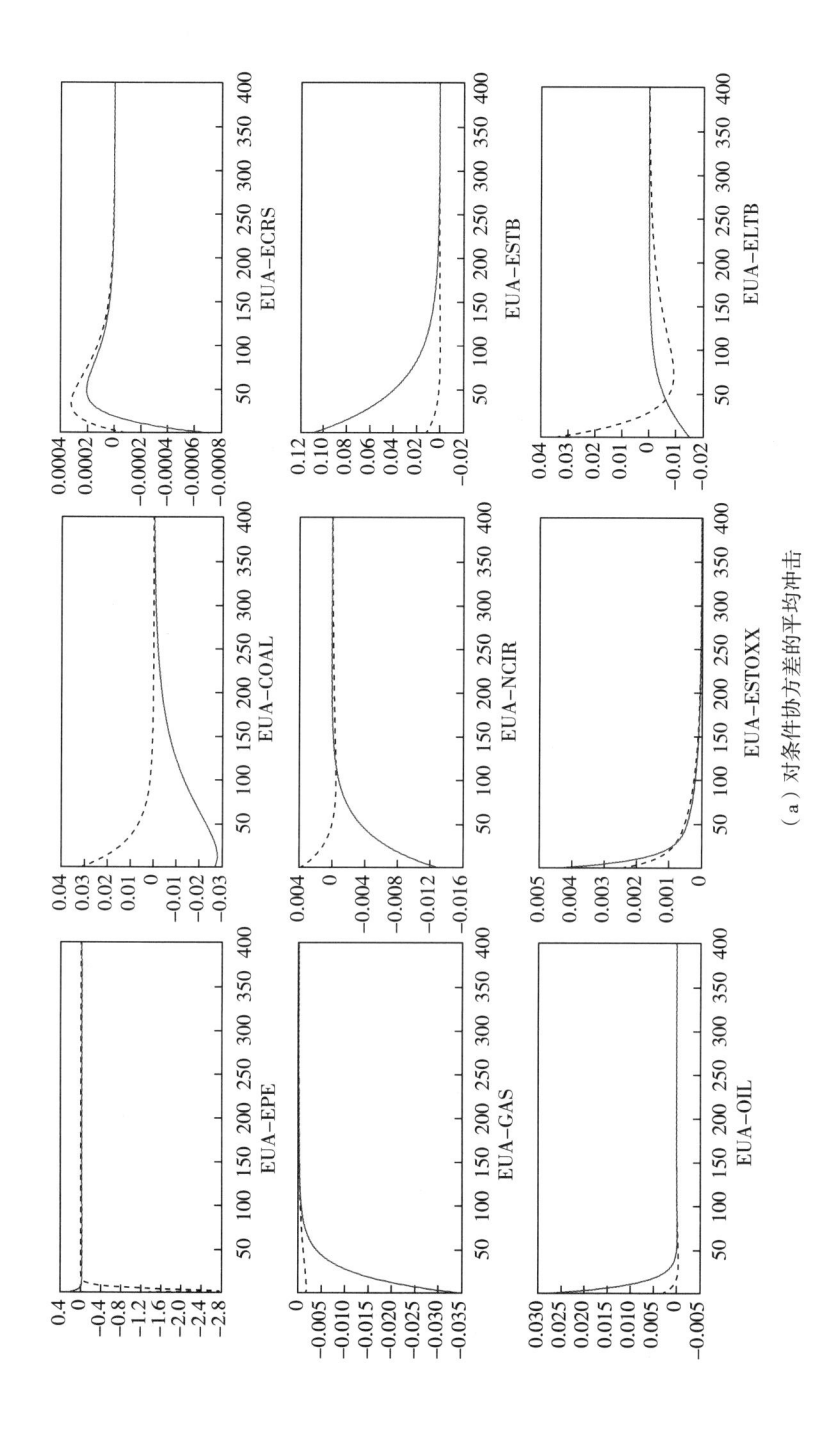

图7-12 条件协方差矩阵在石油减产协议延期事件冲击前后的平均波动率脉冲响应

（a）对条件协方差的平均冲击

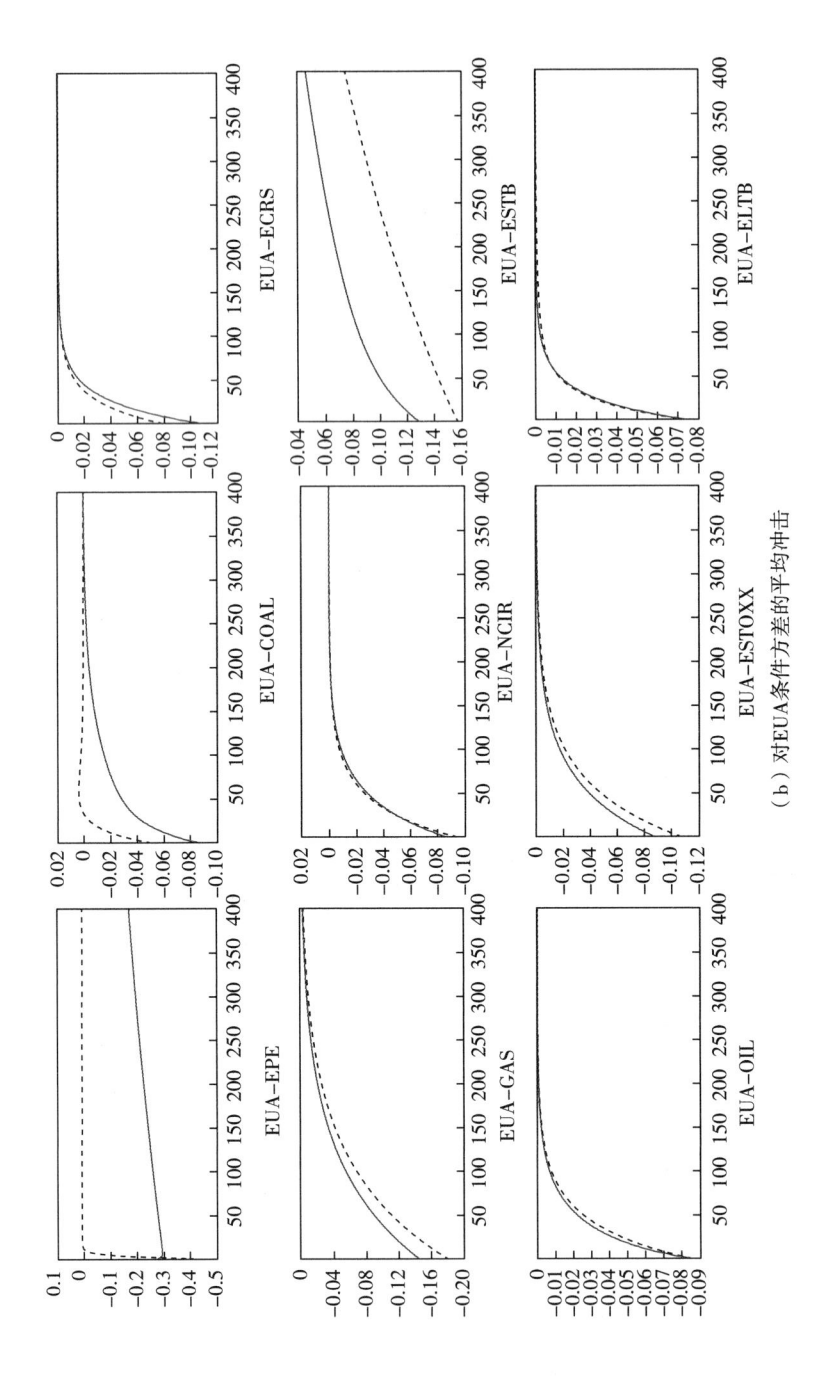

图 7-12 条件协方差矩阵在石油减产协议延期事件冲击前后的平均波动率脉冲响应（续）

（b）对EUA条件方差的平均冲击

图 7-12 条件协方差矩阵任油减产协议延期事件冲击前后的平均波动率脉冲响应（续）

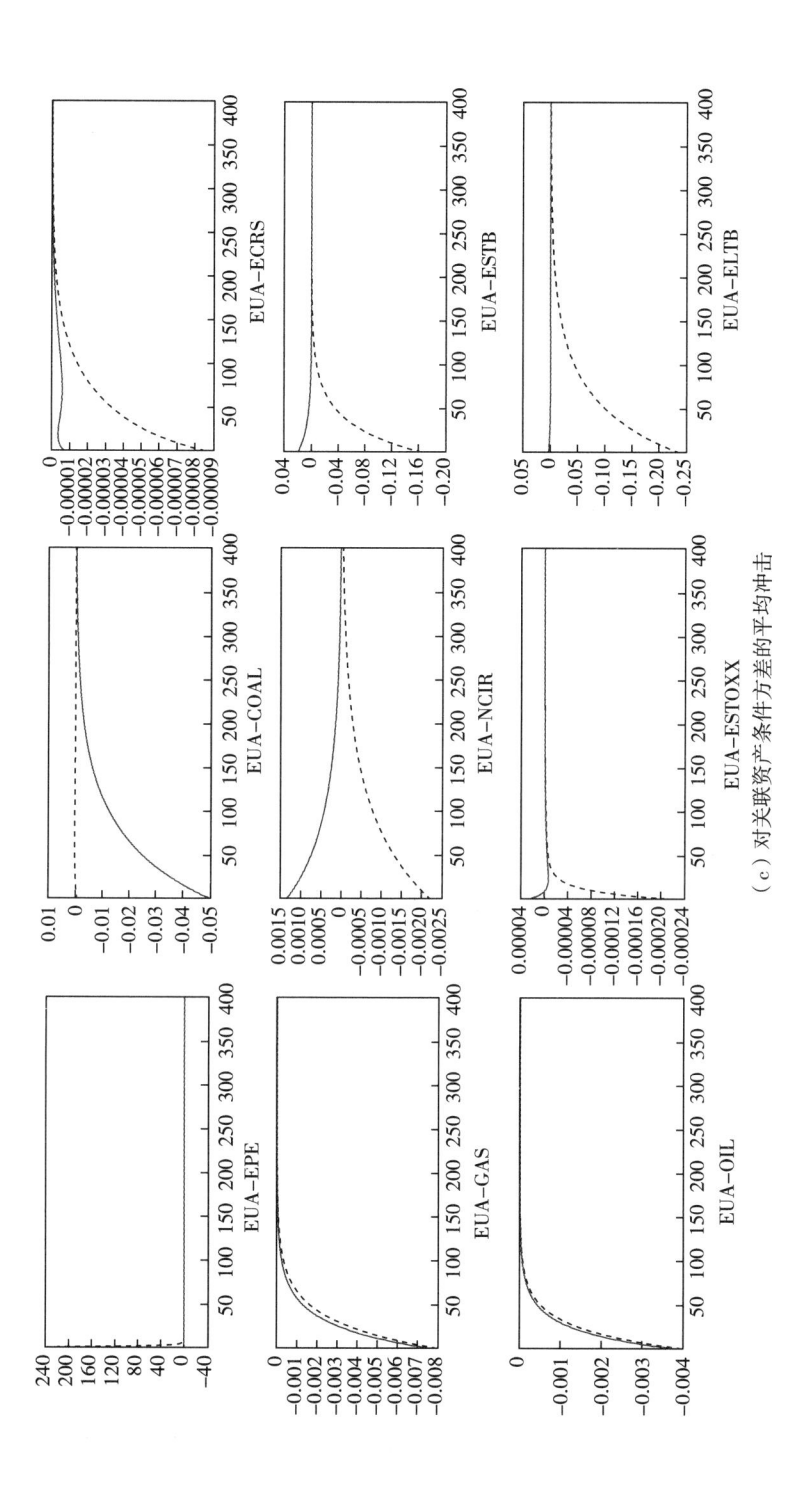

（c）对关联资产条件方差的平均冲击

注：2017年5月22日，OPEC和非OPEC国家达成协议将石油减产协议延长9个月，从而提振低迷的石油价格。子图（a）为事件发生前后20天（实线为前，虚线为后）对条件协方差条件方差的平均冲击，子图（b）代表对EUA条件方差的平均冲击，子图（c）则代表对关联资产条件方差的平均冲击。

图 7-10 显示，2009 年希腊债务危机事件并没有显著影响碳期货与关联资产间的波动溢出效应。一方面，该事件发生日后 20 日的平均冲击只加强了碳期货、天然气、煤炭、企业债的波动率；另一方面，该事件只增强了碳期货与石油、煤炭、非能源大宗商品以及短期国债间的波动溢出，其中对碳期货与短期国债间的条件协方差影响最显著。

图 7-11 显示，2016 年中国经济增速放缓事件对碳期货与关联资产间的波动溢出效应具有较为强烈的冲击影响，尤其对"碳配额—能源"以及"碳配额—国债"组合的波动溢出影响最强。具体而言，在条件方差方面，该事件普遍导致能源资产，如 EPE、EUA、OIL 和 COAL 的波动率上升。在条件协方差方面，该事件正向冲击了除 EUA-OIL 组合外的所有组合。由此可见，国际市场严重依赖中国经济发展，中国需求减少将会引发国际市场的恐慌，从而导致市场间的风险传染。

图 7-12 表明，2017 年石油减产协议延期事件的影响很有限。一方面，该事件并没有显著提高各资产的条件方差。另一方面，该事件仅对组合 EUA-EPE、EUA-GAS、EUA-OIL、EUA-COAL、EUA-NCIR、EUA-ESTB 以及 EUA-ELTB 的条件协方差产生不同程度的正向冲击，其中对 EUA-ESTB 组合的影响最强。由此可见，国际石油事件倾向于影响碳期货与能源资产以及债券资产间的波动溢出效应。

三 尾部风险事件的冲击效应分析

除了上文中的具体事件会对资产间的波动溢出效应产生影响，资产价格的暴跌和暴涨也会显著影响投资者行为。因此，本书参考 Olson 等（2014），通过投资组合中各资产的尾部分位点确定其暴涨和暴跌的日期。具体步骤为：首先，通过 BEKK-GARCH 模型估计资产组合间的波动率协方差矩阵，其次，根据各资产 5% 分位点和 95% 分位点确定极端风险日期。最后，根据 VIRFs 框架分别计算并分析各个暴跌风险和暴涨风险对资产间条件协方差矩阵的冲击模式。图 7-13 和图 7-14 分别展示了"碳配额—关联资产"的条件协方差矩阵在关联资产暴跌事件和碳期货暴跌事件冲击下的脉冲响应模式。图 7-15 和图 7-16 分别展示了"碳配额—关联资产"的条件协方差矩阵在关联资产和碳期货暴涨事件冲击下的脉冲响应模式。

总之，无论关联资产还是碳期货，相比于暴涨事件，暴跌事件对波动率溢出效应的影响都是最强的，可见，暴跌风险是引发资产组合间风险传染的主要原因。其中，碳期货价格暴跌事件将显著增强碳期货的条件方差，也会显著增强碳期货与煤炭、非能源大宗商品价格指数、股指以及三种债券间的波动率溢出效应，但关联资产的暴跌事件并不会普遍增强碳期货与关联资产间的波动溢出效应。EUA-ELTB 组合间的波动溢出对碳期货和长期国债的暴跌事件反应最为强烈，但 EUA-ESTB 组合的波动溢出则对碳期货和短期国债的暴涨事件最为敏感。

首先，图 7-13 显示，NCIR 和 ESTOXX 的暴跌事件会正向刺激碳期货的条件方差，但 EPE、NCIR、ESTOXX 和 ELTB 的暴跌事件则会增强碳期货与关联资产间的波动溢出。相比之下，EUA-ELTB 组合的反应最强烈，而组合 EUA-OIL 的反应最弱。其次，图 7-14 显示，EUA 暴跌事件是影响碳期货与关联资产间波动溢出效应的重要因素，因为碳期货暴跌会显著刺激碳期货与除电力、天然气和石油外的所有资产间的波动联结，尤其是导致组合 EUA-ELTB 的条件协方差增加 1.8%。碳期货的暴跌还会显著增强其条件方差，且影响时间超过 300 期。此外，由图 7-15 可知，在不同关联资产暴涨事件的冲击下，只有组合 EUA-GAS、EUA-OIL 和 EUA-NCIR 的条件协方差会增强，其中 EUA-GAS 组合的反应最强烈且最持久。最后，由图 7-16 可知，当碳价出现暴涨，只有组合 EUA-EPE、EUA-OIL、EUA-COAL 和 EUA-ESTB 的协方差会增加，其中组合 EUA-EPE 的反应最快，只持续 10 期左右，而组合 EUA-ESTB 的反应最强烈，即其条件协方差增加了 3.8%，且持续 200 期左右。

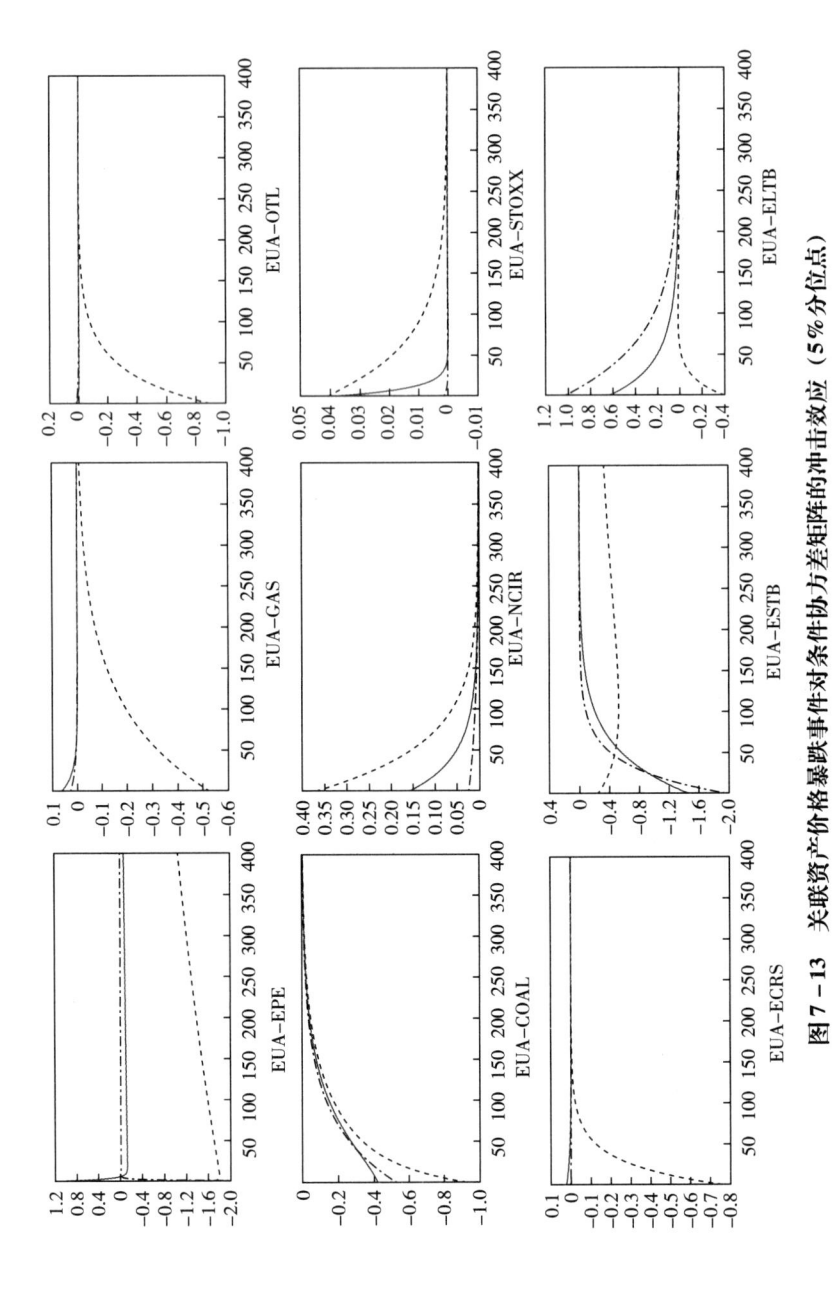

图 7-13 关联资产价格暴跌事件对条件协方差矩阵的冲击效应（5%分位点）

注：关联资产暴跌日期是由其 5% 分位点确定，"——"线代表对 EUA 条件方差的影响，"— · —"线代表对碳期货与关联资产间的条件协方差的影响，"- - -"线代表对关联资产自身条件方差的影响。

第七章 重大事件对系统内波动溢出效应的冲击作用 293

图7-14 碳价暴跌事件对条件协方差矩阵的冲击效应（5%分位点）

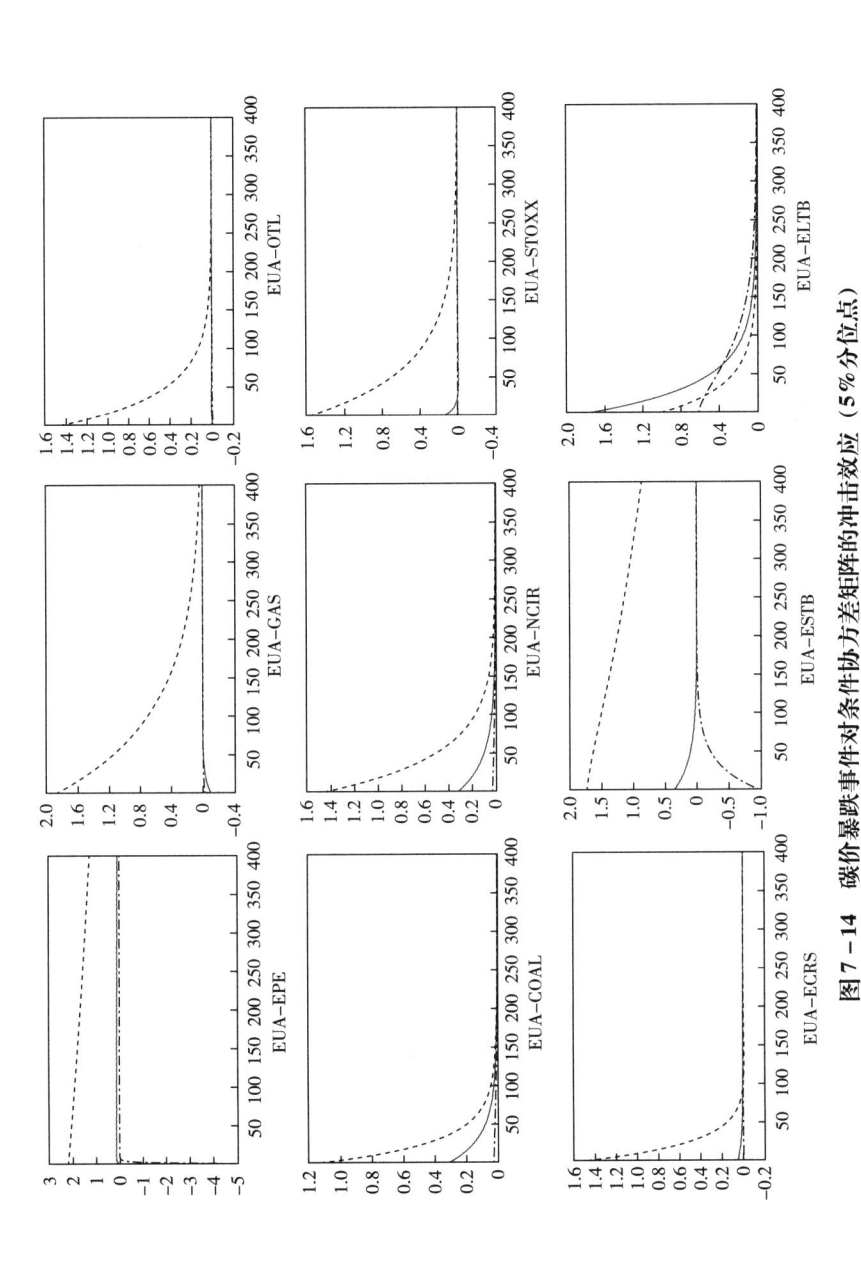

注：碳价暴跌日期是由其5%分位点确定，"——"线代表对EUA自身条件方差的影响，"-·-·-"线代表对关联资产条件方差的影响，"-----"线代表对碳期货与关联资产之间的条件协方差影响。

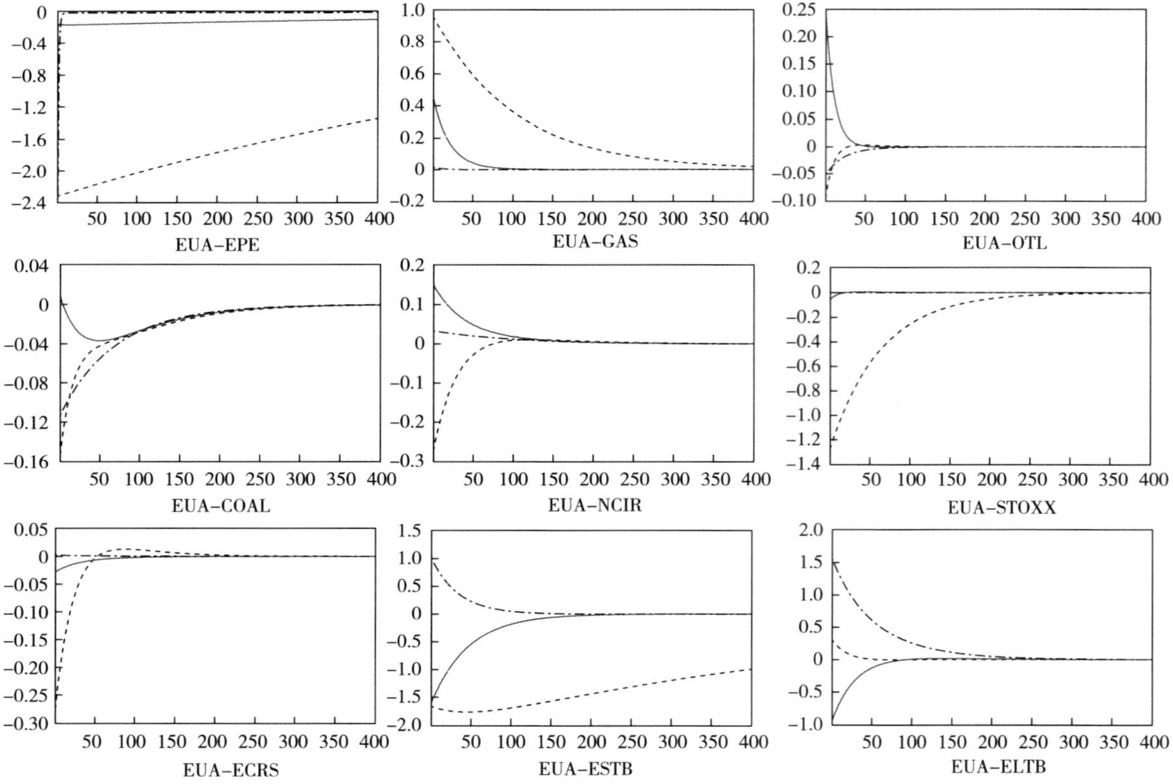

图 7-15 关联资产价格暴涨事件对条件协方差矩阵的冲击效应（95%分位点）

注：关联资产的暴涨日期是由其95%分位点确定，"——"线代表对EUA条件方差的影响，"- · -"线代表对碳期货与关联资产间的条件协方差影响，"- - -"线代表对关联资产自身条件方差的影响。

第七章　重大事件对系统内波动溢出效应的冲击作用　295

图 7-16　碳价暴涨事件对条件协方差矩阵的冲击效应（95%分位点）

注：碳价暴涨日期是由其95%分位点确定，"——"线代表对EUA自身条件方差的影响，"- - -"线代表对关联资产条件方差的影响，"—·—"线代表对碳期货与关联资产间的条件协方差影响。

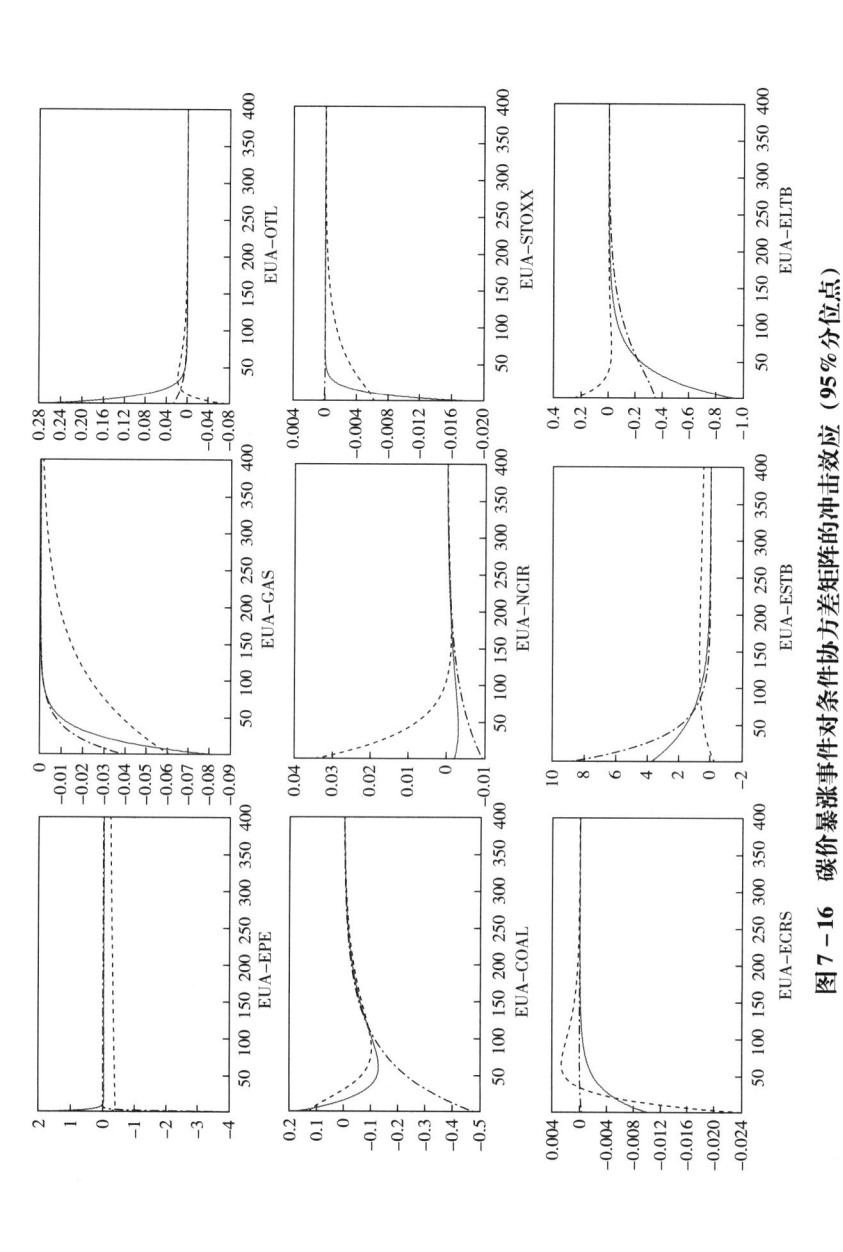

第五节 主要结论及政策启示

本章运用 BEKK – GARCH 模型及波动率脉冲响应函数（VIRFs），详细探讨并分析了全样本中三类事件（6 个碳市场事件、4 个国际重大事件、价格暴涨和暴跌事件）对"碳配额—能源—金融"系统内信息溢出机制的冲击效应。首先，通过 BEKK – GARCH 模型测度了碳期货与 9 个关联资产间的时变波动相关性，并基于最小方差套期保值原则计算了各组合的时变套期保值率和投资组合权重。其次，本书对比分析了条件协方差矩阵在 VIRFs 和 GRT 框架下对碳市场 6 个事件的响应模式，并对比分析了条件协方差在 4 个国际重大事件发生日前后 20 日的平均响应。最后，从极端分位数的视角对比分析了暴跌和暴涨事件对条件协方差矩阵的冲击影响。本章的主要结论如下：

（1）通过假定残差服从 t 分布，本书发现碳期货与部分关联资产存在显著的波动溢出效应。各个组合的波动率主要来自自身的 ARCH/GARCH 效应。碳期货只与部分能源以及企业债存在较为显著的有向波动溢出效应。

（2）碳市场与关联市场间的波动溢出模式包括 5 类：组合 EUA – ECRS 中的双向波动溢出；组合 EUA – GAS 中持久的单向波动溢出；组合 EUA – OIL 和 EUA – NCIR 中基于 GARCH 效应的单向溢出；组合 EUA – EPE 和 EUA – COAL 中基于 ARCH 效应的单向溢出；组合 EUA – ESTOXX、EUA – ESTB 和 EUA – ELTB 中不显著的波动溢出。

（3）关联资产对冲碳期货的最大套期保值率主要集中于 2012—2013 年，同时大部分资产的套期保值率在 2016 年也会显著上升，可见关联资产对冲碳期货风险的有效性在逐渐恢复。其中 COAL、NCIR、ESTOXX 和 ECRS 具有较高的平均套期保值率，非能源大宗商品 NCIR 和电力 EPE 分别具有最高值和最低值。相反，EUA 对冲关联资产的平均套期保值率普遍很低，且高套期保值率主要集中在 2008 年和 2016 年。其中 GAS、OIL 和 ELTB 具有相对较高值，而 ECRS 具有最低值。

（4）在时变投资组合权重方面，EPE 和 ECRS 分别具有最高和最低的平均权重（分别为 0.90 和 0.004），且均具有最小的标准差。此外，GAS、OIL、ESTB 和 ELTB 也具有较高的平均权重，分别为 0.43，0.37，0.36 和 0.67，且具有相似的标准差。

（5）6 个碳市场事件在 VIRF 框架和 GRT 框架下的冲击结果具有较大的差异，其在"碳配额—能源"组合中具有较高一致性，但在"碳配额—金融"组合中表现不一致。相比之下，VIRF 框架更能准确地刻画信息冲击影响，而 GRT 框架下的冲击响应普遍较小。所有碳市场事件对 EUA - EPE 协方差的冲击时间均最短，但对 EUA - NCIR 以及 EUA - ESTOXX 协方差的冲击时间较长。MRV 事件冲击会显著冲击各组合的协方差，尤其是"碳配额—非债券"组合，但是 FREE 事件对"碳配额—债券"组合的冲击最强。相反，CAP 和 AVIA 事件的冲击力普遍较弱。

（6）在 VIRF 框架下，4 个国际重大事件均会对 9 个资产组合的协方差均值产生异质性的冲击影响。相比之下，2008 年雷曼兄弟破产事件对协方差矩阵的冲击强度最大，且影响范围最广。该事件不仅导致几乎所有资产的波动加剧，还显著增强了碳期货与金融资产间的波动溢出效应。2016 年中国经济增速放缓事件也普遍加剧碳期货和能源资产的波动，且不同程度地增强了碳期货与几乎所有关联资产间（除了 OIL）的波动联结。相反，2009 年希腊债务危机恶化事件和 2017 年的石油减产协议延期事件对碳期货与关联资产间的协方差矩阵影响较小。

（7）在 VIRFs 框架下，价格暴跌事件对波动率溢出效应的冲击显著强于暴涨事件的影响。相比之下，碳价暴跌事件将显著刺激碳价波动，也会导致碳期货与煤炭、非能源大宗商品价格指数、股指、三种债券间的波动率溢出效应大幅增强，但关联资产价格的暴跌并不会显著刺激碳期货与关联资产间的波动溢出效应。其中，EUA – ELTB 组合对碳期货和长期国债的暴跌事件反应最强烈，但 EUA – ESTB 组合则对碳期货和短期国债的暴涨事件反应最敏感。

基于上述结论，本书提出相关投资和监管建议：①碳配额与能源和企业债存在显著的波动溢出效应，且与企业债存在双向溢出关系，但其时变波动相关性并不高，因此可以考虑构建碳期货与金融资产间的投资组合；②在投资过程中，具体可以考虑使用煤炭、非能源大宗商品价格指数、股指和企业债对冲碳价风险，同时也可考虑通过碳配额对冲天然气、石油和长期国债的风险；③在构建投资组合时，可以考虑多持有长期国债和电力期货，而少持有碳配额；④碳市场事件普遍会对碳期货与关联资产间的波动溢出效应产生异质性的影响，相比之下，核查制度事件和免费配额发放事件的冲击强度普遍较大，其中对 EUA – EPE 组合的冲击时间最短，但对 EUA – NCIR 以及 EUA – ESTOXX 的冲击时间最长，因此要防范这类事件的冲击效应，及时调整相关投资策略；⑤严防国际金融危机类事件以及中国经济预期产生的风险传染；⑥由于碳价暴跌事件所导致的碳价波动以及关联资产间波动溢出效应的增强，相关部门应及时通过价格调整机制降低碳价暴跌事件对投资者造成的恐慌，保证碳市场的稳定运行。

第 八 章

基于关联资产信息的碳价预测

由前文的相关研究结果可知,碳期货与关联资产在均值层面和分位数层面均存在不同程度的信息溢出效应及相依关系。与此同时,该信息溢出效应和相依关系还会受到经济政策不确定性、恐慌指数等宏观经济指标以及多元事件的冲击影响。相比之下,在"碳配额—能源—金融"系统中,碳期货是主要的信息接受者,其对关联资产的影响远远小于反向作用,因此关联资产的历史信息可以为碳价预测提供可靠的信息。碳期货作为新兴的大宗商品,自2005年欧盟碳市场正式运行以来,就受到广泛关注,但碳价一直以来都表现出波动剧烈和难以预测的特点,从而极大地打击了投资者的参与积极性。为了提高碳价的预测精度,本章将构建基于关联资产信息的多种碳价预测模型,并对不同模型的经济收益进行比较,从而在碳价预测模型及预测指标的选取方面为投资者提供建议。

第一节 预测指标选取与数据预分析

一 预测指标选取与数据来源

结合上文的研究,本章依然基于"碳配额—能源—金融"系统,探究不同关联资产对碳价收益率的预测能力。为避免日度数据中的噪声和价格跳跃干扰，以及月度数据中可能存在的时间聚集和补偿效应（Sadorsky，2014），本章选取2008年4月16日至5月23日共528个周度数据作为全样本。同时，周度数据可以大幅减少有关市场非同步的问题。为避免周末效应的影响以及节假日导致的数据缺失，本章选取周三的观测值作为研究对象。

本章的目标预测变量为EU ETS碳期货价格收益率，选取的三类预测变量分别是EUA相关变量、商品类变量和金融类变量。首先，参照Fernandez-Perez等（2017）、Yin和Yang（2016），本章选用11个测量指标代表EUA相关变量，具体包括：①EUA期货合约的三种期限结构的斜率变化，即季度期限结构（TSQ）、年度期限结构（TS1Y）和两年期限结构（TS2Y），其分别由近期、中期和长期的EUA滚动期货合约测量所得；②整个期限结构总交易量（VM）和总持仓量（OI）的对数差分；③基于日度数据的6个指标，即已实现波动率（RV）、已实现坏波动率（BRV）、偏度（SKEW）、峰度（KURT）、动量（MOM）和流动性变化（LIQ）。RV（BRV）是以1个月的每日EUA收益率（负收益率）的年化标准差来衡量。SKEW和KURT是前12个月内EUA日度收益率分布的偏度和峰度。MOM是由最近12个月内的平均每日EUA超额收益率衡量。LIQ是由日成交量除以前2个月的日度收益率的绝对值。其次，本章选取涵盖能源商品和非能源商品的25种商品变量的连续复利收益率（$\ln p_t - \ln p_{t-1}$），以确定各类商品变量在碳价预测过程中的异质性表现。其中8种能源商品包括：（1）ICE—英国天然气连续期货价格（UKGP，英镑/千卡）；（2）ICE—鹿特丹煤炭连续期货价格（CP，美元/吨）；（3）ICE—布伦特原油连续期货价格（BOP，美元/桶）；④EEX-Phelix月度DE基准连续期货价格（EPE，欧元/兆瓦时）；⑤标准普尔GSCI原油指数超额收益（GCO）；⑥标准普尔GSCI燃油指数超额收益（GGO）；⑦标准普尔GSCI取暖油指数超额收益（GHO）；⑧标准普尔GSCI天然气指数超额收益（GNG）。为确保上述的能源价格以相同的货币进行结算，本章利用欧洲央行发布的日度汇率将美元和英镑转换为欧元。

此外，17个标准普尔GSCI非能源商品指数包括：①GSCI黄金指数（Ggol）；②GSCI白银指数（Gsil）；③GSCI铝指数（Galu）；④GSCI铜指数（Gcop）；⑤GSCI铅指数（Glea）；⑥GSCI镍指数（Gnic）；⑦GSCI锌指数（Gzin）；⑧GSCI可可指数（Gcoc）；⑨GSCI咖啡指数（Gcof）；⑩GSCI玉米指数（Gcor）；⑪GSCI棉花指数（Gcot）；⑫GSCI大豆指数（Gsoy）；⑬GSCI糖指数（Gsug）；⑭GSCI小麦（CBOT）指数（Gwhe）；⑮GSCI牲畜指数（GFC）；⑯GSCI瘦肉型生猪指数（GLH）；⑰GSCI活牛指数（GLC）。

最后，本章选取17个金融变量来衡量经济不确定性、权益市场和债券市场的动态。具体而言，4个经济不确定性指数包括：①美国股票市场相关的经济政策不确定性指数（USPU）；②英国经济政策不确定性指数（UKPU）；③CBOE波动性指数（VIX）；④CBOE原油波动性指数（OVX）。5个权益类指标包括：①欧洲STOXX600指数（ESTOXX600）；②欧洲STOXX600石油和天然气指数（ESTOXXOG）；③标准普尔500股票综合指数（SP500）；④Wilderhill新能源全球创新指数（NEGI）；⑤Wilderhill清洁能源指数（CEI）。8个代表债券市场的指标包括：①美国公司债券收益率差（USCBYS，即穆迪BAA级和AAA级公司债券收益率差额）；②欧元区公司债券收益率差（EUCBRS，即FISE欧元区BBB级公司债券与AAA级公司债券收益率差）；③欧元区3个月3A国债收益率（EUBY3M）；④美国3个月国债固定期限利率（USBY3M）；⑤欧元区10年期3A国债收益率（EULTBY）；⑥美国10年期国债固定期限利率（USLTBY）；⑦欧元区国债收益率差（EUTS，即欧元区10年期国债收益率与1年期国债收益率之差）；⑧美国国债收益率差（USTS，即美国10年期国债固定到期利率与美国1年期国债固定到期利率之差）。

除了英国天然气价格（来自http：//www.quandl.com/）、欧元区债券收益率（来自欧洲中央银行）和美国国债固定到期利率（来自美联储经济数据库 FRED），其他所有变量的原始数据都来自汤森路透数据库。

本书通过对数差分法对正数预测变量原始序列进行处理，并用差分法对包含非正观测值的预测变量原始序列进行处理，从而得到各预测变量的收益率序列。

二 数据特征分析

表 8-1 汇报了所有变量的平均值、标准差、偏度、峰度以及 J-B 检验结果。总体而言，EUA 与几乎所有商品变量（除了 Ggol、Gsoy 和 Gcot）的平均名义收益率均为负数，从 GNG 的每周 -0.78% 到 Ggol 和 Gsoy 的每周 0.04%。其中，金融类变量的平均名义收益率具有较大差异，从 EUBY3M 的每周 -0.85% 到 SP500 的每周 0.13%。首先，由标准差可知，经济政策不确定性变量和 EUA 相关变量（尤其是 KURT 和 VM）波动较为剧烈。相比之下，商品类变量的收益率波动强于权益类变量，但低于债券类变量。此外，EUA 的波动率为 7%，紧随 EPE 的 18%，在商品变量中波动较大，表明碳市场的高风险特征。其次，大多数变量的负偏态表明其存在明显的暴跌风险。EUA 相关变量（如 TSQ、TS1Y、TS2Y、OI、SKEW 和 KURT）和债券类变量（即 USBY3M、EUBY3M 和 EUTS）的峰度值在大多数情况下超过标准值 3，由此说明多数变量具有尖峰厚尾的分布特征，该结论也被 J-B 检验结果所证实。最后，所有变量的收益率序列均具有平稳性。

第二节 预测模型构建与预测方法

一 预测模型构建

参考股票收益率预测的相关研究，如 Welch 和 Goyal（2007），本书首先考虑用简单的单变量预测模型对碳价收益率进行预测。该模

表8-1 变量描述性统计

变量	均值	标准差	偏度	峰度	检验	变量	均值	标准差	偏度	峰度	检验
EUA	-0.0007	0.07	-0.66	7.97	583***	Gcoc	-0.0003	0.04	-0.05	3.37	3
TSQ	-0.0001	0.00	-0.83	53.41	55961***	Gcof	-0.0020	0.04	0.46	4.70	83***
TS1Y	-0.0001	0.01	1.47	18.91	5759***	Gcor	-0.0020	0.04	-0.12	5.10	98***
TS2Y	-0.0001	0.01	-0.14	28.32	14106***	Gcot	0.0002	0.04	-0.13	3.74	14***
VM	0.0022	0.46	-0.32	7.10	379***	Gsoy	0.0004	0.03	-0.31	4.97	94***
OI	0.0035	0.06	-6.59	52.11	56880***	Gsug	-0.0014	0.05	-0.01	4.35	40***
RV	-0.0003	0.16	0.34	6.94	353***	Gwhe	-0.0036	0.04	0.40	3.88	31***
BRV	-0.0012	0.25	0.12	5.47	136***	GFC	0.0000	0.02	-0.03	3.95	20***
SKEW	0.0020	0.12	0.69	61.83	76183***	GLH	-0.0021	0.03	-0.32	3.74	21***
KURT	0.0016	0.52	3.19	128.03	344794***	GLC	-0.0006	0.02	-0.02	3.96	20***
MOM	0.0000	0.00	0.78	5.63	206***	USPU	0.0005	0.53	0.03	3.67	10***
LIQ	0.0025	0.14	-0.17	5.54	145***	UKPU	-0.0006	0.49	-0.07	4.19	32***
UKGP	-0.0002	0.06	0.44	7.90	545***	OVX	-0.0017	0.09	0.77	7.13	428***
CP	-0.0001	0.04	-0.46	6.73	325***	VIX	-0.0008	0.14	0.71	6.47	310***
BOP	0.0000	0.04	0.00	6.04	203***	ESTOXX600	0.0004	0.03	-0.72	5.81	219***

续表

变量	均值	标准差	偏度	峰度	检验	变量	均值	标准差	偏度	峰度	检验
EPE	-0.0016	0.18	-1.30	34.51	21996***	ESTOXXOG	-0.0002	0.03	-0.40	5.92	201***
GCO	-0.0035	0.05	-0.11	5.55	144***	SP500	0.0013	0.02	-1.26	10.71	1446***
GGO	-0.0017	0.04	-0.04	4.86	76***	NEGI	-0.0007	0.03	-1.24	10.69	1435***
GHO	-0.0017	0.04	0.03	5.11	98***	CEI	-0.0026	0.05	-1.14	9.38	1011***
GNG	-0.0078	0.06	-0.13	3.68	12***	USCBYS	-0.0010	0.04	0.33	5.91	197***
Ggol	0.0004	0.03	-0.60	6.47	296***	USBY3M	0.0012	0.10	-7.67	156.09	520803***
Gcop	-0.0005	0.04	-0.41	5.75	181***	USLTBY	-0.0003	0.05	-0.08	4.16	30***
Gsil	-0.0005	0.05	-0.75	6.84	374***	USTS	-0.0018	0.06	-0.28	6.17	228***
Galu	-0.0017	0.03	0.24	4.88	83***	EUBY3M	-0.0085	0.07	-4.32	48.24	46656***
Glea	-0.0008	0.05	-0.06	5.61	151***	EULTBY	-0.0069	0.09	0.45	4.32	56***
Gnic	-0.0017	0.05	0.42	7.75	511***	EUTS	-0.0083	0.07	-2.25	17.81	5273***
Gzin	-0.0002	0.04	-0.29	4.65	67***	EUCBRS	0.0005	0.00	-0.24	6.68	303***

注：*** 表示统计量在 1% 显著性水平下显著。

型可揭示不同预测变量独立的边际预测能力。本书运用的单变量收益率预测模型如下：

$$Y_{t,t+h} = \alpha + \beta x_t + \varepsilon_{t,t+h} \tag{8-1}$$

其中，$Y_{t,t+h}$ 是 t 期末与 $t+h$ 期末间的平均碳价收益率，h 为预测期（本书只考虑 $h=1$），x_t 为某个预测变量在 t 期的数值，$\varepsilon_{t,t+h}$ 为对应均值为 0 的扰动项。模型的原假设为变量 x 对 Y 无预测能力，即 $\beta=0$。

同时，为了直观地评价各模型的预测效果，本书选择历史平均预测模型作为基准模型，该模型可表示为如下形式：

$$\hat{Y}_{t+1}^{HA} = (1/t) \sum_{s=1}^{t} Y_s. \tag{8-2}$$

历史平均预测模型假定只含有一个常数预期收益率，即 $Y_{t+1} = \alpha + \varepsilon_{t+1}$。

接下来，考虑到碳价的影响因素众多，且在不同程度上相互关联，本书参考 Stock 和 Watson（2002）及 Kim 和 Swanson（2014）使用的扩散指数法，分别检验 EUA 相关变量、商品变量和金融变量的碳价预测能力。扩散指数法的功能是适当地从大量变量中"提炼"出潜在的共同因素，然后将其作为预测因子，以缓解过度拟合等问题。

具体而言，首先令 X_{tj} 表示第 j 个横截面单位在 t 时刻的观察数据，$t=1$，…，N 且 $j=1$，…，N，并构建以下主成分模型：

$$X_{tj} = F_t \Lambda'_j + e_{tj} \tag{8-3}$$

其中，F_t 是一个 $1 \times r$ 维公因子向量，Λ_j 是一个 $1 \times r$ 维与 F_t 相关联的因子载荷向量，e_{tj} 是 X_{tj} 的异质成分，$F_t \Lambda'_j$ 为 X_{tj} 的共同成分，主成分法在数据降维方面具有独特优势，特别是当 $r \ll N$。

进一步参考 Kim 和 Swanson（2014），本书构建以下通用扩散指数模型：

$$Y_{t,t+h}^h = W_t \beta_W + F_t \beta_F + \varepsilon_{t+h}^h \tag{8-4}$$

其中，$Y_{t,t+h}^h$ 是目标预测变量，W_t 是目标预测变量滞后项的 $1 \times$

s 维向量，F_t 是一个从 X 中提取的主成分因素 $1 \times r$ 维向量。参数 β_W 和 β_F 分别为滞后项和主成分因素的系数估计值，ε_{t+h}^h 是干扰项。

由于预测方程中的自变量和系数未知，本书采用两步法对式（8-4）中的 $Y_{t,t+h}^h$ 进行估计。首先，参考 Bai 和 Ng（2002，2008，2009），通过式（8-3）和预测变量 $X = (X_1, \cdots, X_N)$ 获得主成分 $\hat{F}$。为了保证降维有效性，本书假定 r 远小于 N，即 $r \ll N$，并使用 Bai 和 Ng（2002）提出的 Akaike 信息准则（以下简称 AIC 准则）确定因子数量的一致性估计。根据 Horn（1965）提出的平行分析法，本书设定各类预测因子个数为：综合类预测因子最大数为 15，EUA 相关预测因子最大数为 5，商品类预测因子最大数为 7，金融类预测因子的最大数为 5。考虑到不同收缩技术筛选信息的能力不同，本书也选取了多种收缩方法来确定扩散指数模型的因子数量和权重。其次，利用已获取的预测因子，本书使用下文中的一系列收缩技术对 $Y_{t,t+h}^h$ 进行回归，从而估计参数 $\hat{\beta}_W$ 和 $\hat{\beta}_F$。值得一提的是，本书的滞后期选择准则为 AIC 准则，设定最大滞后期为 4 周，主成分估计及预测因子选择均基于递归窗口完成，即只使用到时间 t 为止的样本信息。

二 数据收缩技术

在应用扩散指数预测模型时，本书先通过主成分分析法估计预测因子，然后使用多种收缩技术给因子赋权。数据收缩法主要用于预测变量降维及权重确定。参照 Kim 和 Swanson（2014），本章考虑了多种稳健的数据收缩技术，包括统计性机器学习算法（Bagging 和 Boosting）和多种惩罚回归方法，如岭回归（Ridge Regression）、最小角度回归（Least Angle Regression）、弹性网络（Elastic Net）和非负参数推断（Non-negative Garotte）以及贝叶斯平均组合预测法（BMA）。

（一）机器学习算法

1. Bagging

Bagging 是 "Bootstrap Aggregation" 的缩写，由 Breiman（1996）

提出。它是一种机器学习算法，即首先从样本内的训练集中抽取自举样本，然后进行组合预测。随后，Inoue 和 Kilian（2008）、Stock 和 Watson（2012）将 Bagging 扩展到时间序列模型。其中 Stock 和 Watson（2012）将 Bagging 视为构建预测模型的一种收缩模式，即将基于预测变量的 Boostrap 样本定义为 $\hat{Y}_b^* = \hat{\beta}_b^* X_b^*$，其中 $b = 1, \cdots, B$ 表示从原始数据集中抽取的第 b 个 Boostrap 样本，因此 Bagging 预测模型可表示为 $\hat{Y}^{Bagging} = \frac{1}{B} \sum_{b=1}^{B} \hat{Y}_b^*$。本书参考 Stock 和 Watson（2012），将 Bagging 估计模型表示为以下形式：

$$\hat{Y}_{t+h}^{Bagging} = W_t \hat{\beta}_W + \sum_{j=1}^{r} \psi(t_j) \hat{\beta}_{F_j} \hat{F}_{t,j} \qquad (8-5)$$

其中，$\hat{Y}_{t+h}^{Bagging}$ 是基于 t 期的 Y_{t+h} 预测值，$\hat{\beta}_W$ 是最小二乘法中 W_t 的系数估计值，W_t 是 Y_t 的滞后向量，$\hat{\beta}_{F_j}$ 是残差 $Z_t = Y_{t+h} - W_t \hat{\beta}_W$ 关于 $\hat{F}_{T-h,j}$ 的最小二乘估计值，t_j 为与 $\hat{\beta}_F$ 相关的 t 统计值，定义为 $\sqrt{T} \hat{\beta}_{F_j}/s_e$，其中 s_e 是 Newey – West 标准误差，ψ 是预测方法的特定函数。在当前情况下，可假定为：

$$\psi(t) = 1 - \varPhi(t+c) + \varPhi(t-c) + t^{-1}[\phi(t-c) - \phi(t+c)]$$
$$(8-6)$$

其中，c 是测试前临界值，ϕ 是标准正态分布密度函数，$\varPhi$ 是标准正态累积分布函数。本书借鉴 Stock 和 Watson（2012），将 Bagging 的预试验临界值设为 1.645。

2. Boosting

Boosting（Freund and Schapire, 1997），是与 Bagging 类似的另一种机器学习算法。Boosting 将过滤后的数据反复用于估计一个未知函数，从而提高函数的拟合精度。然而，对于 N 大于 T 的多维数据集来说，为了降低拟合过程的复杂度，大多需要进行某种形式的变量选择（Bühlmann and Yu, 2003）。最终的函数估计值是由基础"学习者"估计值 M 的总和乘以缩减参数 k_m 得到：

$$\hat{Y}^M = \sum_{m=1}^{M} k_m f(X; \beta_m) \tag{8-7}$$

其中，$f(X;\beta_m)$ 是面板数据集 X 的一个函数，k_m 代表权重，最佳迭代次数 M 可以最小化预测误差。Bühlmann 和 Yu（2003）开发了一种 Boosting 算法，即在有大量预测因子且数据为标准正态分布的情况下，每次使用一个预测因子来拟合"学习器"。Bai 和 Ng（2009）进一步将其修改为基于"Component - wise L_2 Boosting"（C - boosting）算法的 Boosting 扩散指数模型，具体如下：

$$\hat{Y}_{t+h}^{Boosting} = W_t\hat{\beta}_W + \hat{\mu}^M(\hat{F}_t) \tag{8-8}$$

3. 惩罚回归

本书也考虑了4种惩罚回归法，即岭回归（Hoerl and Kennard，1970）、最小角回归（Efron et al. , 2004）、弹性网（Zou and Hastie，2005）、非负参数推断法（Breiman，1995）。岭回归是一种著名的线性方法，其将最小化残差平方和修改为包括一个基于 L_2 惩罚函数的惩罚项。最小角回归则基于著名的模型选择方法，即"正向选择"。弹性网与套索回归法相似，通过使用带 L_1 和 L_2 两种惩罚函数的惩罚回归进行变量自动选择和连续缩减。非负参数推断法是一个带有收缩变量的最小二乘估计法，与弹性网和最小角回归类似。其中 Yuan 和 Lin（2007）开发了一种高效推断算法，并证实了变量选择的一致性。本书将参照其算法构建预测模型。

（二）贝叶斯模型平均法

为了有效缓解模型不确定性带来的不良后果（Koop and Potter，2004），本书还考虑了贝叶斯模型平均法（Bayes Model Averaging，BMA）。BMA 方法可以最大限度地利用统计信息，不是对变量进行筛选，而是对可能的模型进行平均，从而避免筛选过程中的信息丢失。该方法将统计推导出的后验概率作为模型的加权权重，从而可以无限逼近"真实模型"。因此，基于两种先验函数和贝叶斯推理，本书通过备选模型的后验概率计算模型的平均权重。

三 预测范式及评价指标

借鉴 Kim 和 Swanson（2014）的做法，本书通过以下两种预测范式对预测变量和收缩方法进行组合从而构建不同的扩散指数预测模型：①范式 1（Specification 1，SP1）。该范式要求首先通过主成分分析法从不包含滞后项的预测变量中提取预测因子，然后基于各种收缩技术构建扩散指数预测模型，以确定式（8-4）中各个预测因子的权重。②范式 2（Specification 2，SP2）。该范式直接通过收缩方法构建扩散指数预测模型，不需要提前提取预测因子。

此外，本书采用以下两个纯线性因子模型来刻画非变量收缩下多变量预测模型的预测性能：①主成分回归。目标预测值为 $\hat{Y}_{t+h}^{PCR} = \hat{\alpha} + \hat{\gamma}\hat{F}_t$，其中 $\hat{F}_t$ 为 X 的主成分估计值。②因素递增自回归。目标预测值为 $\hat{Y}_{t+h}^h = \hat{\alpha} + \hat{\beta}_F \hat{F}_t + \hat{\beta}_W(L)Y_t$。该模型对 AR(p) 模型和上述主成分回归模型进行了整合。本书涉及的预测模型如表 8-2 所示。

表8-2　　　　　　　　　　　　数据收缩方法

方法	描述
FAAR	因子增强自回归模型
PCR	主成分回归模型
Bagging	套袋法，收缩程度 c = 1.96
Boosting	成分提升法，M = 50
BMA1	贝叶斯模型平均法，g 先验 = 1/T
BMA2	贝叶斯模型平均法，g 先验 = $1/N^2$
Ridge	岭回归法
LAR	最小角回归法
EN	弹性网法
NNG	非负参数推断法

在基本预测参数设定方面，本书设定预测步长为 1 周，样本外预测期长度为 282 周，即从 EU ETS 第三阶段开始至样本末期（2013

年1月2日至2018年5月23日），样本内测度期长度为246周。本书设定递归窗口从第242周开始，在模型重新估计和预测之前，每次递归都会在样本中加入一个新的观测值，因此每个递归窗口的因子数量和滞后期数可能会发生变动。

为了全面评价各类预测模型的表现是否优于历史平均基准模型，本书采用了以下5种评价指标。

（1）R^2（R_{os}^2）指标（可决系数）。R_{os}^2指标衡量了模型Z相比于历史平均基准模型在均方误差（MSFE）方面的减少值。具体公式如下：

$$R_{os}^2 = 1 - \frac{\text{MSFE}_z}{\text{MSFE}_{HA}} \qquad (8-9)$$

其中，R_{os}^2正值表示模型Z相较于历史平均基准模型HA具有更强的预测能力，而负值则表示基准模型预测能力更好（Campbell and Thompson，2008）。

（2）RMAFE增加值指标。鉴于异常值对均方误差的影响较大，本书也选取RMAFE增加值指标（即相对平均绝对误差的增加值，用RMAFE gains表示）进行评价，具体公式如下：

$$\text{RMAFE gains} = 1 - \frac{\text{MAFE}_z}{\text{MAFE}_{HA}} \qquad (8-10)$$

该指标估计了Z模型相比于历史平均基准模型的平均绝对误差（MAFE）降低值。同样，正值代表Z模型的MAFE低于历史平均基准模型，反之亦然。

（3）MSFE调整统计量。该统计量也被称为CW-t统计量，是对预测准确性进行单边测试。其原假设是历史平均基准模型的MSFE小于或等于Z模型的MSFE，而备择假设是历史平均基准模型的MSFE大于Z模型的MSFE，即$H_0: R_{os}^2 \leq 0$，$H_1: R_{os}^2 > 0$。

（4）ENC-NEW统计量。本书还使用Clark和McCracken（2001）提出的包容性检验，即ENC-NEW统计量，用于比较历史平均基准模型和Z模型的信息含量是否具有包容关系。ENC-NEW

统计量是一种 F 检验，其原假设为基准预测包含了竞争性预测的所有相关信息，也就是说，基准预测模型优于竞争预测模型。其备择假设是基准预测不能包含所有竞争预测信息。具体而言，预测步长为 1 周的 ENC – NEW 统计量可表示为：

$$\text{ENC} - \text{NEW} = (T-R) \cdot \frac{\bar{c}}{\text{MSE}_Z} = (T-R) \cdot \frac{(T-R)^{-1} \sum_{t=R}^{T-1} (\hat{u}_{HA,t+1}^2 - \hat{u}_{HA,t+1}\hat{u}_{Z,t+1})}{(T-R)^{-1} \sum_{t=R}^{T-1} \hat{u}_{Z,t+1}^2} \quad (8-11)$$

其中，T 和 R 分别是总样本数和样本内预测的观测数，$\hat{u}_{HA}$ 是基准模型的预测误差，$\hat{u}_Z$ 是竞争模型的预测误差。

（5）MSE – F 统计量。McCracken（2007）提出的 MSE – F 检验，与 MSFE 调整统计量具有相同的假设。MSE – F 的原假设为竞争模型的预测误差等于或大于历史平均基准模型，即基准模型的预测精度高于竞争模型。该统计量可表示为：

$$\text{MSE} - \text{F} = -(T-1-R) \left[1 - \frac{\sum_{t=R}^{T-1} \hat{u}_{HA,t+1}^2}{\sum_{t=R}^{T-1} \hat{u}_{Z,t+1}^2} \right] \quad (8-12)$$

其中，T 和 R 分别为总样本数和样本内预测的观测数，$\hat{u}$ 是模型的预测误差。

四 经济收益评估

考虑到投资者往往会通过寻求短期国债和碳期货之间的投资组合，以获取最大收益，本书除了评估竞争模型相比于基准模型的预测能力，还进一步测试了竞争模型的可预测性是否可以转化为经济收益。

具体而言，本书使用两种指标来测算各个模型的经济收益。首先，参照 Campbell 等（2002）、Campbell 和 Thompson（2008），假设

投资者均为风险规避者,即在追求高预期收益的同时也会尽量回避风险,因此基于均值方差组合理论构建以下投资效用函数:

$$O = E(Y_p) - \frac{\gamma}{2}\sigma_{Y_p}^2 \approx E(y_p) + \frac{1}{2}\sigma_{y_p}^2 - \frac{\gamma}{2}\sigma_{y_p}^2 \qquad (8-13)$$

其中,O 是投资目标,Y_p 是组合收益,y_p 是组合对数收益,γ 是相对风险厌恶系数。投资者基于预测模型的预测值,选择风险资产的组合权重 $\varpi_{t,HA}$($\varpi_{t,Z}$):

$$\varpi_{t,HA} = \frac{1}{\gamma}\left(\frac{E(Y_{t+1,HA} - Y_f)}{\sigma_t^2}\right) \qquad (8-14)$$

$$\varpi_{t,Z} = \frac{1}{\gamma}\left(\frac{E(Y_{t+1,Z}) - Y_f}{\sigma_t^2}\right) \qquad (8-15)$$

其中,Y_f 是无风险利率,σ_t^2 是碳价波动率,由基于60周滚动窗口的周度数据来估计。需要注意的是,使用替代期限来计算波动率对效用的影响很小,因为 σ_t^2 在基准权重 $\varpi_{t,HA}$ 和竞争模型权重 $\varpi_{t,Z}$ 下是一样的。使用竞争模型相较于使用基准模型的效用收益增加(Utility Gains, UG)可表示为:

$$\Delta O = Y_Z - Y_{HA} - \frac{\gamma}{2}(\sigma_{Y_Z}^2 - \sigma_{Y_{HA}}^2) \qquad (8-16)$$

其次,本书也应用 Goetzmann 等(2007)提出的经济收益增加值指标(以下简称 GISWG)。GISWG 是一个稳健的指标,因为它可以减少人为操纵和错误推断的可能性。参照 Jordan 等(2017),考虑不同交易成本的 GISWG 可表示为:

$$\text{GISWG} = \frac{1}{1-\Gamma}\left[\ln\left(\frac{1}{T-1-R}\sum_{t=R}^{T-1}\left(\frac{1+Y_{t+1,Z}-c_{t+1,Z}}{1+Y_{t+1,f}}\right)^{1-\Gamma}\right) - \ln\left(\frac{1}{T-1-R}\sum_{t=R}^{T-1}\left(\frac{1+Y_{t+1,HA}-c_{t+1,HA}}{1+Y_{t+1,f}}\right)^{1-\Gamma}\right)\right]$$

$$(8-17)$$

其中,$\Gamma = \dfrac{\ln[E(1+Y_m)] - \ln(1+Y_f)}{\text{var}[\ln(1+Y_m)]}$ 衡量标准表示一个投资

组合相比于无风险利率（$Y_{t+1,f}$）的平均表现。本书对比分析了基于竞争预测值（$Y_{t+1,Z}$）的最佳投资组合收益与基于基准预测值（$Y_{t+1,HA}$）的最佳投资组合收益。参数 Γ 的设置反映了基于 EU ETS 碳市场实际样本数据的整体收益（超额收益）与风险（方差）的比率。

第三节 预测结果分析

为了充分揭示碳期货关联资产的碳价预测能力，本章节分别基于单变量预测模型和考虑收缩技术的扩散指数预测模型进行样本外预测，并参考 Jordan 等（2018）测算各类多变量预测模型的经济收益。

一 单变量预测模型的结果分析

表 8-3 展示了针对碳期货周收益率，53 个单变量预测模型相比于历史平均基准模型的样本外预测精度。面板 A 为 11 个 EUA 相关预测变量的预测结果，面板 B 和 C 分别汇报了 25 种商品预测变量和 17 种金融预测变量的预测效果。总体而言，尽管能源价格被认为是碳价的主要决定性因素，但单变量预测模型显示能源价格对碳配额周度收益率的样本外预测能力很有限。首先，由面板 A 可知，只有交易量（VM）在 MAFE 指标上优于基准模型。其次，面板 B 显示能源和非能源预测变量之间的碳价预测能力有显著差异，只有煤炭（COAL）的预测效果强于基准模型。相比之下，本书发现 17 种非能源商品中的可可收益率（Gcoc）以及玉米收益率（Gcor）具有强于基准模型的预测能力，具体表现为：①可可和玉米的 R_{OS}^2 指标高于基准模型；②三个统计量（MSFE-adj、ENC-NEW、MSE-F）均在 5% 显著水平上显著，表明可可和玉米的预测精度强于基准模型；③RMAFE 指标显示，玉米、棉花和大豆以微弱的优势战胜基准模型。

表 8-3　单变量预测模型的周度碳价预测能力

模型	R_{OS}^2 (%)	MSFE-adj	ENC-NEW	MSE-F	RMAFE增加值 (%)
历史平均基准模型：MSFE = 0.005154					
面板 A：EUA 相关预测指标					
TSQ	-0.06	-1.16	-0.08	-0.17	0.00
TS1Y	-0.18	-2.41	-0.25	-0.51	-0.10
TS2Y	-0.02	-0.44	-0.02	-0.05	0.00
VM	-0.60	-0.09	-0.13	-1.68	**0.42**
OI	-0.95	-1.67	-0.99	-2.67	-0.80
RV	-0.45	-0.98	-0.52	-1.27	-0.40
BRV	-0.53	-0.92	-0.58	-1.50	-0.70
SKEW	-0.26	-0.18	-0.11	-0.74	-0.50
KURT	-0.16	-0.35	-0.13	-0.46	-0.10
MOM	-0.55	-0.28	-0.33	-1.55	-0.80
LIQ	-0.39	-1.17	-0.45	-1.11	-0.20
面板 B：商品类预测指标					
UKGP	-0.34	-1.53	-0.44	-0.96	-0.20
CP	-0.31	-1.03	-0.40	-0.86	**0.06**
BOP	-0.19	-1.44	-0.24	-0.54	-0.10
EPE	-1.03	0.57	**2.20****	-2.88	-2.50
GCO	-0.15	-0.99	-0.18	-0.44	-0.10
GGO	-0.25	-1.34	-0.31	-0.71	-0.20
GHO	-0.19	-1.48	-0.24	-0.54	-0.20
GNG	-0.25	-1.48	-0.33	-0.72	0.00
Gnic	-0.08	-1.01	-0.11	-0.22	-0.10
Gzin	-0.34	-0.28	-0.22	-0.98	-0.60
Gcoc	**1.24**	**2.32****	**2.69*****	**3.55****	-0.10
Gcof	-0.37	-0.41	-0.27	-1.04	-0.30
Gcor	**1.12**	**2.03****	**2.12*****	**3.22****	**0.13**
Gcot	-0.16	-1.11	-0.21	-0.46	**0.07**
Gsoy	**0.12**	0.65	0.33	0.33	**0.08**
Gsug	-0.09	-0.46	-0.10	-0.26	-0.10

第八章 基于关联资产信息的碳价预测 315

续表

模型	R_{OS}^2（%）	MSFE - adj	ENC - NEW	MSE - F	RMAFE增加值（%）
Ggol	-0.21	-0.09	-0.06	-0.59	-0.30
Gcop	**0.14**	0.68	0.52	0.41	-0.10
Gsil	-0.18	-2.30	-0.25	-0.51	-0.10
Galu	-0.85	-0.80	-0.76	-2.40	-1.30
Glea	-0.11	0.16	0.12	-0.32	-0.40

面板 B：商品类预测指标

模型	R_{OS}^2（%）	MSFE - adj	ENC - NEW	MSE - F	RMAFE增加值（%）
Gwhe	**0.37**	1.21	0.83	**1.05***	-0.20
GFC	-0.19	-0.86	-0.23	-0.54	-0.20
GLH	-0.32	-0.36	-0.21	-0.91	-0.80
GLC	-0.42	-0.00	-0.00	-1.19	-0.90

模型	R_{OS}^2（%）	MSFE - adj	ENC - NEW	MSE - F	RMAFE增加值（%）
USPU	**0.39**	1.16	1.05	**1.11***	-0.20
UKPU	-0.83	-0.91	-0.79	-2.32	-0.90
OVX	-0.81	0.51	1.06	-2.27	-0.40
VIX	-0.05	1.01	**1.69***	-0.15	-1.00
ESTOXX600	**0.16**	1.14	**1.50***	0.45	**0.36**
ESTOXXOG	-0.02	1.05	**1.37***	-0.07	-0.40
SP500	**0.14**	0.69	0.56	0.41	**0.09**
NEGI	-0.19	0.25	0.26	-0.54	-0.30
CEI	-0.33	-0.10	-0.10	-0.94	-0.30

面板 C：金融类预测指标

模型	R_{OS}^2（%）	MSFE - adj	ENC - NEW	MSE - F	RMAFE增加值（%）
USCBYS	**0.14**	0.70	0.27	0.39	**0.09**
USBY3M	**0.16**	0.81	0.28	0.45	**0.05**
USLTBY	-0.07	0.13	0.07	-0.21	0.00
USTS	-0.17	-0.94	-0.21	-0.48	-0.10
EUBY3M	-0.01	-0.13	-0.01	-0.04	0.00
EULTBY	-0.24	0.32	0.31	-0.70	-0.20
EUTS	-0.09	-0.27	-0.08	-0.26	**0.14**
EUCBRS	-0.14	0.35	0.43	-0.40	-0.10

注：R_{OS}^2（%）和 RMAFE（%）两栏中的正数表示竞争模型优于基准模型。*，**和***分别表示在10%，5%和1%显著性水平上显著。ENC - NEW 和 MSE - F 的临界值取自 Clark 和 McCracken（2001）和 McCracken（2007）的附录表格。R_{OS}^2（%）和 RMAFE（%）中的正值粗体字表示竞争模型优于基准模型的预测精度强于基准模型。两列 R_{OS}^2（%）和 MSE - F 中的正值粗体字表示竞争模型优于基准模型。

上述结果可能的原因是可可作为生产巧克力的主要原料，其生产运输与加工过程存在大量碳排放并导致森林加速消失，从而影响碳价预期。玉米的强大碳价预测能力可能是由于玉米可用于制造乙醇，从而替代部分化石燃料的使用。

对于金融类变量的单独预测能力，由面板 C 可知，只有 5 种金融类预测模型的预测精度强于基准模型。具体而言，美国经济政策不确定性（USPU）以最高的 R_{OS}^2（0.39%）战胜基准模型，但其 MAFE 指标为负，说明美国经济政策不确定性的碳价预测效果并不稳定。股指 ESTOXX600 和 SP500 分别以 0.16%（0.36%）和 0.14%（0.09%）的 R_{OS}^2（RMAFE）战胜基准模型，这意味着欧盟和美国的股票市场可能具有良好的碳价预测能力。此外，美国债券市场也表现出一定的碳价预测能力，例如美国公司债券（USCBYS）和短期国债（USBY3M）的 R_{OS}^2（RMAFE）指标表现分别是 0.13%（0.09%）和 0.16%（0.05%）。上述结果表明，虽然碳配额是一种新兴商品，但随着碳期货的广泛交易，其价格变化也反映了投资者对全球经济增长及碳排放的预期。

本书发现，各个预测指标对周度碳价收益率的预测能力具有显著差异。虽然部分美国金融指标和农产品指标具有较好的预测能力，但基准模型的表现往往优于单变量预测模型。

二 多变量预测模型的结果分析

接下来，为探究多变量预测模型的碳价预测能力，本书进一步基于两种范式构建基于变量收缩技术的扩散指数预测模型，并将其与两种简单的主成分预测模型进行对比分析。表 8-4 和表 8-5 分别展示了基于范式 1（不考虑主成分）和范式 2（考虑主成分）的多变量预测模型相比于基准模型的预测表现。

总体而言，本书发现基于数据收缩技术的多变量预测模型表现出远超出单变量预测模型的碳价预测能力，且几乎所有的收缩方法都提高了各类预测变量（金融类预测变量除外）的碳价预测能力。然

第八章 基于关联资产信息的碳价预测

表8-4　基于范式1（不考虑主成分）的多变量预测模型表现

模型	R_{OS}^2 (%)	MSFE-adj	ENC-NEW	MSE-F	RMAFE 增加值 (%)	模型	R_{OS}^2 (%)	MSFE-adj	ENC-NEW	MSE-F	RMAFE 增加值 (%)
面板A: ALL预测变量											
Bagging_A_NPC	**2.41**	2.10**	13.49***	6.96***	-1.80	Ridge_A_NPC	**9.07**	3.37***	55.70***	28.15***	-3.80
C-Boosting_A_NPC	**9.22**	3.25***	52.08***	28.66***	-3.90	LARS_A_NPC	**4.19**	3.31***	56.93***	12.35***	-7.60
BMA(1/T)_A_NPC	**8.44**	3.35***	56.16***	26.02***	-4.30	EN_A_NPC	**6.53**	3.41***	59.82***	19.72***	-6.20
BMA(1/N^2)_A_NPC	**8.75**	3.34***	56.79***	27.05***	-4.30	NNG_A_NPC	**1.77**	1.58*	8.54***	5.08***	-1.20
面板B: EUA相关预测变量											
Bagging_E_NPC	**4.69**	1.91**	11.08***	13.89***	-0.50	Ridge_E_NPC	**6.91**	3.10***	49.40***	20.93***	-4.80
C-Boosting_E_NPC	**7.52**	3.02***	47.10***	22.96***	-4.30	LARS_E_NPC	**3.73**	2.91***	44.48***	10.92***	-7.10
BMA(1/T)_E_NPC	**6.34**	3.06***	49.60***	19.11***	-5.40	EN_E_NPC	**3.34**	2.90***	45.82***	9.76***	-7.40
BMA(1/N^2)_E_NPC	**6.54**	3.08***	49.81***	19.75***	-5.20	NNG_E_NPC	**0.51**	1.26	6.24**	1.44**	-1.40
面板C: 商品类预测变量											
Bagging_C_NPC	**0.33**	1.62*	9.20***	0.95*	-0.40	Ridge_C_NPC	**4.30**	2.36***	19.09***	12.69***	**1.29**
C-Boosting_C_NPC	**1.47**	1.74**	9.64***	4.23**	-0.30	LARS_C_NPC	**3.28**	2.33***	21.68***	9.57***	-0.40
BMA(1/T)_C_NPC	**3.54**	2.07**	14.12***	10.37***	**0.81**	EN_C_NPC	**4.27**	2.50***	22.86***	12.60***	**0.61**
BMA(1/N^2)_C_NPC	**1.83**	1.85**	11.12***	5.27***	-0.10	NNG_C_NPC	**1.00**	1.40*	7.24**	2.86**	-0.50
面板D: 金融类预测变量											
Bagging_F_NPC	-1.19	0.97	5.18**	-3.315	-3.30	Ridge_F_NPC	-1.61	1.12	4.65**	-4.49	-4.00
C-Boosting_F_NPC	-0.41	1.16	5.59***	-1.169	-2.40	LARS_F_NPC	-3.02	1.14	4.68**	-8.27	-5.90

续表

模型	R_{OS}^2(%)	MSFE-adj	ENC-NEW	模型	R_{OS}^2(%)	MSFE-adj	ENC-NEW	MSE-F	RMAFE增加值(%)
BMA(1/T)_F_NPC	-0.66	1.15	5.30**						
BMA(1/N^2)_F_NPC	-0.52	1.19	5.65**						

面板D: 金融类预测变量

模型	MSE-F	RMAFE增加值(%)	模型	R_{OS}^2(%)	MSFE-adj	ENC-NEW	MSE-F	RMAFE增加值(%)
	-1.854	-2.70	EN_F_NPC	-2.76	1.15	4.68**	-7.59	-5.60
	-1.479	-2.70	NNG_F_NPC	-0.24	1.06	5.10**	-0.68	-1.70

注：各模型的缩写见表8-2。后缀A_NPC, E_NPC, C_NPC和F_NPC是指基于特定收缩技术和四类预测因子（即所有预测变量、与EUA有关的预测变量、商品类预测变量和金融类预测变量）构建的不含主成分的扩散指数模型。粗体字表示竞争模型优于基准模型。*、**和***分别表示在10%、5%和1%显著性水平上显著。ENC-NEW和MSE-F的渐进临界值取自Clark和McCracken（2001）和McCracken（2007）的附录表格。

表8-5　基于范式2（考虑主成分）的多变量预测模型表现

面板A: ALL预测变量

模型	R_{OS}^2(%)	MSFE-adj	ENC-NEW	MSE-F	RMAFE增加值(%)	模型	R_{OS}^2(%)	MSFE-adj	ENC-NEW	MSE-F	RMAFE增加值(%)
FAAR_A	**9.93**	3.27***	52.62***	31.10***	-1.40	BMA(1/N^2)_A_PC	**7.38**	2.86***	38.75***	22.50***	-1.70
PCR_A	**9.08**	3.70***	46.43***	28.17***	-2.10	Ridge_A_PC	**10.15**	3.20***	45.39***	31.85***	-0.30
Bagging_A_PC	**1.11**	1.42*	8.04**	3.16***	-1.80	LARS_A_PC	**3.72**	1.74***	12.15***	10.90***	-0.80
C-Boosting_A_PC	**8.14**	2.74***	31.51***	25.00***	-0.40	EN_A_PC	**3.63**	1.72***	12.00***	10.64***	-0.90
BMA(1/T)_A_PC	**7.40**	2.83***	38.73***	22.55***	-1.80	NNG_A_PC	-0.41	1.00	4.68*	-1.16	-1.80

第八章 基于关联资产信息的碳价预测

续表

面板 B：EUA 相关预测变量

模型	R_{OS}^2(%)	MSFE-adj	ENC-NEW	MSE-F	RMAFE增加值(%)	模型	R_{OS}^2(%)	MSFE-adj	ENC-NEW	MSE-F	RMAFE增加值(%)
FAAR_E	6.17	2.59***	33.71***	18.55***	-3.40	BMA(1/N^2)_E_PC	5.61	2.52***	31.97***	16.77***	-2.90
PCR_E	5.92	2.75***	30.16***	17.75***	-2.50	Ridge_E_PC	5.77	2.47***	31.88***	17.28***	-3.20
Bagging_E_PC	7.55	2.63***	31.72***	23.04***	-2.30	LARS_E_PC	0.86	1.34*	6.78***	2.45**	-1.50
C-Boosting_E_PC	6.94	2.52***	29.76***	21.05***	-1.90	EN_E_PC	0.86	1.34*	6.78***	2.45**	-1.50
BMA(1/T)_E_PC	5.67	2.56***	32.90***	16.97***	-2.60	NNG_E_PC	-0.32	1.02	4.83**	-0.90	-1.70

面板 C：商品类预测变量

模型	R_{OS}^2(%)	MSFE-adj	ENC-NEW	MSE-F	RMAFE增加值(%)	模型	R_{OS}^2(%)	MSFE-adj	ENC-NEW	MSE-F	RMAFE增加值(%)
FAAR_C	3.28	2.05**	17.15***	9.59***	1.65	BMA(1/N^2)_C_PC	2.19	1.76***	10.05***	6.33***	1.29
PCR_C	3.43	3.08***	10.54***	10.03***	3.12	Ridge_C_PC	2.89	1.97***	12.60***	8.39***	1.48
Bagging_C_PC	-0.00	1.27	7.03***	-0.01*	-1.20	LARS_C_PC	0.76	1.33*	6.71***	2.18**	-0.20
C-Boosting_C_PC	1.20	1.48*	7.57***	3.42***	0.32	EN_C_PC	0.76	1.33*	6.71***	2.18**	-0.20
BMA(1/T)_C_PC	1.78	1.73***	9.05***	5.13***	1.03	NNG_C_PC	0.63	1.21	6.41***	1.78**	-0.50

面板 D：金融类预测变量

模型	R_{OS}^2(%)	MSFE-adj	ENC-NEW	MSE-F	RMAFE增加值(%)	模型	R_{OS}^2(%)	MSFE-adj	ENC-NEW	MSE-F	RMAFE增加值(%)
FAAR_F	-1.16	1.16	5.16**	-3.23	-2.30	BMA(1/N^2)_F_PC	-0.50	1.28**	5.13**	-1.40	-1.50
PCR_F	-0.27	0.37	0.61	-0.78	-0.30	Ridge_F_PC	-0.93	1.04	4.38**	-2.60	-2.00
Bagging_F_PC	-0.92	0.89	4.57**	-2.77	-2.30	LARS_F_PC	-0.36	1.20	4.99**	-1.01	-1.40
C-Boosting_F_PC	-0.08	1.32*	5.49**	-0.23	-1.30	EN_F_PC	-0.35	1.20	5.00**	-1.01	-1.40
BMA(1/T)_F_PC	-0.43	1.23	5.03**	-1.23	-1.50	NNG_F_PC	-0.43	1.21	4.88**	-1.21	-1.30

注：关于各预测模型的缩写，详见表 8-2 和表 8-4。后缀 PC 者指的是从四组预测指标提取的主成分。此外，后缀 A、E、C、F 分别指的是 ALL 预测变量、EUA 相关预测变量、商品类预测变量、金融类预测变量的主成分。黑体字显示的是竞争模型优于基准模型。*、**和***分别表示在 10%、5% 和 1% 显著性水平上显著。ENC-NEW 和 MSE-F 的渐进临界值取自 Clark 和 McCracken（2001）和 McCracken（2007）的附录表格。

而，几乎所有模型（除了 BMA(1/T)_C_NPC、Ridge_C_NPC 和 EN_C_NPC）在 RMAFE 指标上都不如基准模型，表明大多数多变量预测模型的预测效果都不稳定，即不能持续优于基准模型。具体而言，首先，面板 A 显示所有多变量预测模型的预测效果均强于基准模型。值得注意的是，在 MSFE 指标方面，Boosting 和 Ridge 显著提高了预测变量的预测精度，其数值分别超过 9.22% 和 9.07%。由面板 B 可知，Boosting（R_{OS}^2 为 7.52%）和 Ridge（R_{OS}^2 为 6.90%）方法仅提高了 EUA 相关预测变量的预测能力，但 NNG 方法并未明显优于基准模型。相比之下，面板 C 显示商品类预测变量在 MSFE 指标方面表现不一致，但其中 3 个模型（BMA(1/T)_C_NPC、Ridge_C_NPC 和 EN_C_NPC）具有正的 MSFE 和 MAFE，表明其能持续地优于基准模型。最后，由面板 D 可知，范式 1 下的金融类预测变量的预测能力普遍低于基准模型，表明碳期货与金融资产的周度收益率间尚不存在显著的信息传递。综上所述，基于收缩技术的扩散指数模型显著提高了 EUA 相关预测变量和商品类预测变量的碳价预测能力。特别是 Ridge 和 BMA 收缩技术往往表现良好，而 NNG 和 Bagging 方法未能有效地收集信息。

表 8-5 比较了扩散指数模型和两个纯因子模型（即因素增强自回归 FAAR 和主成分回归 PCR）的预测效果。总体而言，范式 2 下的扩散指数模型普遍优于历史平均基准模型，但在大多数情况下弱于范式 1 下的扩散指数模型。具体来看，整体类预测模型（金融类预测模型）为碳价周度收益率的预测提供了最多（最少）的信息，而 EUA 相关预测模型的预测能力强于商品类预测模型。与表现一贯出色的 BMA 和 Boosting 方法相比，三种惩罚回归收缩技术（LARS、EN 和 NNG）在考虑主成分的扩散指数模型中表现较差。然而，两个纯因子模型在大多数情况下表现出突出的预测能力，尤其提高了商品类预测变量的预测能力。由此表明，小规模的主成分可能限制了数据收缩技术（尤其是惩罚回归）的优势。然而，纯因子模型似乎能更好地捕捉到碳价预测的有效信息。

具体而言，本书发现：①在范式1和范式2下，基于ALL变量的Ridge模型均表现最好。相比之下，Bagging和NNG未能从ALL变量集中提取有效的预测信息。②EUA相关的预测变量在MSFE统计量方面表现出较大差异，其中Bagging表现最好（7.55%），其次是Boosting（6.94%）和两个纯因子模型（6%左右），然而惩罚回归技术（LARS、EN和NNG）的预测能力明显较低。③面板C显示，商品类预测变量对于碳价周度收益率的预测能力不强，因为几乎所有基于商品类变量的预测模型（Bagging除外）均明显优于基准模型，但未能优于纯因子模型。④基于商品主成分的预测模型具有RMAFE正值，表明其可以稳定地胜过基准模型。例如，面板C中几乎所有模型（除了Bagging_C_PC、LARS_C_PC、EN_C_PC和NNG_C_PC）均在范式2中表现出更高的MAFE统计值。其中PCR_C表现最好，其次是FAAR_C和Ridge_C_PC凭借3%以上的MAFE打败基准模型。⑤面板D表明，范式1和范式2均不能显著提高金融预测变量的碳价预测能力。

总之，在预测变量的表现方面，ALL预测变量在范式1和范式2中都表现最好，因为其包含最全的预测信息。此外，EUA相关预测变量的碳价预测能力整体强于商品类预测变量，而金融类预测变量的表现基本弱于基准模型。至于预测方法的表现，收缩技术（特别是惩罚性回归）更适用于范式1（不考虑主成分），范式2中两个纯因子模型的表现最好。具体而言，Ridge是全部惩罚回归中表现最好的，但NNG表现最差。Bagging和Boosting更适合波动较大的预测变量（如EUA相关预测变量和ALL预测变量），但不适用于波动较小的预测变量，如商品类预测变量。相比之下，BMA方法可以促使EUA相关预测变量或者商品类预测变量表现出稳定的碳价预测能力。

三 多变量预测模型的经济收益

前文使用各种统计指标充分比较了单变量预测模型及多变量预测模型的碳价预测能力，并揭示出表现最好的模型及变量。虽然大量的预测能力评价指标可以较为准确地评价预测准确性，但它们不能回答更高的预测准确性是否可以转化为市场参与者的经济收益。因此，本书继续使用基于决策的预测评价指标来评估各类模型的预测能力，这些指标体现了预测的最终用户目标，可以评价当投资者在无风险国债和碳期货之间构建投资组合时，竞争模型（Z 模型）相比于基准模型，是否可以给投资者带来更高的经济收益。

本书研究了基于各种收缩技术或主成分的多变量回归预测是否能使投资者有效地决定其投资组合。具体来说，在财富最大化的目标导向下，当回归模型预测高（低）收益时，投资组合会向碳期货（无风险国债）倾斜，从而提高效用以及确定的等值收益。本书对比分析了基于可预测性模型的投资者表现与遵循无可预测性基准模型的投资者表现。

为了评估投资组合（包括碳期货和无风险国债）的表现，本书采用了与投资组合相关的五个指标，即收益率、标准差、夏普比率、效用收益增加值（UG）和收益增加值（GISWG）。投资组合收益衡量的是投资组合的已实现收益或损失，而预期投资组合收益的波动性是由投资组合标准差估计。夏普比率结合了上述两个指标，并将投资收益与风险进行比较。一般而言，其夏普比率越大，意味着风险调整后的收益越有吸引力。此外，基于竞争模型和基准模型的预测值，可以计算出每个投资组合的经济收益 UG 和 GISWG。本书参照 Jordan 等（2017），将投资者风险规避偏好水平设为 3，并考虑了两种投资策略：①不允许借出和卖空，即投资组合的权重在 0 和 1 之间变化；以及②允许借出和卖空，即权重在 -0.5 和 1.5 之间变化。其中权重为 0 表明 100% 分配给无风险国债，权重为 1 表明 100% 投资于碳期货，具体权重由预测的预期收益和波动率决定。此外，由于每个周度策略会引起不同比例的交易，因此很有必要考虑交易成本，本书分别考虑了 0.2% 和 0.5% 两种情景。

表 8-6 和表 8-7 分别汇报了包含 ALL 预测变量、EUA 相关预测变量和商品类预测变量在范式 1 和范式 2 下的经济收益。当不允许借

表8-6　范式1下多变量预测模型的经济价值（不考虑交易成本）

预测模型 （相对风险厌恶度=3）	0<w<1				-0.5<w<1.5			
	UG(%)	GISWG(%)	收益率(%)	标准差(%)	夏普比率	UG(%)	GISWG(%)	收益率(%)	标准差(%)	夏普比率

面板A：ALL 预测变量

模型	UG(%)	GISWG(%)	收益率(%)	标准差(%)	夏普比率	UG(%)	GISWG(%)	收益率(%)	标准差(%)	夏普比率
Bagging_A_NPC	11.51	15.65	17.49	19.88	0.88	23.49	30.27	28.64	28.45	**1.00**
C-Boosting_A_NPC	18.89	26.56	29.87	26.98	**1.10**	32.37	48.94	51.19	41.49	**1.23**
BMA (1/T)_A_NPC	21.12	29.07	32.53	27.50	**1.18**	37.07	54.18	56.73	42.15	**1.34**
BMA (1/N^2)_A_NPC	20.30	28.33	31.81	27.64	**1.15**	36.07	53.61	56.37	42.64	**1.32**
Ridge_A_NPC	26.61	33.23	36.08	25.05	**1.44**	44.52	58.60	59.75	38.48	**1.55**
LARS_A_NPC	30.85	38.05	41.20	26.20	**1.57**	51.25	66.46	68.22	39.97	**1.71**
EN_A_NPC	27.99	35.08	38.16	25.97	**1.47**	46.96	62.04	63.70	39.77	**1.60**
NNG_A_NPC	13.00	15.66	16.83	15.85	**1.06**	24.17	30.30	28.27	27.19	**1.04**

面板B：EUA 相关预测变量

模型	UG(%)	GISWG(%)	收益率(%)	标准差(%)	夏普比率	UG(%)	GISWG(%)	收益率(%)	标准差(%)	夏普比率
Bagging_E_NPC	9.12	11.73	12.88	15.71	0.82	17.82	21.95	19.17	23.59	0.81
C-Boosting_E_NPC	17.48	25.30	28.66	27.22	**1.05**	25.24	42.59	45.17	42.36	**1.06**
BMA (1/T)_E_NPC	18.53	26.60	30.08	27.68	**1.08**	26.27	44.22	47.07	43.04	**1.09**
BMA (1/N^2)_E_NPC	18.55	26.59	30.06	27.64	**1.09**	26.55	44.43	47.26	42.98	**1.10**
Ridge_E_NPC	16.50	24.27	27.60	27.13	**1.02**	24.51	41.63	44.09	42.08	**1.05**
LARS_E_NPC	16.83	24.50	27.79	26.96	**1.03**	23.67	40.89	43.40	42.21	**1.03**

续表

预测模型 (相对风险厌恶度=3)	0<w<1				−0.5<w<1.5			
	UG(%)	GISWG(%)	收益率(%)	标准差(%)	夏普比率	UG(%)	GISWG(%)	收益率(%)	标准差(%)	夏普比率

面板B：EUA相关预测变量

| EN_E_NPC | 17.56 | 25.21 | 28.51 | 26.96 | **1.06** | 24.14 | 41.44 | 44.00 | 42.31 | **1.04** |
| NNG_E_NPC | 11.65 | 14.51 | 15.76 | 16.43 | 0.96 | 20.17 | 26.60 | 24.68 | 27.70 | 0.89 |

面板C：商品类预测变量

Bagging_C_NPC	19.52	22.99	24.52	18.16	**1.35**	28.72	36.98	35.83	30.65	**1.17**
C-Boosting_C_NPC	15.67	18.91	20.32	17.49	**1.16**	22.19	30.81	29.76	31.15	0.95
BMA(1/T)_C_NPC	16.67	19.97	21.41	17.68	**1.21**	24.89	33.50	32.46	31.15	**1.04**
BMA(1/N^2)_C_NPC	15.97	19.29	20.74	17.73	**1.17**	21.48	30.17	29.14	31.26	0.93
Ridge_C_NPC	17.52	21.33	23.02	19.04	**1.21**	27.94	36.98	36.17	31.85	**1.13**
LARS_C_NPC	11.25	16.48	18.86	22.44	0.84	22.54	33.44	33.55	34.64	0.97
EN_C_NPC	14.81	19.62	21.79	21.47	**1.01**	26.78	36.95	36.67	33.55	**1.09**
NNG_C_NPC	12.66	15.84	17.21	17.29	0.99	20.12	27.56	26.01	29.30	0.89

注：本表报告了范式1下竞争模型和历史平均基准模型在相对风险厌恶度为3的情景下可以创造的经济收益。本书考虑了两种情况：(i) 不允许借出卖空，即0<w<1，和 (ii) 允许借出卖空，−0.5<w<1.5，即不限制风险资产的权重不低于−0.5，且不高于1.5。UG效用收益、GISW效用收益、投资组合收益和组合标准差均为年化值。夏普比率是用投资组合收益减去无风险利率，然后除以投资组合标准差所得。粗体字为夏普比率大于1的情况。

表 8-7 范式 2 下多变量预测模型的经济收益（不考虑交易成本）

预测模型 (相对风险厌恶度=3)	0<w<1					-0.5<w<1.5		
	UG(%)	GISWG(%)	收益率(%)	标准差(%)	夏普比率	UG(%)	GISWG(%)	收益率(%)	标准差(%)	夏普比率

面板 A：ALL 预测变量

预测模型	UG(%)	GISWG(%)	收益率(%)	标准差(%)	夏普比率	UG(%)	GISWG(%)	收益率(%)	标准差(%)	夏普比率
FAAR_A	24.65	33.00	36.63	28.20	**1.30**	43.70	61.26	64.06	42.70	**1.50**
PCR_A	22.80	30.79	34.27	27.58	**1.24**	39.12	55.28	57.46	41.09	**1.40**
Bagging_A_PC	12.45	15.03	16.17	15.63	**1.03**	22.63	28.79	26.77	27.24	0.98
C-Boosting_A_PC	17.18	24.54	27.67	26.39	**1.05**	33.68	47.88	49.09	38.65	**1.27**
BMA(1/T)_A_PC	16.65	23.95	27.09	26.32	**1.03**	31.06	46.81	48.69	40.51	**1.20**
BMA(1/N^2)_A_PC	17.51	24.81	27.96	26.33	**1.06**	32.36	48.19	50.13	40.62	**1.23**
Ridge_A_PC	25.72	33.71	37.17	27.57	**1.35**	44.64	61.26	63.60	41.57	**1.53**
LARS_A_PC	17.13	20.68	22.24	18.35	**1.21**	26.37	33.97	32.53	29.61	**1.10**
EN_A_PC	17.12	20.66	22.21	18.32	**1.21**	26.36	33.94	32.51	29.59	**1.10**
NNG_A_PC	11.39	14.32	15.59	16.62	0.93	16.91	23.57	21.73	28.06	0.77

面板 B：EUA 相关预测变量

预测模型	UG(%)	GISWG(%)	收益率(%)	标准差(%)	夏普比率	UG(%)	GISWG(%)	收益率(%)	标准差(%)	夏普比率
FAAR_E	8.29	15.63	18.77	26.36	0.71	16.32	32.15	33.99	40.55	0.84
PCR_E	5.77	12.52	15.42	25.29	0.61	12.41	26.54	27.75	38.59	0.72
Bagging_E_PC	13.90	20.45	23.21	24.84	0.93	28.45	42.41	43.35	38.20	**1.13**
C-Boosting_E_PC	16.14	23.36	26.40	26.08	**1.01**	29.78	43.70	44.59	38.13	**1.17**
BMA(1/T)_E_PC	13.93	21.79	25.18	27.32	0.92	28.50	43.40	44.82	39.42	**1.14**

续表

预测模型	0 < w < 1					-0.5 < w < 1.5			
(相对风险厌恶度 = 3)	UG(%)	GISWG(%)	收益率(%)	标准差(%)	夏普比率	UG(%)	GISWG(%)	收益率(%)	标准差(%)	夏普比率

面板 B: EUA 相关预测变量

预测模型	UG(%)	GISWG(%)	收益率(%)	标准差(%)	夏普比率	UG(%)	GISWG(%)	收益率(%)	标准差(%)	夏普比率
BMA (1/N^2)_E_PC	12.92	20.72	24.07	27.19	0.88	24.30	39.55	41.11	39.83	**1.03**
Ridge_E_PC	12.23	20.09	23.45	27.27	0.86	20.95	36.91	38.80	40.70	0.95
LARS_E_PC	11.41	14.38	15.66	16.71	0.93	19.61	25.85	23.84	27.35	0.87
EN_E_PC	11.41	14.38	15.66	16.71	0.93	19.61	25.85	23.84	27.35	0.87
NNG_E_PC	11.08	14.22	15.56	17.18	0.90	16.58	23.15	21.29	27.93	0.76

面板 C: 商品类预测变量

预测模型	UG(%)	GISWG(%)	收益率(%)	标准差(%)	夏普比率	UG(%)	GISWG(%)	收益率(%)	标准差(%)	夏普比率
FAAR_C	13.87	17.86	19.62	19.48	**1.00**	20.93	30.04	29.23	31.92	0.91
PCR_C	9.94	13.05	14.48	17.27	0.83	17.53	22.05	19.54	24.50	0.80
Bagging_C_PC	12.50	15.32	16.56	16.34	**1.01**	15.19	21.67	19.79	27.80	0.71
C-Boosting_C_PC	14.76	17.98	19.38	17.43	**1.11**	22.16	29.86	28.44	29.75	0.95
BMA (1/T)_C_PC	15.67	18.97	20.42	17.67	**1.15**	23.48	31.38	30.04	30.06	**1.00**
BMA (1/N^2)_C_PC	15.29	18.63	20.08	17.77	**1.13**	22.78	30.83	29.53	30.26	0.97
Ridge_C_PC	13.85	17.43	18.99	18.40	**1.03**	21.78	30.11	28.91	30.68	0.94
LARS_C_PC	13.60	16.80	18.18	17.36	**1.04**	19.93	27.17	25.56	29.00	0.88
EN_C_PC	13.60	16.80	18.18	17.36	**1.04**	19.93	27.17	25.56	29.00	0.88
NNG_C_PC	12.66	15.84	17.20	17.30	0.99	17.85	25.02	23.38	28.89	0.81

注: 见表 8-6 的注释。本表报告了范式 2 下竞争模型的经济收益。粗体为夏普比率大于 1。

出和卖空、相对风险厌恶度为3以及不考虑交易成本时（见表8-6中数据的第1—5列），本书发现：①几乎所有预测模型都表现出可观的经济收益；②与表8-4和表8-5中的模型预测精度评估结果一致，相比于范式2，范式1下的预测模型具有更高的经济收益和夏普比率；③范式1下的大多数模型以大于1的夏普比率优于基准模型，但范式2下只有ALL预测变量和商品类预测变量对应模型的夏普比率大于1；④无论是否考虑主成分，ALL预测变量都表现出最高的经济收益和夏普比率，此外，相比于商品类预测变量，EUA相关预测变量表现出较高的经济收益和较低的夏普比率；⑤当允许出借和卖空时（见表8-6和表8-7中数据的第6—10列），所有模型都具有较高的经济收益、投资组合收益以及投资组合标准差。有趣的是，ALL预测变量与EUA相关预测变量的夏普比率有所增加，但鉴于组合标准差的显著上升，商品类预测变量的夏普比率大幅下降。这一结论可能是由商品市场金融化导致。

具体而言，由表8-6可知，当不允许出借和卖空时（即$0<w<1$），几乎所有的竞争模型，特别是包含ALL预测变量和EUA相关预测变量的模型，均可以显著提高投资者的投资组合收益。首先，对于ALL预测变量，范式1下的8个竞争模型中，有6个表现出可观的平均年化投资组合收益（超过20%），其中7个（除了Bagging_A_NPC）具有大于1的夏普比率，从而表现出更好的风险调整性能。相比之下，三种惩罚性回归（即Ridge、LARS和EN）相对于其他收缩方法表现更好，因为其具有更高的夏普比率（1.5左右）和经济收益（约30%）。其次，面板B和C显示，EUA相关预测变量在投资组合收益率和经济收益方面都优于商品类预测变量，但由于前者的投资组合标准差较高，因此具有较低的夏普比率。此外，当碳期货允许卖空，即权重在-0.5和1.5之间变化时，表8-7显示，卖空可以提高所有竞争模型的投资组合收益、标准差和经济效益。其中ALL预测变量的所有模型均具有大于1的夏普比率和超过20%的经济收益。特别是三个基于惩罚收缩技术的模型（即Ridge_

A_NPC、LARS_A_NPC 和 EN_A_NPC）具有超过 40% 的 UG 经济效益和 60% 左右的 GISW 经济收益。在此情景下，EUA 相关变量的经济收益显著上升，但商品类变量的夏普比率显著下降。

表 8-7 展示了范式 2 下各个模型的表现。首先，所有基于 ALL 预测变量主成分的模型均为投资者带来了更高的经济收益。其次，不同于范式 1 的表现，范式 2 下 EUA 相关预测变量具有较差表现，因为其夏普比率普遍低于 1。这一发现表明，收缩技术并不适用于小规模的主成分降维。此外，纯因子模型和惩罚性收缩技术似乎只适用于大数据集，相反，BMA 和 Boosting 技术可以提高小规模数据集的夏普比率。再次，当投资组合权重范围限定为 [-0.5, 1.5] 时，所有模型的经济收益都明显增加，但夏普比率在不同的预测变量组合中具有较大的异质性。例如，投机交易增加了 ALL 预测变量和 EUA 相关预测变量的投资组合收益率，从而提升了许多惩罚性收缩技术以外的竞争模型的夏普比率。相反，投机交易显著增强了商品类预测变量的投资组合风险，由此导致夏普比率明显下降。最后，尽管 PCR 和 FAAR 在预测准确性方面表现良好，但在经济收益和夏普比率方面的表现并不好。产生该现象的原因可能是预测准确性和经济效益指标对极端预测权重的考量具有显著差异，即前者在误差平方规制下严重放大了误差影响，但后者对投资组合权重的限制减小了主要预测误差的影响。总体而言，范式 2 中基于因子的预测模型在夏普比率方面的表现不如范式 1 中不含因子的预测模型。EUA 相关预测因子的夏普比率均低于 1，而商品类预测因子在允许卖空的情况下往往表现很差。

考虑到交易成本会降低经济收益，本书进一步测算了竞争模型在两种交易成本情景下（0.2% 和 0.5%）是否可以实现经济收益，具体结果见表 8-8 和表 8-9。本书发现：①即使考虑了交易成本，大多数模型仍能为投资者提供较高的经济收益；②范式 2 下的模型对交易成本（尤其是 0.5%）更加敏感；③两个纯因子模型（尤其是 PCR）在交易成本达到 0.5% 时更容易产生负经济收益；④当交易

表8-8 范式1下多变量预测模型的经济收益（考虑交易成本）

模型 (相对风险厌恶度=3)	0<w<1 TC=0.2% UG(%)	0<w<1 TC=0.2% GISWG(%)	0<w<1 TC=0.5% UG(%)	0<w<1 TC=0.5% GISWG(%)	-0.5<w<1.5 TC=0.2% UG(%)	-0.5<w<1.5 TC=0.2% GISWG(%)	-0.5<w<1.5 TC=0.5% UG(%)	-0.5<w<1.5 TC=0.5% GISWG(%)
面板A：ALL 预测变量								
Bagging_A_NPC	**9.12**	13.25	**5.53**	**9.65**	18.76	25.53	11.65	18.39
C-Boosting_A_NPC	15.62	23.26	10.68	18.29	25.94	42.44	16.26	32.67
BMA (1/T)_A_NPC	17.80	25.71	12.80	20.68	30.48	47.52	20.54	37.52
BMA (1/N^2)_A_NPC	17.02	25.02	12.08	20.05	29.53	47.01	19.67	37.10
Ridge_A_NPC	23.10	29.70	17.83	24.39	37.61	51.67	27.20	41.26
LARS_A_NPC	26.84	34.03	20.80	27.98	43.58	58.81	32.02	47.30
EN_A_NPC	24.07	31.14	18.16	25.21	39.53	54.60	28.32	43.42
NNG_A_NPC	11.99	14.63	10.47	13.09	21.68	27.78	17.92	23.99
面板B：EUA 相关预测变量								
Bagging_E_NPC	**8.12**	10.71	**6.61**	**9.18**	15.17	19.28	11.18	15.26
C-Boosting_E_NPC	14.12	21.92	9.06	16.85	18.86	36.17	**9.25**	26.49
BMA (1/T)_E_NPC	15.04	23.10	9.80	17.84	19.67	37.57	**9.71**	27.57
BMA (1/N^2)_E_NPC	15.05	23.09	9.80	17.82	19.93	37.78	**9.95**	27.76
Ridge_E_NPC	13.04	20.79	7.82	15.56	17.93	35.01	**8.02**	25.06
LARS_E_NPC	13.41	21.05	8.24	15.89	17.22	34.39	**7.48**	24.61

续表

模型 (相对风险厌恶度=3)	0 < w < 1				-0.5 < w < 1.5			
	TC = 0.2%		TC = 0.5%		TC = 0.2%		TC = 0.5%	
	UG (%)	GISWG (%)	UG (%)	GISWG (%)	UG (%)	GISWG (%)	UG (%)	GISWG (%)
面板 B: EUA 相关预测变量								
EN_ E_ NPC	14.13	21.78	**8.99**	16.63	17.64	34.91	**7.84**	25.07
NNG_ E_ NPC	10.77	13.61	9.44	12.26	17.86	24.27	14.37	20.75
面板 C: 商品类预测变量								
Bagging_ C_ NPC	17.70	21.15	14.96	18.40	24.71	32.94	18.67	26.87
C-Boosting_ C_ NPC	14.29	17.53	12.23	15.46	18.95	27.54	14.07	22.63
BMA (1/T) _ C_ NPC	15.06	18.36	12.65	15.94	21.23	29.81	15.71	24.27
BMA (1/N^2) _ C_ NPC	14.41	17.73	12.08	15.39	17.88	26.55	12.45	21.11
Ridge_ C_ NPC	15.01	18.82	11.25	15.05	22.81	31.81	15.08	24.04
LARS_ C_ NPC	**7.94**	13.18	**2.95**	**8.22**	16.19	27.07	**6.62**	17.49
EN_ C_ NPC	11.61	16.42	6.79	11.62	20.59	30.74	11.27	21.39
NNG_ C_ NPC	11.68	14.85	10.21	13.35	17.61	25.02	13.83	21.19

注: 见表 8-6 注释。TC 是交易成本;本书考虑了 0.2% 和 0.5% 两种交易成本率。后缀 A_ NPC (E-NPC、C_ NPC) 代表基于 ALL 预测因子 (EUA 相关预测变量、商品类预测变量) 和收缩技术构建的扩散指数模型,不考虑主成分。粗体字为经济收益小于 10%。

表 8-9　范式 2 下多变量预测模型的经济收益（考虑交易成本）

模型 （相对风险厌恶度=3）	0<w<1				-0.5<w<1.5			
	TC=0.2%		TC=0.5%		TC=0.2%		TC=0.5%	
	UG（%）	GISWG（%）	UG（%）	GISWG（%）	UG（%）	GISWG（%）	UG（%）	GISWG（%）
面板 A：ALL 预测变量									
FAAR_A	21.19	29.54	15.99	24.33	36.94	54.50	26.74	44.31
PCR_A	18.78	26.74	12.72	20.66	31.63	47.72	20.34	36.38
Bagging_A_PC	11.32	13.88	**9.60**	12.16	19.95	26.07	15.90	21.99
C-Boosting_A_PC	14.48	21.83	10.43	17.76	28.37	42.55	20.37	34.53
BMA (1/T)_A_PC	13.61	20.92	**9.06**	16.38	25.10	40.83	16.10	31.83
BMA (1/N^2)_A_PC	14.45	21.75	**9.84**	17.15	26.28	42.09	17.10	32.92
Ridge_A_PC	22.47	30.44	17.59	25.53	38.34	54.91	28.85	45.40
LARS_A_PC	15.97	19.49	14.22	17.71	23.59	31.14	19.40	26.90
EN_A_PC	15.95	19.47	14.21	17.70	23.58	31.13	19.39	26.89
NNG_A_PC	10.51	13.43	9.19	12.08	14.61	21.23	11.14	17.72
面板 B：EUA 相关预测变量									
FAAR_E	**5.52**	12.83	**1.34**	8.63	10.81	26.57	**2.51**	18.16
PCR_E	**2.63**	**9.35**	**−2.10**	**4.61**	**6.39**	20.48	**−2.67**	11.37
Bagging_E_PC	11.60	18.12	**8.14**	14.63	23.71	37.58	16.56	30.32
C-Boosting_E_PC	13.88	21.09	10.49	17.66	25.23	39.08	18.36	32.13
BMA (1/T)_E_PC	11.39	19.25	**7.57**	15.42	23.50	38.35	15.96	30.76

续表

模型 (相对风险厌恶度=3)	$0<w<1$ TC=0.2% UG(%)	TC=0.2% GISWG(%)	TC=0.5% UG(%)	TC=0.5% GISWG(%)	$-0.5<w<1.5$ TC=0.2% UG(%)	TC=0.2% GISWG(%)	TC=0.5% UG(%)	TC=0.5% GISWG(%)
面板B：EUA 相关预测变量								
BMA (1/N^2) _E_PC	10.39	18.18	6.58	14.37	19.23	34.42	11.60	26.72
Ridge_E_PC	**9.63**	17.48	**5.71**	13.56	15.72	31.63	**7.84**	23.69
LARS_E_PC	10.46	13.41	9.04	11.96	17.24	23.45	13.67	19.84
EN_E_PC	10.46	13.41	9.03	11.96	17.24	23.45	13.67	19.84
NNG_E_PC	10.22	13.34	8.93	12.03	14.35	20.89	11.00	17.48
面板C：商品类预测变量								
FAAR_C	11.55	15.56	8.08	12.11	16.32	25.42	**9.37**	18.48
PCR_C	**7.57**	10.66	**4.00**	**7.07**	12.80	17.31	**5.67**	10.18
Bagging_C_PC	11.36	14.18	**9.64**	12.45	12.46	18.93	**8.36**	14.80
C-Boosting_C_PC	13.68	16.89	12.06	15.26	19.49	27.17	15.48	23.12
BMA (1/T) _C_PC	14.41	17.72	12.53	15.82	20.51	28.40	16.05	23.93
BMA (1/N^2) _C_PC	13.93	17.26	11.88	15.22	19.64	27.67	14.91	22.93
Ridge_C_PC	12.08	15.66	9.42	13.01	18.00	26.30	12.30	20.59
LARS_C_PC	12.64	15.82	11.19	14.36	17.44	24.65	13.69	20.88
EN_C_PC	12.64	15.82	11.19	14.36	17.44	24.65	13.69	20.87
NNG_C_PC	11.78	14.94	10.47	13.60	15.48	22.61	11.90	18.99

注：见表8-7和表8-8的注释。后缀 A_PC (E_PC、C_PC) 代表基于 ALL 预测变量（EUA 相关预测变量、商品类预测指标）相关预测指标中提取的主成分。同时，后缀 A、E、C 是指从 ALL 预测指标、EUA 相关预测指标、商品类预测指标中提取的主成分。粗体为经济收益小于10%。构建的扩散指数模型。

成本等于或超过0.5%时，EUA相关预测变量的经济收益往往低于10%；⑤如果不允许借出和卖空，竞争模型对交易成本更加敏感。

具体而言，由表8-8可知，包含EUA相关预测变量的模型表现最差，其在0.5%交易成本的经济效益均小于10。然而当允许卖空时，除了LARS_C_NPC，几乎所有的ALL预测变量和商品类预测变量所在模型在考虑交易成本时仍然具有高于10%的经济收益。表8-9表明交易成本对范式2下的经济收益影响更大。更准确地说，在考虑0.5%交易成本时，10个采用传统投资组合权重（$0<w<1$）的模型中有3个模型的经济收益低于10%。基于EUA相关预测变量和商品类预测变量的纯因子模型在0.5%交易成本下具有最低的经济收益，但与是否允许卖空并不无明显关联。与表8-8一致的是，基于EUA相关预测变量的模型具有最低的经济收益，特别是当交易成本为0.5%。例如在没有卖空的情况下（$0<w<1$），10个模型中有9个在0.5%的交易成本下具有低于10%的经济收益，PCR-E的经济收益甚至为负。

因此，当不允许卖空时，投资者会发现交易成本对潜在经济收益的显著影响。特别是，基于EUA相关预测变量的模型在0.5%及更高的交易成本下可能会导致较低的经济收益。此外，当不考虑主成分时，即使存在交易成本，基于ALL预测变量和惩罚性收缩技术的模型往往具有最高的经济收益。但对于商品类预测变量而言，惩罚性收缩技术的表现不如其他方法好。最后，当考虑主成分时，对ALL预测变量使用FAAR、PCR和Ridge方法可以产生最高的经济收益，但在0.5%交易成本下，其他两组预测变量具有相反的表现。

第四节 主要结论及政策启示

随着碳期货市场的快速发展，提高碳价预测能力对于防控碳市场风险以及提高碳市场投资价值具有重要意义。尽管时间序列建模技术在碳价预测中被广泛应用，但尚缺乏基于大规模预测变量集的多变量预测模型。鉴于碳配额的影响因素众多，本书基于多种数据收缩技术的多变量预测模型，对 EUA 相关预测变量、商品类预测变量、金融类预测变量以及所有预测变量进行降维，从而测度不同变量和预测模型的碳价预测能力以及经济收益。本书关注的问题包括：

（1）数据收缩技术是否有助于选择目标预测因子（或主成分）以提高预测精度。

（2）EUA 相关预测变量、商品类预测变量和金融类预测变量是否具有可观的碳价预测能力。

（3）从终端用户的角度来看，哪些多变量预测模型相对于基准模型具有更高的预测性能。哪些竞争模型可以为投资组合带来较高的经济收益？

在预测性能方面，本书的主要结论包括：①单变量预测模型对碳价周度收益率的样本外预测能力非常有限；②数据收缩技术在碳价预测方面非常有效，其预测性能在统计检验和 MSFE 统计量方面均持续优于历史平均基准模型；③直接对变量集进行降维（即范式1）在碳价预测精度方面强于仅使用纯因子模型和对主成分进行降维（即范式2），而且在大多数情况下，纯因子模型的表现要好于对主成分进行降维的模型；④相比于基准模型，基于 ALL 预测变量的竞争模型表现最好，而基于金融类预测变量的模型表现最差，这表明金融预测变量在碳价预测过程中存在大量噪音，因此不是碳价周度收益率的主要驱动因素；⑤EUA 相关预测变量在 MAFE 统计量方面未能超过商品类预测变量，因为商品类预测变量的 MAFE 统计量为正值，表明其可以持续优于基准模型；⑥Boosting、BMA 和 Ridge 收缩技术在有或没有主成分的情况下都表现良好，而惩罚性回归在主成分中具有较差的预测能力。

在经济收益和投资组合表现方面，本书的主要发现包括：①几乎所有竞争模型都能优于基准模型，且在大多数情况下可实现超过 10% 的经济收益；②若允许卖空，则投资组合的收益率更高，但如果考虑0.5%的交易成本,许多EUA相关预测变量所在模型的经济收益会降至10%以下;③相比于范式2,范式1下的预测模型具有更高的经济收益和夏普比率;④在不考虑交易成本时,ALL预测变量所在的模型表现出最高的经济收益和夏普比率,而相比于商品类预测变量,EUA相关预测变量具有更高的经济收益和更低的夏普比率;⑤当允许出借和卖空时,ALL预测变量和EUA相关预测变量的夏普比率都会增加,但商品类预测变量的夏普比率会下降;⑥当考虑0.5%的交易成本时,范式2下的模型比范式1下的模型具有更低的经济收益。尤其是在此情景下,基于EUA相关预测变量的主成分模型将实现负的经济收益,因此无法优于基准模型。

总体而言,本书的研究表明,EUA相关预测变量和商品类预测变量只有在多变量预测模型中具有较好的碳价预测能力。EUA相关的预测变量的预测表现弱于ALL预测变量或者商品类预测变量,因为前者的标准差较高,往往具有较低的夏普比率,而且交易成本会显著影响EUA相关预测变量所在模型的经济收益。ALL预测变量和商品类预测变量均不适合提取主成分,因为纯因子模型和基于因子的扩散指数模型均具有较差的表现。纯因子模型在一定程度上提高了预测的准确性,但在经济收益和投资组合表现方面未能优于其他扩散指数模型。最后,当允许出借和卖空时,商品类预测变量所在模型可能会导致较低的夏普比率(低于1),因为在这些条件下它们的投资组合风险较高。

对碳密集型企业的管理层和碳期货交易者而言,本书研究内容和结论可以提高其与碳市场相关的决策制定能力和获利机会。为了提高我国碳市场的投资价值,吸引更多的参与者,碳市场监管者可以使用本书的方法对碳价走势进行较为准确的预测和追踪,从而及时为投资者提供投资建议和风险提醒。此外,机构投资者也可以使用本书的部分模型和预测变量提高碳价预测精度并提高投资组合的经济收益。

第九章

研究结论及政策启示

第一节 主要研究结论

碳市场是应对全球气候变暖的重要政策工具，也是实现我国碳中和目标的重要抓手。随着全球碳金融市场的快速发展，碳配额的金融属性也引发广泛关注。碳配额的金融属性导致其与金融资产的定价机制逐渐趋同，进一步增强碳价波动风险和预测难度，最终降低投资者的参与意愿，并阻碍碳期货市场的平稳发展。因此，鉴于碳市场的金融化趋势，深入研究碳期货与传统的大宗商品和金融资产间的相依性及信息作用机制，对于理解金融化背景下碳期货的定价机制及风险形成机制至关重要，也将为跨市投资者的投资策略调整和碳市场输入性风险防控提供重要依据。

长期看来，影响碳价的主要因素包括：一个国家或区域节能减排的政策力度和控排企业获得碳配额的成本。短期看来，极端天气、化石能源价格等因素会显著影响碳价，同时金融风险因子也会影响碳价的走势。特别是在金融化背景下，来自金融市场和大宗商品市场的信息溢出会增强，从而导致碳配额的定价机制和风险形成机制复杂化。因此，基于碳市场的金融化趋势，以欧盟碳期货市场为例，

第九章 研究结论及政策启示 337

本书应用计量经济学、统计学和金融学等领域的理论和方法模型，从信息溢出视角探究了"碳配额—能源—金融"复杂系统在三个层面的相依性变化形成机制，并进一步基于关联资产信息预测碳价，相关结论有助于帮助投资者和监管者厘清碳市场与关联市场间的信息关联网络，识别碳市场的主要风险源和风险传递路径，提高碳价预测能力，以及构建具有高收益的资产组合。

本书的主要研究结论如下：

（1）碳配额与关联资产间的价格相依程度和相依结构均表现出明显的阶段性。相比于第一阶段的对称相依性，第二阶段、第三阶段的能源价格和金融风险因子主要对碳价产生非对称影响。能源价格和金融风险因子均在三个阶段对碳价产生显著影响，相比之下，能源价格的影响更强。碳配额与部分关联资产存在市场传染效应，其中第二阶段（国际金融危机爆发阶段）的传染效应最强，与碳配额存在显著联动关系的资产包括煤炭、天然气、股票、大宗商品价格指数以及国债。值得一提的是，碳配额与关联资产间的相依性存在三个结构变点，这些变点不仅导致相依性和影响路径发生变化，还导致碳配额与煤炭、天然气和大宗商品价格指数间的市场传染效应。金融类事件冲击也导致碳配额与股市间的市场传染，但债市与碳市场的关联性很低，不存在市场传染。在影响路径方面，煤炭和天然气在三个阶段均通过相似路径影响碳价。几乎所有的金融风险因子都会在第一阶段通过能源价格路径影响碳价，但在其余阶段则通过工业生产路径影响碳价，可见碳配额的金融属性逐渐凸显，且碳配额与关联资产间的相依性表现出时变性、不对称性以及结构突变等特征。

（2）在常规条件下，"碳配额—能源—金融"系统的收益率溢出效应强于波动率溢出效应，其中碳配额与能源资产的信息关联强于其与金融资产的关联。石油是系统中重要的信息净传递者，而碳配额是主要的波动率净接受者。具体而言，碳配额是石油的净信息接受者和电力的净信息传递者，但也是煤炭的收益率净接受者和天然气的波动率净传递者。此外，收益率总溢出指数具有时变性和高波动性，主要由美元指数和恐慌指数决定，而波动率总溢出指数的波动性略小，与收益率溢出指数的趋势相近，主要由其滞后项、消费者信心指数和全球经济政策不确定性指数所驱动。碳配额与关联资产间的信息溢出指数会被部分重大事件所影响，特别是2010年的冲击影响最强。最后，石油和碳配额与金融资产的信息溢出指数均小于金融资产间的平均溢出指数，且具有相似的收益率溢出模式。相比之下，碳配额与金融资产的信息关联度更弱，且碳配额主要扮演股票、非能源商品指数以及国债的净波动率接受者角色，但石油只是股票的净波动率接受者。

（3）在极端条件下，"碳配额—能源—金融"系统存在一定程度上的价格暴跌风险溢出。碳配额的左尾VaR具有显著的自相关性，且负冲击影响远远强于正冲击影响，因此极端下行风险（暴跌风险）更值得关注。波动率层面和风险值层面的格兰杰因果关系检验结果具有较大差异，波动率层面的风险溢出不能涵盖VaR层面的极端风险溢出。相比于金融资产，能源资产更容易对碳配额产生极端下行风险溢出。例如，虽然碳配额与石油在短期不存在显著的尾部相依关系，但与电力、煤炭和天然气存在异质性的尾部相依关系。其中，天然气价格下跌会导致碳价下跌，并进一步导致电力价格下跌。相反，碳配额与固定收益类资产在短期不存在显著的尾部相依性，但与大宗商品价格指数和股指存在单向的尾部相依关系。其中大宗商品价格指数的暴跌会增加碳价的暴跌风险，进而导致股价大幅下跌。通过分位数脉冲响应函数可知，从能源到碳配额存在极端风险传染，其中石油和天然气的冲击具有显著滞后性，但电力和煤炭冲击会导致即期反应。值得一提的是，随着碳市场影响力的快速提高，碳配额的收益率冲击也会对电力、天然气和石油造成不同程度的极端下行风险传染，其中电力反应最快，石油反应最慢。此外，金融资产中只有股指会在短期对碳价收益率冲击做出强烈反应。最后，Cross-Quantilogram的结果显示，能源金融资产与碳配额在不同滞后期存在不同程度的极端下行风险溢出效应,其中从能源金融资产到碳配额的有向溢出效应强于反向溢出效应。能源资产与碳配额的尾部风险溢出主要集中在短中期(滞后期 20 日内),其中煤炭与碳配额的双向风险溢出效应最为显著。相反,金融资产与碳配额的极端下行风险溢出效应具有明显的时滞性,且在中长期(滞后期 20—60 日)最为显著。其中,企业债、短期国债及股指与碳配额存在较显著的极端下行风险溢出效应。在恐慌指数(VIX)较高时期,碳配额与天然气、石油以及股指在滞后 1 期的极端风险溢出效应显著增强,但在美国经济政策不确定性(EPU)较高时期,碳配额与大宗商品价格指数以及三类债券间的中长期风险溢出效应显著增强,此外,碳配额与股指的短期风险溢出效应也显著增强。

(4)重大事件的冲击效应不可忽视,重大事件的发生会对碳期货与关联资产间的信息溢出效应产生重要影响。基于 BEKK - GARCH 模型可知,碳期货与关联资产间的波动溢出效应并不强烈,但与能源类资产和大宗商品价格指数间存在较为显著的单向溢出效应。值得注意的是,碳期货与垃圾债券收益率差存在显著的双向溢出效应,由此可见碳市场对控排企业产生了显著的融资约束。在涉碳资产组合中,关联资产对冲碳期货的最大套期保值率主要集中于 2012—2013 年,同时大部分资产的套期保值率在 2016 年也显著上升,其中煤炭、大宗商品价格指数、垃圾债具有较高的平均套期保值率,相反电力具有最低的套期保值率。在时变投资组合权重方面,电力和垃圾债分别具有最高和最低的平均权重,且权重波动最小。在重大事件的冲击影响方面,所有碳市场事件对碳期货与电力组合的协方差冲击时间最短,但对碳期货—大宗商品价格指数组合和碳期货—股指组合的协方差冲击时间较长。相比之下,免费配额分配以及碳排放核查事件具有较强的冲击效应。四类国际重大资本市场事件会对碳期货与关联资产间的协方差矩阵产生异质性的冲击,其中 2008 年雷曼兄弟破产事件的影响最强,不仅导致显著的联动性,而且刺激了几乎所有资产的波动幅度。2016 年的中国经济增速放缓事件也产生了显著的冲击影响，不仅引发能源资产波动加剧，还导致碳期货与关联资产间的市场传染。相比之下，希腊债务危机和石油减产协议延期的影响很有限。此外，除了以上确定的历史事件，假定的资产价格暴涨暴跌事件也会对碳期货与关联资产间的信息关联产生冲击，尤其是来自碳期货的价格暴跌事件影响最显著。

（5）信息溢出机制是价格预测的基础。相关结果表明，在预测性能方面，单变量预测模型对碳价周度收益率的样本外预测能力非常有限，仅有部分大宗商品的表现优于基准模型，相反，基于数据收缩技术的多变量预测模型普遍具有显著优于基准模型的预测性能。值得注意的是，相比于仅使用纯因子模型和对主成分进行降维，直接对大维变量集进行降维具有更高的碳价预测精度，而且在大多数情况下，纯因子模型的表现要好于对主成分进行降维的模型，可见降维方法（尤其是惩罚性回归方法）不适用于小维变量集。在变量的预测表现方面，基于所有预测变量的竞争模型表现最好，而基于金融类预测变量的模型表现最差，因为金融资产与碳期货之间之存在微弱的信息关联。相比于商品类预测变量，碳市场相关预测变量不能持续地优于基准模型。在经济收益和投资组合表现方面，几乎所有竞争模型都能优于基准模型，且在大多数情况下可实现超过10%的经济收益，且不考虑主成分的预测模型具有更高的经济收益和夏普比率。若允许卖空，则投资组合的收益率更高，但如果考虑0.5%的交易成本，许多碳市场相关预测变量所在模型的经济收益会降至10%以下。在不考虑交易成本时，包含所有预测变量的模型具有最高的经济收益和夏普比率，但相比于商品类预测变量，碳市场相关预测变量具有更高的经济收益和更低的夏普比率。当允许出借和卖空时，包含所有预测变量和碳市场相关预测变量的模型具有更高的夏普比率，但商品金融化增大了商品市场的投机性和波动风险，因此商品类预测变量所在模型的夏普比率出现下降。最后，在交易成本较高时，包含主成分的模型会有更低的经济收益，尤其是碳市场相关预测变量所在模型会出现经济收益负值，因此不能优于基准模型。

第二节 相关政策启示

根据本书的理论分析和实证研究可知，由于碳金融衍生品的逐渐开发和广泛应用，全球碳市场的金融属性逐渐凸显，并与商品市场和金融市场存在日益紧密的联系，投资者可以方便地进行跨国及跨市投资，当投资者不断调整其资产组合策略，碳市场与关联市场的相依性也随即增强，最终导致碳市场的脆弱性上升。可见，"碳配额—能源—金融"系统中错综复杂的信息作用机制会给碳价预测以及碳市场风险防控带来巨大挑战。欧盟碳市场拥有全球最成熟的碳期货市场，其机制设计以及价格行为表现均受到业界和学术界的广泛关注，更是中国碳期货市场建设的模板，因此，对欧盟碳期货市场与关联市场间的信息关联机制进行深入研究，能够为投资者的投资决策、监管部门的风险防控提供重要参考，从而保障碳市场的稳定发展。本书将基于前文的理论、分析和实证研究结论，分别从投资者和监管者角度提出相关建议。

一 微观投资层面

就投资者而言，碳市场的产生不仅催生了碳产业链，同时还为控排企业和投资者提供了新的投资机会。碳市场作为新兴的大宗商品市场，具有一般商品市场的属性，还具有自身的独特属性，可以给投资者提供更多的套利机会。然而在碳市场金融化的趋势下，碳配额与传统金融资产的定价机制逐渐趋同，且存在日益密切的信息关联，甚至在危机时期产生市场传染，因此投资者在进行跨市投资时，需要注意以下四个方面的问题。

（一）制定灵活有效的投资策略

资本资产定价模型指出，每一种风险资产都包括系统性风险和非系统性风险，其中，非系统性风险可以通过资产组合被分散掉，而系统性风险不能通过分散化资产组合进行消除。资产间的相依性（相关性）是制定投资策略的关键因素，资产间相关性上升会大幅降低原有分散化资产组合的效用，相反，当资产间的相关系数为 -1 时则可以完全对冲资产组合的非系统性风险。因此，跨市投资者要密切关注碳期货与关联资产间的相依性变化及非对称的相依结构，并及时调整投资策略。

第四章的实证研究从相依程度和相依结构两个方面检验了碳期货与关联资产间的相依关系，主要结果显示，相比于金融类资产，能源类资产与碳期货的同期相依性更强，特别是在碳市场第一阶段。但相依性具有阶段性且存在结构变点，几乎所有关联资产均与碳期货存在非对称相依结构，因此跨市投资者需要关注碳期货与能源资产和金融资产间的相依性演化规律，并考虑其在特殊时期以及重大事件冲击下的"市场传染"。跨市投资者可以考虑的投资策略包括：①碳市场早期与天然气和煤炭存在较强的价格相关性，因此通过天然气和煤炭分散碳价风险的可行性较低，可以考虑加入金融资产分散组合风险，或者通过对冲策略进行套期保值；②从第二阶段起，碳市场的金融属性逐渐增强，与部分金融资产的相关性也增强，如股指、短期国债以及大宗商品价格指数，特别是金融危机事件的冲击下，上述金融市场会对碳市场产生风险传染，因此，投资者在碳期货市场金融化程度比较高时，要避免构建包含大宗商品价格指数、股指与碳期货的资产组合，或者降低上述金融资产在资产组合中的权重；③金融类事件的冲击会刺激金融市场与碳市场的联动性，而石油类事件的冲击会影响碳期货与天然气以及大宗商品价格指数的显著变化，因此，要警惕国际重大金融能源事件，并及时调整碳期货与关联资产的权重比例，以应对可能的市场传染。

第八章的实证研究通过 BEKK - GARCH 模型测度了碳期货与关联资产间的时变波动相关性，本书基于最小方差套期保值原则，计算了各组涉碳资产组合的时变套期保值率和时变投资组合权重，并使用波动脉冲响应函数分别揭示了 6 种碳市场事件、4 种国际重大事件以及价格暴涨暴跌事件对协方差矩阵的冲击影响规律。第一，本书发现碳期货与关联资产间的时变波动相关性并不强，碳期货与金融资产间（除了企业债）的波动溢出效应几乎不显著，因此可以考虑构建碳期货与金融资产间的分散化资产组合，但针对能源资产，可以考虑通过对冲策略进行套期保值。第二，当基于最小方差原则构建碳期货与关联资产间的对冲策略时，本书发现关联资产对冲碳期货的高对冲比率集中于 2012—2013 年，且在 2016 年有显著上升，相比之下，只有电力、石油和长期国债具有有效对冲比率，由此说明在碳市场第三阶段初以及中国经济放缓时期，碳市场的波动高于关联市场，且市场间存在联动性，因此在金融危机时期，可以考虑使用电力、石油和长期国债对冲碳价风险。相反，碳期货的对冲比率普遍小于关联资产的对冲比率，但也在经济危机时期表现出增长趋势，表明碳期货也可在经济危机时期用于对冲天然气、煤炭、大宗商品价格指数以及企业债的波动风险。此外，资产组合的时变权重结果表明，在构建涉碳风险资产组合时，可以多分配资金给电力期货、长期国债，而少分配资产给企业债、大宗商品价格指数与股指。第三，对于不同类型事件的冲击作用，本书发现碳市场事件普遍会对碳期货与关联资产间的波动溢出效应产生异质性的影响，相比之下，碳排放核查制度事件和免费配额发放事件的冲击强度普遍较强，而国际事件中的雷曼兄弟破产事件和中国经济增速放缓事件的冲击影响最显著，不仅会普遍导致资产的波动加剧，还会导致碳期货与关联资产间的联动性增强。此外，碳价的暴跌事件也会普遍影响碳期货与关联资产间的条件协方差矩阵，因此需要警惕上述类似事件，并及时调整投资策略，避免资产组合的风险上升。

（二）重点关注从关联市场到碳市场的输入性风险

第五章和第六章分别从时变信息溢出效应和极端风险溢出效应两个维度揭示碳期货与关联资产间的信息溢出机制。总体而言，随着碳市场金融属性的逐渐凸显，碳市场与传统的大宗商品市场以及金融市场间的信息关联也不断上升，而碳市场作为一个人为设立的新兴市场，在关联市场的信息溢出下，将表现出更加敏感的价格波动，从而损害碳市场的有效性。第五章研究结果表明：第一，碳期货与关联资产间的信息溢出程度并不强，且收益率溢出效应强于波动率溢出效应。相比之下，碳期货与能源、大宗商品以及股市间的信息溢出较强烈，且碳期货主要扮演信息净接受者角色。由此可见，在"碳配额—能源—金融"系统中，碳市场是主要的信息净接受者，将时常受到关联市场的风险溢出，从而出现异常波动的碳价。第二，虽然碳期货与金融资产间的交叉溢出效应并不强，但其溢出指数具有时变性，特别是在经济危机时期，其信息关联会显著增强，且很可能存在从金融市场到碳市场的风险传染。因此，投资者需要警惕来自能源市场的输入性风险，以及在经济衰退期来自金融市场的输入性风险。例如，鉴于股指（非能源商品指数）和 EUA 在经济不确定时期和衰退时期（在复苏和增长时期）分别具有显著的收益率溢出效应，可能有必要减少股指（非能源商品指数）和 EUA 之间的资产组合。此外，电力公司还应警惕从碳市场到电力市场的风险溢出，因为电力市场在大多数情况下是碳市场的净波动率接受者。第三，要关注和追踪部分金融类宏观经济指标的变化，因为美元指数和 VIX 等指标往往会促进碳市场和关联市场间的收益率溢出效应，从而削弱碳期货在非能源金融市场上的风险分散能力。

此外，第六章的研究结果表明：第一，碳市场与关联市场间存在较为显著的左尾极端风险溢出效应（即价格暴跌风险溢出），但不存在显著的右尾风险溢出效应（即价格暴涨风险溢出），可见投资者要重点关注从关联市场到碳市场的暴跌风险溢出。相比于金融资产，能源资产与碳期货间存在更加显著的短期暴跌风险溢出，但表现出较强的异质性，例如天然气价格的下跌会引发碳价的暴跌风险，随后导致电力价格的暴跌。因此，投资者应该警惕来自天然气市场的暴跌风险输入。第二，还要警惕碳价暴跌对电力市场的风险传染。对于金融资产，投资者应该重点关注从大宗商品价格指数到碳期货的暴跌风险输入，以及碳价暴跌对股价的冲击影响。在风险传递规律方面，从石油和天然气到碳期货的极端下行风险传染存在滞后性，但电力和煤炭对碳期货的冲击时间很短。相比之下，金融市场到碳市场的下行风险传递更加滞后且微弱。相反，碳市场的暴跌也会对部分关联市场产生极端风险溢出，例如电力、天然气和石油会在不同滞后期出现反应，其中电力反应最快，石油反应最慢，而金融资产中只有股指会有显著的短期响应。第三，分位数相关系数的结果表明，碳期货与关联资产间的极端下行风险溢出不仅存在于短期，还存在于中长期，特别是从能源到碳期货的风险溢出主要集中在中短期（滞后20日内），而金融资产与碳期货的风险溢出则主要集中在中长期（20—60日）。因此投资者应该注意滞后效应的差异，并及时调整投资策略应对输入性风险，特别是在VIX较高时期，要多加关注从天然气、石油以及股指到碳市场的短期极端风险输入，而在EPU较高时期，要警惕从大宗商品价格指数、三类债券市场到碳市场的中长期极端风险输入。

（三）注意防范重大危机事件冲击导致的"市场传染"

相关理论表明，重大危机事件可以同时通过经济基础以及净传染路径影响投资者的决策行为，从而导致关联市场间的相依性变化。第四章的实证研究结果表明，碳期货与关联资产间虽然存在联动性但不存在明显的同期"市场传染"，但是重大危机事件的爆发显著提升了碳期货与煤炭、天然气、股指以及大宗商品价格指数间的联动性，从而产生市场传染。其中，金融类事件的爆发会增强碳期货与股指和大宗商品价格指数间的联动性，相反，能源类事件的发生则会增强碳期货与能源间的联动性。因此，投资者需要警惕危机时期或者重大事件导致的市场传染，及时调整相关投资策略，以降低市场传染导致的投资损失。

第七章对三类重大事件（碳市场相关事件、国际重大资本市场事件、关联资产价格暴涨暴跌事件）的冲击影响进行了详细深入的研究。研究结果表明：第一，碳市场相关事件的影响具有异质性，投资者需要格外关注碳排放核查方法和配额分配相关政策调整，因为这两种事件对碳期货与关联资产间的条件协方差矩阵产生显著的影响。第二，国际重大事件中，2008年雷曼兄弟破产事件的影响范围最广且冲击强度最大，其不仅导致所有资产的波动加剧，还显著提升了碳期货与关联资产间的联动性。2016年的中国经济增速放缓事件也具有较为显著的冲击力，尤其是导致碳期货与能源资产间的波动溢出效应显著增强。因此，投资者需要格外关注类似金融危机事件以及中国经济表现，因为这两类事件大概率会导致市场传染，从而提升资产组合的投资风险并导致分散化失败。但对于石油相关事件以及区域主权债务危机事件不必过于紧张，因为这些事件的影响力很有限。第三，假定的资产暴跌事件相比于暴涨事件会产生更强的冲击影响，尤其是碳价的暴跌会普遍引起资产组合的显著反应，因此，投资者要警惕碳价的暴跌，并及时调整投资策略降低风险。

（四）基于信息作用机制提高碳价预测能力

信息溢出效应是预测的前提。目前，鉴于碳价的影响因素众多，碳价预测难度较大，特别是在碳市场金融化趋势下，投资者往往形成错误预判，从而导致错误的投资决策。鉴于我国碳期货市场正在积极推进中，如何提高投资者的碳价预测能力，对于提高碳市场投资价值以及投资者参与积极性极为重要。目前对碳价的预测研究主要是基于数据驱动模型，该方法虽然能提高碳价的预测精度，但缺乏经济学理论支撑，且操作难度较大，不利于投资者准确预测碳价以及制定最优投资策略，因此，采用基于信息作用机制的因素驱动模型对碳价进行预测尤为重要。

第八章基于前文的相依性以及信息溢出机制相关结论，进一步基于不同预测模型检验了4类关联资产（分别是所有预测变量、碳市场相关预测变量、商品类预测变量、金融类预测变量）的周度碳价预测能力及资产组合的经济收益。研究发现：第一，单变量模型的预测能力都较弱，只有咖啡、可可、玉米等大宗商品的预测能力强于基准模型，可见对于周度碳价收益率，能源和金融资产的预测能力都很有限。第二，基于数据收缩技术的多变量预测模型普遍表现出优于基准模型的预测能力，但是只有能源类预测变量能持续优于基准模型，而其他模型的预测效果都不稳定，存在明显的结构变点。第三，不考虑主成分的预测模型表现最好，其次是纯主成分模型，可见数据收缩技术更适用于大维数据集，尤其是惩罚性函数在小维数据中的实用性会大幅降低，不能捕捉预测数据集中的有效预测信息。收缩技术 Boosting、BMA 和 Ridge 总是表现很好，可以被广泛用于多变量预测模型。因此，建议投资者直接对大维数据集进行降维，不需要提前提取主成分。第四，在预测变量选取方面，可以剔除金融类变量，因为当前碳市场与金融市场间的信息关联度还较弱，加入金融类变量只会导致更多的噪声，从而降低预测效果。第五，在投资组合的经济收益表现方面，本书发现几乎所有竞争模型都能优于基准模型，且在大多数情况下可实现超过 10% 的经济收益，在卖空的条件下还具有更高的收益率，但是交易成本会降低几乎所有预测模型的经济收益。相比之下，不考虑主成分的预测模型具有更高的经济收益和夏普比率，可以被用于投资决策。第六，相比于商品类预测变量，碳市场相关预测变量具有更高的经济收益和更低的夏普比率，因为碳市场相关变量的波动性更大，但当出借和卖空被允许时，商品类变量的夏普比率会下降，因为金融化增强了商品价格波动。值得注意的是，当交易成本达到 0.5%，基于碳市场相关变量的主成分预测模型将表现出负的经济收益，不再具有可行性。

二 宏观监管层面

面对全球低碳转型的浪潮，各行各业都面临转型压力。碳市场作为直接管控企业碳排放的手段，给企业带来的不仅是挑战，更有升级发展的机会。一方面，碳交易增加了控排企业的政策约束和减碳成本。例如，企业需要设置相关的部门和人员应对碳排放权管理和交易工作，从而加大运营成本。此外，如果不能将减排量控制在配额量之下，企业将面临巨额的履约成本，且随着政策的收紧，履约成本会不断上升。另一方面，碳市场赋予了碳排放量交易价格。减排成本高的企业能够通过碳市场交易进行低成本履约，为低碳转型升级赢得时间。另外，减排成本低的企业则可通过碳市场获得额外收益，加速减排项目的实施。因此，在长期碳市场可以促进新能源和节能技术等的研发推广。除了推动企业减排，政府分配的碳配额作为一项资产，还可以帮助企业获利、融资等，助力企业长期发展。因此，如何最大化发挥碳价的激励约束作用，降低碳市场的价格波动风险，促进碳价反映真实减排成本，提高企业参与积极性和参与能力，保障碳市场在碳中和目标中的减排价值是相关政策制定者极为重视的问题。

对控排企业和行业来说，碳排放权期货能提供较为明确的碳价预期和碳价波动风险管理工具，降低转型升级压力。但碳期货市场发展迅猛，也助推了碳市场过度金融化，由此增强了碳市场的脆弱性和复杂性，因此关注碳金融市场的风险形成机制对于维持碳市场稳定具有重要意义。虽然我国碳市场目前主要的交易产品是碳现货，且交易目的以履约为主，但随着全国碳市场的开启，碳期货市场也将在不远的将来正式运行，形成现货、期货市场相互促进、共同发展的格局。欧盟碳期货市场是我国碳期货市场建设的重要学习对象。因此，本书将基于前文关于欧盟碳期货市场的研究结果，从多个方面为如何管控金融化趋势下的碳市场提出相关建议。

（一）借鉴"稳定储备机制"，提高有偿拍卖比例，加强核查力度，灵活调控配额供给

欧盟碳期货的价格受供给端的影响相当显著，历史上主要的碳价暴涨暴跌都是由碳市场机制设计相关政策调整所致，这些政策调整导致市场对碳配额的缺陷性预期，从而使碳价出现剧烈变化。例如，欧盟碳市场曾在第一阶段由于配额分配过剩导致第一阶段后期的碳价长期处于低迷状态。同时，2008年国际金融危机爆发，欧盟经济进入快速衰退期，工业需求急速下降，从而导致控排企业对碳配额的需求不足，最终供给过度引起碳价大幅下跌。此外，跨阶段

的存储、借贷、抵销机制也导致碳价出现暴跌。例如，欧盟碳市场2007年年末的跨期规定导致第一阶段和第二阶段的完全分割，使得配额市场失去了时间上的连续性和弹性，从而导致第一阶段过剩的碳配额一文不值，并严重打击了控排企业早期减排的动力。相反，在EU ETS第二阶段，由于金融危机的冲击，经济衰退导致碳排放权需求大幅削弱，进而导致碳价低迷。为了碳价在第二阶段末期不至于降至0，欧盟委员会允许第二阶段的剩余配额可以储存至第三阶段使用，从而促使大量控排企业在2012年年末逢低买入配额，最终对碳价起到支撑作用。这类事件不仅发生在欧盟碳市场，也在我国区域碳市场建设期间时有发生。例如，中国湖北试点碳市场曾因政策缺乏连贯性，引发市场恐慌，导致碳价三次熔断。本书第八章对6类碳市场相关事件的影响进行研究，发现配额分配方法以及核查制度的影响范围最广，都会显著影响碳市场的价格波动。

针对上述问题，一方面，我国可以借鉴欧盟碳市场的"稳定储备机制"，通过灵活调整配额的有偿拍卖供给，提高碳市场的自动调节能力和恢复能力。另一方面，鉴于碳市场的政策连贯性和稳定性对于稳定投资者情绪非常关键，我国还需要重视政策的连贯性，特别是要使用连贯的配额跨期使用规则。因为配额的跨期存储、借贷以及抵销机制对于促进控排企业的长期减排具有重要意义。配额存储机制可以调动控排企业的减排动力，有助于其盘活碳资产并增强对碳资产的管理能力，而碳资产借贷机制也将促进控排企业实施长期减排方案。此外，配额分配方案和核查机制的影响也很显著。因此，我国在碳期货市场早期，不仅可以通过稳定储备机制消除总量分配过度以及跨期配额使用约束对碳市场的冲击，还需要提高配额有偿拍卖的比例，将有偿分配和无偿分配相结合，加强碳泄漏的管控力度和碳排放数据的核查监督力度，由此降低碳市场机制导致的碳价暴跌风险，保障碳市场稳定运行。

（二）完善碳市场准入制度，引入多元化的参与主体

碳金融市场的稳定发展离不开足够多且多元化的参与主体，只

有多元的金融机构、金融产品加入进来，碳市场的流动性和有效性才能得以保证。因为多元化的投资主体，包括控排企业、个人、投资机构、各种中介机构具有不同的风险偏好、不同预期和各种广泛的交易信息，有助于形成公允的均衡价格。当前，我国碳市场的参与主体相当单一，且参与深度不够。虽然有部分银行参与碳金融市场，但参与方式以提供资金结算、代理开户等基础服务为主，很少直接参与市场交易。而控排企业也主要在履约期参与碳交易，平时很少进行碳资产管理。由于缺乏投资机构和金融产品的参与，各区域碳市场出现了较为明显的控排企业履约期集中交易、非履约期交易不活跃的现象，不仅抑制了市场的流动性，也容易导致交易价格波动剧烈，不利于真实反映碳配额的市场价值。因此，我国碳期货市场建设中需要完善碳金融服务的相关配套基础设施，如抵押登记、处置、估值等，并考虑与金融机构进行对接。此外，引入多元化的中介机构，提供碳资产存托、报价、交易、核算、风控和法律咨询等各种专业性服务，以及其他相关的衍生服务，提升市场便利性。最后，政府和监管机构需要通过搭建交易平台，积极引导金融机构和私人企业进入碳市场。当市场发展到一定程度以后，政府机构不再直接介入市场，而是通过建立碳基金等形式间接参与。此时，商业银行、投资银行以及国际各种金融组织是碳金融衍生品市场的主体，私人企业在商业利益的吸引下也参与其中，最终形成基于多主体的多层次碳交易体系。

（三）完善相关基础法规，加强碳金融市场监管

在大宗商品金融化趋势背景下，我国碳期货市场也将面临金融化发展问题，从金融监管角度对碳金融市场相关问题进行提前布局，对于维护我国碳期货市场正常运行至关重要。我国各级碳市场的基本法律规范中尚无相关规定，金融法规也没对碳排放权交易行为的性质进行确认，可见我国碳市场交易行为缺乏明确的金融监管，也不能有效防范碳市场的金融风险，因此不能保障碳期货市场参与者的合法权益。国外部分发达国家已经基本建立了较为完善的碳金融

制度，并通过立法的方式进行巩固，比如德国的《节省能源法案》、美国的《清洁能源安全法案》。此外，在 EU ETS 体系下，高度金融化的碳市场不仅受到碳交易方面政策法规的管辖，接受相关金融市场法规的监管，如《金融工具市场指令》（MiFID）、《市场滥用指令》（MAD）、《反洗钱指令》（Anti–MLD）、《透明度指令》（TD）、《资本金要求指令》（CRD）、《投资者补偿计划指令》（ICSR），还受到《能源市场诚信与透明度规则》（REMIT）的监管。

目前，为了确保欧盟碳市场和金融市场监管的一致性和连贯性，使碳交易参与主体能够在统一监管下获得合法权益，欧盟委员会将以《金融工具市场指令Ⅱ》（MiFID Ⅱ）为核心的金融监管规则应用到碳市场监管中，并在 2018 年正式将碳排放权确认为金融工具，将碳排放权拍卖、现货和衍生品交易市场统一纳入金融监管范畴中。因此，在碳市场金融化的趋势下，我国在建立碳期货市场前需要先通过制定相关制度法规解决碳市场金融化的监管问题，通过制定法律法规明确并协调好相关部门的监管职责，杜绝职责模糊导致的管理混乱。此外，很有必要通过具体的文件保证投资者的合法权益及市场的正常运行，严厉防范并打击欺诈、内幕交易、市场操纵等金融问题，因为投资者的非理性行为很可能导致碳期货市场过度金融化，从而使得碳价偏离真实减排成本。

（四）重视来自关联市场的风险溢出，建立碳市场的输入性风险防控机制

碳价的影响因素除了配额总量、分配方式、交易产品和交易方式，还包括经济发展、资本市场等。在碳市场金融化的趋势背景下，来自传统商品市场和金融市场的信息溢出效应不容忽视。本书的实证研究发现，欧盟碳期货与关联市场间存在较强的信息溢出效应，而且还与部分资产存在显著的暴跌风险溢出效应。虽然一般情况下，商品市场的影响显著强于来自金融市场的影响，但当重大事件发生时，或在经济形势较悲观时，金融资产倾向于对碳市场产生风险传染，导致碳价波动偏离实际减排成本。可见，金融化导致碳市场的

脆弱性增强，不仅加大碳交易主体的风险，还会因为过度金融化，降低碳市场的减排价值。

因此，我国在碳期货建设过程中，要根据碳市场与关联市场间的信息关联网络，建立碳市场的输入性风险防控机制，主要的环节可包括重视风险识别分析、深化风险度量方法、加强风险传导监测以及制定风险控制措施。其中，重视风险识别分析是指监管者需要厘清"碳配额—能源—金融"系统的信息关联网络，识别碳期货的主要风险源以及传导路径，尤其是梳理出会对碳期货产生极端下行风险溢出的关联资产，厘清其溢出规律，并对其进行定期追踪和评估，以预先提示投资者注意防范碳价的过度波动。本书的相关研究表明，碳价的暴跌会显著增强碳期货与关联资产间的波动溢出效应，从而增强资产组合的整体风险。因此，建立和完善碳金融风险分析框架和碳金融监管协调机制对于中国碳期货市场的健康发展具有重要意义。

（五）开发风险传染预警系统，追踪宏观经济指标走势及重大事件冲击

前文的理论分析以及实证研究均证实，在碳市场金融化的趋势下，金融类宏观经济指标，如恐慌指数和美国经济政策不确定性指数是碳期货与关联资产间信息关联程度的核心驱动因素，而商品类宏观经济变量的影响并不是很显著，因此为了有效防范金融化背景下的风险传染，我国碳期货市场建设中有必要追踪国内外部分重要的金融类宏观经济指标，定期预测碳期货与关联资产间的信息溢出程度，并及时防范风险传染。此外，本书研究结论证实多类重大事件会对碳期货与关联资产间的相依性以及波动溢出效应产生显著冲击影响，包括碳市场相关事件、国际重大资本市场事件、资产价格暴涨暴跌事件等。相比之下，碳市场相关事件主要冲击碳价，但国际重大资本市场事件（尤其是雷曼兄弟破产事件和中国经济增速减缓事件）会普遍影响关联市场的价格波动，同时也会导致市场间的联动性增强，形成市场传染，从而导致投资组合策略的风险分散能

力大大降低。

考虑到当前世界经济不确定性指数很高,资本市场波动加剧,国际地缘政治局势恶化,在碳期货市场建设过程中,我国非常有必要建立一个涉碳重大事件数据库,重点防范部分影响力显著的事件冲击,并通过开发风险传染预警系统,有效防范关联市场与碳市场间因联动形成的金融风险。首先构建指标体系,全面覆盖全球主要经济体的金融、经济以及主要能源供应国的政治局势等相关指标,然后合理设计预警信号和预警期限以对预警指标进行实时监测,并提前识别市场联动和传染模式,其中,预警信号不仅能识别出是否可能爆发重大危机事件,以及是否可能发生联动效应,还应尽可能识别市场联动的模式与特征,而预警期限应反映出市场传染的滞后性,即指标异动后多久时间可能发生市场传染风险。最后要确保预警指标能实时反映真实经济金融情况,并能及时制定并落实应对措施,从而降低重大危机事件的冲击影响。

第三节 研究不足与展望

本书立足于碳市场金融化背景,从信息关联视角探究了欧盟碳期货与关联资产间的相依性,并对其信息溢出机制进行深入探索,最后进一步检验了各个关联资产的碳价预测能力,在一定程度上填补了碳金融领域的研究空白,但仍然存在以下不足。

(1) 本书的主要研究对象是欧盟碳期货市场,由于碳期货与碳现货的价格高度相似,因此没有对碳现货市场的价格行为特征进行剖析,而且本书主要选取了传统的商品市场和金融市场作为关联市场,没有深入检验碳市场内部关联资产间的信息关联,例如,碳配额期货与碳信用期货价格间的相依性及信息溢出效应。

(2) 本书在第八章基于 BEKK – GARCH 模型的结果,根据方差最小原则,探讨了碳期货与各个关联资产组合的时变投资权重,以及各组合的时变对冲比率，但是没有考虑收益的变化，也没从行为金融学角度分析碳市场投资者的行为特征，尤其是在重大危机事件爆发后的行为变化。因此，在下一步研究中，本书将基于行为金融学理论，通过对投资者进行"画像"，挖掘其投资行为规律，分别构建基于不同碳市场参与目的的交易策略，并检验碳市场政策公告等重大事件如何作用于各类投资者的决策行为。

（3）本书重点研究碳市场与关联市场间的信息作用机制，因此对于碳期货市场的具体机制设计以及交易规则等因素考虑较少。虽然在第八章检验了6类碳市场相关事件的影响，但其影响机理尚不明晰。在第九章，本书考虑了众多碳市场相关预测变量，但与机制设计的关联度较小。因此，在未来的研究中，可通过事件研究法探究碳期货市场具体政策调整的影响，从而实现精准化管理。

（4）本书研究数据的频率主要是日度数据和周度数据，数据量比较有限。相比之下，日内高频数据包含更加丰富的市场信息，因此可以用于挖掘碳期货与关联资产间更加细致的价格行为及关联特征，还可以揭示投资者情绪对关联资产间信息溢出效应的影响。

（5）本书重点关注的金融资产主要是金融市场的总体情况，没有进行行业划分，因此不能揭示碳期货与具体行业的内在关系，在未来的研究中，本书将进一步基于行业视角探究碳期货与不同行业的股价变化以及商品价格间的相互作用关系。

（6）本书的主角是碳期货，虽然大量研究表明碳市场是其他关联市场的信息接受者，但是本书的部分研究结果表明碳市场也会对某些关联市场产生显著的风险溢出，因此，未来在金融市场或商品市场的相关研究中，也需要考虑碳价的影响，并尝试从微观企业层面探究碳价对于企业投资决策和融资活动的影响。

参考文献

一 中文文献

陈波:《论我国碳市场金融化的监管困境及其制度完善》,《证券市场导报》2017年第9期。

陈王、魏宇、淳伟德等:《中国股市与周边股市波动风险传导效应研究》,《中国管理科学》2011年第6期。

陈晓红、王陟昀:《碳排放权交易价格影响因素实证研究——以欧盟排放交易体系(EUETS)为例》,《系统工程》2012年第2期。

成博:《国际证券市场动态相依的特征检验与驱动因素研究》,博士学位论文,湖南大学,2016年。

但渭林:《Copula函数在金融分析中的应用》,《江西理工大学学报》2006年第5期。

杜莉、王利、张云:《碳金融交易风险:度量与防控》,《经济管理》2014年第4期。

段茂盛、庞韬:《碳排放权交易体系的基本要素》,《中国人口·资源与环境》2013年第3期。

方晨靓:《农产品价格波动国际传导机理及效应研究》,博士学位论文,浙江大学,2012年。

费兆奇:《传染,还是相依?——对资本市场传染现象的文献述评》,《金融评论》2020年第2期。

冯文娟、李林军、李文江等:《欧盟碳市场与能源市场的相依结构研究——基于多元Copula-Kernel模型》,《生态经济》(学术版)

2014 年第 1 期。

凤振华：《碳市场复杂系统价格波动机制与风险管理研究》，博士学位论文，中国科学技术大学，2012 年。

高杨、李健：《基于 EMD – PSO – SVM 误差校正模型的国际碳金融市场价格预测》，《中国人口·资源与环境》2014 年第 6 期。

顾海兵、周智高、王晓丽：《对我国价格传导过程的实证分析》，《价格理论与实践》2005 年第 4 期。

海小辉、杨宝臣：《欧盟排放交易体系与化石能源市场动态关系研究》，《资源科学》2014 年第 7 期。

韩立岩、尹力博：《投机行为还是实际需求？——国际大宗商品价格影响因素的广义视角分析》，《经济研究》2012 年第 12 期。

何康：《金融危机，市场传染与欧美四国股票市场联动性研究》，博士学位论文，湖南大学，2016 年。

何文忠：《国际原油价格对中国股票市场的"溢出效应"及其传导机制研究》，博士学位论文，复旦大学，2012 年。

洪永淼、成思危、刘艳辉等：《中国股市与世界其他股市之间的大风险溢出效应》，《经济学》（季刊）2004 年第 3 期。

胡贝贝：《基于多因素的国际碳市场价格预测研究》，硕士学位论文，合肥工业大学，2017 年。

胡聪慧、刘学良：《大宗商品与股票市场联动性研究：基于融资流动性的视角》，《金融研究》2018 年第 7 期。

李刚、朱莉：《碳市场，石油市场和股票市场之间的动态相关性研究》，《南京财经大学学报》2014 年第 3 期。

林璐、万玉琳：《金融危机传染机制的综述》，《金融经济》2008 年第 10 期。

林宇、谭斌、魏宇：《基于多元 GARCH 与极值理论的资产组合风险测度研究》，《管理学报》2010 年第 4 期。

刘维泉、赵净：《ECX 碳排放期货与欧美股市联动性研究——基于 DCC – MVGARCH 模型的实证分析》，《兰州学刊》2011 年第

5 期。

刘亚贞：《碳排放权交易市场价格机制研究》，硕士学位论文，浙江大学，2012 年。

罗晓娜、林震：《低碳经济下的金融发展与金融创新》，《经济与管理》2010 年第 9 期。

茅铭晨：《政府管制理论研究综述》，《管理世界》2007 年第 2 期。

梅晓红：《中国碳金融市场对区域产业结构的影响研究——基于 panel data 计量模型的实证分析》，《技术经济与管理研究》2015 年第 1 期。

孟晓华：《石油期货与我国股市之间的极端风险溢出研究》，《当代经济》2018 年第 11 期。

莫大喜、王苏生、常凯：《碳金融市场与政策》，清华大学出版社 2013 年版。

欧阳爱辉、张吴磊：《碳排放权的法律属性界定》，《海南师范大学学报》（社会科学版）2018 年第 1 期。

潘慧峰、张金水：《国内外石油市场的极端风险溢出检验》，《中国管理科学》2007 年第 3 期。

乔海曙、刘小丽：《碳排放权的金融属性》，《理论探索》2011 年第 3 期。

乔海曙、谭烨、刘小丽：《中国碳金融理论研究的最新进展》，《金融论坛》2011 年第 2 期。

唐人虎、刘卓君、陈志斌：《"双碳"目标下企业如何应对碳市场带来的挑战与机遇》，《可持续发展经济导刊》2021 年第 5 期。

陶春华：《碳资产：生态环保的新理念——概念，意义与实施路径研究》，《学术论坛》2016 年第 6 期。

陶春华：《我国碳排放权交易市场与股票市场联动性研究》，《北京交通大学学报》（社会科学版）2015 年第 4 期。

万林葳、朱学义：《低碳经济背景下我国企业碳资产管理初探》，

《商业会计》2010 年第 17 期。

王爱国：《我的碳会计观》，《会计研究》2012 年第 3 期。

王慧：《论碳排放权的法律性质》，《求是学刊》2016 年第 6 期。

王俊丽：《国际石油价格波动对碳市场溢出效应研究》，《经济研究导刊》2012 年第 5 期。

王恺、邹乐乐、魏一鸣：《欧盟碳市场期货价格分布特征分析》，《数学的实践与认识》2010 年第 12 期。

王明远：《论碳排放权的准物权和发展权属性》，《中国法学》2010 年第 6 期。

王遥、刘倩：《碳金融市场：全球形势，发展前景及中国战略》，《国际金融研究》2010 年第 9 期。

王怡：《能源价格与碳排放权交易期货价格的动态关系研究》，硕士学位论文，中国矿业大学，2016 年。

魏一鸣、王恺、凤振华等：《碳金融与碳市场：方法与实证》，科学出版社 2010 年版。

吴海民：《资产价格波动，通货膨胀与产业"空心化"——基于我国沿海地区民营工业面板数据的实证研究》，《中国工业经济》2012 年第 1 期。

薛帆：《碳排放权市场与石油市场相关性研究》，硕士学位论文，暨南大学，2015 年。

杨星：《碳金融市场》，华南理工大学出版社 2015 年版。

叶五一、肖丽华、缪柏其：《基于变系数分位点回归的金砖四国金融稳定分析》，《管理科学学报》2018 年第 5 期。

叶勇飞：《论碳排放权之用益物权属性》，《浙江大学学报》（人文社会科学版）2013 年第 6 期。

张艾莲、靳雨佳：《金融子市场的系统性风险溢出效应》，《财经科学》2018 年第 10 期。

张晨、胡贝贝：《基于误差校正的多因素 BP 国际碳市场价格预测》，《价格月刊》2017 年第 1 期。

张秋莉、杨超、门明：《国际碳市场与能源市场动态相依关系研究与启示——基于 DCC‐MVGARCH 模型》，《经济评论》2012 年第 5 期。

张薇、伍中信、王蜜等：《产权保护导向的碳排放权会计确认与计量研究》，《会计研究》2014 年第 3 期。

张跃军、魏一鸣：《化石能源市场对国际碳市场的动态影响实证研究》，《管理评论》2010 年第 6 期。

赵静雯：《欧盟碳期货价格与能源价格的相关性分析》，《金融经济》2012 年第 3 期。

赵新泉、孟晓华：《国际大宗商品与我国股市的极端风险溢出效应研究》，《统计与决策》2018 年第 4 期。

仲永安、邓玉琴：《中国大型电力企业碳资产管理路线初探》，《环境科学与管理》2011 年第 11 期。

周望军、葛建营、王小宁等：《价格传导问题综述及量化分析》，《北京交通大学学报》（社会科学版）2008 年第 2 期。

朱帮助：《国际碳市场价格驱动力研究》，《北京理工大学学报》（社会科学版）2014 年第 3 期。

朱帮助、王平、魏一鸣：《基于 EMD 的碳市场价格影响因素多尺度分析》，《经济学动态》2012 年第 6 期。

二 英文文献

Aatola, P., Ollikainen, M., Toppinen, A., "Impact of the Carbon Price on the Integrating European Electricity Market", *Energy Policy*, Vol. 61, 2013.

Abdi, A., Taghipour, S., "Forecasting Carbon Price in the Western Climate Initiative Market Using Bayesian Networks", *Carbon Management*, Vol. 10, No. 3, 2019.

Adams, Z., Füss, R., Gropp, R., "Spillover Effects among Financial Institutions: A State‐Dependent Sensitivity Value‐at‐Risk Approach", *Journal of Financial and Quantitative Analysis*, Vol. 49, No. 3, 2014.

Adekoya, O. B., Oliyide, J. A., Noman, A., "The Volatility Connectedness of the EU Carbon Market with Commodity and Financial Markets in Time – and Frequency – Domain: The Role of the US Economic Policy Uncertainty", *Resources Policy*, Vol. 74, 2021.

Adrian, T., Brunnermeier, M. K., *CoVaR*, National Bureau of Economic Research, 2011.

Alberola, E., Chevallier, J., Chèze, B., "The EU Emissions Trading Scheme: The Effects of Industrial Production and CO_2 Emissions on Carbon Prices", *Economie Internationale*, Vol. 116, No. 4, 2008 (a).

Alberola, E., Chevallier, J., Chèze, B., "Price Drivers and Structural Breaks in European Carbon Prices 2005 – 2007", *Energy Policy*, Vol. 36, No. 2, 2008 (b).

Alberola, E., Chevallier, J., "European Carbon Prices and Banking Restrictions: Evidence from Phase I (2005 – 2007)", *The Energy Journal*, Vol. 30, No. 3, 2009.

Alotaibi, A. R., Mishra, A. V., "Global and Regional Volatility Spillovers to GCC Stock Markets", *Economic Modelling*, Vol. 45, 2015.

Andreasson, P., Bekiros, S., Nguyen, D. K., et al., "Impact of Speculation and Economic Uncertainty on Commodity Markets", *International Review of Financial Analysis*, Vol. 43, 2016.

Antonakakis, N., Kizys, R., "Dynamic Spillovers between Commodity and Currency Markets", *International Review of Financial Analysis*, Vol. 41, 2015.

Asgharian, H., Bengtsson, C., "Jump Spillover in International Equity Markets", *Journal of Financial Econometrics*, Vol. 4, No. 2, 2006.

Asgharian, H., Nossman, M., "Risk Contagion among International

Stock Markets", *Journal of International Money and Finance*, Vol. 30, No. 1, 2011.

Atsalakis, G. S., "Using Computational Intelligence to Forecast Carbon Prices", *Applied Soft Computing*, Vol. 43, 2016.

Awartani, B., Maghyereh, A. I., "Dynamic Spillovers between Oil and Stock Markets in the Gulf Cooperation Council Countries", *Energy Economics*, Vol. 36, 2013.

Bae, K. H., Karolyi, G. A., Stulz, R. M., "A New Approach to Measuring Financial Contagion", *The Review of Financial Studies*, Vol. 16, No. 3, 2003.

Bai, J., Ng, S., "Determining the Number of Factors in Approximate Factor Models", *Econometrica*, Vol. 70, No. 1, 2002.

Bai, J., Ng, S., "Large Dimensional Factor Analysis", *Foundations and Trends in Econometrics*, Vol. 3, No. 2, 2008.

Bai, J., Perron, P., "Computation and Analysis of Multiple Structural Change Models", *Journal of Applied Econometrics*, Vol. 18, No. 1, 2003.

Bai, J., Perron, P., "Estimating and Testing Linear Models with Multiple Structural Changes", *Econometrica*, 1998.

Balcilar, M., Demirer, R., Hammoudeh, S., et al., "Risk Spillovers across the Energy and Carbon Markets and Hedging Strategies for Carbon Risk", *Energy Economics*, Vol. 54, 2016.

Baldi, L., Peri, M. M., Vandone, D., "Spot and Futures Prices of Agricultural Commodities: Fundamentals and Speculation", *Proceedings in Food System Dynamics*, 2011.

Barber, B. M., Odean, T., "Boys Will Be Boys: Gender, Overconfidence, and Common Stock Investment", *The Quarterly Journal of Economics*, Vol. 116, No. 1, 2001.

Barberis, N., Thaler, R., "A Survey of Behavioral Finance",

Handbook of the Economics of Finance, Vol. 1, 2003.

Batten, J. A., Ciner, C., Lucey, B. M., "Which Precious Metals Spill over on Which, When and Why? Some Evidence", Applied Economics Letters, Vol. 22, No. 6, 2015.

Baur, D., Schulze, N., "Coexceedances in Financial Markets—A Quantile Regression Analysis of Contagion", Emerging Markets Review, Vol. 6, No. 1, 2005.

Baur, D. G., "The Structure and Degree of Dependence: A Quantile Regression Approach", Journal of Banking & Finance, Vol. 37, No. 3, 2013.

Beckmann, J., Czudaj, R., "Volatility Transmission in Agricultural Futures Markets", Economic Modelling, Vol. 36, 2014.

Bekaert, G., Harvey, C. R., Lundblad, C., "Does Financial Liberalization Spur Growth?" Journal of Financial Economics, Vol. 77, No. 1, 2005.

Bel, G., Joseph, S., "Emission Abatement: Untangling the Impacts of the EU ETS and the Economic Crisis", Energy Economics, Vol. 49, 2015.

Benz, E., Trück, S., "Modeling the Price Dynamics of CO_2 Emission Allowances", Energy Economics, Vol. 31, No. 1, 2009.

Bernanke, B. S., Gertler, M., Watson, M., et al., "Systematic Monetary Policy and the Effects of Oil Price Shocks", Brookings Papers on Economic Activity, Vol. 1997, No. 1, 1997.

Bernanke, B. S., "Non-Monetary Effects of the Financial Crisis in the Propagation of the Great Depression", The American Economic Review, Vol. 73, No. 3, 1983.

Bernardi, M., Gayraud, G., Petrella, L., "Bayesian Tail Risk Interdependence Using Quantile Regression", Bayesian Analysis, Vol. 10, No. 3, 2015.

Berta, N. , Gautherat, E. , Gun, O. , "Transactions in the European Carbon Market: A Bubble of Compliance in a Whirlpool of Speculation", *Cambridge Journal of Economics*, Vol. 41, No. 2, 2017.

Billio, M. , Caporin, M. , "Market Linkages, Variance Spillovers, and Correlation Stability: Empirical Evidence of Financial Contagion", *Computational Statistics & Data Analysis*, Vol. 54, No. 11, 2010.

Boersen, A. , Scholtens, B. , "The Relationship between European Electricity Markets and Emission Allowance Futures Prices in Phase II of the EU (European Union) Emission Trading Scheme", *Energy*, Vol. 74, 2014.

Boisot, M. H. , *Knowledge Assets: Securing Competitive Advantage in the Information Economy*, OUP Oxford, 1998.

Bollerslev, T. , Engle, R. F. , Wooldridge, J. M. , "A Capital Asset Pricing Model with Time-Varying Covariances", *Journal of Political Economy*, Vol. 96, No. 1, 1988.

Bollerslev, T. , "A Conditionally Heteroskedastic Time Series Model for Speculative Prices and Rates of Retur", *Review of Economics and Statistics*, Vol. 69, No. 3, 1987.

Bollerslev, T. , "Generalized Autoregressive Conditional Heteroskedasticity", *Journal of Econometrics*, Vol. 31, No. 3, 1986.

Boyer, B. H. , Gibson, M. S. , Loretan, M. , *Pitfalls in Tests for Changes in Correlations*, Federal Reserve Board, IFS Discussion Paper, 1999.

Bredin, D. , Hyde, S. , Muckley, C. , "A Microstructure Analysis of the Carbon Finance Market", *International Review of Financial Analysis*, No. 34, 2014.

Bredin, D. , Muckley, C. , "An Emerging Equilibrium in the EU Emissions Trading Scheme", *Energy Economics*, Vol. 33, No. 2, 2011.

Breiman, L. , "Bagging Predictors", *Machine Learning*, Vol. 24,

No. 2, 1996.

Breiman, L., "Better Subset Regression Using the Nonnegative Garrote", *Technometrics*, Vol. 37, No. 4, 1995.

Breitenfellner, A., Cuaresma, J. C., "Crude Oil Prices and the USD/EUR Exchange Rate", *Monetary Policy & The Economy*, No. 4, 2008.

Bunn, D. W., Fezzi, C., "Interaction of European Carbon Trading and Energy Prices", Working Paper, 2007.

Byun, S. J., Cho, H., "Forecasting Carbon Futures Volatility Using GARCH Models with Energy Volatilities", *Energy Economics*, Vol. 40, 2013.

Bühlmann, P., Yu, B., "Boosting with the L2 Loss: Regression and Classification", *Journal of the American Statistical Association*, Vol. 98, No. 462, 2003.

Büyüksahin, B., Haigh, M. S., Robe, M. A., "Commodities and Equities: A 'Market of One'?" *The Journal of Alternative Investments*, Vol. 12, No. 3, 2010.

Büyüksahin, B., Robe, M. A., "Speculators, Commodities and Cross - Market Linkages", *Journal of International Money and Finance*, Vol. 42, 2014.

Cabrera, B. L., Schulz, F., "Volatility Linkages between Energy and Agricultural Commodity Prices", *Energy Economics*, Vol. 54, 2016.

Campbell, J. Y., Thompson, S. B., "Predicting Excess Stock Returns Out of Sample: Can Anything Beat the Historical Average?" *The Review of Financial Studies*, Vol. 21, No. 4, 2008.

Campbell, J. Y., Viceira, L. M., Viceira, L. M., "Strategic Asset Allocation: Portfolio Choice for Long - Term Investors", *Clarendon Lectures in Economic*, 2002.

Cass, D., Pavlova, A., "On Trees and Logs", *Journal of Economic*

Theory, Vol. 116, No. 1, 2004.

Chan, K. F., Treepongkaruna, S., Brooks, R., et al., "Asset Market Linkages: Evidence from Financial, Commodity and Real Estate Assets", *Journal of Banking & Finance*, Vol. 35, No. 6, 2011.

Chan-Lau, M. J. A., "Variance Decomposition Networks: Potential Pitfalls and a Simple Solution", International Monetary Fund Working paper, 2017.

Chang, K., Ye, Z., Wang, W., "Volatility Spillover Effect and Dynamic Correlation between Regional Emissions Allowances and Fossil Energy Markets: New Evidence from China's Emissions Trading Scheme Pilots", *Energy*, Vol. 185, 2019.

Chen, Y., Qu, F., Li, W., Chen, M., "Volatility Spillover and Dynamic Correlation between the Carbon Market and Energy Markets", *Journal of Business Economics and Management*, Vol. 20, No. 5, 2019.

Chevallier, J., Ielpo, F., Mercier, L., "Risk Aversion and Institutional Information Disclosure on the European Carbon Market: A Case-study of the 2006 Compliance Event", *Energy Policy*, Vol. 37, No. 1, 2009.

Chevallier, J., "Carbon Futures and Macroeconomic Risk Factors: A View from the EU ETS", *Energy Economics*, Vol. 31, No. 4, 2009.

Chevallier, J., "Detecting Instability in the Volatility of Carbon Prices", *Energy Economics*, Vol. 33, No. 1, 2011 (a).

Chevallier, J., "A Model of Carbon Price Interactions with Macroeconomic and Energy Dynamics", *Energy Economics*, Vol. 33, No. 6, 2011 (b).

Chevallier, J., "Evaluating the Carbon-Macroeconomy Relationship: Evidence from Threshold Vector Error-Correction and Markov-Switching VAR Models", *Economic Modelling*, Vol. 28, No. 6, 2011 (c).

Chevallier, J., "Macroeconomics, Finance, Commodities: Interactions with Carbon Markets in a Data – Rich Model", *Economic Modelling*, Vol. 28, No. 1, 2011 (d).

Chevallier, J., "Nonparametric Modeling of Carbon Prices", *Energy Economics*, Vol. 33, No. 6, 2011 (e).

Chong, J., Miffre, J., "Conditional Return Correlations between Commodity Futures and Traditional Assets", *Journal of Alternative Investments*, Vol. 12, No. 3, 2010.

Christiansen, A. C., Arvanitakis, A., Tangen, K., et al. "Price Determinants in the EU Emissions Trading Scheme", *Climate Policy*, Vol. 5, No. 1, 2005.

Christiansen, A. C., Wettestad, J., "The EU as a Frontrunner on Greenhouse Gas Emissions Trading: How Did It Happen and Will the EU Succeed?" *Climate Policy*, Vol. 3, No. 1, 2003.

Christiansen, C., Ranaldo, A., "Extreme Coexceedances in New EU Member States' Stock Markets", *Journal of Banking & Finance*, Vol. 33, No. 6, 2009.

Chu, K. Y., Morrison, T. K., "The 1981 – 82 Recession and Non – Oil Primary Commodity Prices", *Staff Papers*, Vol. 31, No. 1, 1984.

Chu, W., Chai, S., Chen, X., Du, M., "Does the Impact of Carbon Price Determinants Change with the Different Quantiles of Carbon Prices? Evidence from China ETS Pilots", *Sustainability*, Vol. 12, No. 14, 2020.

Chuang, C. C., Kuan, C. M., Lin, H. Y., "Causality in Quantiles and Dynamic Stock Return – Volume Relations", *Journal of Banking & Finance*, Vol. 33, No. 7, 2009.

Chuliá, H., Guillén, M., Uribe, J. M., "Measuring Uncertainty in the Stock Market", *International Review of Economics & Finance*, Vol. 48, 2017.

Claessens, S., Dornbusch, R., Park, Y. C., *Contagion: Why Cri-*

ses Spread and How This Can Be Stopped, in *International Financial Contagion*, Boston, MA: Springer, 2001, pp. 19–41.

Clark, T. E., McCracken, M. W., "Tests of Equal Forecast Accuracy and Encompassing for Nested Models", *Journal of Econometrics*, Vol. 105, No. 1, 2001.

Coase, R. H., "The Coase Theorem and the Empty Core: A Comment", *The Journal of Law and Economics*, Vol. 24, No. 1, 1981.

Corsetti, G., Pericoli, M., Sbracia, M., "Some Contagion, some Interdependence: More Pitfalls in Tests of Financial Contagion", *Journal of International Money and Finance*, Vol. 24, No. 8, 2005.

Creti, A., Jouvet, P. A., Mignon, V., "Carbon Price Drivers: Phase I versus Phase II Equilibrium?" *Energy Economics*, Vol. 34, No. 1, 2012.

Creti, A., Joëts, M., "Multiple Bubbles in the European Union Emission Trading Scheme", *Energy Policy*, No. 107, 2017.

Crocker, T. D., "The Structuring of Atmospheric Pollution Control Systems", *The Economics of Air Pollution*, Vol. 61, 1966.

Cushing, M. J., McGarvey, M. G., "Feedback between Wholesale and Consumer Price Inflation: A Reexamination of the Evidence", *Southern Economic Journal*, Vol. 56, No. 4, 1990.

Dales, J. H., "Land, Water, and Ownership", *The Canadian Journal of Economics*, Vol. 1, No. 4, 1968.

Daskalakis, G., Psychoyios, D., Markellos, R. N., "Modeling CO_2 Emission Allowance Prices and Derivatives: Evidence from the European Trading Scheme", *Journal of Banking & Finance*, Vol. 33, No. 7, 2009.

Davis, L. W., Muehlegger, E., "Do Americans Consume too Little Natural Gas? An Empirical Test of Marginal Cost Pricing", *The RAND Journal of Economics*, Vol. 41, No. 4, 2010.

Declercq, B., Delarue, E., D'haeseleer, W., "Impact of the Economic Recession on the European Power Sector's CO$_2$ Emissions", *Energy Policy*, Vol. 39, No. 3, 2011.

Delarue, E. D., D'haeseleer, W. D., "Price Determination of ETS Allowances through the Switching Level of Coal and Gas in the Power Sector", *International Journal of Energy Research*, Vol. 31, No. 11, 2007.

Diebold, F. X., Yilmaz, K., "Better to Give than to Receive: Predictive Directional Measurement of Volatility Spillovers", *International Journal of Forecasting*, Vol. 28, No. 1, 2012.

Diebold, F. X., Yilmaz, K., "Measuring Financial Asset Return and Volatility Spillovers, with Application to Global Equity Markets", *The Economic Journal*, Vol. 119, No. 534, 2009.

Dornbusch, R., Park, Y. C., Claessens, S., "Contagion: How It Spreads and How It Can Be Stopped", *World Bank Research Observer*, Vol. 15, No. 2, 2000.

Dornbusch, R., Park, Y. C., Claessens, S., "Contagion: Understanding How It Spreads", *The World Bank Research Observer*, Vol. 15, No. 2, 2000.

Du, L., He, Y., "Extreme Risk Spillovers between Crude Oil and Stock Markets", *Energy Economics*, Vol. 51, 2015.

Durand-Lasserve, O., Pierru, A., Smeers, Y., "Effects of the Uncertainty about Global Economic Recovery on Energy Transition and CO$_2$ Price", MIT CEEPR Working Paper, 2011.

Edelstein, P., Kilian, L., "How Sensitive Are Consumer Expenditures to Retail Energy Prices?" *Journal of Monetary Economics*, Vol. 56, No. 6, 2009.

Efron, B., Hastie, T., Johnstone, I., Tibshirani, R., "Least Angle Regression", *The Annals of Statistics*, Vol. 32, No. 2, 2004.

Ellerman, A. D., Buchner, B. K., "Over-allocation or Abatement? A Preliminary Analysis of the EU ETS Based on the 2005 – 2006 Emissions Data", *Environmental and Resource Economics*, Vol. 41, No. 2, 2008.

Engle, R. F., Manganelli, S., "CAViaR: Conditional Autoregressive Value at Risk by Regression Quantiles", *Journal of Business & Economic Statistics*, Vol. 22, No. 4, 2004.

Engle, R. F., Kroner, K. F., "Multivariate Simultaneous Generalized ARCH", *Econometric Theory*, Vol. 11, No. 1, 1995.

Engle, R. F., Susmel, R., "Common Volatility in International Equity Markets", *Journal of Business & Economic Statistics*, Vol. 11, No. 2, 1993.

Eraslan, S., Ali, F. M., "Oil Price Shocks and Stock Return Volatility: New Evidence Based on Volatility Impulse Response Analysis", *Economics Letters*, Vol. 172, 2018.

Erb, C. B., Harvey, C. R., "The Strategic and Tactical Value of Commodity Futures", *Financial Analysts Journal*, Vol. 62, No. 2, 2006.

Ewing, B. T., Malik, F., "Volatility Spillovers between Oil Prices and the Stock Market under Structural Breaks", *Global Finance Journal*, Vol. 29, 2016.

Fama, E. F., "Efficient Market Hypothesis: A Review of Theory and Empirical Work", *Journal of Finance*, Vol. 25, No. 2, 1970.

Fan, Y., Jia, J. J., Wang, X., Xu, J. H., "What Policy Adjustments in the EU ETS Truly Affected the Carbon Prices?" *Energy Policy*, Vol. 103, 2017.

Fan, Y., Zhang, Y. J., Tsai, H. T., et al., "Estimating 'Value at Risk' of Crude Oil Price and Its Spillover Effect Using the GED – GARCH Approach", *Energy Economics*, Vol. 30, No. 6, 2008.

Fałdziński, M., Osińska, M., Zdanowicz, T., "Detecting Risk Transfer in Financial Markets Using Different Risk Measures", *Central*

European Journal of Economic Modelling and Econometrics, Vol. 4, No. 1, 2012.

Feng, Z. H., Wei, Y. M., Wang, K., "Estimating Risk for the Carbon Market via Extreme Value Theory: An Empirical Analysis of the EU ETS", *Applied Energy*, Vol. 99, 2012.

Fernandez-Diaz, J. M., Morley, B., "Interdependence among Agricultural Commodity Markets, Macroeconomic Factors, Crude Oil and Commodity Index", *Research in International Business and Finance*, Vol. 47, 2019.

Fernandez-Perez, A., Fuertes, A. M., Miffre, J., "Harvesting Commodity Styles: An Integrated Framework", in *Proceedings of the INFINITI Conference on International Finance*, València, Spain, 2017 June, pp. 11–12.

Fezzi, C., Bunn, D. W., "Structural Interactions of European Carbon Trading and Energy Prices", *The Journal of Energy Markets*, Vol. 2, No. 4, 2009.

Fisher, I., *Theory of Interest: As Determined by Impatience to Spend Income and Opportunity to Invest It*, Clifton: Augustusm Kelly Publishers, 1930.

Forbes, K. J., Rigobon, R., "No Contagion, Only Interdependence: Measuring Stock Market Comovements", *The Journal of Finance*, Vol. 57, No. 5, 2002.

Forsberg, L., Ghysels, E., "Why Do Absolute Returns Predict Volatility So Well?" *Journal of Financial Econometrics*, Vol. 5, No. 1, 2007.

Freund, Y., Schapire, R. E., "A Decision-Theoretic Generalization of Online Learning and an Application to Boosting", *Journal of Computer and System Sciences*, Vol. 55, No. 1, 1997.

Fried, E. R., Schultze, C. L., Perry, G. L., et al., *Higher Oil Prices and the World Economy: The Adjustment Problem*, Washington,

DC: Brookings Institution, 1975.

Friedrich, M., Mauer, E. M., Pahle, M., Tietjen, O., "From Fundamentals to Financial Assets: The Evolution of Understanding Price Formation in the EU ETS", Working Paper, 2020.

Fusaro, P. C., Vasey, G. M., *Energy and Environmental Hedge Funds: The New Investment Paradigm*, John Wiley & Sons, 2011.

Gallant, A. R., Rossi, P. E., Tauchen, G., "Nonlinear Dynamic Structures", *Econometrica*, Vol. 61, No. 4, 1993.

Geman, H., Kharoubi, C., "WTI Crude Oil Futures in Portfolio Diversification: The Time – to – Maturity Effect", *Journal of Banking & Finance*, Vol. 32, No. 12, 2008.

Gerlach, S., Smets, F., "Contagious Speculative Attacks", *European Journal of Political Economy*, Vol. 11, No. 1, 1995.

Ghosh, S., Kanjilal, K., "Co – Movement of International Crude Oil Price and Indian Stock Market: Evidences from Nonlinear Cointegration Tests", *Energy Economics*, Vol. 53, 2016.

Goetzmann, W., Ingersoll, J., Spiegel, M., Welch, I., "Portfolio Performance Manipulation and Manipulation – Proof Performance Measures", *The Review of Financial Studies*, Vol. 20, No. 5, 2007.

Goldstein, I., Pauzner, A., "Contagion of Self – fulfilling Financial Crises due to Diversification of Investment Portfolios", *Journal of Economic Theory*, Vol. 119, No. 1, 2004.

Gong, X., Shi, R., Xu, J., Lin, B., "Analyzing Spillover Effects between Carbon and Fossil Energy Markets from a Time – varying Perspective", *Applied Energy*, Vol. 285, 2021.

Gorton, G., Rouwenhorst, K. G., "Facts and Fantasies about Commodity Futures", *Financial Analysts Journal*, Vol. 62, No. 2, 2006.

Gospodinov, N., Jamali, I., "Monetary Policy Surprises, Positions of Traders, and Changes in Commodity Futures Prices", FBR Atlanta

Working Paper, 2013.

Gourieroux, C., Jasiak, J., "Memory and Infrequent Breaks", *Economics Letters*, Vol. 70, No. 1, 2001.

Gronwald, M., Ketterer, J., Trück, S., "The Relationship between Carbon, Commodity and Financial Markets: A Copula Analysis", *Economic Record*, Vol. 87, 2011.

Guebrandsdóttir, H. N., Haraldsson, H. Ó., "Predicting the Price of EU ETS Carbon Credits", *Systems Engineering Procedia*, Vol. 1, 2011.

Hafner, C. M., Herwartz, H., "Volatility Impulse Responses for Multivariate GARCH Models: An Exchange Rate Illustration", *Journal of International Money and Finance*, Vol. 25, No. 5, 2006.

Hamilton, J. D., Wu, J. C., "Risk Premia in Crude Oil Futures Prices", *Journal of International Money and Finance*, Vol. 42, 2014.

Hammoudeh, S., Nguyen, D. K., Sousa, R. M., "Energy Prices and CO_2 Emission Allowance Prices: A Quantile Regression Approach", *Energy Policy*, Vol. 70, 2014.

Han, H., Linton, O., Oka, T., Whang, Y. J., "The Cross-Quantilogram: Measuring Quantile Dependence and Testing Directional Predictability between Time Series", *Journal of Econometrics*, Vol. 193, No. 1, 2016.

Han, M., Ding, L., Zhao, X., Kang, W., "Forecasting Carbon Prices in the Shenzhen Market, China: The Role of Mixed-frequency Factors", *Energy*, Vol. 171, 2019.

Hanif, W., Hernandez, J. A., Mensi, W., Kang, S. H., Uddin, G. S., Yoon, S. M., "Nonlinear Dependence and Connectedness between Clean/Renewable Energy Sector Equity and European Emission Allowance Prices", *Energy Economics*, Vol. 101, 2021.

Hartmann, P., Straetmans, S., Vries, C. G., "Asset Market Linkages in Crisis Periods", *Review of Economics and Statistics*, Vol. 86, No. 1, 2004.

Hintermann, B., "Allowance Price Drivers in the First Phase of the EU ETS", *Journal of Environmental Economics and Management*, Vol. 59, No. 1, 2010.

Hoerl, A. E., Kennard, R. W. "Ridge Regression: Biased Estimation for Nonorthogonal Problems", *Technometrics*, Vol. 12, No. 1, 1970.

Hong, Y., Li, H., Zhao, F., "Can the Random Walk Model Be Beaten in Out-of-Sample Density Forecasts? Evidence from Intraday Foreign Exchange Rates", *Journal of Econometrics*, Vol. 141, No. 2, 2007.

Hong, Y., Li, H., Zhao, F., "Out-of-Sample Performance of Discrete-time Spot Interest Rate Models", *Journal of Business & Economic Statistics*, Vol. 22, No. 4, 2004.

Hong, Y., Liu, Y., Wang, S., "Granger Causality in Risk and Detection of Extreme Risk Spillover between Financial Markets", *Journal of Econometrics*, Vol. 150, No. 2, 2009.

Horn, J. L., "A Rationale and Test for the Number of Factors in Factor Analysis", *Psychometrika*, Vol. 30, No. 2, 1965.

Horváth, R., Lyócsa, Š., Baumöhl, E., "Stock Market Contagion in Central and Eastern Europe: Unexpected Volatility and Extreme Co-exceedance", *The European Journal of Finance*, Vol. 24, No. 5, 2018.

Hu, L., "Dependence Patterns Across Financial Markets: A Mixed Copula Approach", *Applied Financial Economics*, Vol. 16, No. 10, 2006.

Huang, Y., Dai, X., Wang, Q., Zhou, D., "A Hybrid Model for Carbon Price Forecasting using GARCH and Long Short-term Memory Network", *Applied Energy*, Vol. 285, 2021.

Huang, Y., He, Z., "Carbon Price Forecasting with Optimization Prediction Method Based on Unstructured Combination", *Science of the*

Total Environment, Vol. 725, 2020.

Huang, Y., Hu, J., Liu, H., Liu, S., "Research on Price Forecasting Method of China's Carbon Trading Market Based on PSO – RBF Algorithm", *Systems Science & Control Engineering*, Vol. 7, No. 2, 2019.

Huo, R., Ahmed, A. D., "Return and Volatility Spillovers Effects: Evaluating the Impact of Shanghai – Hong Kong Stock Connect", *Economic Modelling*, Vol. 61, 2017.

Inclan, C., Tiao, G. C., "Use of Cumulative Sums of Squares for Retrospective Detection of Changes of Variance", *Journal of the American Statistical Association*, Vol. 89, No. 427, 1994.

Inoue, A., Kilian, L., "How Useful Is Bagging in Forecasting Economic Time Series? A Case Study of US Consumer Price Inflation", *Journal of the American Statistical Association*, Vol. 103, No. 482, 2008.

Ji, C. J., Hu, Y. J., Tang, B. J., Qu, S., "Price Drivers in the Carbon Emissions Trading Scheme: Evidence from Chinese Emissions Trading Scheme Pilots", *Journal of Cleaner Production*, Vol. 278, 2021.

Ji, L., Zou, Y., He, K., Zhu, B., "Carbon Futures Price Forecasting Based with ARIMA – CNN – LSTM Model", *Procedia Computer Science*, Vol. 162, 2019.

Ji, Q., Geng, J. B., Tiwari, A. K., "Information Spillovers and Connectedness Networks in the Oil and Gas Markets", *Energy Economics*, Vol. 75, 2018.

Ji, Q., Xia, T., Liu, F., Xu, J. H., "The Information Spillover between Carbon Price and Power Sector Returns: Evidence from the Major European Electricity Companies", *Journal of Cleaner Production*, Vol. 208, 2019.

Jin, X., An, X., "Global Financial Crisis and Emerging Stock Market Contagion: A Volatility Impulse Response Function Approach", *Research in International Business and Finance*, Vol. 36, 2016.

Jin, X., Lin, S. X., Tamvakis, M., "Volatility Transmission and Volatility Impulse Response Functions in Crude Oil Markets", *Energy Economics*, Vol. 34, No. 6, 2012.

Jones, C. M., Kaul, G., "Oil and the Stock Markets", *The Journal of Finance*, Vol. 51, No. 2, 1996.

Jordan, S. J., Vivian, A., Wohar, M. E., "Stock Returns Forecasting with Metals: Sentiment vs. Fundamentals", *The European Journal of Finance*, Vol. 24, No. 6, 2018.

Jorion P., "Risk2: Measuring the Risk in Value at Risk", *Financial Analysts Journal*, Vol. 52, No. 6, 1996.

Kahneman, D., Tversky, A., "Prospect Theory: An Analysis of Decision under Risk", *Econometrica*, Vol. 47, No. 2, 1979.

Kaminsky, G. L., Reinhart, C. M., "On Crises, Contagion, and Confusion", *Journal of International Economics*, Vol. 51, No. 1, 2000.

Kanen, J. L. M., *Carbon Trading & Pricing*, Environmental Finance Publications, 2006.

Kang, S. H., McIver, R., Yoon, S. M., "Dynamic Spillover Effects among Crude Oil, Precious Metal, and Agricultural Commodity Futures Markets", *Energy Economics*, Vol. 62, 2017.

Karyotis, C., Alijani, S., "Soft Commodities and the Global Financial Crisis: Implications for the Economy, Resources and Institutions", *Research in International Business and Finance*, Vol. 37, 2016.

Kejriwal, M., Perron, P., "The Limit Distribution of the Estimates in Cointegrated Regression Models with Multiple Structural Changes", *Journal of Econometrics*, Vol, 146, No. 1, 2008.

Keppler, J. H., Mansanet – Bataller, M., "Causalities between CO_2, Electricity, and Other Energy Variables during Phase Ⅰ and Phase Ⅱ of the EU ETS", *Energy Policy*, Vol. 38, No. 7, 2010.

Khalifa, A. A., Miao, H., Ramchander, S., "Return Distributions and Volatility Forecasting in Metal Futures Markets: Evidence from Gold, Silver, and Copper", *Journal of Futures Markets*, Vol. 31, No. 1, 2011.

Kim, H. H., Swanson, N. R., "Forecasting Financial and Macroeconomic Variables Using Data Reduction Methods: New Empirical Evidence", *Journal of Econometrics*, Vol. 178, 2014.

Kindleberger, C. P., Laffargue, J. P., *Financial Crises: Theory, History, and Policy*, New York: Cambridge University Press, 1982.

King, M. A., Wadhwani, S., "Transmission of Volatility between Stock Markets", *The Review of Financial Studies*, Vol. 3, No. 1, 1990.

Koch, N., "Dynamic Linkages among Carbon, Energy and Financial Markets: A Smooth Transition Approach", *Applied Economics*, Vol. 46, No. 7, 2014.

Kodres, L. E., Pritsker, M., "A Rational Expectations Model of Financial Contagion", *The Journal of Finance*, Vol. 57, No. 2, 2002.

Koenker, R. W., D'Orey, V., "Algorithm AS 229: Computing Regression Quantiles", *Applied Statistics*, 1987.

Koenker, R., Bassett Jr., G., "Regression Quantiles", *Econometrica*, Vol. 46, No. 1, 1978.

Koop, G., Pesaran, M. H., Potter, S. M., "Impulse Response Analysis in Nonlinear Multivariate Models", *Journal of Econometrics*, Vol. 74, No. 1, 1996.

Koop, G., Potter, S., "Forecasting in Dynamic Factor Models Using Bayesian Model Averaging", *The Econometrics Journal*, Vol. 7, No. 2, 2004.

Koop, G., Tole, L., "Forecasting the European Carbon Market", *Journal of the Royal Statistical Society: Series A (Statistics in Society)*, Vol. 176, No. 3, 2013.

Krogh, A., Vedelsby, J., "Neural Network Ensembles, Cross Validation, and Active Learning", in *International Conference on Neural Information Processing Systems, MIT Press, 1995.

Kroner, K. F., Ng, V. K., "Modeling Asymmetric Comovements of Asset Returns", *The Review of Financial Studies*, Vol. 11, No. 4, 1998.

Kroner, K. F., Sultan, J., "Time – Varying Distributions and Dynamic Hedging with Foreign Currency Futures", *Journal of Financial and Quantitative Analysis*, Vol. 28, No. 4, 1993.

Labatt, S., White, R. R., *Carbon Finance: The Financial Implications of Climate Change*, John Wiley & Sons, 2011.

Lanne, M., Nyberg, H., "Generalized Forecast Error Variance Decomposition for Linear and Nonlinear Multivariate Models", *Oxford Bulletin of Economics and Statistics*, Vol. 78, No. 4, 2016.

Le Pen Y., Sévi B., "Futures Trading and the Excess Co – movement of Commodity Prices", *Review of Finance*, Vol. 22, No. 1, 2017.

Lee, B. S., Li, M. Y. L., "Diversification and Risk – adjusted Performance: A Quantile Regression Approach", *Journal of Banking & Finance*, Vol. 36, No. 7, 2012.

Li, H., Jin, F., Sun, S., Li, Y., "A New Secondary Decomposition Ensemble Learning Approach for Carbon Price Forecasting", *Knowledge – Based Systems*, Vol. 214, 2021.

Li, W., Lu, C., "The Research on Setting a Unified Interval of Carbon Price Benchmark in the National Carbon Trading Market of China", *Applied Energy*, Vol. 155, 2015.

Li, Z. P., Yang, L., Zhou, Y. N., Zhao, K., Yuan, X. L., "Scenario Simulation of the EU Carbon Price and Its Enlightenment to China", *Science of The Total Environment*, Vol. 723, 2020.

Liao, G. C., Tsao, T. P., "Application of a Fuzzy Neural Network Combined with a Chaos Genetic Algorithm and Simulated Annealing to Short – term Load Forecasting", *IEEE Transactions on Evolutionary Computation*, Vol. 10, No. 3, 2006.

Lin, B. , Chen, Y. , "Dynamic Linkages and Spillover Effects between CET Market, Coal Market and Stock Market of New Energy Companies: A Case of Beijing CET Market in China", *Energy*, Vol. 172, 2019.

Lin, B. , Li, J. , "The Spillover Effects across Natural Gas and Oil Markets: Based on the VEC - MGARCH Framework", *Applied Energy*, Vol. 155, 2015.

Liu, H. , Shen, L. , "Forecasting Carbon Price Using Empirical Wavelet Transform and Gated Recurrent Unit Neural Network", *Carbon Management*, Vol. 11, No. 1, 2020.

Liu, H. H. , Chen, Y. C. , "A Study on the Volatility Spillovers, Long Memory Effects and Interactions between Carbon and Energy Markets: The Impacts of Extreme Weather", *Economic Modelling*, Vol. 35, 2013.

Liu, L. , "Extreme Downside Risk Spillover from the United States and Japan to Asia - Pacific Stock Markets", *International Review of Financial Analysis*, Vol. 33, 2014.

Lohmann, L. , "Neoliberalism and the Calculable World: The Rise of Carbon Trading", *Upsetting the Offset: The Political Economy of Carbon Markets*, Vol. 1, 2009.

Lombardi, M. J. , Ravazzolo, F. , "Oil Price Density Forecasts: Exploring the Linkages with Stock Markets", Norges Bank Working Paper, 2012.

Lu, H. , Ma, X. , Huang, K. , Azimi, M. , "Carbon Trading Volume and Price Forecasting in China Using Multiple Machine Learning Models", *Journal of Cleaner Production*, Vol. 249, 2020.

Lundgren, A. I. , Milicevic, A. , Uddin, G. S. , Kang, S. H. , "Connectedness Network and Dependence Structure Mechanism in Green Investments", *Energy Economics*, Vol. 72, 2018.

Lutz, B. J. , Pigorsch, U. , Rotfuß, W. , "Nonlinearity in Cap - and -

Trade Systems: The EUA Price and Its Fundamentals", *Energy Economics*, Vol. 40, 2013.

Ma, J., Vivian, A., Wohar, M. E., "What Drives Commodity Returns? Market, Sector or Idiosyncratic Factors?" *Oxford Bulletin of Economics and Statistics*, Vol. 82, No. 2, 2020.

Ma, Y., Wang, L., Zhang, T., "Research on the Dynamic Linkage among the Carbon Emission Trading, Energy and Capital Markets", *Journal of Cleaner Production*, Vol. 272, 2020.

Malkiel, B. G., Fama, E. F., "Efficient Capital Markets: A Review of Theory and Empirical Work", *The Journal of Finance*, Vol. 25, No. 2, 1970.

Manera, M., Nicolini, M., Vignati, I., "Futures Price Volatility in Commodities Markets: The Role of Short Term vs Long Term Speculation", USAEE Working Paper, 2013.

Mansanet-Bataller, M., Chevallier, J., Hervé-Mignucci, M., et al., "EUA and sCER Phase II Price Drivers: Unveiling the Reasons for the Existence of the EUA – sCER Spread", *Energy Policy*, Vol. 39, No. 3, 2011.

Mansanet-Bataller, M., Pardo, A., "Impacts of Regulatory Announcements on CO_2 Prices", *The Journal of Energy Markets*, Vol. 2, No. 2, 2009.

Mansanet-Bataller, M., Pardo, á., Valor, E., "CO_2 Prices, Energy and Weather", *The Energy Journal*, Vol. 28, No. 3, 2007.

Markowitz, H., "Portfolio Selection", *The Journal of Finance*, Vol. 7, 1952.

Marshal, A., *Principles of Economics*, London: MacMillan & Co., 1920.

McCracken, M. W., "Asymptotics for Out of Sample Tests of Granger Causality", *Journal of Econometrics*, Vol. 140, No. 2, 2007.

Mensi, W., et al., "Dynamic Spillovers among Major Energy and Cereal Commodity Prices", *Energy Economics*, Vol. 43, 2014 (a).

Mensi, W., et al., "Do Global Factors Impact BRICS Stock Markets? A Quantile Regression Approach", *Emerging Markets Review*, Vol. 19, 2014 (b).

Mi, Z. F., Zhang, Y. J., "Estimating the 'Value at Risk' of EUA Futures Prices Based on the Extreme Value Theory", *International Journal of Global Energy Issues*, Vol. 35, No. 2, 2011.

Montgomery, W. D., "Markets in Licenses and Efficient Pollution Control Programs", *Journal of Economic Theory*, Vol. 5, No. 3, 1972.

Naoui, K., Liouane, N., Brahim, S., "A Dynamic Conditional Correlation Analysis of Financial Contagion: The Case of the Subprime Credit Crisis", *International Journal of Economics and Finance*, Vol. 2, No. 3, 2010.

Narayan, P. K., Sharma, S. S., "New Evidence on Oil Price and Firm Returns", *Journal of Banking & Finance*, Vol. 35, No. 12, 2011.

Nazifi, F., Milunovich, G., "Measuring the Impact of Carbon Allowance Trading on Energy Prices", *Energy & Environment*, Vol. 21, No. 5, 2010.

Nazlioglu, S., Erdem, C., Soytas, U., "Volatility Spillover between Oil and Agricultural Commodity Markets", *Energy Economics*, Vol. 36, 2013.

Ng, S., Bai, J. "Selecting Instrumental Variables in a Data Rich Environment", *Journal of Time Series Econometrics*, Vol. 1, No. 1, 2009.

Oberndorfer, U., "EU Emission Allowances and the Stock Market: Evidence from the Electricity Industry", *Ecological Economics*, Vol. 68, No. 4, 2009.

Olson, E., Vivian, A. J., Wohar, M. E., "The Relationship between Energy and Equity Markets: Evidence from Volatility Impulse Response Functions", *Energy Economics*, Vol. 43, 2014.

Pal, D., Mitra, S. K., "Oil Price and Automobile Stock Return Co-movement: A Wavelet Coherence Analysis", *Economic Modelling*, Vol. 76, 2019.

Palao, F., Pardo, A., "Do Carbon Traders Behave as a Herd?" *The North American Journal of Economics and Finance*, No. 41, 2017.

Pang, T., Zhou, L., Duan, M., "Linking China's Emissions Trading Pilot Schemes", *Chinese Journal of Population Resources and Environment*, Vol. 13, No. 3, 2015.

Parsons, J. E., Ellerman, A. D., Feilhauer, S., "Designing a US Market for CO_2", *Journal of Applied Corporate Finance*, Vol. 21, No. 1, 2009.

Pesaran, H. H., Shin, Y., "Generalized Impulse Response Analysis in Linear Multivariate Models", *Economics Letters*, Vol. 58, No. 1, 1998.

Pigou, A. C., *The Economics of Welfare*, London: MacMillan & Co., 1920.

Reboredo, J. C., Ugolini, A., "Systemic Risk in European Sovereign Debt Markets: A CoVaR-Copula Approach", *Journal of International Money and Finance*, Vol. 51, 2015.

Reboredo, J. C., "Modeling EU Allowances and Oil Market Interdependence. Implications for Portfolio Management", *Energy Economics*, Vol. 36, 2013.

Reboredo, J. C., "Volatility Spillovers between the Oil Market and the European Union Carbon Emission Market", *Economic Modelling*, Vol. 36, 2014.

Reilly, J., Paltsev, S., Choumert, F., *Heavier Crude, Changing Demand for Petroleum Fuels, Regional Climate Policy, and the Location of Upgrading Capacity*, MIT Joint Program on the Science and Policy of

Global Change, 2007.

Rodriguez, J. C., "Measuring Financial Contagion: A Copula Approach", *Journal of Empirical Finance*, Vol. 14, No. 3, 2007.

Ross, A., *Trade Union Wage Policy*, Berkeley: University of California Press, 1948.

Sadorsky, P., "Modeling Volatility and Correlations between Emerging Market Stock Prices and the Prices of Copper, Oil and Wheat", *Energy Economics*, Vol. 43, 2014.

Saikkonen, P., "Asymptotically Efficient Estimation of Cointegration Regressions", *Econometric Theory*, Vol. 7, No. 1, 1991.

Sanin, M. E., Violante, F., Mansanet – Bataller, M., "Understanding Volatility Dynamics in the EU – ETS Market", *Energy Policy*, Vol. 82, 2015.

Sensoy, A., Hacihasanoglu, E., Nguyen, D. K., "Dynamic Convergence of Commodity Futures: Not All Types of Commodities Are Alike", *Resources Policy*, Vol. 44, 2015.

Sensoy, A., "Dynamic Relationship between Precious Metals", *Resources Policy*, Vol. 38, No. 4, 2013.

Shapley, L. S., "Stochastic Games", *Proceedings of the National Academy of Sciences*, Vol. 39, No. 10, 1953.

Shen, Y., Shi, X., Variam, H. M. P., "Risk Transmission Mechanism between Energy Markets: A VAR for VaR Approach", *Energy Economics*, Vol. 75, 2018.

Shen, Y., Shi, X., Variam, H. M. P., "Risk Transmission Mechanism between Energy Markets: A VAR for VaR Approach", *Energy Economics*, Vol. 75, 2018.

Shen, Y., "International Risk Transmission of Stock Market Movements", *Economic Modelling*, Vol. 69, 2018.

Sijm, J., Neuhoff, K., Chen, Y., "CO_2 Cost Pass – through and

Windfall Profits in the Power Sector", *Climate Policy*, Vol. 6, No. 1, 2006.

Silvennoinen, A., Thorp, S., "Financialization, Crisis and Commodity Correlation Dynamics", *Journal of International Financial Markets, Institutions and Money*, Vol. 24, 2013.

Singh, J., Ahmad, W., Mishra, A., "Coherence, Connectedness and Dynamic Hedging Effectiveness between Emerging Markets Equities and Commodity Index Funds", *Resources Policy*, Vol. 61, 2019.

Singleton, K. J., "Investor Flows and the 2008 Boom/Bust in Oil Prices", *Management Science*, Vol. 60, No. 2, 2013.

Smith, R. C., Walter, I., "Bank – industry Linkages: Models for Eastern European Economic Restructuring", *The New Europe: Evolving Economic and Financial Systems in East and West*, Dordrecht: Springer, 1993.

Soydemir, G., "International Transmission Mechanism of Stock Market Movements: Evidence from Emerging Equity Markets", *Journal of Forecasting*, Vol. 19, No. 3, 2000.

Springer, U., "The Market for Tradable GHG Permits under the Kyoto Protocol: A Survey of Model Studies", *Energy Economics*, Vol. 25, No. 5, 2003.

Stein, J. C., *Rational Capital Budgeting in an Irrational World*, National Bureau of Economic Research, 1996.

Stock, J. H., Watson, M. W., "Generalized Shrinkage Methods for Forecasting Using Many Predictors", *Journal of Business & Economic Statistics*, Vol. 30, No. 4, 2012.

Stock, J. H., Watson, M. W., "Forecasting Using Principal Components from a Large Number of Predictors", *Journal of the American Statistical Association*, Vol. 97, No. 460, 2002.

Subramaniam, N., Wahyuni, D., Cooper, B. J., et al., "Integration of Carbon Risks and Opportunities in Enterprise Risk Management Systems: Evidence from Australian Firms", *Journal of Cleaner Production*, Vol. 96, 2015.

Sun, G., Chen, T., Wei, Z., et al., "A Carbon Price Forecasting Model Based on Variational Mode Decomposition and Spiking Neural Networks", *Energies*, Vol. 9, No. 1, 2016.

Sun, S., Jin, F., Li, H., Li, Y., "A New Hybrid Optimization Ensemble Learning Approach for Carbon Price Forecasting", *Applied Mathematical Modelling*, Vol. 97, 2021.

Sun, W., Huang, C., "A Carbon Price Prediction Model Based on Secondary Decomposition Algorithm and Optimized Back Propagation Neural Network", *Journal of Cleaner Production*, Vol. 243, 2020.

Sun, W., Huang, C., "A Novel Carbon Price Prediction Model Combines the Secondary Decomposition Algorithm and the Long Short-term Memory Network", *Energy*, Vol. 207, 2020.

Sun, W., Sun, C., Li, Z., "A Hybrid Carbon Price Forecasting Model with External and Internal Influencing Factors Considered Comprehensively: A Case Study from China", *Polish Journal of Environmental Studies*, Vol. 29, No. 5, 2020.

Sun, W., Wang, Y., "Factor Analysis and Carbon Price Prediction Based on Empirical Mode Decomposition and Least Squares Support Vector Machine Optimized by Improved Particle Swarm Optimization", *Carbon Management*, Vol. 11, No. 3, 2020.

Sun, W., Xu, C., "Carbon Price Prediction Based on Modified Wavelet Least Square Support Vector Machine", *Science of The Total Environment*, Vol. 754, 2021.

Tan, X., Sirichand, K., Vivian, A., Wang, X., "How Connected Is the Carbon Market to Energy and Financial Markets? A Systematic Analysis of Spillovers and Dynamics", *Energy Economics*, Vol. 90, 2020.

Tan, X. P. , Wang, X. Y. , "Dependence Changes between the Carbon Price and Its Fundamentals: A Quantile Regression Approach", *Applied Energy*, Vol. 190, 2017.

Tang, K. , Xiong, W. , "Index Investment and the Financialization of Commodities", *Financial Analysts Journal*, Vol. 68, No. 6, 2012.

Taylor, S. J. , *Modelling Financial Time Series*, Singapore: World Scientific, 1986.

Tian, C. , Hao, Y. , "Point and Interval Forecasting for Carbon Price Based on an Improved Analysis-Forecast System", *Applied Mathematical Modelling*, Vol. 79, 2020.

Tsai, M. T. , Kuo, Y. T. , "A Forecasting System of Carbon Price in the Carbon Trading Markets Using Artificial Neural Network", *International Journal of Environmental Science and Development*, Vol. 4, No. 2, 2013.

Tsai, M. T. , Kuo, Y. T. , "Application of Radial Basis Function Neural Network for Carbon Price Forecasting", in *Applied Mechanics and Materials*, Trans Tech Publications, 2014.

Uddin, G. S. , Rahman, M. L. , Hedström, A. , Ahmed, A. , "Cross-Quantilogram-Based Correlation and Dependence between Renewable Energy Stock and Other Asset Classes", *Energy Economics*, Vol. 80, 2019.

Vivian, A. , Wohar, M. E. , "Commodity Volatility Breaks", *Journal of International Financial Markets, Institutions and Money*, Vol. 22, No. 2, 2012.

Vogl, C. , *Systemic Risk Measurement in the Eurozone—A Multivariate GARCH Estimation of CoVaR*, Lund University, 2015.

Wang, G. J. , Xie, C. , Jiang, Z. Q. , et al. , "Extreme Risk Spillover Effects in World Gold Markets and the Global Financial Crisis", *International Review of Economics & Finance*, Vol. 46, 2016.

Wang, J., Sun, X., Cheng, Q., Cui, Q., "An Innovative Random Forest – Based Nonlinear Ensemble Paradigm of Improved Feature Extraction and Deep Learning for Carbon Price Forecasting", *Science of The Total Environment*, Vol. 762, 2021.

Wang, X. Y., Chen, K. G., Tan, X. P., "Forecasting the Direction of Short – Term Crude Oil Price Changes with Genetic – Fuzzy Information Distribution", *Mathematical Problems in Engineering*, 2018.

Wang, Y., Guo, .Z., "The Dynamic Spillover between Carbon and Energy Markets: New Evidence", *Energy*, Vol. 149, 2018.

Wei, C. C., Lin, Y. L., "Carbon Future Price Return, Oil Future Price Return and Stock Index Future Price Return in the US", *International Journal of Energy Economics and Policy*, Vol. 6, No. 4, 2016.

Welch, I., Goyal, A., "A Comprehensive Look at the Empirical Performance of Equity Premium Prediction", *The Review of Financial Studies*, Vol. 21, No. 4, 2007.

Wen, X., Wei, Y., Huang, D., "Measuring Contagion between Energy Market and Stock Market during Financial Crisis: A Copula Approach", *Energy Economics*, Vol. 34, No. 5, 2012.

White, H., Kim, T. H., Manganelli, S., "VAR for VaR: Measuring Tail Dependence Using Multivariate Regression Quantiles", *Journal of Econometrics*, Vol. 187, No. 1, 2015.

White, Jr. H. L., Kim, T. H., Manganelli, S., "Modeling Autoregressive Conditional Skewness and Kurtosis with Multi – Quantile CAViaR", ECB Working Paper, 2008.

World Bank, *State and Trends of Carbon Pricing 2020*, Washtington DC, 2020.

Wu, Q., Wang, M., Tian, L., "The Market – linkage of the Volatility Spillover between Traditional Energy Price and Carbon Price on the Realization of Carbon Value of Emission Reduction Behavior", *Journal of

Cleaner Production, Vol. 245, 2020.

Xiong, L., Shen, B., Qi, S., et al., "Assessment of Allowance Mechanism in China's Carbon Trading Pilots", *Energy Procedia*, No. 75, 2015.

Xu, B., "Oil Prices and UK Industry–level Stock Returns", *Applied Economics*, Vol. 47, No. 25, 2015.

Xu, H., Wang, M., Jiang, S., Yang, W., "Carbon Price Forecasting with Complex Network and Extreme Learning Machine", *Physica A: Statistical Mechanics and Its Applications*, Vol. 545, 2020.

Xu, J., Tan, X., He, G., Liu, Y., "Disentangling the Drivers of Carbon Prices in China's ETS Pilots—An EEMD Approach", *Technological Forecasting and Social Change*, Vol. 139, 2019.

Xu, Y., "Risk Spillover from Energy Market Uncertainties to the Chinese Carbon Market", *Pacific – Basin Finance Journal*, Vol. 67, No. 101561, 2021.

Yahsi, M., Çanakoğlu, E., Ağralı, S., "Carbon Price Forecasting Models Based on Big Data Analytics", *Carbon Management*, Vol. 10, No. 2, 2019.

Yang, L., "Idiosyncratic Information Spillover and Connectedness Network between the Electricity and Carbon Markets in Europe", *Journal of Commodity Markets*, Vol. 4, 2021.

Yang, S., Chen, D., Li, S., Wang, W., "Carbon Price Forecasting Based on Modified Ensemble Empirical Mode Decomposition and Long Short – Term Memory Optimized by Improved Whale Optimization Algorithm", *Science of The Total Environment*, Vol. 716, 2020.

Yin, J., Zhu, Y., Fan, X., "Correlation Analysis of China's Carbon Market and Coal Market Based on Multi – Scale Entropy", *Resources Policy*, Vol. 72, 2021.

Yin, L., Yang, Q., "Predicting the Oil Prices: Do Technical Indicators Help?" *Energy Economics*, Vol. 56, 2016.

Yu, L., Li, J., Tang, L., et al., "Linear and Nonlinear Granger Causality Investigation between Carbon Market and Crude Oil Market: A Multi-Scale Approach", *Energy Economics*, Vol. 51, 2015.

Yu, X., Lo, A. Y., "Carbon Finance and the Carbon Market in China", *Nature Climate Change*, Vol. 5, No. 1, 2015.

Yuan, M., Lin, Y., "On the Non-Negative Garrotte Estimator", *Journal of the Royal Statistical Society: Series B (Statistical Methodology)*, Vol. 69, No. 2, 2007.

Yuan, N., Yang, L., "Asymmetric Risk Spillover between Financial Market Uncertainty and the Carbon Market: A GAS-DCS-Copula Approach", *Journal of Cleaner Production*, Vol. 259, 2020.

Zeng, S., Jia, J., Su, B., Jiang, C., Zeng, G., "The Volatility Spillover Effect of the European Union (EU) Carbon Financial Market", *Journal of Cleaner Production*, Vol. 282, 2021.

Zhang, B., Wang, P., "Return and Volatility Spillovers between China and World Oil Markets", *Economic Modelling*, Vol. 42, 2014.

Zhang, Y. J., Sun, Y. F., "The Dynamic Volatility Spillover between European Carbon Trading Market and Fossil Energy Market", *Journal of Cleaner Production*, Vol. 112, 2016.

Zhang, Y. J., Wei, Y. M., "An Overview of Current Research on EU ETS: Evidence from Its Operating Mechanism and Economic Effect", *Applied Energy*, Vol. 87, No. 6, 2010.

Zhao, L., Wen, F., Wang, X., "Interaction among China Carbon Emission Trading Markets: Nonlinear Granger Causality and Time-Varying Effect", *Energy Economics*, Vol. 91, 2020.

Zhao, X., Han, M., Ding, L., et al., "Usefulness of Economic and Energy Data at Different Frequencies for Carbon Price Forecasting in the EU ETS", *Applied Energy*, Vol. 216, 2018.

Zheng, Z., Xiao, R., Shi, H., Li, G., Zhou, X., "Statistical Regularities of Carbon Emission Trading Market: Evidence from European Union Allowances", *Physica A: Statistical Mechanics and Its Applications*, Vol. 426, 2015.

Zhu, B., Chevallier, J., Ma, S., et al., "Examining the Structural Changes of European Carbon Futures Price 2005 – 2012", *Applied Economics Letters*, Vol. 22, No. 5, 2015.

Zhu, B., Han, D., Wang, P., et al., "Forecasting Carbon Price Using Empirical Mode Decomposition and Evolutionary Least Squares Support Vector Regression", *Applied Energy*, Vol. 191, 2017.

Zhu, B., Huang, L., Yuan, L., Ye, S., Wang, P., "Exploring the Risk Spillover Effects between Carbon Market and Electricity Market: A Bidimensional Empirical Mode Decomposition Based Conditional Value at Risk Approach", *International Review of Economics & Finance*, Vol. 67, 2020.

Zhu, B., Shi, X., Chevallier, J., et al., "An Adaptive Multiscale Ensemble Learning Paradigm for Nonstationary and Nonlinear Energy Price Time Series Forecasting", *Journal of Forecasting*, Vol. 35, No. 7, 2016.

Zhu, B., Wang, P., Chevallier, J., et al., "Carbon Price Analysis Using Empirical Mode Decomposition", *Computational Economics*, Vol. 45, No. 2, 2015.

Zhu, B., Wei, Y., "Carbon Price Forecasting with a Novel Hybrid ARIMA and Least Squares Support Vector Machines Methodology", *Omega*, Vol. 41, No. 3, 2013.

Zhu, B., Wei, Y., "Carbon Price Prediction Based on Integration of GMDH, Particle Swarm Optimization and Least Squares Support Vector Machines", *Systems Engineering—Theory & Practice*, Vol. 31, No. 12, 2011.

Zhu, B., Ye, S., Han, D., Wang, P., He, K., Wei, Y. M.,

Xie, R., "A Multiscale Analysis for Carbon Price Drivers", *Energy Economics*, Vol. 78, 2019.

Zhu, B., Ye, S., Wang, P., et al., "A Novel Multiscale Nonlinear Ensemble Leaning Paradigm for Carbon Price Forecasting", *Energy Economics*, Vol. 70, 2018.

Zhu, B., Zhou, X., Liu, X., Wang, H., He, K., Wang, P., "Exploring the Risk Spillover Effects among China's Pilot Carbon Markets: A Regular Vine Copula – CoES Approach", *Journal of Cleaner Production*, Vol. 242, 2020.

Zhu, B., "A Novel Multiscale Ensemble Carbon Price Prediction Model Integrating Empirical Mode Decomposition, Genetic Algorithm and Artificial Neural Network", *Energies*, Vol. 5, No. 2, 2012.

Zhu, H., Guo, Y., You, W., et al., "The Heterogeneity Dependence between Crude Oil Price Changes and Industry Stock Market Returns in China: Evidence from a Quantile Regression Approach", *Energy Economics*, Vol. 55, 2016.

Zhu, J., Wu, P., Chen, H., Liu, J., Zhou, L., "Carbon Price Forecasting with Variational Mode Decomposition and Optimal Combined Model", *Physica A: Statistical Mechanics and Its Applications*, Vol. 519, 2019.

Zou, H., Hastie, T., "Regularization and Variable Selection via the Elastic Net", *Journal of the Royal Statistical Society: Series B (Statistical Methodology)*, Vol. 67, No. 2, 2005.

索　引

A

AS-CAViaR模型　209,217-219,237

B

BEKK-GARCH模型　54,61,63,66,89,90,240,241,250,252,254,258,261,290,296,339,342,353

贝叶斯模型平均法　308,309

波动率脉冲响应函数　60,61,63,94,243,296

波动率溢出效应　54,90,91,95,96,100,131,187,189-191,204,207,250,291,297,298,337,344

C

Cross-Quantilogram方法　63,207,212,218,237

产权理论　47,59,63,65,68,115-117,140

惩罚回归　306,308,320,321

D

单变量预测模型　44,60,61,63,66,113,302,313,316,321,334,340

动态溢出指数　188,204

多变量预测模型　44,60,61,63,65,66,309,313,316,320,321,334,335,340,347

E

EU ETS　10-12,15,17,20,22,23,28,42,44,59,65,66,70-72,74,76,78-80,89,90,96,97,103,138,149,152,153,155,161,164,174,175,180,214,248,300,309,313,349,351

EUA相关预测变量　313,320-

322,327,328,333-335

F

分散化投资 121,131,205

分位数 VAR 模型 61,63,66,207,210,211,217,220,221,224,229,237,238

分位数回归模型 59,63,65,66,76,77,99,102,142,147,148,162

风险传染预警系统 352,353

风险格兰杰因果检验 61,208,218

风险溢出效应 43-45,54-56,58-61,63,65-67,98-104,113,131,207,213,220,221,224,225,228,229,232,233,235,238,239,339,343,344,351

G

GRT 框架 262,263,276,296,297

工业生产路径 61,144,157,158,164,172,173,175,337

关联资产 42-46,51,52,54-63,65-67,84-86,88,91-93,98,103,104,113,127,131,141,142,148,152,153,161-163,173-177,198,203,204,207-209,211-213,218-221,228,229,233,235,237,238,240,242,244,245,252,254,256,258,261,262,276,277,290,291,296-299,313,337-340,342-346,352-354

J

机器学习算法 306,307

极端下行风险溢出 60,207,229,232,233,235,237,238,338,345,352

结构变点 44,59,61,63,66,72-74,77,79,84,89,96,97,148,161-164,169,172-175,240,337,342,347

金融类预测变量 62,320,321,334,340,346

金融一体化 54,63,65,120,121,123

经济基础假说 59,63,65,122,132,140

净溢出指数 60,180,184,191-193,198,204

静态溢出指数 204

K

科斯定理 115,116

索　引　393

L

流动性　11,13,14,16,17,19,20,
　29,36－38,40,41,48,68,81,
　83,85－87,119,120,123,125,
　126,133,138,139,144,149,
　176,181,191,206,300,350

N

能源价格路径　61,144,157,
　158,163,164,172,175,337

S

商品类预测变量　62,320－322,
　327,328,333－335,340,
　346,347
时变波动相关性测度　250,256
市场传染假说　59,63,65,122,
　124,140,141
收益率溢出效应　45,54,58,
　131,184,187,189－191,202,
　204－206,337,344
输入性风险　45,336,343－345,
　351,352
数据收缩技术　61,63,66,306,
　316,320,334,340,347

T

"碳配额—能源—金融"系统
　40,53,56－60,63,66,114,
　177,178,180,184,186－189,
　192,198,202－205,213,237,
　240,244,245,296,299,337,
　338,341,344,352
碳定价机制　4－6,10,105
碳价预测　40,42－46,59－63,
　65－67,104－113,299,300,
　305,313,316,320,321,333－
　335,337,340,341,346,353
碳交易　5,6,10－16,19,20,27－
　29,31,36,38,39,41,42,46－
　51,68－70,74,107－109,111,
　112,117,140,256,347,350－352
碳金融　10,11,13－15,17,20,37－
　41,51,59,62,65,68,142,336,
　348－350,352,353
碳金融体系　43,68
碳金融衍生品　11,15－17,19,
　36,37,39,40,68,81,83,
　341,350
碳配额　10,12,13,17,19,20,22－
　25,31,39－41,43－48,51,53,
　56,57－63,65,66,68,72－74,
　77,82－84,88,97,114,117,
　135－144,146－149,152,153,
　155－157,161,163,164,172－
　178,180,184,187－189,191,
　192,198,202－205,207－214,

217－221,224,225,228－240, 244,245,248,255,256,262, 263,290,291,296－299,313, 316,334,336－339,341,344, 348－350,352,353

碳期货 11,14－16,19,20,38, 40,42－46,51,54,57,59－ 63,65,66,68,72,75,77,78, 81,83,84,88,89,91,97,103, 104,107,112,135,137－139, 142,153,176,177,193,198, 203,207,211,223,229,240, 242,244,252,254,256－262, 272,275－277,290－300,311, 313,316,320,322,327,333, 335,336,339－346,348－354

碳市场 2,4－6,9－17,19,20,22, 25,27－29,31,33－48,50,51, 53,56,57,59－63,65,67－73, 75－77,79,81－85,88－92,96, 97,102－104,108－112,117, 134－138,142－144,148,149, 156,158,161－164,174－176, 180,187－189,192,198,204－ 206,213,217,218,224,240, 244,245,248,249,255,256, 262,263,276,277,296－299, 302,313,333,335－354

碳市场相关事件 248,262,345,

349,352,354

碳中和 1,26,41,104,135, 336,348

碳资产 13－17,19,38－41,48－ 51,59,61,65,67－70,105,113, 137,205,206,339,342,349,350

套期保值 11,19,40,42,45,60, 61,66,78,94,118,119,123, 256,258,261,296,297,339, 342,343

条件协方差矩阵 60,241,243, 291,296,343,346

V

VaR 54,55,58,100－104,153, 156,162,163,175,177,207－ 212,217－221,224,225,228, 229,237,238,338

VIRF 框架 263,276,297

W

伪分位数脉冲响应函数 224,238

尾部风险 54,101,102,221, 229,239,244,290,339

尾部相依性 58,59,76,97－99, 102,104,211,238,338

X

相依程度 44,52,57,59,61,62,65,75,76,84,93,99,125,142,148,157,163,173,174,211,337,342

相依结构 44,52,57,59,61,62,65,66,75,76,82－84,99,114,142,147,148,153,155,163,174,207,210,212,218,221,229,238,337,342

相依特征 43,44,51,57,59,65,75,77,142,148,152,153,156,163,172,174

相依性 42－45,51－53,56－63,65－67,70,73,75－78,82－84,93,96－100,102－104,113,114,120－123,125,127,129－135,140－142,144,156,162－164,169,172－175,177,203,212,229,232,238,240,336－338,341,342,345,346,352,353

相依性变化 43－45,52,53,56,58,59,62,63,77,93,121,127,129－131,142,162,164,169,172,173,175,176,240,337,342,345

信息传导 42,45,59,60,63,65,84,85,87,97,114,132,135－138,141,142,144,240

信息关联 19,42－45,51,55,57,60－62,73,85,94,97,122,124,204,337,338,340,341,344,347,352,353

信息关联网络 337,352

信息溢出效应 43,44,52－59,61－63,65－67,83－85,88,92,93,95－97,104,113,119,123,127,130－133,135,140,144,147,177,178,184,188,189,191,198,203－205,207,229,240,299,339,343,346,351,353,354

修正的溢出指数法 63

Y

有效市场假说 74,122,124,127,129

预测范式 308

预测方法 61,66,105－109,112,302,307,321

预测评价指标 322

Z

重大事件 43－45,52,53,56－58,60,62,63,73,84,92,94,96,114,214,240,244,248,

249,276,296,297,338,339,
342,343,345,346,351-354
资产价格暴涨暴跌事件 62,
340,345,352

总溢出指数 60,62,66,91,179,
184,188-191,199,200,202-
204,338
"3060"双碳目标 1,2,43